Viñas, Bodegas & Vinos
de Argentina

2007

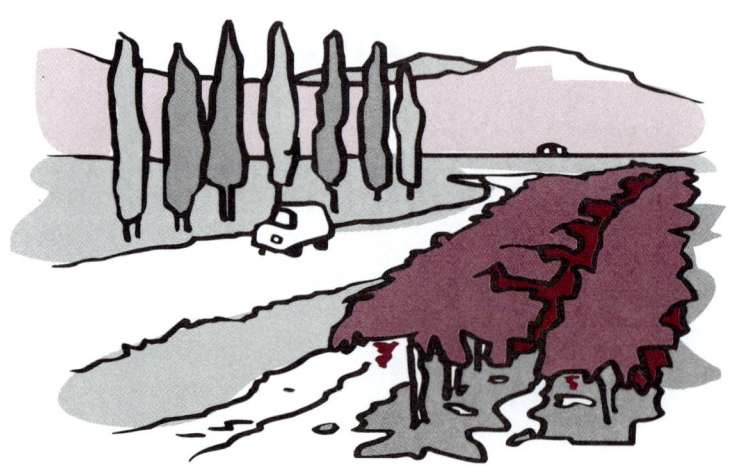

Viñas, Bodegas & Vinos
de Argentina

PRIMVM BIBERE DEINDE MANDVCARE

www.australspectator.com

2007

sempre,
a Lidia Segre Forti

nonna biologica di una di noi ed adottiva degli altri due
perché ancora e sempre beve il vino con noi

Lía   Antonio   Diego

Para comprar este libro desde cualquier lugar del mundo:
Web: **www.granica.com**
E-mail: **ventas@granicaeditor.com**
Teléfono: 54-11-4374-1456

Para sumarse a nuestra red de puntos de venta:
ventas@granicaeditor.com
administracion@australspectator.com

Para compras en bloque y otras posibilidades comerciales:
lia@australspectator.com
mkt@australspectator.com

Para anunciar en este libro:
publicidad@australspectator.com

Para otras informaciones:
info@australspectator.com

Para conocer más sobre este libro, consultar ediciones anteriores, ver otros productos Austral Spectator y saber más sobre nosotros: **www.australspectator.com**

AUSTRAL SPECTATOR S.A.
Rio de Janeiro 205 – PB "B"
(C1405CCA) Buenos Aires
Argentina
info@australspectator.com

© AUSTRAL SPECTATOR S.A. 2005

Queda hecho el depósito que indica la ley 11.723
Viñas, Bodegas & Vinos de América del Sur 2007

Ninguna parte de esta publicación, incluidos el diseño de cubierta y los índices, puede ser reproducida, almacenada o transmitida en manera alguna o por ningún medio, ya sea eléctrico, químico, mecánico, óptico, de grabación, de fotocopia o información, sin permiso del editor.

ISBN-10: 987-20914-4-7
ISBN-13: 978-987-20914-4-6

La presente publicación se ajusta a la cartografía oficial establecida por el Poder Ejecutivo Nacional a través del Instituto Geográfico Militar por Ley 22.963 y fue aprobada en septiembre de 2006 con N° de expediente GG06 1709/5.

Impresa en Argentina

Indice General

- 8 • Equipo
- 9 • Agradecimientos
- 10 • Introducción
- 11 • ¿Cómo se usa?
- 11 • ¿Cómo se hizo?
- 12 • Símbolos
- 13 • Nuestra Agenda Los Mejores Vinos Argentinos
- 15 • Los Mejores 53
- 26 • Introducción a la Argentina
- 35 • Vinos de Argentina
- 72 • Los Oasis de Mendoza
- 74 • Introducción al Oasis Norte
- 83 • Las bodegas del Oasis Norte
- 133 • Introducción al Valle de Uco
- 136 • Las bodegas del Valle de Uco
- 143 • Introducción al Oasis Sur
- 145 • Las bodegas del Oasis Sur
- 152 • Introducción a la Patagonia
- 159 • Las bodegas de la Patagonia
- 162 • Introducción a los Valles de San Juan
- 167 • Las bodegas de San Juan
- 174 • Introducción a los Valles de La Rioja y Catamarca
- 178 • Las bodegas de La Rioja y Catamarca
- 181 • Avatares de la vitivinicultura en terruños marginales
- 182 • Introducción a los Valles Calchaquíes
- 189 • Las bodegas de los Valles Calchaquíes
- 194 • Bodegas que no enviaron vinos
- 195 • Las sorpresas del 2007
- 196 • Las mejores relaciones calidad-precio
- 198 • Nuestra evaluación de los vinos argentinos
- 208 • Los aromas y sabores del vino
- 209 • Bibliografía
- 210 • Índice de Vinos
- 225 • Índice de Bodegas
- 229 • Índice Onomástico

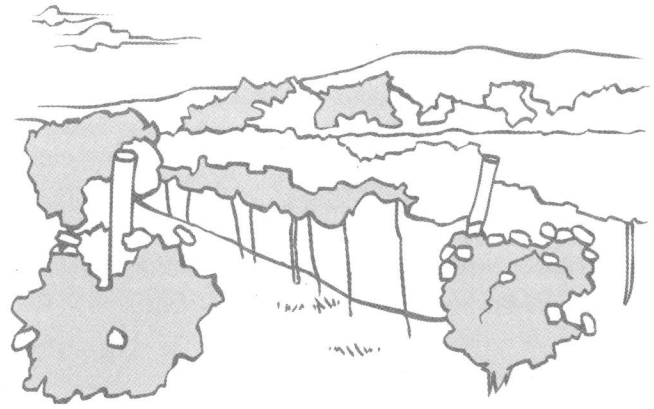

Equipo

Editorial

Editor

Antonio Terni

Dirección Comercial

Lía Pichon Rivière

Dirección Editorial, Redacción y Relevamientos

Diego Bigongiari

Administración

Juan José Rodríguez

Asistente Editorial

Andrea De Felice

Diseño Gráfico e Ilustraciones

Vera R. Ridge

Cartografía

Sergio Huykman / FOCUS

General

Asesoramiento Legal

Santiago Abarca

Contabilidad

Patricio Alvariñas y Federico Carullo

Soporte Técnico

Arnaldo Ortiz y Augusto Salguero

Catadores

Santiago Abarca, Mariano Akman, Diego Bigongiari, Raymundo Ferraris, Cecilia Gadea, Noelia Gómez, Joaquín Hidalgo, Sebastián Koncurat, Daniel López Roca, Dan Perlman, Marcelo Rebolé, Andrés Rosberg, Adrián Vilaplana

Cataron en la Cata Final

Santiago Abarca, Mariano Akman, Marina Beltrame, Diego Bigongiari, Raymundo Ferraris, Joaquín Hidalgo, Sebastián Koncurat, Daniel López Roca, Dan Perlman, Marcelo Rebolé, Andrés Rosberg, Andrés Sánchez, Adrián Vilaplana

Coordinación general de vinos y sommellerie

Natalia Suárez

Colaboraron también

Romina Anzor, Mercedes Carullo, Verónica Nunes Amaro, Zeneide María Gomes de Sousa, Ana Van Straaten

Agradecimientos

A toda la gente de Mendoza por recibirnos siempre con afecto y con un cielo turquesa que deslumbra ◆ a Patricia Mercado y toda la gente de Amphiba ◆ a Marcelo Banchero ◆ a los hermanos Flamarique por un delicioso almuerzo en Almacén del Sur ◆ a Cecilia Diaz Chuitt y Martín Rigal por la visita a Cavas Wine Lodge y el esfuerzo que se nota ◆ a los que nos "acompañan" en las buenas y en las malas, especialmente a todo el equipo de Austral Spectator ◆ a Juan José Rodríguez, "el tío Juan", por traer armonía y sencillez aún en los momentos más complicados ◆ a Santiago Abarca, mucho más que nuestro abogado ◆ a los que –diciéndolo a los cuatro vientos o manteniéndose en el anonimato- valoran, cada año más, nuestro trabajo ◆ a los anunciantes fieles y a los que se suman a la aventura ◆ a todos los que venden nuestros frutos o contratan nuestros servicios; ya con afecto, confianza y también sorpresa por un verdadero proyecto a largo plazo, respetuoso y profesional; inédito en estos tiempos ◆ a toda la gente de Ediciones Granica, por incorporar nuestros productos como hijos propios ◆ a Nora, Ricardo y todos los que me quieren, por ayudarme a encontrar mi camino ◆ a Yanina por su lección cotidiana de valentía y sanos consejos ◆ a mi mamá por enseñarme a esforzarme por seguir adelante y hacer la cosas bien, aunque sea más difícil ◆ a Jorge por tenerme fe y paciencia ◆ como siempre, a Juan y Emilia, por iluminar mis días. ◆ L.P.R.

A Lía y Antonio, por su inagotable *animus societatis* ◆ a Ariel Granica y su equipo humano por su visión y apoyo a esta producción editorial ◆ a Joaquín Pichon Rivière, por ofrecernos de nuevo un espacio ◆ a Andrea De Felice, Natalia Suárez y Romina Anzor por haber sido leales y fieles colaboradoras hasta el final ◆ a Vera Ridge, por su fidelidad y adaptable flexibilidad a las vicisitudes editoriales ◆ a Marina Beltrame y la *Escuela Argentina de Sommeliers*, por cobijar por cuarta vez a nuestras catas finales ◆ a Santiago Abarca, Daniel López Roca, Adrián Vilaplana y Andrés Rosberg por ayudarme a dilucidar las innumerables dudas y preguntas que surgen a lo largo de cada edición, y que todavía no agradecí debidamente ◆ a Bernard Claus, por sus aportes en varios frentes ◆ a Irma Cuello del Departamento de Estadísticas del Instituto Nacional de Vitivinicultura, por su rápida y eficiente ayuda ◆ a Héctor Durigutti y Carlos Vázquez por su disponibilidad para dilucidar mis preguntas sobre vinos y vides ◆ a Sergio Aloisio y revista *Enología* por su permiso para utilizar sus artículos como fuentes de la nota en apéndice ◆ a Andrés Sánchez por participar en la cata final ◆ a Juanchi Baleirón, por ser uno de nuestros primeros fans ◆ a Neide por su renovada y apasionada ayuda en esta edición ◆ a Avallon y a Luca, por darle un sentido nuevo a mis placeres, mis fatigas y mis días. ◆ D.B.

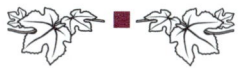

Introducción

Una introducción a una nueva edición no debe mirar atrás sino adelante, porque la aventura editorial continúa. En el desván virtual de los textos y reflexiones que no caben en esta publicación, en el *blog primum bibere deinde filosofare*, Diego Bigongiari se desahoga acerca de todos los motivos que nos llevaron a separar el módulo "Argentina" de la empresa fundacional "América del Sur".

La razón básica es que más de la mitad de los buenos vinos sudamericanos y de sus productores, y casi todos nuestros anunciantes y lectores, están en Argentina.

La riqueza y la dinámica del mundo del vino argentino en estos últimos años es tal que no tenemos la impresión de habernos achicado sino agrandado, ganando en profundidad.

En lo esencial, y con todos los cambios y ajustes que el lector encontrará en esta edición, nuestro espíritu editorial es el mismo: ofrecer un trabajo de investigación periodística y crítica de arte independiente que permita a los enófilos, bebedores y viajeros orientarse en el vasto mundo del vino argentino, y que a los enólogos y productores ofrezca un panorama general y coherente de quién es quién y qué esta haciendo cada uno.

Desde el lado de los productores, palpamos el interés por esta publicación en la cantidad creciente de muestras que recibimos cada año, en los nuevos productores que quieren sumarse a estas páginas, en la buena disposición para atender nuestras inquietudes, en la creciente ansiedad de algunos por conocer los resultados y *last but not least*, en el enfado de quienes no gustaron de algún puntaje o comentario nuestro, o de algún error involuntario.

Entre los anunciantes, nos halaga vernos rodeados de un núcleo de fieles empresas amigas que con su presencia en estas páginas hacen posible un esfuerzo editorial que carga con el costo no trascurable de una obsesiva y metódica investigación sensorial anual con un equipo de catadores afiatado y experimentado. Y otras nuevas empresas anunciantes que aprecian y valoran este trabajo de análisis y ordenamiento en el mar de los vinos argentinos.

Las librerías, vinotecas y otros puntos de venta de este libro también se encariñaron con él después de 3 ediciones, más no sea porque es inédito que una guía de vinos o de cualquier cosa en Argentina llegue a las 4 ediciones: sabemos de su aprecio por cómo nos exponen y recomiendan y también por sus generosos comentarios cuando hacemos nuestras personales y pequeñas "investigaciones de mercado".

Nada de esto cerraría sin nuestros enolectores, que desde la apasionada intimidad de la lectura sobre aquello que más les interesa nos aportan críticas y comentarios valiosos y nos ayudan, con la fiel adhesión a un modo de gustar y calificar al vino y de describir las cosas del mundo vínico, a seguir haciéndolo posible.

Tenemos el raro privilegio de ser cronistas y cartógrafos de un Nuevo Mundo que está haciéndose más grande y más variado año a año, el de los vinos argentinos. Nos crece en los ojos, en nariz y en boca un país a cada vendimia mejor vendimiado y vinificado.

Tratándose del fruto del trabajo de viñateros y bodegueros (gente que nunca piensa a menos de 10 años, aunque sean argentinos) todo ello nos reconforta en una visión a futuro.

A nuestro gusto, la industria del vino junto a la del cine es la que mejor representa aquí y en el exterior a la Argentina de fines de siglo XX y principios del XXI.

Vino argentino. Un gran vino.

Antonio Terni   *Lía Pichon Rivière*   *Diego Bigongiari*

¿Cómo se usa?

El modo de uso de esta publicación, como el lector advertirá apenas se sumerja en sus páginas, cambió respecto a las 3 ediciones previas de *V,B&V* de América del Sur. Además de haber suprimido la traducción al inglés, los comentarios escritos a ciegas de vinos catados a ciegas ya no se encuentran, para los vinos de más de ★★★★, insertos en las tablas de vinos, sino en la columna del respectivo productor. El lector, al dirigirse a la página, media página, cuarto de página o fracción de página (de acuerdo a la cantidad de vinos que recibimos, y también a sus resultados) encontrará allí apenas una sintética semblanza del "quién es quién" en esa casa de vinos, y una descripción acorde a la densidad de cada vino catado, desde los mejores hasta los menos buenos. En las páginas de tablas de vinos, se hallarán los mismos vinos agrupados por tipos, cepas y cortes, además con los rangos de precios, facilitando así al comprador la comparación de vinos similares, de nuevo desde los mejores hasta los menos buenos… y además desde los más caros hasta los más baratos, desde los más tradicionales a los más nuevos, y desde los del norte hasta los del sur. La otra información que puede interesar al viajero (el "donde y qué" de cada productor que abre sus puertas a los visitantes) está descripto en las respectivas introducciones a cada región vitivinícola de Argentina, que guardan el mismo orden y estructura de la previa edición. De modo que para recorrer territorialmente al país de los vinos argentinos, deben leerse a las introducciones regionales, y para reconocer bebestiblemente al mismo territorio, a las columnas de cada productor. Para salir de compras vínicas, bastan las tablas de la variedad o tipo de vino que se busca. Después de 3 ediciones, con las valiosas críticas y comentarios que recibimos, creemos que este criterio editorial facilitará las cosas al lector, aunque pueda fastidiar a algunos productores que preferirían que en sus columnas hablemos de sus viñedos y bodegas antes que de sus vinos. Después de 3 ediciones, constatamos que el *hardware* vegetal y estructural de las bodegas no cambia tanto de año en año: consultando las columnas de las ediciones previas el lector podrá hacerse una buena idea de qué viñedos y qué infraestructura y ambiciones tiene cada productor.

¿Cómo se hizo?

En lo demás, salvo por haber dejado en desuso el vocablo "guía", este trabajo de investigación y crítica de vinos sigue fiel al espíritu de nuestra primera edición: son "meras noticias para encaminar" a quien quiera se interese por los vinos argentinos. Ningún enófilo debería confundir al territorio, que es líquido y está dentro de cada botella, con esta cartografía y crónica que están en el papel: hicimos lo mejor dentro nuestras capacidades por describir lo más ajustadamente a un millar de botellas según nuestro método de trabajo…pero como cualquier principiante de vinos sabe, 200 páginas de papel entintado y mil botellas de vino no son la misma cosa. En cada edición hacemos todo lo posible por no equivocarnos, catando más de una vez a los vinos dudosos o discutidos, y comprando en el mercado (en esta edición) casi el 10% de las muestras totales. Pero nos equivocamos, porque el vino es una materia deliciosamente imperfecta y mutable cada año. Preferimos equivocarnos hacia abajo, tendiendo al *understatement* antes que al *overstatement*, subvalorando antes que sobrevaluando a los vinos, si bien nuestra máxima rectora en caso de duda al juzgar es *in dvbio, pro vino*. Es mejor para el lector, para el productor y para nuestra reputación que el comprador de una botella X se sorprenda favorablemente por la calidad de un "muy buen vino" de ★★★ y nos tilde de parcos o amarretes antes que se sorprenda desfavorablemente por la calidad de un "vino excelente" de ★★★★ y nos juzgue demasiado generosos. En mesas de un mínimo de 3 catadores, todos veteranos de al menos una edición, sólo por las mañanas y de a no más de unos 20 vinos por cata, en algo más de 3 meses catamos toda la producción que se refleja en estas páginas. Para cerciorarnos ulteriormente volvimos a catar a ciegas, con un panel de 8 catadores, al 10% de los vinos que alcanzaron el mayor puntaje en la primera ronda, en 4 sesiones matinales de unos 30 vinos. Así, en la *Escuela Argentina de Sommeliers*, elegimos este año a Los 53 Mejores Vinos Argentinos dedicando 1 vino a cada día lunes del 2007, pensando en nuestra flamante Agenda 2007 Los Mejores Vinos Argentinos, que esperamos complemente provechosamente a esta edición.

SÍMBOLOS

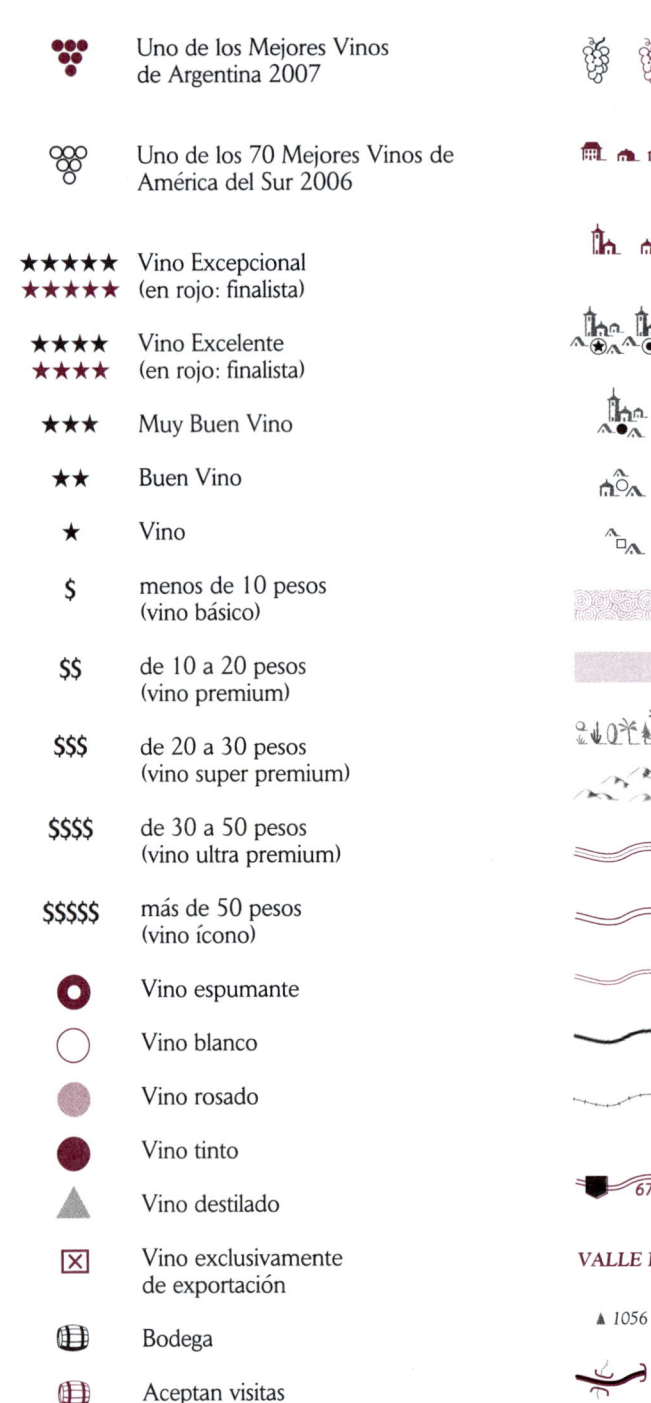

🍇	Uno de los Mejores Vinos de Argentina 2007	🍇 🍇	Viñedos (en rojo aceptan visitas)
🍇	Uno de los 70 Mejores Vinos de América del Sur 2006	🏠🏠🏛	Hospedaje, restaurante, museo
★★★★★ ★★★★★	Vino Excepcional (en rojo: finalista)		Localidad con facilidades turísticas
★★★★ ★★★★	Vino Excelente (en rojo: finalista)		Capital de país, de provincia o estado
★★★	Muy Buen Vino		Ciudad importante
★★	Buen Vino		Ciudad
★	Vino		Caserío, paraje
$	menos de 10 pesos (vino básico)		Zona vinícola
$$	de 10 a 20 pesos (vino premium)		Área urbana
$$$	de 20 a 30 pesos (vino super premium)		Vegetación predominante
$$$$	de 30 a 50 pesos (vino ultra premium)		Relieve predominante
$$$$$	más de 50 pesos (vino ícono)		Autopista
◉	Vino espumante		Ruta provincial
○	Vino blanco		Ruta secundaria
●	Vino rosado		Camino de tierra
●	Vino tinto		Ferrocarril
▲	Vino destilado	67	Número de ruta, distancia (km)
☒	Vino exclusivamente de exportación	VALLE DE	Región o sector
🛢	Bodega	▲ 1056	Elevación (metros s.n.m)
🛢	Aceptan visitas		Puente, túnel
🛢	Visitas restringidas	✈	Aeropuerto

Nuestra Agenda
Los Mejores Vinos de Argentina

Una buena noticia es que el año 2007 contiene 365 días y noches para apreciar y gustar al vino. Son 52 semanas y 53 días lunes: para cada uno de ellos este año elegimos a Los 53 Mejores Vinos Argentinos. El 53 además es un número primo y como decía Antonio Terni en nuestra segunda edición, *"estos números siempre fascinaron desde Pitágoras en adelante a los matemáticos de todos los tiempos, así como esperamos que estos (53, en este caso) mejores vinos (de Argentina, en este caso) fascinen a quien tenga la fortuna de probarlos"*.

De a uno por semana, en esta nueva y única **Agenda Los Mejores Vinos de Argentina** editada con el *know-how* de la editorial *Granica*, el amante del buen vino en su máxima expresión encontrará a los mismos 53 vinos que detallamos en las páginas siguientes, con sus respectivas etiquetas, acompañadas por todos los datos técnicos explicativos de dónde y cómo se hizo al vino (que en estas páginas, por tener que describir además a todos los demás vinos catados y puntuados a ciegas de cada productor, no encuentran espacio) y con nuestra evaluación sensorial del vino junto a los comentarios personales de los catadores que en nuestras anteriores ediciones presentábamos al pie del comentario de cada vino. Además, hay una nota a pie de página de cada vino, explicando los detalles técnicos que surgen de los apuntes técnicos y sensoriales de cada vino elegido entre los mejores del país.

Y en cada mes del año, la portada respectiva vá narrando al agendador qué sucede en el viñedo y en la bodega de Argentina durante ese período.

Hasta hoy, existían muchas agendas temáticas producidas en Argentina pero ésta es la primera dedicada a los vinos, a Los Mejores Vinos Argentinos.

Para tener el privilegio de probarlos a todos, el agendador debería gastar no menos de 4 mil pesos en vinos, aunque el más accesible cuesta 15 pesos y el más caro, 16 veces más. Y si quisiera proceder tal como lo hicimos nosotros, catando a más de 1.100 vinos para elegir en una ronda final a los mejores entre los mejores, su inversión total rondaría los 35 mil pesos.

Sabemos bien que pocos en la Argentina actual pueden gastar mil o 10 mil dólares en vinos, y ésa es la razón última de nuestro trabajo: ahorrar al amante de los vinos tiempo, dinero y esfuerzo.

En un mundo agobiado por la irracionalidad, la violencia, la estupidez superficial y la imbecilidad profunda, el buen vino es uno de los placeres elementales de la vida que, al decir de Jorge Luis Borges, *"en la noche de júbilo o en la jornada adversa, exalta la alegría o mitiga el espanto"*.

Entre el vino más humilde envasado en un cartón y estas 53 botellas hay una imponderable diversidad de uvas de última o primera calidad, con altísimos o bajísimos rendimientos y vinificaciones masivas o singulares...pero en lo esencial todos son vinos y al igual que los seres humanos con los cuales se entienden tan bien desde el día después del Diluvio Universal, tienen mucho más en común de lo que se piensa. Un 85% de los seres humanos y de los vinos, es agua. El resto es una mágica y a menudo aleatoria combinación de innumerables substancias, climas, suelos e historias individuales que hacen de cada vino, como de cada persona, un milagro siempre renovado, único e irrepetible.

En la **Agenda Los 53 Mejores Vinos de Argentina** el amante del vino encontrará el retrato de los caldos que más descollaron este año frente a un jurado imparcial.

América del Sur

LOS 53 MEJORES

Involuntariamente, nuestra selección anual de Los Mejores Vinos da una buena indicación de cuál es el rumbo de los productores de más alta calidad en Argentina.
Se confirma así una vez más que nuestro país es esencialmente un gran productor de vinos tintos (49 vinos sobre 53) y de Malbec (casi el 50%). También queda de manifiesto la riqueza de variedades tintas en las que se apoya la vitivinicultura argentina, pues además de la cepa epónima hay otras 8 variedades tintas. Otra vez más, parece claro que el país está por delante de sí mismo en espumantes antes que en vinos blancos tranquilos, pero que su capacidad de innovación es sorprendente: además del primer Torrontés entre los *Top*, hay un Torrontés de Cosecha Tardía. Queda demostrada también la inmensa amplitud territorial del mundo del vino argentino, pues hay casi 1,6 mil kilómetros a vuelo de pájaro entre el más septentrional y el más austral de Los 53 Mejores Vinos Argentinos.
Como siempre, la cata final fue en la *Escuela Argentina de Sommeliers* y la elección final estuvo a cargo de Santiago Abarca, Mariano Akman, Marina Beltrame, Diego Bigongiari, Raymundo Ferraris, Joaquín Hidalgo, Sebastián Koncurat, Daniel López Roca, Dan Perlman (Estados Unidos), Marcelo Rebolé, Andrés Rosberg, Andrés Sánchez (Chile) y Adrián Vilaplana.

LOS 53 MEJORES VINOS DE ARGENTINA

En esta edición, para acompañar a nuestra flamante agenda *Los Mejores Vinos Argentinos*, elegimos un vino por semana para todo el 2007. Los 53 Top fueron elaborados por 39 productores casi todos arraigados en Mendoza, salvo 2 de San Juan, 3 de Salta y 1 de Río Negro. De estos vinos prodigiosos, 19 fueron Malbec o 24 si contamos los *assemblages* basados en Malbec. Fueron 8 los Cabernet Sauvignon, 2 los Merlot y sólo 1 Syrah, Bonarda, Cabernet Franc y Tannat. Para sorpresa, también 2 Torrontés (uno tardío), 1 Barbera y Graciana. Nos pareció muy gratificante que haya 2 espumantes entre los mejores vinos argentinos, pero nos afligió la escasez de otros blancos.

El más caro cuesta 240 pesos y el más barato, 15 pesos. Todos ellos son vinos más que extraordinarios. Sus nombres son:

Marca	Bodega	Cepa	Cosecha	$
Alta Vista Premium	Alta Vista	Malbec	2004	$$$
Alto	Alta Vista	Malbec	2004	$$$$$
Andeluna Reserva	Andeluna-Familia Reina	Malbec	2004	$$$$
Angélica Zapata Alta	Catena Zapata	Malbec	2002	$$$$$
Arístides Alta Gama	Arístides	Malbec	2001	$$$
Benmarco Expresivo	Dominio del Plata	Assemblage	2003	$$$$$
Bohème Brut Nature	Luigi Bosca	Assemblage	S/D	$$$$$
Calathus	Finca Don Carlos	Malbec	2005	$$$$
Callia Magna	Callia	Syrah	2004	$$
Callia Magna	Callia	Tannat	2004	$$
Carinae Prestige	Carinae	Assemblage	2004	$$$$
Cinco Tierras Premium	Bodega Banfi	Merlot	2003	$$$$
Clos de los Siete	Clos de los Siete	Assemblage	2004	$$$$
Colomé Reserva	Colomé	Malbec-Cab. Sauv.	2003	$$$$$
Chakana Estate Selection	Chakana	Assemblage	2004	$$$$
Chakana Reserve	Chakana	Cab. Sauv.	2004	$$$$
Dolium Gran Reserva	Dolium	Malbec	2003	$$$$$
Doña Paula Estate	Doña Paula	Merlot	2004	$$$$
Doña Paula Selección de Bodega	Doña Paula	Malbec	2003	$$$$$
El Rosal	El Rosal	Cab. Sauv.	2003	$$
Famiglia Bianchi	Valentín Bianchi	Cab. Sauv.	2004	$$$$
Finca Cecchin	Pedro y Jorge Cecchin	Graciana	2004	$$

BUENOS AIRES | PUNTA DEL ESTE

La Bourgogne

Qui a dit que les affaires et le plaisir sont incompatibles?

A member of
The Leading Hotels of the World

AYACUCHO 2027 [C1129AAA] BUENOS AIRES, ARGENTINA T [54.11] 4805.3857 LABOURGOGNE@ALVEAR.COM

WINERY

Vinoteca · Wine Bar · Restó · Café

Av. Roque Saénz Peña 555
Av. Corrientes 300
Av. Juana Manso 800
Av. Leandro N. Alem 880
Av. del Libertador 500
Av. del Libertador 5100
Unicenter Shopping L. 1278
Village Pilar Panamerica km 30.5
Nordelta Centro Comercial L. 3
0810 · 777 · 9679
www.winery.com.ar

Los Ciervos Catering | COCINA DE EXPORTACIÓN

Los Ciervos Catering, un emprendimiento de Quinta Los Ciervos que lleva lo mejor de nuestra cocina adonde usted realice sus reuniones sociales o empresariales.

Los Ciervos Catering es cocina de exportación para eventos como el suyo, eventos de naturaleza especial.

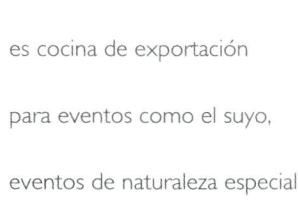

Es un emprendimiento de

QUINTA LOS CIERVOS

LOS CIERVOS CATERING

Visítenos en **www.losciervoscatering.com.ar**
4662-8888 | eventos@losciervoscatering.com.ar

Marca	Bodega	Cepa	Cosecha	$
Fond de Cave Reserva	Trapiche	Cabernet Franc	2004	$$$
Gala 2	Luigi Bosca	Assemblage	2003	$$$$$
Grand Vin	Cuvelier Los Andes	Assemblage	2004	$$$$
Humanao Reserva	Belén de Humanao	Cab. Sauv.-Malbec	2005	$$$$
Iscay	Trapiche	Merlot-Malbec	2003	$$$$$
J. Alberto	Noemìa de Patagonia	Malbec-Merlot	2005	$$$$$
La Celia Reserva	Finca La Celia	Cab. Sauv.	2003	$$$$
Linda Flor	Monteviejo	Malbec	2003	$$$$$
Lorca Poético	Mauricio Lorca	Malbec	2004	$$$$
Medalla	Trapiche	Assemblage	2003	$$$$
Mora Negra	Finca Las Moras	Malbec-Bonarda	2003	$$$$
Navarro Correas Gran Reserva	Navarro Correas	Cab. Sauv.	2002	$$$$
Origen	Trapiche	Torrontés	2005	$$
Patrón Santiago Gran Reserva	Manuel López López	Assemblage	2002	$$$$
Pequeñas Producciones	Miguel Escorihuela Gascón	Barbera	2002	$$$$$
Pequeñas Producciones	Miguel Escorihuela Gascón	Malbec	2002	$$$$$
Punto Final	Renacer	Malbec	2004	$$$$
Punto Final Reserva	Renacer	Malbec	2004	$$$$
Q	Familia Zuccardi	Cab. Sauv.	2002	$$$$
Reserva Viña Hormigas	Altos Las Hormigas	Malbec	2004	$$$$
Ruca Malen	Ruca Malen	Cab. Sauv.	2003	$$$$
Salentein Primus	Salentein	Malbec	2003	$$$$$
San Felipe Extra Brut	La Rural	Chard.-Pinot Noir	2005	$$$
Single Vineyard Alizarine	Alta Vista	Malbec	2004	$$$$
Single Vineyard Serenade	Alta Vista	Malbec	2004	$$$$
Single Vineyard Temis	Alta Vista	Malbec	2004	$$$$
Tempus Pleno	Tempus Alba	Assemblage	2003	$$$$
Terrazas de los Andes	Terrazas	Cab. Sauv.	2004	$$
Torrontés Tardío	Etchart	Torrontés	2004	S/D
Trivento Golden Reserve	Trivento	Malbec	2003	$$$$$
Trivento Reserve	Trivento	Bonarda	2005	$$$

Alta Vista Premium / Alta Vista / Malbec 2004

Hay mérito en hacer 300 mil botellas de esta calidad (¡y precio!) y es de los 2 agrónomos Juan Antonio Argerich y de Philippe Rolet y Didier De Bono en la vinificación de uvas que en mayoría provienen del viñedo Serenade en Alto Agrelo, el resto de Vistaflores. Elaborado en tanques de acero inox de los cuales el 50% del vino (*"para preservar la fruta"*) pasó a barricas mitad americanas nuevas y usadas, mitad francesas usadas. Todo enófilo demócrata y republicano debería entonar una *Marsellaise* por este vino.

Alto / Alta Vista / Malbec 2004

"2004 fue una super añada, mejor que 2002, y además estábamos mejor preparados para vinificarla" dice Philippe Rolet, responsable junto a Didier De Bono de este Malbec (85%) del sesentón viñedo Alizarine en Las Compuertas y un 15% de Cabernet Sauvignon de Vistaflores. Explican a este fenómeno bajísimos rendimientos, doble selección de uvas, fermentación con levaduras indígenas, fuerte sangría en Malbec y 15 meses de crianza en barricas francesas nuevas más un año de afinamiento de las 8 mil botellas.

Andeluna Reserva / Andeluna-Familia Reina / Malbec 2004

En la edición pasada nos sacudieron el alma vínica con un Cabernet Sauvignon y ahora con un Malbec. La bodega de la familia Reina y Herman Ward Lay con uvas de finca Don Ricardo en Tupungato a 1,3 mil metros de altitud fermentadas en una bodega ultramoderna y criadas 12 meses en barricas nuevas de roble francés con la vinificación meticulosa del enólogo Silvio Alberto son la explicación de uno de los mejores Malbec del país de los Malbec.

Angélica Zapata Alta / Catena Zapata / Malbec 2002

Esta sublime creación de José Galante se basa en un 65% de uvas del viñedo Angélica, que con sus 80 años aporta un gran equilibrio de taninos y antocianos, con aromas de ciruelas. El resto proviene de los altos viñedos de la finca Adriana en Gualtallarí, que destaca por sus notas de violetas y sus antocianos, y de otro viñedo en Altamira, que aporta cassis y violetas. Con hasta 14 meses de crianza en barricas francesas en su mayoría nuevas y hasta 2 años de afinamiento en botella.

Arístides Alta Gama / Arístides / Malbec 2001

En el teatro del gran Malbec argentino hay cada año actores nuevos. A los viejos galanes se suman nuevos nombres y talentos. La mayoría llega más o menos alto en el camino hacia el estrellato pero algunos pocos (sólo 2 en esta edición) alcanzaron el máximo nivel en nuestra ciega valoración. Aquí los enólogos Osvaldo Pellegrina y Oscar Fontana proponen una brillante tesis acerca de cómo añejar con munificencia a la cepa tinta epónima del país.

Benmarco Expresivo / Dominio del Plata / Assemblage 2003

Otra vez más, el enólogo-propietario Pedro Marchevsky traduce en magistral vino su "viticultura de precisión". Cultivo meticuloso de las uvas y trabajo de gran pincel en el bello atelier familiar sobre la tela violácea del Malbec (50%), con fuertes tintas de Cabernet Sauvignon (20%) y Bonarda (15%) matizados con Syrah (10%) y Tannat (5%). Un vino pictórico, coral, para ilustrar sobre las virtudes del *coupage* respecto a la vinificación monovarietal. Qué vino.

Bohème Brut Nature / Luigi Bosca / Assemblage

Pinot Noir y Pinot Meunier con Chardonnay, en parte fermentado y añejado en barricas, con 2 años de reposo en botella sobre borras componen este estupendo espumante elaborado con método tradicional por los enólogos José Hernández Toso y José Irrera en la tradicional casa de la familia Arizu. Otra nítida demostración de que los grandes vinos argentinos no son sólo los tintos tranquilos. Y que en espumantes, Argentina está por delante de sí misma respecto a los otros blancos.

Calathus / Finca Don Carlos / Malbec 2005

Más allá del error imperdonable de haber casi arruinado a esta edición de 2.748 botellas con un lacrado que impedía el descorche y forzaba a hundir el corcho y filtrar al vino (motivos suficientes para descalificarlo) no lo hicimos de puro respeto al jugo que había adentro. Hacemos votos para que el neófito *winemaker* Héctor Salvo y el joven enólogo Gustavo Silvestre nos repropongan cada año un Malbec joven de viña vieja de Tupungato de este tamaño. Y que nunca más vuelvan a lacrar una botella.

Callia Magna / Callia / Syrah 2004

Del viñedo al borde del desierto que plantó hace 3 lustros Antonio Pulenta, en la más exitosa de las bodegas del empresario holandés Mijnder Pons, el talentoso enólogo Oscar Biondolillo está arrancando a la tierra y el sol de Caucete arpegios vínicos como éste que emociona al intelecto (porque demuestra el potencial en acto del Syrah sanjuanino), al cuerpo (porque es un extraordinario vino) y al bolsillo (porque ofrece una de las mejores relaciones calidad-precio del mercado).

Callia Magna / Callia / Tannat 2004

Ut supra, sólo que aquí Biondolillo demuestra al intelecto lo que puede dar el Tannat en la tierrasol sanjuanina y más exactamente, en el Valle de Zonda, a 900 metros de altitud sobre el nivel del mar. También aquí la relación calidad-precio es conmocionante. Desde la vendimia 2006, la casa sumó la consultoría del Antonini, así que ajústense los cinturones.

Carinae Prestige / Carinae / Assemblage 2004

Encore une fois la France à Mendoza...Philippe y Brigitte Subra apuntan a unir el cielo y la tierra de Cuyo con sus vinos. *Assemblage* de 77% Malbec, 15% Cabernet Sauvignon y el resto Syrah, fue vinificado con la consultoría de Michel Rolland y su mano derecha cuyana Gabriela Celeste conduciendo una creación que maduró 15 meses en roble francés nuevo. Hay sólo 3.896 botellas de este asunto mayor vínico que por lo que nos concierne, consagra el arraigo de los Subra en esta tierra.

Cinco Tierras Premium / Bodega Banfi / Merlot 2003

Ya no están Guillermo Banfi y Héctor Durigutti en la bodega familiar de los Banfi pero, gracias a los tiempos de la crianza y afinamiento en botella, su presencia perdura en esta añada excepcional: el mejor Merlot de Argentina. Uvas compradas en La Consulta, de un viñedo de 15 años con rendimientos de 7 toneladas por hectárea, con una buena maceración en frío y 30% de sangría, fermentado con levaduras naturales y criado 18 meses en barricas francesas de primer y segundo uso. Un vinazo, si es que puede hablarse así de un Merlot.

Clos de los Siete / Clos de los Siete / Assemblage 2004

"*Clos de los Siete es un vino hecho para exportar: no hay que soñar en precios. Hay que ser realistas. Es un muy buen vino con precio adecuado. Es un gusto que corresponde a lo que la gente espera. Fue una gran sorpresa que tenga éxito en Argentina. El viñedo cada año tiene un año más: para nosotros no es una gran cosa pero para el vino es mejor*" nos dijo Michel Rolland a propósito de esta etiqueta pero en la siguiente cosecha. Aquí el formidable *Clos* estaba en su tercera añada. *Vive la France!*

Colomé Reserva / Colomé / Malbec-Cab.Sauv. 2003

El "diamante en bruto" que Donald Hess visionó hace una década en los vinos de Raúl Dávalos muestra cada año facetas más brillantes y mejor pulidas. En esta cosecha trabajaron, además de Donald y Úrsula Hess, los enólogos californianos Steve Galvan y Randle Johnson, con el agrónomo salteño Javier Grané y el experto en biodinámica colombiano René Piamonte. La biodinámica y la vitivinicultura de altura proponen una de sus más intensas expresiones en este gran *blend* de Malbec y Cabernet Sauvignon.

19

Chakana Estate Selection / Chakana / Assemblage 2004

Un 60% de Cabernet Sauvignon y 20% de Malbec, ambos de parrales treinteañeros de su propia finca en Agrelo, con otro 20% de Petit Verdot plantado en 2002, componen este soberbio *assemblage* realizado por la enóloga residente Liliana Iannizzotto con la asesoría de Dominique Delteil, criado en barricas nuevas de roble francés. Una *"elaboración tradicional"* en palabras del *winemaker* Juan Pelizzati, quien a partir de este año sumó la consultoría de Alberto Antonini.

Chakana Reserve / Chakana / Cabernet Sauvignon 2004

La bodega de la familia ítaloargentina Pelizzati llegó a estas páginas hace apenas una edición y ya entonces emplazó a 3 vinos de la anterior cosecha entre los finalistas. En esta edición, se supera al punto de emplazar a sus 2 Cabernet Sauvignon entre los mejores del país. Aquí son uvas de viñedos de 33 años de edad, vinificadas por la enóloga Liliana Iannizzotto con la consultoría de Dominique Delteil y criadas durante 12 meses en barricas de roble.

Dolium Gran Reserva / Dolium / Malbec 2003

En la pasada edición fue el *Reserva* y en esta, el *Gran Reserva*, ambos de la misma añada. Con uvas de una finca en Chacras de Coria, donde las cepas tienen más de medio siglo, y rendimientos muy bajos, los enólogos Luis Barraud y Andrea Marchiori con la consultoría de Paul Hobbs lograron esta formidable expresión de Malbec que fue criado por casi 2 años en barricas nuevas en su mayoría de roble francés, con una parte en barricas de roble americano.

Doña Paula Selección de Bodega / Doña Paula / Malbec 2003

Curiosidad de los tiempos vínicos, distintos a los del agua: el año pasado esta bodega liderada en lo enológico por Stefano Gandolini con David Bonomi en bodega emplazó entre los Top a su *Estate* Malbec 2004 y este año, a su cosecha anterior y *Selección de Bodega*. Un exceso trabajo en viñedo, a cargo de Edgardo del Popolo, ofrece a la enología científica de Gandolini una materia prima extraordinaria que su vinificación transforma en una joya para atesorar algunos años en el ropero, si no hay cava o conservadora.

Doña Paula Estate / Doña Paula / Merlot 2004

En Cuyo, el Merlot no es tan fácil de cultivar y vinificar como el Malbec: es una variedad más exigente, nerviosa y temperamental, menos cuyanizada. Así, hay más mérito en elaborar un Merlot de este nivel que un Malbec. Sólo 2 vinos de cepa llegaron tan alto este año en nuestras catas y uno es *Doña Paula Estate*, donde se aprecia el *know-how* de Stefano Gandolini y David Bonomi y una de las mayores viñas de Chile. Un grande, módico en el precio.

El Rosal / El Rosal / Cabernet Sauvignon 2003

No es habitual que la primera cosecha de una bodega desconocida llegue tan alto. Pero el enólogo-gerente de esta flamante casa de vinos es el sanrafaelino Edgardo Ibarra, de cuyo talento hay sobradas pruebas en Fiambalá, Catamarca. Las uvas de este Cabernet vinificado sin alardes tecno son de un viñedo de 42 años en Atuel Norte, con rendimientos de 8 toneladas por hectárea. Sólo un cuarto del vino pasó por roble francés. Hicieron 26 mil botellas a un precio que halaga al bolsillo.

Famiglia Bianchi / Valentín Bianchi / Cabernet Sauvignon 2004

En esta edición *Enzo Bianchi* quedó a décimas de volver a figurar entre los Top, quizá porque le faltó un poco de botella. Por el contrario, el *Familia Bianchi* Cabernet 2003 que el año pasado quedó a décimas de los Top, en su siguiente cosecha es el abanderado de los vinos de la casa y del Oasis Sur mendocino. Añejado un año en roble francés nuevo por el enólogo Valentín Bianchi y su equipo, el *Famiglia Bianchi* es un paradigmático Cabernet con una relación calidad-precio arrobadora.

Finca Cecchin / *Pedro y Jorge Cecchin* / *Graciana 2004*

Es muy bueno que el jardín de las mejores cepas del país se enriquezca con nuevos y raros sustantivos de tan agraciado timbre. De un parral de Ugarteche plantado en 1961, fermentando en piletas de mampostería con levaduras indígenas, sin maceraciones ni sangrías, con 4 meses de crianza en barricas de roble francés para la mitad del vino, el enólogo Carlos Fernández y el *winemaker* Alberto Cecchin lograron una experiencia varietal inédita en el mundo del vino argentino.

Fond de Cave Reserva / *Trapiche* / *Cabernet Franc 2004*

Alegra al alma ver crecer a esta noble cepa entre los mayores vinos argentinos. Reconforta al espíritu que crezca de la mano de uno de los mejores equipos de la enología país, liderado por el talentoso Daniel Pi amparado en una de las bodegas más grandes y mejor equipadas. Estimula a los humores corporales con una belleza frutal obtenida en Luján de Cuyo y Maipú con 15 meses de crianza en barricas de roble. Enamora al bolsillo con su precio. Es el capo de los Cab Franc argentinos.

Gala 2 / *Luigi Bosca* / *Assemblage 2003*

Con uvas de parcelas superlativas en sus fincas de Vistalba, Carrodilla y Las Compuertas, a las que cultivan con devoción Alberto Héctor Arizu y un equipo agronómico de 27 personas, los enólogos José Hernández Toso y José Irrera dieron forma a este vino de gala criado 14 meses en roble nuevo francés, que expresa toda la complejidad propia de ambos Cabernet, con un grácil añadido de fruta de Merlot. El productor le augura un tiempo de guarda de 15 años, pero ya hoy es un gran vino.

Grand Vin / *Cuvelier Los Andes* / *Malbec 2004*

Cuvelier Los Andes es la tercera bodega del *Clos de los 7*. Pertenece a la familia Cuvelier que en Burdeos posee los *châteaux Léoville-Poyferré* y *Le Crock*. Bertrand y Jean-Guy Cuvelier "*con los consejos de Michel Rolland*" y la enología de Adrián Manchon hacen este *assemblage* de 3/4 Malbec con Cabernet Sauvignon y Merlot. Diríase que lo que Van Gogh encontraba en la luz del Midi francés y Gauguin en Tahiti, Rolland lo encuentra en Vistaflores. Éste es el gran vino francés de Mendoza - Argentina, hasta en la etiqueta.

Humanao Reserva / *Belén de Humanao* / *Cab. Sauv.-Malbec 2005*

Con el enólogo Luis Asmet y una inversión modesta para los nuevos parámetros locales, la salteña familia Franzini instaló una apasionante competencia entre los vinos del vecindario: en 3 ediciones, 2 bodegas que comparten la soledad colocaron a uno u otro de sus vinos entre los Top del año. La vitalidad de este gran vino de altura es directamente proporcional a su juventud. Al beberlo se experimenta la expresión de uvas que maduraron 1 o 2 kilómetros más cerca del sol que en otras partes del globo vináqueo.

Iscay / *Trapiche* / *Merlot-Malbec 2003*

Iscay es 2 en quechua y en este vino: un diálogo franco-argentino entre Michel Rolland (aquí Merlot) y Daniel Pi (aquí Malbec). Da gusto anunciar a *Iscay* entre los más grandes vinos de Argentina porque hace 18 años que Rolland fecunda y se fecunda en las viñas argentinas, y porque hace ya algunos años que se sabe que Daniel Pi es de los más talentosos enólogos mendocinos. Y que *Trapiche*, más allá de los cambios de propiedad, es roca y faro señero en el mar de los vinos argentinos.

J. Alberto / *Noemía de Patagonia* / *Malbec-Merlot 2005*

Que incluso en un mal año, cuando una helada temprana cogió a los racimos esperando la cosecha, Hans Vinding Diers logre hacer tamaño vino habla muy bien de sus dotes vinificatorias y de las uvas del Alto Valle. En esta vendimia no hubo *Noemía*, pero basta *J. Alberto* para no extrañarla demasiado. La pequeña bodega de Valle Azul establecida por Noemi Marone Cinzano y Hans sigue plantando hitos enológicos en la hasta hace poco casi desvinada estepa patagónica.

21

La Celia Reserva / *Finca la Celia* / *Cabernet Sauvignon 2003*

La filial mendocina del segundo productor de Chile, *Viña San Pedro*, por primera vez ocupa un lugar en nuestra selección de los mejores vinos. Pero desde nuestra primera edición advertimos en sus vinos un serio trabajo en viña y bodega, si bien los objetivos vínicos de la empresa no parecen aun del todo claros. Aquí la enología de Cristian García y las uvas cultivadas por el ingeniero agrónomo Enzo Mugnani proponen un extraordinario Cabernet de Uco a un precio para nada excluyente.

Linda Flor / *Monteviejo* / *Malbec 2003*

Michel Rolland es el Astor Piazzolla del Malbec. A través suyo, la materia vegetal asume una musicalidad que puede o no cautivar como los tangos de Piazzolla, pero que si gusta es para siempre. Esta joven viña ya se deja llevar muy bien por el experto Rolland hacia esos despliegues perfectos en el tiempo y en el espacio que son el gran tango y el gran vino. Catherine Perè Vérgé es la madre de la criatura: puso tierra, viña, bodega, mente y manos en este Malbec de ensueño, con Marcelo Pelleritti en la enología.

Lorca Poético / *Mauricio Lorca* / *Malbec 2004*

El enólogo-propietario-autor Mauricio Lorca avisa que este vino suyo tuvo crianza en barrica y contiene 10% de Cabernet Sauvignon y 5% de Syrah, para que los enófilos no malgusten un gran Malbec preguntándose de qué clones proviene su hondura aromática y holgura de sabores. Todo amante del vino argentino debería felicitarse de que un vino de autor llegue tan alto desde sus primeras añadas. Aquí no hay consultores extranjeros: es un extraordinario ejemplo de "nueva enología argentina" al singular.

Medalla / *Trapiche* / *Assemblage 2003*

Por segunda vez, este corte de Cabernet Sauvignon, Merlot y Malbec creado en 1983 para el centenario de la casa figura entre nuestros mejores vinos. Una creación de Ángel Mendoza y la familia Pulenta que perdura con la nueva propiedad de la empresa, y la esmerada enología de Daniel Pi y su equipo. Edición de 28 mil botellas que contienen un caldo criado 18 meses en barricas nuevas de roble francés. Un clásico vinazo argentino, para no equivocarse nunca.

Mora Negra / *Finca Las Moras* / *Malbec-Bonarda 2003*

Esperábamos desde la edición 2005 (y su cosecha 2002) volver a catar un par de las 10.018 botellas de *Mora Negra*. Que otra vez superó ágilmente la primera ronda de catas y la final: de nuevo, Daniel Ekkert demuestra lo que pueden las uvas del norte cuyano y "arrima el bochín" a la definición en curso de lo que debe ser un ultrapremium sanjuanino: un terreno en el que hay apenas media docena de actores. Y sólo otros 2 de San Juan al mismo nivel, en esta edición.

Navarro Correas Gran Reserva / *Navarro Correas* / *Cabernet Sauvignon 2002*

La botella 15.592 de este Cabernet Sauvignon de uvas de las mejores zonas de Mendoza resultó ser en nuestra cata final una categórica demostración de elegancia enológica en las artes vinificatorias de Juan Marcó y su equipo. Madurez sin sobremadurar, concentración sin sobreextracción y crianza de unos 14 meses en roble francés pero sin maderosidad hacen de este gran vino un objeto de celosa guarda o una alternativa enjundiosa para los paladares fatigados de tanto Malbec.

Origen / *Trapiche* / *Torrontés 2005*

Albricias, pues por primera vez 2 Torrontés alcanzan el máximo rango en nuestras catas, donde éste resultó ser el único vino blanco seco tranquilo de tal categoría. La cepa insignia blanca de Argentina está por fin alcanzando la madurez expresiva. Ulterior demostración de lo bien que trabajan los enólogos del equipo que encabeza Daniel Pi, con uvas de parrales de más de 30 años de edad, a 1.750 metros de altura, en Cafayate. El vino de mejor relación calidad-precio de esta edición.

Patrón Santiago Gran Reserva / Manuel López López / Assemblage 2002

17.190 botellas hizo el *winemaker* Manuel López López de este magnífico vino de su pequeño viñedo de Finca El Zorzal, con cepas treintañeras. Elaborado en pequeños tanques de acero inox y estabilizado allí naturalmente a lo largo de 2 inviernos, con 12 meses de crianza en barricas nuevas de roble francés y americano y un año de botella, *Patrón Santiago* es la prueba fáctica del tesón vitivinícola que anima a esta pequeña casa familiar de origen gallego y personalidad propia.

Pequeñas Producciones / Miguel Escorihuela Gascón / Barbera 2002

Esta cosecha es una verdadera rareza ya que, a causa de la tendencia de la variedad a ser afectada por la Botrytis, sólo fue elaborado aquél año. *"Hay que cuidar mucho a la Barbera"* nos dijo el enólogo Gustavo Marín *"algunos años sale bien, pero es más fácil que salga mal"*. De ello resulta que hoy existan 5.920 botellas de este estupendo vino de colección, que enriquece al catálogo de los más grandes caldos argentinos con una expresión única de la uva reina del Piamonte.

Pequeñas Producciones / Miguel Escorihuela Gascón / Malbec 2002

En relación calidad-precio, he aquí al mejor vino caro de Argentina. Un monstruito total, para decirlo afectuosamente. Nicolás Catena en la inspiración, Ernesto Catena en la dirección, Gustavo Marín en la enología y Gonzalo Villanueva en los viñedos hicieron posible esta botella de colección, que resume lo mejor del saber empírico mendocino sobre la "uva francesa" que renació en Argentina con el apellido Malbec. ¿Un *Nec Plus Ultra* en la variedad?

Punto Final / Renacer / Malbec 2004

La bodega de Patricio Reich ya se autoabastece con el Malbec plantado hace algunas generaciones en las fincas que adquirió. Ello explica el admirable salto de calidad de sus vinos respecto a la añada anterior. El Antonini y el Durigutti aquí se aplican al arte del "segundo vino" o "clásico": una selección distinta de uvas que en el Nuevo Mundo, además de criarse en las barricas usadas por el hermano mayor, acepta las buenas duelas de roble para asumir una bebibilidad toda suya.

Punto Final Reserva /Renacer / Malbec 2004

La flamante bodega de Patricio Reich, que en la añada anterior todavía estaba ajustando las cosas y así nos gustó más el etiqueta negra que el etiqueta blanca, este año libra noticia de la cota en la que emplazará a sus vinos: este Malbec es un Antonini mayúsculo, cargado con las tintas de 16 meses en barricas de roble francés, coadyuvado por su gran discípulo en Argentina: el Durigutti –pues como a los grandes artistas a Héctor ya puede empezar a llamársele por apellido a secas.

Q / Familia Zuccardi / Cabernet Sauvignon 2002

Sabíamos desde la primera edición que José "Pepe" Zuccardi estaba prohijando de los mejores vinos del país, en una de las apuestas familiares cuyanas más fuertes a la virada revolucionaria al Nuevo Mundo. Este gran vino existe gracias a su liderazgo personal, más la agronomía de Edgardo Consoli y la experiencia enológica de Rodolfo Montenegro y Rubén Ruffo con la consultoría del enólogo californiano afincado en Chile Ed Flaherty (ex *Errázuriz*). Un Cabernet de antología.

Reserva Viña Hormigas / Altos Las Hormigas / Malbec 2004

"El Malbec argentino está conquistando al mundo" asegura convencido y satisfecho el *flying winemaker* Alberto Antonini, quien con Attilio Pagli, los *Altos Las Hormigas* y sus consultorías en Mendoza, algo tuvieron que ver con ese éxito. Este *blend* de Malbec comprado en *"viñedos bellos y antiguos"* de La Consulta y Vistalba, y de uvas propias del más joven viñedo de Medrano, criado a punto magistral en barricas francesas, es un complejo y refinado aporte a la Malbecología de vanguardia.

Ruca Malen / Ruca Malen / Cabernet Sauvignon 2003

Quien no sabe esperar, no debería hacer ni beber grandes vinos. Desde hace 2 ediciones esperábamos que la *maison* de Jean Pierre Thibaut y Jacques Louis de Montalembert nos demostrara con su vino a ciegas lo que, tras saber quiénes son y cómo trabajan, suponíamos que estaban haciendo: con encomiable bajo perfil y definiendo un estilo propio entre los nuevos tintos mendocinos. Con la enología de Juan Manuel Mallea y la consultoría de Silvia Avagnina y Carlos Catania en el viñedo.

Salentein Primus / Salentein / Malbec 2003

Hay 18.736 ejemplares de este milagro vínico, cuya pesada y gruesa botella número 02004 llegó hasta aquí. Con uvas de las parcelas 601 y 605 de finca El Portillo, vinificando en toneles abiertos de roble nuevo francés con maceración en frío y *pigeage* manual, más 19 meses de crianza en barricas nuevas de roble francés y un año de afinamiento en botella, el *winemaker* Laureano Gómez demuestra cuánta concentración y complejidad puede lograrse con la amable fruta del Malbec de Uco.

San Felipe Extra Brut / La Rural / Chardonnay-Pinot Noir 2005

Caramba. Un espumante argentino de esta calidad a este precio rompe nuestros esquemas sobre burbujas argentinas. Aquí Mariano di Paola y su equipo enológico demuestran una maestría del arte champañés con método Charmat que puede enorgullecer a paladares negros nacionales y sorprender en ultramar con otra demostración sensible de que en Mendoza se elaboran vinos inquietos que pueden apichonar con su chispeante precio-calidad a los tiesos caros y famosos del Viejo Mundo.

Single Vineyard Alizarine / Alta Vista / Malbec 2004

"Alizarine *tiene menos intensidad de fruta que* Temis *y* Serenade, *pero una boca muy redonda, con taninos que llenan la boca*" explica Philippe Rolet acerca del vino que nace en Las Compuertas, a 1.050 metros, en suelo aluvional de cantos rodados, en un viñedo viejo de hileras cortas, donde el riego tradicional hace madurar antes al centro de la plantación (destinado al *Alto*) que a los extremos (que van a *Alizarine* y se cosechan más tarde).

Single Vineyard Serenade / Alta Vista / Malbec 2004

La trilogía de *single vineyards* de Philippe Rolet y Didier De Bono podrían ser vinos de culto entre los enófilos. Aquí estamos a 1.050 metros, en Alto Agrelo, junto a la ruta a Chile, en profundo suelo arcilloso, de cepas cuarentonas del cuartel nº5 fermentado con la misma levadura seleccionada que los otros 2 y criado en barricas francesas de segundo uso lo más homógeneas posible para los 3. Al decir de Rolet, "Serenade *es el que más nos recuerda a un vino europeo…es el más complejo*".

Single Vineyard Temis / Alta Vista / Malbec 2004

"Temis *es el más afrutado, más fácil, más abierto, más comercial y de menor potencial de guarda, el que se entrega primero, el que más gusta*" afirma Philippe Rolet, explicando este vino de cepas plantadas en 1945 y amugronadas desde entonces en Alto El Cepillo, Uco, a 1.020 metros, en suelo arenoso con una mancha de calcáreo a escasa profundidad. El riego en los 3 viñedos es tradicional. Rolet: "*salvo la fecha de cosecha, el resto es igual en los 3 vinos. La idea es demostrar el potencial del* terroir".

Tempus Pleno / Tempus Alba / Assemblage 2003

Estupendo *assemblage* (60% Malbec de Coquimbito de 60 años, 40% Cabernet de Anchoris de 12 años) vinificado por el enólogo José Luis Biondolillo en la bodega familiar de su primo Aldo Luis Biondolillo. Fermentación con 3 levaduras seleccionadas en pequeños tanques de acero inox, maceraciones pre y post fermentativas y frecuentes remontajes explican su extracción y aromática frutosidad. Ambos caldos pasaron 13 meses en barricas nuevas casi todas francesas. Se hicieron unas 9 mil botellas.

Terrazas de los Andes / *Terrazas* / *Cabernet Sauvignon 2004*

La cata a ciegas es "políticamente incorrecta" por naturaleza y así puede ocurrir que un vino 14 veces más barato que el más caro de la casa resulte casi un punto superior. Pero cuando se cuenta con viñedos de la calidad de los de *Terrazas*, con una bodega *state-of-the-art* y un enólogo como Roberto de la Mota*, la calidad extrema no se limita a las pequeñas partidas: este Cabernet superlativo tiene el mérito de ser una de las mejores relaciones calidad-precio del mercado argentino.

Torrontés Tardío / *Etchart* / *Torrontés 2004*

Por primera vez un vino de cosecha tardía llega a clasificar entre los mejores vinos del año, y para más de la cepa insignia blanca argentina. Esta creación del equipo que lidera Víctor Marcantoni con Juan Carlos Mosca e Ignacio López demuestra varias cosas a la vez: el potencial del Torrontés no sólo como vino blanco seco; la capacidad creativa de la enología argentina en estos últimos años y la tradicional excelencia de esta casa cafayateña.

Trivento Reserve / *Trivento* / *Bonarda 2005*

De *"viñedos muy bellos, en parrales"* (según palabras de su co-creador Alberto Antonini, quien trabaja con el enólogo jefe Federico Galdeano en los varietales y reservas de la casa) nació esta singular Bonarda, la única entre los mejores vinos de esta edición. Aquí se puede degustar a pleno el valor que asume esta cepa en Cuyo: con rendimientos de 10 a 12 toneladas por hectárea y un aporte de roble con duelas, es mucho vino para la boca pero a un bonardísimo precio.

Trivento Golden Reserve / *Trivento* / *Malbec 2003*

Ya su anterior cosecha había quedado a las puertas de los Top. Hay muchísimo arte vinificatorio en este Malbec dentro del cual está el enólogo Federico Galdeano asesorado por su colega chileno Enrique Tirado y la experiencia *Concha y Toro* en cultivo, vinificación y globocomercialización. Hay fruta de los mejores viñedos de la casa, 12 meses en barricas nuevas de roble francés y un año de afinamiento en cada botella de este vino espléndidamente goloso.

* Roberto de la Mota terminó su trabajo en *Terrazas de los Andes* a mediados de 2006.

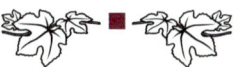

B O D E G A S
Y V I N O S D E

ARGENTINA

Exultante: así resulta el presente de los vinos argentinos y en especial del Malbec para *flying winemakers* de la talla de Michel Rolland y Alberto Antonini. Rolland nos dijo: *"entre la Argentina de hace 18 años, cuando yo la conocí y la de hoy hubo cambios considerables. El concepto mismo del vino cambió. Entonces había mucho vino común. Eran la viticultura y la bodega de otra época. Nada que ver con lo que es hoy en viticultura, elaboración y calidad del vino. Sobre todo, en los últimos 10 años. Argentina hoy tiene un lugar importante en el mercado mundial en términos de calidad e imagen. Hubo un desarrollo enorme de la imagen del Malbec, que había sido olvidado, y en el que tuve la suerte de participar".*

Y Alberto Antonini nos dijo: *"en grandes líneas, Argentina demostró una gran mejoría cualitativa que se verificó en todas las regiones del mundo, también en Bordeaux. Hay todavía situaciones heterogéneas, Nueva Zelanda y Australia son más homogéneas. Pero hay menos vinos poco buenos de los que había hace 10 años".*

Y respecto a la cepa epónima, afirmó: *"Me conforta. Según mi opinión, esta explosión del Malbec, incluso si fuera transitoria, no es una burbuja. El Malbec tiene una relación precio-calidad óptima. En Estados Unidos hay un grandísimo interés por el Malbec, gusta mucho a los consumidores e interesa a los importadores. También en América latina hay un gran crecimiento del Malbec argentino".*

Preguntamos más o menos lo mismo a otros *winemakers* y percibimos cierto unánime optimismo. Es el tiempo del Malbec, que como el tango está de moda en ultramar.

Sobre las fortalezas del vino argentino, Rolland mencionó *"haber tomado conciencia que para participar en el mercado mundial había que hacer vinos de mayor calidad que hace 20 años: la mentalidad evolucionó. Digo siempre que en mi trabajo hay 70% de psicología y 30% de enología: lo difícil es convencer a la gente de lo que hay que hacer, concretizar eso en los viñedos y en la elaboración del vino"*.

Y a propósito de las debilidades, expresó: *"hay que hacer atención a que el mercado mundial es competitivo y si bien es cierto que el mercado interno es muy fuerte, en los últimos años está debilitándose. Creo que hay que tener conciencia de posicionarse en precios. Hay cosas raras. Cuando veo vinos argentinos en la carta de un restaurante a 800 o 900 pesos digo que hay un problema. Pocos tienen una historia para soportar esos precios, no tienen las interioridades que justifiquen esos valores. Yo quisiera saber cuántas cajas exportan a 100 dólares; creo que si lo dicen, mienten. Hay falta de coherencia. El mercado está muy conectado y se saben los precios del mismo vino en Tokyo o Hong Kong"*.

Sobre los precios del vino argentino, Antonini declaró: *"en Estados Unidos, los precios máximos son de 20 a 30 dólares por caja de 12 botellas. También, si se quiere, de 30 a 40 dólares. Yo no creo que el mercado americano esté dispuesto a pagar más que 20 dólares en la góndola"*.

Le preguntamos a Michel Rolland cómo veía a la Bonarda y contestó: *"la imagen de Argentina está asociada al Malbec. ¿Para qué desarrollar otra? Cada país tiene que tener sus variedades líderes y el Malbec en Argentina es incontestable. El resto es cuestión de mercado, si la Bonarda encuentra una respuesta favorable, ¿porqué no?"*. En pocas palabras, Antonini nos dijo lo mismo: *"la Bonarda en el mercado no tiene ningún tipo de presencia"*.

El mercado

No hay nubarrones en el cielo azul Malbec del 2006 que además fue una estupenda cosecha, mientras que el enoturismo sigue creciendo viento en popa. El optimismo es tal que los productores más afianzados observan con satisfacción que en Uco la hectárea de pedregal pelado ya no cuesta menos de 7 mil dólares. A propósito del precio de la uva, Antonini nos dijo: *"es el más bajo del mundo. Podés comprar uvas estrepitosas de Malbec de 80 años a 70 centavos de dólar el kilo. En Chile y en Sudáfrica cuesta el doble. La uva no es un costo serio, a 1,80 pesos, a 15 mil pesos por hectárea"*. Pero la mano de obra calificada para la vendimia sigue siendo un capítulo crítico y el porqué no parece ser sólo la avaricie de los viñateros para con los cosecheros.

Todos los productores argentinos sintieron, igual que nosotros, la intromisión del Estado en sus bolsillos con un aumento salarial obligatorio del 19% no votado por el Congreso, sino otorgado por decreto presidencial. Los productores vernáculos más viejos recuerdan aquella Argentina en la que Estado y sindicatos únicos fascistoides, con o sin discusión previa con la patronal, determinaban las escalas salariales nacionales: una práctica anacrónica que parecía haberse extinguido hace 3 lustros. Los productores locales neófitos y los extranjeros recién arraigados en Argentina se desayunaron en el otoño de 2006 con estas nuevas viejas reglas de juego: la administración Kirchner aumentó los estipendios de todos y para más, retroactivamente...ahorrando a todos huelgas, conflictos y discusiones. Este modismo argentino intraducible a otros idiomas, incluso castellanos y sudamericanos, hizo decir al gerente de una bodega europea de Mendoza: *"desde el punto de vista del negocio no hay ninguna nube negra en el horizonte. La preocupación es un tema político-legal argentino, que podría pesar sobre el crecimiento de la industria"*. Y abundó: *"la inflación en el mercado nacional puede compensar estos aumentos. Más crítico es en la exportación. Esta política va a favorecer en el futuro la concentración de la industria, va a obligar a todos a hacer economías de escala"*.

La concentración futura es algo de lo que se habla siempre más en Mendoza, que conoció sus ciclos de *boom* y *crash* vitivinícola al compás del siglo XX y sabe algo de historias de bodegas y viñedos cambiando de mano. A contrapelo de estas reflexiones tremebundas, en Argentina a mediados de 2006 había según algunas estimaciones 2,5 mil y según otras 4,5 mil etiquetas de vino en el mercado.

El punto de saturación en variedad de marcas y bodegas está próximo: hay todavía pocos productores, etiquetas y variedades en Patagonia o el Noroeste, pero en Mendoza y de Malbec ya hay demasiados. A menos que los argentinos beban todos los años algunos litros más de vino que los poco más de 30 litros de consumo promedio anual estadístico, el mercado argentino seguirá siendo amplio y rico pero en contracción, no expansivo y siempre más competitivo. Las grandes empresas con mayor capital o acceso a éste juegan aquí con ventaja en inversión tecnológica, financiación, promoción y comunicación en Argentina y en ultramar.

La campaña publicitaria conducida por el *Fondo Vitivinícola* ("*Vino argentino. Un buen vino*") invirtió desde 2006 unos 7 millones de pesos en publicidad gráfica y de televisión, contra los 50 millones de pesos que gasta anualmente en publicidad la industria cervecera. Es temprano para saber si ya se percibe algún efecto, pero es un buen comienzo.

Según un estudio de mercado realizado por la consultora *CCR* para el *Fondo Vitivinícola*, el único segmento de consumo de vinos que crece en Argentina es el de más de 4,99 pesos, que es el 11% del volumen total de ventas: casi todos los vinos comentados en estas páginas pertenecen a esta categoría. Las grandes superficies de venta facturan unos 460 millones de pesos anuales en vinos finos, de los que más de la mitad son de menos de 4,99 pesos y un tercio, vinos de 5 a 9,99 pesos. Los vinos de más de 10 pesos facturan en las grandes superficies de venta apenas 8% del total, 38 millones de pesos. Con eso no hacemos nada, salvo exportar.

Los hipermercados venden casi el 90% de los vinos entre 5 y 10 pesos: a cada escalón abajo en precio, la participación de los híper y supermercados se reduce hasta llegar a sólo la mitad de los vinos de menos de 3 pesos, que por un 30% se venden en almacenes, 16% en kioskos, 14% en supermercados pequeños o autoservicios…y 1% en vinotecas. Los canales de distribución en Argentina se manejan con márgenes brutos que varían del 50% al 80% del precio de venta al público.

María Soledad González en *Día a Día del Vino* apuntó que "*las bodegas tienen que pagar grandes sumas para entrar tanto en supermercados, como en restaurantes, wine bars y vinotecas*". Es un juego algo perverso que distorsiona al mercado en todos los niveles: muchos que cacarean que el vino es arte terminan transando al vino no como *marchands* y coleccionistas sino como vendedores ambulantes de alfombras. La exposición de los vinos no es proporcional a su calidad o calidad-precio, sino a quién paga más el metro de góndola, quién regala más cajas de vinos, quién paga más por corcho a los mozos, quién auspicia más, etcétera. Son contados los empresarios argentinos supermercadistas, gastronómicos o vinotecarios que eligen y compran a los vinos que venden sin atender prebendas de ninguna clase. Este contubernio (a espaldas del consumidor en el espíritu y frente a su nariz en la práctica) estropea a la ética del mercado y beneficia a grandes productores y a comerciantes pequeños, aunque sean grandes.

Los ayuda también que los argentinos, muy golpeados por décadas de autoritarismo, populismo y crisis económicas recurrentes —tan rebeldes para los semáforos y la doble línea amarilla— son mansos para dejarse esquilmar. Así es como el mismo vino de exportación puede costar más barato en dólares en Nueva York que en pesos en Buenos Aires. Así también es como en Buenos Aires se cuentan con los dedos de una mano (y en Argentina con los dedos de los pies) los restaurantes donde rige el descorche o tasa al corcho si el cliente lleva su propio vino, el *BYO* o "*Bring Your Own*" (cerveza o vino) que todo democrático restaurante australiano tiene pegado como distintivo honorable en la puerta.

Así mismo no deja de sorprender que en un mercado tan distorsionado por los intermediarios, los productores no vendan cantidades significativas a los consumidores por Internet, ya que los argentinos son los más *online* de Sudamérica, hay eficientes servicios de encomienda y lo que es más importante, ninguna traba legal al *delivery* desde la bodega a cualquier lugar del país, como en cambio sucede en Brasil o Estados Unidos. La prueba del nueve de este círculo vicioso la puede hacer cualquiera que se fatigue en viajar por las bodegas argentinas comparando precios *cellar door* y góndola de su ciudad. En algún caso, el vino de la casa puede ser incluso más caro que en la ciudad, *"para no ofender a los distribuidores"*.

Estas malas prácticas están tan aceptadas socialmente que no llaman la atención a nadie y quizá es ocioso y hasta de mal tono mencionarlas, salvo para esclarecer al forastero. Más que el *marketing* de alto vuelo rige un mercadeo *pushy*.

Glosando a los lúcidos análisis del economista del vino argentino Javier Merino, diríase que la guerra de la concentración se libra hoy en una "batalla de los márgenes decrecientes" donde los productores (para hacer pie en un mercado interno donde crece la oferta y disminuye la demanda) tienen que elegir entre ganar menos y/o hacer uvas y vinos mejores y más baratos, con inversión constante en tecnología y *know-how*.

La concentración del sector se ve favorecida por la ausencia de una banca pública o privada que ofrezca créditos a tasas no usurarias a los productores. Salvo excepciones a cargo de algún banco provincial, en Argentina los créditos bancarios estatales o privados para la producción y en particular para una actividad tan a largo plazo y aleatoria como la vitivinícola, cuando existen, son de tiburón a pirata.

Las exportaciones

Las exportaciones se llevan una cuota creciente de lo que se vende siempre menos fácilmente en el mercado interno, de modo que por el momento la vitivinicultura argentina finge ignorar lo que ocurre en el globo vináqueo, donde cada año se produce más vino que nadie bebe porque hay exceso de producción y de productores en casi todas partes fuera de China y la India.

Finalmente desde 2005 *Wines of Argentina* (que agrupa prácticamente a todos los mayores y mejores productores de vino del país) está actuando una buena (si bien todavía 10 veces menor en presupuesto que la equivalente de *Wines of Chile*) primera campaña de promoción en el exterior de los vinos argentinos.

Las exportaciones argentinas de vinos, un total de 380 millones de dólares (estimado) en 2006, puede parecer mucho a los argentinos e incluso preocupar a los chilenos, pero sigue siendo una tajada insignificante del mercado mundial. Argentina es el onceavo exportador de vinos, porque el mercado interno se bebe el grueso de la producción. Pero mientras que el consumo interno cayó 1,3% entre 2005 y 2004, las exportaciones aumentaron el 38% en volumen y el 31% en dólares. El principal mercado para los vinos argentinos es Estados Unidos, seguido por Gran Bretaña, la Unión Europea y América latina. Con la insignia del Malbec, Argentina está abriéndose mercados en modo más eficiente que Chile, cuya cepa insignia —el Carmenère— no tiene un desempeño comparable. Sólo California con el Cab y el Chard y Australia con el Shiraz están tan fuertemente asociados a una cepa en su imagen exportadora, que sería bueno comenzar a cuidarla un poco, al modo australiano (*).

Inversiones

El optimismo vínico en Argentina está refrendado por el creciente enoturismo, bien que desde niveles irrisorios para estándares californianos o australianos: según cifras de *Bodegas de Argentina*, en los primeros 6 meses de 2006 las bodegas recibieron más de 134 mil visitantes, de los cuales más de 81 mil fueron a Mendoza. Hay todavía mucho por crecer. Pero una buena señal de incipiente organización del individualismo bodeguero en relación al enoturismo es que por esfuerzo conjunto de *Wines of Argentina* y la provincia de Mendoza se comenzó a emplazar carteles de una señalización homogénea y eficiente en el laberinto mendocino. Es el primer tímido paso hacia una ruta del vino ya

---

* La proliferación de productores de Malbec para el mercado interno es un tema de oferta y demanda. Pero existe en el sector una difusa preocupación por el daño que oportunistas exportadores de "malbequitos" pueden causar al trabajo de años de los verdaderos creadores y hacedores de la buena imagen del Malbec en ultramar. Antonini dice *"hace más daño una botella mala que 10 millones de botellas buenas"* y Philippe Rolet de *Alta Vista* se explayó más: *"desde hace un par de años hay cierta preocupación por estos muchos nuevos actores, por lo que podrían afectar a la imagen argentina, pero hasta ahora no hemos visto ningún caso. A mi criterio, estaría a favor de un sistema de seguro de calidad como hay en Australia, donde existe un organismo que cata a ciegas y puede vetar la exportación. Alta Vista y Susana Balbo lo propusieron en* Wines of Argentina *pero lo vetaron. Sigo convencido que sería un paso grande aunque la industria no está madura para eso"*.

que sin señales no hay rutas, sino apenas huellas o sendas.

María Soledad González en *Día a Día del Vino* reportó que las bodegas *Finca Flichmann, Jacques & François Lurton, Ruca Malen, Fecovita* y el grupo *Peñaflor* invertirán en 5 años 34 millones de dólares. *Finca Flichmann* planea gastar 2 millones de dólares en nuevos viñedos de Cabernet Sauvignon, Malbec y Syrah en la finca de Tupungato y de Syrah en la finca de Barrancas. *Ruca Malén* destinará 1,5 millones de dólares a comprar nuevos viñedos y equipos de bodega. *J&F Lurton* presupuesta 4 millones de dólares a comprar tierras, ampliar la bodega, sumar 900 barricas nuevas, construir una casa de huéspedes, oficinas comerciales y desarrollar una fuerza de ventas propia para el mercado interno. El grupo *Peñaflor* (*Trapiche, Santa Ana, Finca Las Moras, El Esteco, Bodega La Rosa, Andean Viñas* y *Peñavid*) invertirá 20 millones de dólares para construir nueva bodega en San Juan, a inaugurar en 2008. El total incluye la compra por parte de *Fecovita* a la familia Cartellone de la fraccionadora de vino común *Resero* en 7 millones de dólares.

Hay alguna bodega grande en construcción en Valle de Uco, inversiones en Neuquén y nuevos emprendimientos de pequeña escala como la super premium *Mendel Wines*, donde es socio Roberto de la Mota, o de escala pensada para la batalla precio-calidad en ultramar, como *Sur de los Andes* de Guillermo Banfi.

Ésto sólo para mencionar extremos de un catálogo de productores siempre más rico, como puede verse en las siguientes páginas comparándolas con las de nuestras anteriores ediciones. Muchos de ellos no son nuevos inversionistas, sino bodegas tradicionales de grandes volúmenes y vinos de mesa que se están reconvirtiendo a la producción de vinos premium. El Malbec es un tren que nadie quiere perder. Y la natural prestancia de esta cepa en Argentina y en particular en Mendoza se demuestra con la facilidad con la que aparecen nuevos y muy respetables o excelentes Malbec. No salen de la galera del mago: cualquiera que compre un lote premium de Malbec y disponga de un buen enólogo puede hacerlo. Otro asunto es venderlo.

Las cepas de los terruños argentinos

En el mapa de la página 32 se pueden leer, distribuidas en las principales provincias vitivinícolas argentinas, las 5 variedades más cultivadas en cada una. Pero también es interesante ver las rarezas que se cultivan en los varios terruños: un potencial inexplorado del que tuvimos apenas una primera noticia este año con el Graciana de *Cecchin*, que ojalá no sea como decían nuestros abuelos *"un fulmine a ciel sereno"*: hay más de 3 docenas de cepas que al igual que esta Graciana podrían teóricamente enriquecer y diversificar el panorama vínico argentino tan hegemonizado por el Malbec, con pequeñas producciones de cepas infrecuentes.

Mendoza es la provincia que posee el jardín de viña más rico, variado y desaprovechado: los vinos de estas variedades que se encuentran en el mercado se cuentan con los dedos de una mano. Por ejemplo (y en exclusividad), Mendoza cuenta 900 hectáreas de Bequignol Noir de la que no conocemos una sola expresión varietal. En Mendoza también hay 330 hectáreas de Fer (también llamada Fer Servadou): el Fer argentino en buen rigor ampelográfico sería un clon de Malbec. El Cabernet Franc suma ya 236 hectáreas en Mendoza y 132 en San Juan y se lo sigue plantando. De la variedad Maestri de Lambrusco en Mendoza hay 63 hectáreas y 56 en San Juan. El *cultivar* argentino Caberinta suma 76 hectáreas en Mendoza, donde además hay 29 hectáreas de Ancellotta, 20 de Corvinone, 12 de Carmenère, 6 de Caladoc, 6 de Dolcetto, 2 de Gamay, 8 de Grenache, 28 de Lattuario Nero, 33 de Nebbiolo (hay 171 hectáreas en San Juan), 3 de Nero d'Avola, 24 de Raboso, 1,8 de Ruby Cabernet, 7 de Touriga Nacional, además de 44 hectáreas de Graciana. Y en variedades blancas, 103 hectáreas de Riesling que casi no aparecen en el mercado, 13 de Grecanico Dorato, 2,3 de Petit Manseng, 27 de Pinot Blanco y 76 de Pinot Grigio, 8 de Prosecco, 1,7 de Sain Jeannet (en San Juan hay 61 hectáreas), 3,3 de Sylvaner, 7 de Traminer, 11 de Verdelho y 1 de Verdicchio. ¿Qué hace Mendoza con este jardín de vides? ¿porqué los productores que tienen parcelas de estas rarezas no las dedican a pequeñas producciones destinadas a venta

DEJÁ LO MEJOR PARA EL PRINCIPIO.

Disfrutá con todos tus sentidos de un Gancia Batido o un Coloradito mientras esperás la cena. Porque no siempre es posible dejar lo mejor para el final.

Grupo Parolaccia • Grupo Rodizio • Las Olas • Piegari • Primafila
Piegari Vitello e Dolce • El Manto • Crizia • Edelweiss • Syrah

WWW.GANCIA.COM.AR

BEBER CON MODERACION. PROHIBIDA SU VENTA A MENORES DE 18 AÑOS.

Patagonia
VINO FINO TINTO

La mejor compañía para disfrutar la experiencia de la Patagonia con todos los sentidos.

BODEGAS PATAGONIA ARGENTINA

cosecha 2006

Los Notros más Estancia Cristina más Los Cerros.
Viaje a El Calafate y El Chaltén con el estilo Experience Patagonia.

EXPERIENCE
PATAGONIA.COM

Patagonia con todos los sentidos.

Contáctese con Experience Patagonia, 4814-3934. 0800-333-7282 (Patagonia).
www.experiencepatagonia.com

LOS CERROS   Los Notros   ESTANCIA Cristina

Vino Argentino
UN BUEN VINO.

LOS QUE HACEMOS EL VINO DE ESTE PAÍS

"Vino Argentino. Un buen Vino" es la campaña genérica que lleva adelante toda la actividad vitivinícola argentina desde 2005. Se propone comunicar valores y atributos de la categoría, además de ser un caso original que reúne los consensos necesarios para una acción colectiva. La comunicación genérica se enfoca en los atributos comunes a los diferentes tipos de vino y busca complementar la comunicación de las marcas. Con la campaña "Vino Argentino. Un buen Vino", esta bebida vuelve a hablarle al mercado masivo. Se trata de invitar a los consumidores a reencontrarse con el vino en situaciones cotidianas y placenteras.

La pieza televisiva "Vino para todo el mundo" cuenta una historia sencilla que parte de una buena noticia; a la invitación de "Vino para todo el mundo", César, el mozo, cumple al pie de la letra este encargo. El vino se une así a valores relacionados con compartir, disfrutar, invitar y celebrar.
"Los que hacemos el vino de este país" es la firma que integra a todos los que, de diferentes modos, participan en el placer del vino: desde los hacedores a los consumidores.

www.fondovitivinicola.com.ar

BEBER CON MODERACIÓN. PROHIBIDA SU VENTA A MENORES DE 18 AÑOS.

exclusiva en bodega? ¿Están todos tan ocupados haciendo Malbec?

En San Juan la singularidad es el Greco Nero: todas las 420 hectáreas que hay en Argentina de esta antigua cepa de blanca origen griego cultivada en el sur de Italia para hacer vinos secos o dulces de uvas pasificadas. En el viñedo sanjuanino también hay Malvasía, Pinot Grigio, Raboso y Ancellotta. Salvo un Pinot Gris de *Graffigna*, no conocemos expresiones varietales de ninguna.

Río Negro es la única provincia que cultiva en cantidad apreciable la cepa tinta Bastardo, de la que hay 60 hectáreas. Si "Bastardo de la Patagonia" no resultara una buena denominación, se podría aprovechar alguno de sus sinónimos: Trousseau Noir, Tressot, Petite Syrah, Cabernet Pffefer o Cabernet Gros.

La diversificación de variedades enriquecería tanto al panorama vínico argentino como la multiplicación de nuevos terruños, tendencia de la que ya hay algunos indicios.

En La Pampa, lejos de todo mundo vínico preexistente, a orillas del río Colorado, comenzó a vinificar con viñedos propios la *Bodega del Desierto* de una familia rosarina, cuyos vinos desconocemos aun.

En Chubut, a 42° sur, la familia Weinert inaugurará su bodega *Patagonian Wines* en la cosecha 2007 con los vinos de 2006.

Otros emprendedores vitivinícolas (de más alto riesgo que aquellos que se asientan en terruños ya comprobados desde hace generaciones) están plantando pequeños paños para explorar el potencial de tal cual o cepa en Médanos, al sur de Bahía Blanca; en alguna ladera septentrional de la Sierra de la Ventana; entre las Sierras de Tandil; al influjo del océano en Sierra de los Padres; entre los pinares de la Sierra Grande de Córdoba; en Tilcara, Quebrada de Humahuaca.

Ya se oyen las tempranas plañideras de los viñateros cuyanos más miopes y sin anteojos, que reclaman que el Estado no haga nada por propiciar el desarrollo de otras vitiviniculturas argentinas, cosa que naturalmente no debería hacer. Los ineficientes parraleros de la más rancia uva Criolla o Cereza para mostificar, que sobreviven amparados por cuotas, tasas y regulaciones varias, ya rezongan antes que se haya cosechado

una sola de estas producciones marginales. Hace 70 años, la misma mentalidad llevó a la desaparición de más de 4 mil hectáreas de viñedos de Malbec, Merlot, Cabernet Sauvignon y Pinot Noir que alimentaban a docenas de bodegas de San Nicolás, Escobar y otros pueblos bonaerenses hasta la década de 1920 y llegaron a satisfacer el 10% del consumo nacional. Hoy los *winemakers* uruguayos más adelantados demuestran que en terruños similares a los de Buenos Aires se pueden hacer excelentes o extraordinarios vinos, en los años favorables. También las vitiviniculturas rionegrina y salteña estuvieron cerca de la extinción por la invadencia de los vinos sanjuaninos de damajuana, suerte corrida por la germinal vitivinicultura entrerriana de principios de siglo XX. En sentido vitivinícola, la federal República Argentina resultó en los hechos unitaria, con centro bifronte en Cuyo.

Sólo mentalidades aptas para divertirse en las últimas aburridas vueltas del juego *El Estanciero* (*Monopoly*) se alegran de que una misma etiqueta de vino se encuentre en la hostería municipal de La Quiaca y en la parrilla de Ushuaia. Una anomia vínica que corre pareja con la del menú clásico argentino.

Argentina, con su variedad de terruños, rico mercado interno y creciente turismo, pecaría de estrechez mental si se autolimitara al Malbec de Mendoza o el Syrah de San Juan. Ya se percibe cuánto intrigan los vinos de altura calchaquíes y los de las zonas frías y ventosas patagónicas. Una intriga similar podrían despertar los vinos blancos del Atlántico o los *ice wine* de Santa Cruz.

Imagínese el enófilo que las vinotecas, restaurantes y posadas del país solieran sorprender al cliente con un Ancellotta de Ullum, un Nero d'Avola de Rivadavia, un Corvinone de Santa Rosa, un Pinot Noir de Mainqué o del Hoyo de Epuyén, un Riesling de Lago Argentino, un Sauvignon Blanc de Sierra de los Padres, un Malbec de altura cordobés. En los vinos, sería lo mismo que están haciendo docenas de jóvenes chefs que desarrollan las nuevas cocinas regionales aquí o allá, en las mejores cocinas del país.

Ahí están los Syrah de Fiambalá y Famatina y la Bonarda de Fiambalá, los Tannat de Cafayate, el Tocai sanrafaelino, el Trousseau del Alto Valle, además del Merlot, el Pinot Noir y el Sauvignon. Y el Graciana de Ugarteche.

Éstas son "meras noticias para encaminar", pero ojalá el camino sea ése. Para los viajeros y cronistas del vino sería mucho más estimulante que repetir Malbec 400 veces, por más que comparar a los Malbec de cada terruño argentino a lo largo de 1,8 mil kilómetros así como vuela el cuervo es un viaje vínico apasionante.

La Argentina del vino en cifras 2006

- Superficie total plantada: 218,6 mil hectáreas
- Superficie total plantada de Cereza: 29,8 mil hectáreas
- Superficie total plantada de Criolla Grande: 22,9 mil hectáreas
- Superficie total plantada de Malbec: 22,4 mil hectáreas
- Superficie total plantada de Bonarda: 18 mil hectáreas
- Superficie total plantada de Cabernet Sauvignon: 17 mil hectáreas
- Superficie total plantada de Torrontés Riojano: 8 mil hectáreas
- Cantidad de viñedos: 26 mil
- Total de uva procesada para vinos y mostos: 2,8 mil millones de kilos
- Total de uva cosechada para otros usos: 96 millones de kilos
- Producción total de vinos: 1,4 mil millones de litros
- Producción total de mostos: 0,6 mil millones de de litros
- Valor total FOB de las exportaciones de vinos y mostos (2005): 402 millones de dólares
- Valor total FOB de las exportaciones de vinos (2005): 302 millones de dólares
- Valor total FOB de las exportaciones de mostos (2005): 100 millones de de dólares
- Valor promedio FOB de las exportaciones (2004): 2,3 dólares por litro
- Consumo por habitante por año: 34 litros (aprox.)

VINOS ESPUMANTES

BODEGA	MARCA	COSECHA	$	PTS
○ **BRUT Chardonnay - Chenin Blanc**				
Fincas Andinas	Murville Brut de Brut	2005	$	★
○ **BRUT Chardonnay - Tocai Friulano**				
Goyenechea	Goyenechea Brut	2005	$	★★
○ **BRUT Torrontés**				
La Riojana	Santa Florentina	2005	$$	★★★
○ **BRUT NATURE Chardonnay - Chenin Blanc**				
Fincas Andinas	Murville	2005	$	★★★
○ **BRUT NATURE Chardonnay - Pinot Noir**				
Chandon	Baron B. Unique	2001	$$$$$	★★★
○ **BRUT NATURE Chardonnay - Pinot Noir - Semillon**				
Chandon	Chandon	S/D	$$$	★★★★
○ **BRUT NATURE Pinot Noir - Chardonnay**				
Chandon	Baron B.	2002	$$$$	★★★★
Trivento	Trivento	S/D	$$	★★★★
López	Montchenot	S/D	S/D	★★★
○ **BRUT NATURE Pinot Noir - Chardonnay - Pinot Meunier**				
Luigi Bosca	Bohème	S/D	$$$$$	🍇
○ **BRUT ROSÉ Chardonnay - Pinot Noir - Semillon - Malbec**				
Chandon	Chandon	S/D	$$$	★★★
○ **BRUT ROSÉ Pinot Noir - Malbec - Chardonnay**				
Chandon	Baron B.	2002	$$$$	★★★★
○ **DEMI SEC Chardonnay**				
Fincas Andinas	Il Segreto Orgánico 7°	2005	$$	★★★★
○ **DEMI SEC Chardonnay - Pinot Noir**				
La Rural	San Felipe	2003	$$	★★★
Mumm	Mumm Cuvée Spéciale	S/D	$$	★★★★
○ **DEMI SEC Chardonnay - Pinot Noir - Semillon**				
Chandon	Chandon	S/D	$$$	★★★★
○ **DEMI SEC Chardonnay - Semillon**				
Chandon	Mercier	S/D	$$	★★★
○ **DEMI SEC Chenin Blanc**				
Mumm	Petigny	S/D	$$	★★★
○ **DEMI SEC Torrontés**				
La Riojana	Santa Florentina Torrontés Dolce	2005	$$	★★
○ **EXTRA BRUT Assemblage**				
Navarro Correas	Navarro Correas	S/D	$$	★★★
Siete Fincas	Siete Fincas	S/D	$$	★★★

Bodega	Marca	Cosecha	$	Pts
○ EXTRA BRUT Assemblage				
Valentín Bianchi	Bianchi	S/D	$$$$	★★★
○ EXTRA BRUT Chardonnay				
Don Benjamín	Don Benjamín	S/D	$$	★★★
Don Cristóbal 1492	Cristóbal 1492	2003	$$	★★★
Fincas Andinas	Il Segreto Orgánico	2005	$	★★★
La Rural	Trumpeter	2004	$$$$	★★★
Norton	Norton Cosecha Especial	S/D	$$$	★★★
○ EXTRA BRUT Chardonnay - Chenin Blanc				
Familia Cassone	Finca La Florencia	S/D	$$$	★★★
○ EXTRA BRUT Chardonnay - Chenin Blanc - Pinot Noir				
Cave Extrême	Henri Piper	S/D	$$$	★★★
○ EXTRA BRUT Chardonnay - Chenin Blanc - Sauvignon Blanc				
Familia Falasco	Los Haroldos	S/D	S/D	★★★★
○ EXTRA BRUT Chardonnay - Chenin Blanc				
Fincas Andinas	Murville	2005	$	★★★
○ EXTRA BRUT Chardonnay - Chenin Blanc - Semillon				
López	Montchenot	S/D	$$$	★★★★
○ EXTRA BRUT Chardonnay - Pinot Noir				
La Rural	San Felipe	2005	$$$	🍇
Chandon	Chandon Cuvée Especial 45 Años	S/D	$$$$	★★★★★
Chandon	Baron B.	S/D	$$$$	★★★★
El Portillo	El Portillo	2005	$$$	★★★★
Familia Schroeder	Saurus Patagonia	S/D	$	★★★★
Alma 4	Alma 4 Roble	2002	$$$$	★★★
Antonio Nerviani	Antonio Nerviani Colección Privada 1892	S/D	$$$	★★★
Cave Extrême	Extrême	S/D	$$$$	★★★
Mumm	Mumm Cuvée Spéciale	S/D	$$	★★★
Viniterra	Terra Reserve	S/D	$$$	★★★
○ EXTRA BRUT Chardonnay - Pinot Noir - Semillon				
Chandon	Chandon	S/D	$$$	★★★★
○ EXTRA BRUT Chardonnay - Semillon				
Chandon	Mercier	S/D	$$	★★★
○ EXTRA BRUT Chardonnay - Semillon - Chenin Blanc				
López	López	S/D	$$$$	★★★★
○ EXTRA BRUT Chenin - Chardonnay				
Cave Extrême	Paul Rigaud	S/D	$$	★★

Bodega	Marca	Cosecha	$	Pts
● **EXTRA BRUT Chenin Blanc**				
Mumm	Petigny	S/D	$	★★★
● **EXTRA BRUT Malbec**				
Viniterra	Terra	S/D	S/D	★★★
● **EXTRA BRUT Pinot Noir**				
Chandon	Chandon Cuvée Reserve	S/D	$$$$	★★★
● **EXTRA BRUT Pinot Noir - Chardonnay**				
Chandon	Eternum Zero Dosage	S/D	$$$$$	★★
● **EXTRA BRUT Pinot Noir - Chardonnay - Semillon**				
Robino	Dante Robino	2005	$$$$	★★★★
● **EXTRA BRUT Viognier**				
Alma 4	Alma 4	2003	$$$$	★★★
● **NATURE Assemblage**				
Navarro Correas	Navarro Correas	S/D	$$$	★★★
● **ROSÉ Chardonnay - Malbec - Semillon**				
Chandon	Mercier	S/D	$$	★★★
● **ROSÉ Chardonnay - Pinot Noir**				
Mumm	Mumm Cuvée Spéciale	S/D	$$	★★★
● **ROSÉ Malbec**				
La Rural	Trumpeter	2004	$$$	★★★
○ **FRIZZANTE Assemblage**				
Valentín Bianchi	New Age	S/D	$$	★★★
Mumm	Wish	S/D	$$	★★
Viniterra	Hacker	S/D	$$	★★
○ **FRIZZANTE Chardonnay**				
Finca Flichman	Claire	2005	$$	★★★
Fincas Andinas	Il Segreto Frizzante Natural	2005	$	★★★
○ **FRIZZANTE Chardonnay - Torrontés - Chenin - Semillon**				
Robino	Suá	2004	$$	★★
○ **FRIZZANTE Moscatel - Chenin Blanc**				
Fincas Andinas	Murville 75	2005	$	★★★
● **FRIZZANTE Syrah**				
La Riojana	Neo	2005	$	★★★
○ **FRIZZANTE Torrontés**				
La Riojana	Neo	2005	$	★★★
○ **FRIZZANTE Torrontés - Chenin Blanc**				
Fincas Andinas	Murville 55	2005	$	★★

VINOS TRANQUILOS BLANCOS

BODEGA	MARCA	COSECHA	$	PTS
○ **ASSEMBLAGES BLANCOS**				
Colomé	Misterio Blanco de Colomé	2004	S/D	★★
Del Añelo	Cruzdiablo	S/D	$$	★★
Familia Falasco	Viñas de Balbo Chablis	S/D	$	★★
Coop.Vit. Gral. Alvear	Duque de Osuna Brut	S/D	$$	★
Freixenet	Oroya	S/D	$$	★
○ **CHARDONNAY**				
Zuccardi	Q	2004	$$$$	★★★★
Atilio Avena	Viñas de Atilio Avena Roble	2005	$$	★★★★
Bórbore	Avanti	2004	$$	★★★★
Catena Zapata	Maison Rosselot	2002	$$$$	★★★★
Catena Zapata	Saint Felicien Roble	2004	$$$	★★★★
Del Fin del Mundo	Bodega del Fin del Mundo Reserva	2004	$$$	★★★★
Doña Paula	Doña Paula Estate	2004	$$$$	★★★★
Doña Paula	Los Cardos	2005	$$$	★★★★
Etchart	Etchart Privado	2005	$	★★★★
Finca Flichman	Finca Flichman Reserva	2005	S/D	★★★★
Graffigna	Colón	2005	$	★★★★
Llaver	Vino de Abordo	2005	S/D	★★★★
Lurton	Lurton Reserva	2005	$$$	★★★★
Ruca Malen	Ruca Malen	2005	$$$	★★★★
Weinert	Pedro del Castillo	2005	$$	★★★★
Adagio	Adagio	2004	$$	★★★
Alta Vista	Alta Vista Premium ☒	2005	$$	★★★
Alta Vista	Los Escasos	2005	$$$$	★★★
Altos de Huanacache	Finca Santa María	2005	$	★★★
Andeluna Cellars	Andeluna Reserva	2004	$$$$	★★★
Augusto Pulenta	Valbona	2005	$$	★★★
Barale + Biurrun	Finca 878	2005	$$	★★★
Casa Montes	Ampakama	2005	$$	★★★
Cave Extrême	Mapú Curá	2005	$$	★★★
Chandon	Latitud 33°	2005	$$	★★★
Charles Leblon	Charles Leblon Oak Aged	2005	S/D	★★★

Bodega	Marca	Cosecha	$	Pts
○ **CHARDONNAY**				
Coemix	Fitz Roy	2005	$$	★★★
Del Añelo	Finca Roja	2005	$$	★★★
Don Cristóbal 1492	Cristóbal 1492	2005	$$	★★★
El Esteco	Elementos	2005	$$	★★★
Etchart	C. Rosa Gran Reserva	2005	S/D	★★★
Etchart	Río de Plata	2004	S/D	★★★
Familia Falasco	Balbo B.	2005	$	★★★
Familia Schroeder	Saurus Patagonia Select	2005	$$	★★★
F. Lavaque - Finca El Recreo	Quara	2005	$$	★★★
Finca Don Carlos	Calathus	2005	$$$$	★★★
Finca Flichman	Caballero de la Cepa	2005	$$	★★★
Finca Flichman	Finca Flichman Roble	2005	S/D	★★★
Finca Sophenia	Finca Sophenia	2005	$$$$	★★★
Graffigna	Graffigna Clásico ☒	2005	$$	★★★
Huarpe	Lancatay	2005	$	★★★
La Rural	Rutini	2005	$$$$	★★★
La Rural	San Felipe Roble	2005	$$	★★★
La Rural	Trumpeter	2005	$$$	★★★
Lagarde	Lagarde	2005	$$$	★★★
Llaver	Eduardo Félix	2005	S/D	★★★
Llaver	Llaver Cobre	2005	$$	★★★
Luis Segundo Correas	Valle Las Acequias	2005	$$$	★★★
Martins	Martins	2005	$	★★★
Medrano Estate	Medrano Reserve	2005	$$	★★★
Pulenta Estate	Pulenta Estate	2004	$$$$	★★★
R.J. Viñedos	Joffré e hijas Gran Chardonnay	2005	$$$	★★★
Roca	Alfredo Roca	2005	$$$	★★★
Rubino	Finca La Delfina	S/D	$$	★★★
San Polo	Auka	2005	$$$$	★★★
San Telmo	San Telmo	2005	$	★★★
Terrazas	Terrazas	2005	$$	★★★
Terrazas	Terrazas Reserva	2005	$$$	★★★
Trapiche	Fond de Cave	2004	$$	★★★

Vinos

Bodega	Marca	Cosecha	$	Pts
○ **CHARDONNAY**				
Trivento	Tribu	2005	$	★★★
Valentín Bianchi	Famiglia Bianchi	2005	$$$$	★★★
Vinecol	Médanos	2005	$$	★★★
Viniterra	Terra Roble	2005	$$	★★★
Zuccardi	Santa Julia Roble	2005	$$	★★★
Augusto Pulenta	Valbona Reserva	2004	$$	★★
El Esteco	Don David	2004	$$$	★★
Familia Cassone	Finca La Florencia	2004	$$	★★
Familia Falasco	Los Haroldos Roble	S/D	$$	★★
Finca Don Carlos	Khios	2005	$$	★★
Finca La Anita	Finca La Anita	2001	$$$$	★★
Finca La Celia	La Consulta	2004	$$$$	★★
Graffigna	Graffigna Centenario	2004	$$	★★
La Riojana	Santa Florentina	2005	$	★★
Lanzarini	La Ramada	2004	$$	★★
Robino	Dante Robino	2005	$$	★★
Siete Fincas	Siete Fincas	2005	S/D	★★
Telteca Winery	Sayanca ☒	2005	$$$	★★
Viña Amalia	Viña Amalia	2005	$$	★★
Viña Ona	Selk'nam	2004	$$	★★
Viniterra	Omnium	2005	$$	★★
Antonio Nerviani	Monte Santa María	2004	$$	★
Familia Falasco	Los Haroldos	S/D	$	★
Gentile Collins	Gentile Collins	2005	$$	★
○ **CHARDONNAY - CHENIN BLANC**				
Bórbore	Martín Fierro	2005	$	★★★
Familia Cassone	Madrigal ☒	2005	$$	★★★
Trivento	Trivento	2005	$$	★★★
Familia Falasco	Línea Ejecutiva	S/D	S/D	★★
La Añorada	Domaine Saint George	2004	S/D	★★
○ **CHARDONNAY - CHENIN BLANC - SEMILLON**				
La Rural	San Felipe	2005	$	★★★★
○ **CHARDONNAY - SAUVIGNON BLANC**				
Graffigna	Graffigna Bivarietales	S/D	$$	★★★

Bodega	Marca	Cosecha	$	Pts
○ **CHARDONNAY - SAUVIGNON BLANC**				
Graffigna	Graffigna Clásico ☒	2005	$$	★★★
Familia Falasco	Los Haroldos	S/D	$	★★
○ **CHARDONNAY - SAUVIGNON BLANC - SEMILLON**				
Don Doménico	Finca Las Casuarinas	2005	$	★★
○ **CHARDONNAY - SEMILLON**				
Valentín Bianchi	Bianchi DOC	2005	$	★★★
Chandon	Valmont	S/D	$$	★★
○ **CHARDONNAY - VIOGNIER**				
Trapiche	Broquel	2005	$$	★★
○ **CHENIN BLANC - SAUVIGNON BLANC**				
Vinecol	Vinecol	2005	$$	★★★
○ **CHENIN BLANC - TORRONTÉS**				
Jean Rivier	Jean Rivier Assemblage Blanc	2005	$	★★
○ **CHENIN BLANC**				
Jean Rivier	Jean Rivier	2005	$$	★★★★
Giménez Riili	Terramedia	2005	$	★★★
Higinio Figueroa	Solar del Atuel	2005	$	★★★
Coemix	Lihuen	2005	$	★
○ **CHENIN BLANC - CHARDONNAY**				
Finca Flichman	Viña Plata	2004	S/D	★★★
○ **GEWÜRZTRAMINER**				
La Rural	Rutini	2003	$$$$	★
○ **MOSCATEL DE ALEJANDRÍA**				
Cecchin	Finca Cecchin	2005	$$	★★
○ **PINOT GRIGIO**				
La Riojana	Santa Florentina	2005	$	★★★★
Graffigna	Graffigna Centenario	2005	$$	★★★
Lurton	Lurton	2005	$$$	★★★
Viniterra	Viniterra	2005	$$$	★★★
Graffigna	Graffigna Clásico ☒	2005	S/D	★★
○ **RIESLING**				
Luigi Bosca	Luigi Bosca Reserva	2005	$$$$	★★
○ **SAINT JEANNET**				
Campo Negro	Finca El Reposo	2005	$$$	★★★
○ **SAUVIGNON BLANC**				
Doña Paula	Doña Paula Estate	2005	$$$$	★★★★★

Bodega	Marca	Cosecha	$	Pts
○ **SAUVIGNON BLANC**				
Pulenta Estate	La Flor	2005	$$$	★★★★★
Humberto Canale	Humberto Canale	2005	$$$	★★★★
Lagarde	Lagarde	2005	$$$	★★★★
Terza	Terza Volta	2005	$$	★★★★
Del Fin del Mundo	Newen	2004	$$	★★★
Doña Paula	Los Cardos	2005	$$$	★★★
Escorihuela	Escorihuela Gascón	2005	$$$	★★★
Goyenechea	Goyenechea Clásico	2005	$	★★★
Graffigna	Colón	2005	$	★★★
La Rural	Rutini	2005	$$$$	★★★
Lagarde	Altas Cumbres	2005	$$	★★★
Llaver	Eduardo Félix	2005	S/D	★★★
Norton	Norton Roble	2005	$$	★★★
NQN	Malma	2005	$$$	★★★
San Telmo	San Telmo	2005	$	★★★
Tapiz	Tapiz	2005	$$$	★★★
Trapiche	Trapiche	2005	$	★★★
Valentín Bianchi	Famiglia Bianchi	2005	$$$$	★★★
Viña Amalia	Viña Amalia	2005	$$	★★★
Del Añelo	Finca Roja	2005	$$	★★
El Esteco	Ciclos	2004	$$$$	★★
Etchart	Ayres de Cafayate	2005	$$	★★
Luigi Bosca	Luigi Bosca Reserva	2005	$$$$	★★
Navarro Correas	Navarro Correas Colección Privada	2005	$$	★★
Santa Ana	Santa Ana	2005	$$	★★
Valentín Bianchi	Génesis	2005	$$	★★
Zuccardi	Santa Julia	2005	$$	★★
Chandon	Latitud 33°	2005	$$	★
○ **SAUVIGNON BLANC - PINOT DE LA LOIRE**				
Weinert	Carrascal	2005	$$	★★
○ **SAUVIGNON BLANC - SEMILLON**				
La Rural	Pequeña Vasija	2005	$	★★★
Catena Zapata	Uxmal	2005	$$	★★
○ **SEMILLON**				
Finca La Anita	Finca La Anita	2002	$$$$	★★★

Bodega	Marca		Cosecha	$	Pts
○ **SEMILLON**					
Humberto Canale	Humberto Canale		2005	$$	★★★
López	Casona López		2005	$$	★★
○ **SEMILLON - CHARDONNAY**					
Telteca Winery	Andes Sur	☒	2005	$$$	★★★
○ **TOCAI FRIULANO**					
Jean Rivier	Jean Rivier		2005	$$	★★★★
Finca La Anita	Finca La Anita		2002	$$$$	★★
Roca	Alfredo Roca		2005	$$$	★★
○ **TORRONTÉS**					
Trapiche	Origen		2005	$$	🍇
Charles Leblon	Leblon Classic		2005	$$	★★★★★
Etchart	Etchart Privado	☒	2005	$	★★★★★
Dominio del Plata	Crios		2005	$$$	★★★★
Etchart	Ayres de Cafayate		2005	$$	★★★★
Etchart	Río de Plata		2005	S/D	★★★★
Cicchitti	Cicchitti Colección		2005	$$$	★★★★
F. Lavaque - Finca El Recreo	Quara		2005	$	★★★★
El Esteco	Elementos		2005	$$	★★★
Etchart	Etchart Cafayate		2005	$$	★★★
Finca Las Nubes	José L. Mounier	☒	2005	$$	★★★
Giménez Riili	Perpetuum		2005	$$	★★★
La Riojana	Santa Florentina		2005	$	★★★
Luis Segundo Correas	Valle Las Acequias		2005	$$	★★★
Lurton	Flor de Torrontés Reserva		2005	$$	★★★
Santa Ana	Santa Ana		2005	$$	★★★
Vinecol	Vinecol		2005	$$	★★★
Cicchitti	Chipo Céspedes		2005	$$$	★★
Humberto Canale	Humberto Canale		2005	$	★★
Lanzarini	Montecepas	☒	2005	$$	★★
Viña Ona	Viña Ona		2004	$$$$	★★
Atilio Avena	Viñas de Atilio Avena		2005	$$	★
Augusto Pulenta	Valbona		2004	$$	★
La Riojana	Viñas Riojanas		2005	$	★
○ **TORRONTÉS - CHARDONNAY**					
Etchart	Etchart Privado		2005	$	★★★

Vinos

Bodega	Marca	Cosecha	$	Pts
○ **TORRONTÉS - CHARDONNAY**				
Etchart	Río de Plata	2005	S/D	★★★
La Riojana	Santa Florentina	2005	$	★★★
La Rosa	Inca	☒ 2005	S/D	★★★
○ **TROUSSEAU**				
Estepa	Estepa Tierras Blanc de Noir	2005	$$$	★★★
○ **VERDELHO**				
Don Cristóbal 1492	Cristóbal 1492	2005	$$	★★★
○ **VIOGNIER**				
Escorihuela	Escorihuela Gascón	2004	$$$	★★★★
Finca Las Moras	Finca Las Moras	2005	$	★★★★
Trivento	Tribu	2005	$	★★★★
Finca Alma	Alhué	2005	$	★★★
Casa Montes	Ampakama	2005	$$	★★★
Callia	Callia Magna	2005	$$	★★★
Santa Ana	Cepas Privadas	2005	$$	★★★
Luigi Bosca	Finca La Linda	2005	$$	★★★
Humberto Canale	Humberto Canale	2005	$$$	★★★
Lagarde	Lagarde	2005	$$$	★★★
Lanzarini	Montecepas	☒ 2005	$$	★★★
Zuccardi	Santa Julia	2005	$$	★★★
Tapiz	Tapiz	2005	$$$	★★★
Viniterra	Terra	2004	$$	★★★
Finca Koch	Finca Koch	2004	$$$	★
○ **VIOGNIER - CHARDONNAY - RIESLING**				
Luigi Bosca	Gala 3	2005	$$$$	★★★★

VINOS TRANQUILOS ROSADOS

Bodega	Marca	Cosecha	$	Pts
● **ASSEMBLAGES ROSADOS**				
Del Añelo	Finca Roja Rosado Joven	S/D	$$	★★★
Graffigna	Santa Silvia Rosado Fresco	S/D	$	★★★
Valentín Bianchi	New Age Bloody	S/D	$$	★★★
Familia Falasco	Viñas de Balbo Primavera	S/D	S/D	★★

Bodega	Marca	Cosecha	$	Pts
● **BONARDA**				
Lurton	Lurton	2005	$$	★★★
● **CABERNET SAUVIGNON**				
Trapiche	Trapiche Rosé	2004	$	★★★
Vinecol	Vinecol	2005	$$	★★★
Familia Cassone	Obra Prima ☒	2005	$$$	★★
● **CABERNET SAUVIGNON - CABERNET FRANC - MERLOT**				
Benegas	Carmela Benegas	2005	$$$	★★★
● **CABERNET SAUVIGNON - MALBEC**				
Finca Las Nubes	José L. Mounier	2004	$$	★
● **MALBEC**				
Doña Paula	Los Cardos Rosé	2005	$$$	★★★★
Adagio	Rosa del Desierto	2004	$$	★★★
Alta Vista	Alta Vista Rosé	2005	$$	★★★
Dolium	Dolium Malbec Rosé	2005	$$$	★★★
Finca El Retiro	Finca El Retiro Rosé	2004	$$	★★★
Jean Rivier	Jean Rivier Rosé	2005	$$	★★★
La Rural	San Felipe Rosé de Malbec	2005	$$	★★★
Roberto Bonfanti	Bonfanti	2005	$$	★★★
El Esteco	Ciclos	2005	$$$$	★★
Carinae	Carinae	2004	$$	★
● **MALBEC - CABERNET SAUVIGNON - GAMAY**				
Weinert	Montfleury Gran Rosé	2005	$$	★★★
● **MERLOT**				
Goyenechea	Goyenechea Rosé	2005	$	★★★
● **PINOT NOIR - CABERNET SAUVIGNON - MALBEC**				
Finca Don Carlos	Khios Rosé	2005	$$	★★★★
Finca Don Carlos	Calathus	2005	$$$$	★★★
● **SYRAH**				
Don Benjamín	Don Benjamín Rosé	2004	$$	★★★
Telteca Winery	Andes Sur Rosé ☒	2005	$$$	★★★
Aconquija	Aconquija	2004	$$	★★
Augusto Pulenta	Valbona Syrah Rosé	2005	$$	★★
Callia	Callia Alta	2005	$	★★
Casa Montes	Ampakama	2005	$$	★★
Higinio Figueroa	Solar del Atuel Syrah Rosé	2005	$	★★

Bodega	Marca	Cosecha	$	Pts
● **SYRAH - MALBEC**				
Finca Flichman	Jubilé	2005	$$	★★★

VINOS TRANQUILOS TINTOS

Bodega	Marca	Cosecha	$	Pts
● **ANCELLOTTA - BONARDA - SYRAH**				
Nieto Senetiner	Nieto Senetiner Reserva	2003	$$$$	★★★
● **ASSEMBLAGES TINTOS**				
Bodega Manuel López López	Patrón Santiago Gran Reserva	2002	$$$$	🍇
Clos de los Siete	Clos de los Siete	2004	$$$$	🍇
Dominio del Plata	Benmarco Expresivo	2003	$$$$$	🍇
Tempus Alba	Tempus Pleno	2003	$$$$	🍇
Benegas	Benegas Blend	2001	$$$$	★★★★★
Nofal	Nofal Alonso	2003	$$$$	★★★★
Tikal	Alma Negra	2003	$$$$	★★★★
Valentín Bianchi	Bianchi 1887	S/D	$$	★★★★
Lagarde	Henry Gran Guarda N° 1	2002	$$$$$	★★★
Lurton	Chacayes	2003	$$$$$	★★★
Tikal	Júbilo	2002	$$$$$	★★★
Valentín Bianchi	Don Valentín Lacrado	S/D	$$	★★★
Familia Falasco	Viñas de Balbo Borgoña	S/D	$	★★
Finca La Anita	Finca Línea Tonel	1999	$$$$	★★
La Rural	San Felipe 12 Uvas	S/D	$	★★
● **BARBERA**				
Escorihuela	Pequeñas Producciones	2002	$$$$$	🍇
● **BONARDA**				
Trivento	Trivento Reserve	2005	$$$	🍇
Bodega Sur	Sur de los Andes	2005	$$$	★★★★
Caligiore	Caligiore	2002	$$	★★★★
Finca Las Moras	Finca Las Moras	2004	$	★★★★
Pulmary	Donaria	☒ 2004	$$$	★★★★
Altos Las Hormigas	Colonia Las Liebres	2005	$$$	★★★★
Cabernet de los Andes	Tizac	2003	$$	★★★★
Catena Zapata	Alamos	2004	$$$	★★★★

Bodega	Marca	Cosecha	$	Pts
● **BONARDA**				
La Riojana	Viñas Riojanas	2005	$	★★★★
Schetira	Vástago de Gea	2005	$$	★★★★
Trivento	Tribu	2005	$	★★★★
Augusto Pulenta	Valbona	2004	$$	★★★
Carleto Franceschini	Divisadero	2004	$$$	★★★
Chakana	Chakana	2005	$$$	★★★
Coemix	Fitz Roy Roble	2004	$$	★★★
Don Doménico	Finca Don Doménico de Huanacache	2004	$$	★★★
Hermanos Millás	Cuesta del Viento	2005	$	★★★
La Guarda	Sangre de Viña	2005	$$	★★★
Lanzarini	La Ramada	2003	$$	★★★
Lurton	Lurton	2005	$$	★★★
Viñas del Barón	Finca del Marqués Reservado	2003	$$$$	★★★
Don Doménico	El Escondido de Don Doménico	2004	$$$$	★★
Finca El Retiro	Finca El Retiro	2004	$$	★★
Portal Andino	Portal Andino	2003	$$	★★
Finca Alma	Alhué	2005	$	★★
● **BONARDA - MALBEC**				
Bórbore	Martín Fierro	2005	$	★★
Finca Flichman	Viña Plata	2004	S/D	★
● **BONARDA - SANGIOVESE**				
Higinio Figueroa	Figueroa	2005	$	★★
● **BONARDA - SYRAH - CABERNET SAUVIGNON**				
Higinio Figueroa	Solar del Atuel	2005	$	★★
● **CABERNET BOUCHET**				
Luigi Bosca	Los Nobles	2001	$$$$$	★★★
● **CABERNET FRANC**				
Trapiche	Fond de Cave Reserva	2004	$$$	🍇
Andeluna Cellars	Andeluna Reserva Limitada	2003	$$$$$	★★★★
Lagarde	Henry	2003	$$$$$	★★★★
Finca Los Angacos	Finca Los Angacos	2004	$$$$	★★★
Viña Ona	Viña Ona	2003	$$$$	★★★
Casa Montes	Don Baltazar	2004	$$$	★★
● **CABERNET SAUVIGNON**				
Chakana	Chakana Reserve	2004	$$$$	🍇

47

Vinos

Bodega	Marca		Cosecha	$	Pts
● **CABERNET SAUVIGNON**					
El Rosal	El Rosal		2003	$$	🍇
Finca La Celia	La Celia Reserva*	☒	2003	$$$$	🍇
Navarro Correas	Navarro Correas Gran Reserva		2002	$$$$	🍇
Ruca Malen	Ruca Malen		2003	$$$$	🍇
Terrazas	Terrazas		2004	$$	🍇
Valentín Bianchi	Famiglia Bianchi		2004	$$$$	🍇
Zuccardi	Q		2002	$$$$	🍇
Andeluna Cellars	Andeluna		2004	$$$$	★★★★★
Catena Zapata	Angélica Zapata Alta		2002	$$$$	★★★★★
Chakana	Chakana		2005	$$$	★★★★★
Finca Koch	Finca Koch		2004	$$$$	★★★★★
Viña Ona	Selk'nam Roble		2003	$$$	★★★★★
Don Doménico	Finca Don Doménico de Huanacache		2004	$$	★★★★
La Riojana	Santa Florentina		2005	$	★★★★
Antonio Nerviani	Nerviani		2004	S/D	★★★★
Cecchin	Esencias de la Tierra		S/D	$$$	★★★★
Charles Leblon	Gran Leblon Reserva Roble		2004	$$$$	★★★★
Charles Leblon	Leblon Classic		2004	$$	★★★★
Domingo Hnos.	Domingo Molina		2002	$$$$	★★★★
El Portillo	El Portillo Elevado		2004	$$$	★★★★
El Porvenir de los Andes	Laborum		2003	$$$$	★★★★
Etchart	Río de Plata		2004	S/D	★★★★
Finca Don Carlos	Calathus		2005	$$$$	★★★★
Finca Flichman	Caballero de la Cepa Roble		2004	S/D	★★★★
Graffigna	Graffigna Clásico	☒	2005	$$	★★★★
Higinio Figueroa	Solar del Atuel		2004	$	★★★★
La Banda	Vasija Secreta Cabernet Lacrado		2004	$$$	★★★★
La Rural	Trumpeter		2004	$$$	★★★★
Llaver	Familia Llaver Oro		2004	S/D	★★★★
Llaver	Llaver Cobre		2005	$$	★★★★
Llaver	Vino de Abordo		2005	S/D	★★★★
Mauricio Lorca	Lorca Poético		2003	$$$$	★★★★
Mauricio Lorca	Ópalo		2005	$$$$	★★★★
NQN	Malma		2004	$$$	★★★★

* En Argentina: La Celia

Descubra...

...la esencia de lo natural

Vaya más allá y conozca JW Green Label. Un whisky escocés compuesto únicamente por "single malts" que llevará sus sentidos a lo más profundo de la naturaleza. Las maltas de Island y Speyside están combinadas para crear un whisky perfectamente balanceado que evoca aromas del bosque, notas marinas, flores y frutas, y que se destaca por su frescura.

eber con moderación. Prohibida su venta a menores de 18 años.

JOHNNIE WALKER

TOMO I

Restaurant Tomo I

Cocina Concaro

Un restaurant gourmet en Buenos Aires.

Ponemos el foco donde tiene que estar.

1er Premio Artes Culinarias (Academia Arg. de Gastronomía)
Fodor's Choice (Fodor's) ★
Puntaje máximo en "Cocina" (Restaurantes Bs As, Vidal Buzzi)
"Best for a splurge" (Economist.com)
"Creatividad sin límites" (Los Recomendados, Delgado y Pérez)
Mejor Restaurant Bs As (Travel & Leisure)

Restaurant Tomo 1
Carlos Pellegrini 521
Entrepiso Torre Sur
Hotel Panamericano
4326-6698 / 6695
www.tomo1.com.ar

BEBER CON MODERACIÓN. PROHIBIDA SU VENTA A MENORES DE 18 AÑOS.

Bodegas climatizadoras para vinos y champagne

Wine World // ARGENTINA

Bodegas climatizadoras MONO/MULTITEMPERATURA para criar, guardar y degustar sus mejores vinos en un entorno de temperatura y humedad equilibradas, protegido de la luz, con ausencia de vibraciones y ruidos excesivos.
Fabricadas en Argentina con la mejor tecnología nacional e internacional.
Cumplen normas de calidad ISO 9002 y preservan el ambiente con gas ecológico.

MONO-MULTITEMPERATURA
château grand

MONO-MULTITEMPERATURA
château boutique

Medidas: alto. 86 cm / ancho. 55 cm / prof. 65 cm
Capacidad: 36 a 40 botellas. Puerta transparente.
Cinco estantes deslizables, removibles.
Panel de operación exterior.

MONOTEMPERATURA
basique junior

Alto. 83 cm / ancho. 55 cm
prof. 62 cm.
Capacidad: 46 a 50 botellas.
Dos estantes regulables en altura y uno fijo.

Alto. 197 cm. / ancho. 66 cm. / prof. 68 cm.
Capacidad: 140 a 160 botellas.
Puerta transparente.
Dos estantes fijos + cuatro deslizables.
Panel de operación exterior.

Para mayor información:
WineWorld® Argentina
Tel/Fax 0054 11 4790-2724. Cel: 011 15 4438 8179
info@wineworld.com.ar • www.wineworld.com.ar

Bodega	Marca	Cosecha	$	Pts
● **CABERNET SAUVIGNON**				
NQN	Malma Reserve	2004	$$$$	★★★★
Rubino	Finca La Delfina Máximo	S/D	S/D	★★★★
Santa Ana	La Mascota	2004	$$$	★★★★
Terrazas	Terrazas Reserva	2003	$$$$	★★★★
Tikal	Siesta en el Tahuantinsuyu	2003	$$$$	★★★★
Valentín Bianchi	Bianchi DOC	2005	$$	★★★★
Valentín Bianchi	Bianchi Particular	2003	$$$$	★★★★
Valentín Bianchi	Génesis	2004	$$	★★★★
Viña Amalia	Viña Amalia Reservado	2002	$$$$	★★★★
Viniterra	Viniterra	2003	$$$	★★★★
Alta Vista	Alta Vista Premium	2004	$$$	★★★
Alto Salvador	Viñas de Alto Salvador	2004	$$	★★★
Altos de Huanacache	Finca Santa María	2005	$	★★★
Antonio Nerviani	Antonio Nerviani Colección Privada	2001	$$$	★★★
Antonio Nerviani	Monte Santa María	2003	$$	★★★
Atilio Avena	Viñas de Atilio Avena	2004	$	★★★
Atilio Avena	Viñas de Atilio Avena Roble	2003	$$	★★★
Augusto Pulenta	Augusto P.	2002	$$$$	★★★
Augusto Pulenta	Valbona	2004	$$	★★★
Augusto Pulenta	Valbona Reserva	2003	$$	★★★
Bórbore	Bórbore	2005	$	★★★
Cabernet de los Andes	Plenilunio	2005	$$$	★★★
Cabernet de los Andes	Tizac Reserve	2004	$$	★★★
Cabrini	Fernando Cabrini ☒	2002	S/D	★★★
Campo Negro	Finca El Reposo	2004	$$$	★★★
Casa Montes	Ampakama	2005	$$	★★★
Catena Zapata	Alamos	2004	$$$	★★★
Chandon	Latitud 33°	2004	$$	★★★
Charles Leblon	Charles Leblon	2004	$$$	★★★
Cicchitti	Cicchitti Gran Reserva	2005	$$$	★★★
Coemix	Fitz Roy	2004	$$	★★★
Conalbi Grinberg	Conalbi Grinberg	2000	$$$$	★★★
Del Añelo	Finca Roja	2004	$$	★★★
Del Fin del Mundo	Bodega del Fin del Mundo Reserva	2004	$$$	★★★

Vinos

Bodega	Marca	Cosecha	$	Pts
● **CABERNET SAUVIGNON**				
Domados	Tobiano	2004	$$	★★★
Don Doménico	El Escondido de Don Doménico	2004	$$$$	★★★
Doña Paula	Doña Paula Estate	2004	$$$$	★★★
Doña Paula	Los Cardos	2004	$$$	★★★
El Cerno	Wayna	2004	$$	★★★
El Portillo	Finca El Portillo	2005	$$	★★★
Eral Bravo	Urano	2005	S/D	★★★
Escorihuela	Escorihuela Gascón	2004	$$$$	★★★
Escorihuela	Familia Gascón	2003	$$	★★★
Escorihuela	Gascón Reserva	2004	$$$	★★★
Estancia El Durazno	Teorema	2003	$$	★★★
Etchart	Ayres de Cafayate	2005	$$	★★★
Etchart	Etchart Cafayate ☒	2005	$$	★★★
Etchart	Etchart Privado	2005	$	★★★
Familia Falasco	Los Haroldos Roble	2004	$$	★★★
Familia Schroeder	Saurus	2004	$$$	★★★
F. Lavaque - Finca El Recreo	Finca de Altura	2003	$$	★★★
F. Lavaque - Finca El Recreo	Quara ☒	2004	$$	★★★
F. Lavaque - Finca El Recreo	Quara Cafayate	2004	$$	★★★
Finca Flichman	Finca Flichman Reserva	2004	S/D	★★★
Finca Flichman	Finca Flichman Roble	2004	S/D	★★★
Finca Las Moras	Finca Las Moras	2005	$	★★★
Fincas Andinas	Il Segreto Orgánico	2004	$$	★★★
Freixenet	Viento Sur	2004	$$	★★★
Gentile Collins	Gentile Collins	2003	$$	★★★
Goyenechea	Centenario	2001	$$	★★★
Goyenechea	Quinta Generación	2001	$$$$	★★★
Graffigna	Colón	2005	$	★★★
Graffigna	Graffigna Centenario	2004	$$	★★★
Higinio Figueroa	Don Higinio Roble	2003	$$	★★★
Huarpe	Taymente	2004	$$	★★★
Jean Rivier	Jean Rivier Reserva	2002	S/D	★★★
Kaiken	Kaiken	2004	$$$$	★★★
La Rural	Rutini	2003	$$$$	★★★

Bodega	Marca	Cosecha	$	Pts
● **CABERNET SAUVIGNON**				
Lagarde	Altas Cumbres	2004	$$	★★★
Lagarde	Lagarde	2004	$$$	★★★
Lanzarini	La Ramada	2004	$$	★★★
Luigi Bosca	Luigi Bosca Reserva	2003	$$$$	★★★
Lurton	Lurton	2005	$$	★★★
Medrano Estate	Medrano Alto Reserve	2004	$$	★★★
Norton	Norton	2005	$$	★★★
Norton	Norton Reserva	2003	$$$$	★★★
Portal Andino	Portal Andino	2003	$$	★★★
R.J. Viñedos	Joffré e hijas Gran Cabernet Sauvignon	2004	$$$	★★★
Robino	Dante Robino	2004	$$	★★★
Roca	Alfredo Roca	2003	$$$	★★★
Rubino	Finca La Delfina	S/D	$$	★★★
San Telmo	San Telmo	2003	$	★★★
Santa Ana	Cepas Privadas	2004	$$	★★★
Santa Ana	Santa Ana	2005	$$	★★★
Siete Fincas	Siete Fincas	2004	$$	★★★
Telteca Winery	Sayanca ☒	2004	$$$	★★★
Telteca Winery	Telteca	2004	$$	★★★
Terza	Terza Volta	2004	$$	★★★
Trapiche	Fond de Cave	2003	$$	★★★
Viña Amalia	Viña Amalia	2003	$$$	★★★
Viniterra	Omnium	2005	$$	★★★
Viniterra	Terra Roble	2004	$$	★★★
Weinert	Pedro del Castillo	2003	$$	★★★
Zuccardi	Santa Julia	2005	$$	★★★
Arístides	La Estiba de Familia	2003	$$$	★★
Cabernet de los Andes	Tizac	2004	$$	★★
Carinae	Carinae Reserva	2004	$$$$	★★
Catena Zapata	Maison Rosselot	2000	$$$$	★★
Cobos	Cocodrilo	2004	$$$$	★★
Coop.Vit. Gral. Alvear	Duque de Osuna	2005	$$	★★
Del Fin del Mundo	Newen	2005	$$	★★
Familia Falasco	Balbo	2005	$	★★

Vinos

Bodega	Marca	Cosecha	$	Pts
● **CABERNET SAUVIGNON**				
Familia Falasco	Los Haroldos	2005	$	★★
Finca La Celia	La Consulta	2004	$$	★★
Finca Los Maza	Finca Los Maza Reserva	2003	$$$	★★
Fincas Andinas	Il Segreto Roble	2005	$	★★
Martins	Martins	2005	$	★★
Navarro Correas	Navarro Correas Colección Privada	2004	$$	★★
Roberto Bonfanti	Roberto Bonfanti Roble	2004	$$	★★
Viña Ona	Selk´nam bag in box (3 litros)	2004	$$$$	★★
Finca La Anita	Finca La Anita	2002	$$$$	★
● **CABERNET SAUVIGNON - CABERNET FRANC - MERLOT**				
Luigi Bosca	Gala 2	2003	$$$$$	🍇
● **CABERNET SAUVIGNON - CABERNET FRANC - MERLOT - MALBEC**				
Benegas	Don Tiburcio	2003	$$$	★★★★
● **CABERNET SAUVIGNON - MALBEC**				
Belén de Humanao	Humanao Reserva	2005	$$$$	🍇
Huarpe	Huarpe	2004	$$$	★★★★★
Terrazas	Cheval des Andes	2002	$$$$$	★★★★★
Trivento	Trivento Reserve	2004	$$	★★★★★
Belén de Humanao	Finca Humanao	2005	$$$	★★★★
La Rosa	Inca ☒	2004	S/D	★★★★
Ruca Malen	Yauquén	2004	$$	★★★★
Alto Salvador	Viñas de Alto Salvador	2004	$$	★★★
Antonio Nerviani	Antonio Nerviani Reserve	2001	$$$	★★★
Catena Zapata	Uxmal	2005	$$	★★★
Del Fin del Mundo	Postales del Fin del Mundo	2005	$$	★★★
Familia Cassone	Madrigal ☒	2004	$$	★★★
Familia Falasco	Los Haroldos	S/D	$	★★★
Finca Las Nubes	Finca Las Nubes	2004	$$	★★★
Viña Amalia	Dos Fincas	2004	$$	★★★
La Rural	Rutini	2004	$$$$	★★
● **CABERNET SAUVIGNON - MALBEC - MERLOT**				
Valentín Bianchi	Enzo Bianchi Gran Cru DOC	2003	$$$$$	★★★★★
Del Fin del Mundo	Del Fin del Mundo Special Blend Reserva	2004	$$$$$	★★★★

Bodega	Marca	Cosecha	$	Pts
● **CABERNET SAUVIGNON - MALBEC - MERLOT**				
La Rural	Cepa Tradicional	2000	$$	★★★
Nieto Senetiner	Don Nicanor Blend	2004	$$$$	★★★
Norton	Norton Privada	2002	$$$$$	★★★
Finca La Anita	Finca Corte Clásico	2001	$$$$$	★
● **CABERNET SAUVIGNON - MALBEC - PETIT VERDOT**				
Chakana	Chakana Estate Selection	2004	$$$$	🍇
● **CABERNET SAUVIGNON - MALBEC - PINOT NOIR**				
Chandon	Valmont	S/D	$$	★★★
● **CABERNET SAUVIGNON - MALBEC - SYRAH**				
Graffigna	135° Aniversario	2003	S/D	★★★
El Esteco	Ciclos	2004	$$$$	★★★
● **CABERNET SAUVIGNON - MERLOT**				
Bodega Manuel López López	Villa Seca Reserva Especial	2001	$$$$	★★★★
Catena Zapata	Saint Felicien	2003	$$	★★★★
Graffigna	Graffigna	S/D	$$	★★★
Tapiz	Tapiz Reserva	2004	$$$$	★★★
Trapiche	Broquel	2004	$$	★★★
Viña Amalia	Dos Fincas	2004	$$	★★★
Humberto Canale	Humberto Canale	2004	$$$	★★
Los Maitenes	El Corregidor	2004	S/D	★★
● **CABERNET SAUVIGNON - MERLOT - MALBEC**				
Trapiche	Medalla	2003	$$$$	🍇
López	Montchenot Gran Reserva	1996	$$$	★★★
Navarro Correas	Navarro Correas Colección Privada Blend	2004	$$	★★★
López	Montchenot 15 Años Gran Reserva	1989	$$$$$	★★
La Rural	San Felipe	2004	$	★
● **CABERNET SAUVIGNON - MERLOT - MALBEC - SYRAH**				
La Rural	Felipe Rutini	2000	$$$$$	★★★★
● **CABERNET SAUVIGNON - MERLOT - PINOT NOIR**				
López	Chateau Vieux	1998	$$	★★★
● **CABERNET SAUVIGNON - PINOT GRIS**				
Barale + Biurrun	Finca 878 Clásico	2005	$	★★★
● **CABERNET SAUVIGNON - PINOT NOIR**				
Chandon	Clos Du Moulin	2003	$$	★
● **CABERNET SAUVIGNON - SYRAH**				
Finca Los Maza	Maza Tonconogy	2003	$$$	★★★★

Vinos

Bodega	Marca	Cosecha	$	Pts
● **CABERNET SAUVIGNON - SYRAH**				
Catena Zapata	Uxmal	2004	$$	★★★
Don Doménico	Finca Las Casuarinas	2005	$	★★★
Finca Las Moras	Finca Las Moras Reserva	2003	$$	★★★
La Rural	Pequeña Vasija	2004	$	★★★
● **CABERNET SAUVIGNON - TEMPRANILLO**				
Chandon	Dos Voces	2004	$$	★★★
● **CABERNET SAUVIGNON - TEMPRANILLO - SYRAH - MERLOT**				
Finca Algarve	Cinco Sentidos Gran Reserva	2002	$$$$$	★★
● **CARIGNAN**				
Cecchin	Finca Cecchin	2004	$$	★★★
● **GRACIANA**				
Cecchin	Finca Cecchin	2004	$$	🍇
● **MALBEC**				
Alta Vista	Alta Vista Premium	2004	$$$	🍇
Alta Vista	Single Vineyard Alizarine	2004	$$$$	🍇
Alta Vista	Single Vineyard Serenade	2004	$$$$	🍇
Alta Vista	Single Vineyard Temis	2004	$$$$	🍇
Altos Las Hormigas	Reserva Viña Hormigas	2004	$$$$	🍇
Andeluna Cellars	Andeluna Reserva	2004	$$$$	🍇
Arístides	Arístides Alta Gama	2001	$$$	🍇
Catena Zapata	Angélica Zapata Alta	2002	$$$$$	🍇
Dolium	Dolium Gran Reserva	2003	$$$$$	🍇
Doña Paula	Selección de Bodega	2003	$$$$$	🍇
Escorihuela	Pequeñas Producciones	2002	$$$$$	🍇
Finca Don Carlos	Calathus	2005	$$$$	🍇
Mauricio Lorca	Lorca Poético	2004	$$$$	🍇
Monteviejo	Linda Flor ☒	2003	$$$$$	🍇
Renacer	Punto Final	2004	$$$$	🍇
Renacer	Punto Final Reserva	2004	$$$$	🍇
Salentein	Salentein Primus	2003	$$$$$	🍇
Trivento	Trivento Golden Reserve	2003	$$$$$	🍇
Arístides	La Estiba de Familia	2003	$$$	★★★★★
Chakana	Chakana Reserve	2004	$$$$	★★★★★
Enrique Foster	Enrique Foster Reserva	2004	$$$$	★★★★★
Escorihuela	Gascón Reserva	2004	$$$	★★★★★

Bodega	Marca	Cosecha	$	Pts
● **MALBEC**				
Finca Koch	Finca Koch	2004	$$$	★★★★★
Goyenechea	Quinta Generación ☒	2004	$$$$	★★★★☆
Kaiken	Kaiken	2004	$$$$	★★★★★
Lagarde	Lagarde DOC	2003	$$$$	★★★★★
Navarro Correas	Navarro Correas Gran Reserva	2003	$$$$	★★★★★
O.Fournier	Alfa Crux	2003	$$$$$	★★★★★
Poesía	Clos des Andes	2004	$$$$	★★★★★
Trapiche	Origen	2004	$$	★★★★★
Valentín Bianchi	Bianchi Particular	2003	$$$$	★★★★★
Viña Amalia	Viña Amalia Reservado	2002	$$$$	★★★★★
Xumek	Xumek Reserva	2004	$$$$	★★★★★
Meriterra	Meriterra	2004	$$$	★★★★
Achával-Ferrer	Finca Mirador	2004	$$$$$	★★★★
Caligiore	Caligiore	2004	$$$	★★★★
Charles Leblon	Charles Leblon	2004	$$$	★★★★
El Portillo	El Portillo Elevado	2004	$$$	★★★★
Finca Flichman	Caballero de la Cepa	2005	$$	★★★★
Graffigna	G ☒	2003	S/D	★★★★
Medrano Estate	Filus Reserve Oak Barrel	2003	$$$$	★★★★
Roca	Alfredo Roca	2003	$$$	★★★★
Santo Trovato	FT de Familia Trovato	2005	$$	★★★★
Trapiche	Trapiche Colección Roble	2004	$$$	★★★★
Valentín Bianchi	Génesis	2004	$$	★★★★
Adagio	Adagio Premium	2003	$$$$	★★★★
Adagio	Brumales	2003	$$	★★★★
Altocedro	Altocedro Año Cero	2004	$$	★★★★
Altos Las Hormigas	Altos Las Hormigas	2005	$$$$	★★★★
Atilio Avena	Viñas de Atilio Avena Roble	2003	$$	★★★★
Bodega Sur	Sur de los Andes	2005	$$$	★★★★
Bodega Sur	Sur de los Andes Reserva	2004	$$$$	★★★★
Carinae	El Galgo Gran Reserva	2004	$$$$	★★★★
Catena Zapata	Saint Felicien	2003	$$$$	★★★★
Cavagnaro	Cavagnaro	2004	$$$	★★★★
Cinco Tierras	Cinco Tierras Premium	2003	$$$$	★★★★

55

Vinos

Bodega	Marca	Cosecha	$	Pts
● **MALBEC**				
Cobos	El Felino	2004	$$$$	★★★★
Dolium	Dolium	2004	$$$$	★★★★
Domados	Zaino	2004	$$$	★★★★
El Porvenir de los Andes	Laborum	2004	$$$$	★★★★
Escorihuela	Escorihuela Gascón	2004	$$$$	★★★★
Estepa	Estepa Tierras	2004	$$$	★★★★
Familia Cassone	Finca La Florencia ☒	2004	$$	★★★★
Familia Schroeder	Saurus Patagonia Select	2004	$$	★★★★
F. Lavaque - Finca El Recreo	Finca de Altura	2003	$$	★★★★
Finca La Celia	La Celia Reserva	2003	$$$$	★★★★
Finca La Celia	La Consulta	2004	$$	★★★★
Finca La Luz	Callejón del Crimen	2005	$$$$	★★★★
Gentile Collins	Paseo Sarmiento	2004	$	★★★★
Huarpe	Taymente	2004	$$	★★★★
La Riojana	Raza Argentina	2003	$$$$$	★★★★
La Rural	Rutini	2003	$$$$$	★★★★
Lanzarini	Montecepas ☒	2004	$$	★★★★
Llaver	Eduardo Félix	2004	S/D	★★★★
Llaver	Familia Llaver Oro	2004	S/D	★★★★
Luigi Bosca	Luigi Bosca DOC	2003	$$$$	★★★★
Luis Segundo Correas	Valle Las Acequias Roble	2003	$$$	★★★★
Navarro Correas	Navarro Correas Colección Privada	2004	$$	★★★★
Norton	Norton Malbec D.O.C.	2003	$$$	★★★★
NQN	Malma Reserve	2004	$$$$	★★★★
Ricardo Santos	El Malbec de Ricardo Santos	2004	$$$$	★★★★
San Pedro de Yacochuya	Yacochuya - Michel Rolland	2003	$$$$$	★★★★
Santa Ana	Cepas Privadas	2004	$$	★★★★
Santa Ana	Santa Ana	2005	$$	★★★★
Terrazas	Afincado	2002	$$$$$	★★★★
Terza	Terza Volta Tremila	2003	$$$$	★★★★
Tikal	Tahuantinsuyu	2003	$$$$	★★★★
Trivento	Tribu	2005	$	★★★★
Trivento	Trivento Reserve	2004	$$$	★★★★
Valentín Bianchi	Famiglia Bianchi	2004	$$$$	★★★★

Bodega	Marca	Cosecha	$	Pts
● **MALBEC**				
Viniterra	Terra Roble	2004	$$	★★★★
Vinorum	Vinorum Reserve	2003	$$$$	★★★★
Weinert	Pedro del Castillo	2004	$$	★★★★
Aconquija	Alberto Furque Finisterrae	2002	$$	★★★
Adagio	Adagio	2003	$$$	★★★
Alta Vista	Grande Reserve Terroir Selection ☒	2004	$$$$	★★★
Alto Salvador	Viñas de Alto Salvador	2004	$$	★★★
Altos de Huanacache	Finca Santa María	2005	$	★★★
Andeluna Cellars	Andeluna	2004	$$$$	★★★
Antonio Nerviani	Antonio Nerviani Colección Privada	2002	$$$	★★★
Antonio Nerviani	Monte Santa María Reserve	2002	S/D	★★★
Antonio Nerviani	Nerviani	2004	S/D	★★★
Arroba Carlos Balmaceda	Arroba Edición Limitada	2005	$$$$	★★★
Atilio Avena	Viñas de Atilio Avena	2004	$	★★★
Augusto Pulenta	Valbona	2004	$$	★★★
Barale + Biurrun	Finca 878	2005	$$	★★★
Benegas	Benegas	2002	$$$$	★★★
Benegas	Juan Benegas	2004	$$$	★★★
Bórbore	Bórbore	2005	$	★★
Bournett	Bournett	2004	$$$	★★★
Cabernet de los Andes	Plenilunio	2005	$$$	★★★
Cabernet de los Andes	Tizac Reserve	2004	$$$	★★★
Campo Negro	Finca El Reposo	2004	$$$	★★★
Carinae	Carinae	2004	$$	★★★
Cave Extrême	Mapú Curá	2003	$$	★★★
Cecchin	Cecchin Premium	2004	$$$	★★★
Chakana	Chakana	2005	$$$	★★★
Chandon	Latitud 33°	2005	$$	★★★
Charles Leblon	Gran Leblon	2004	$$$$	★★★
Cicchitti	Cicchitti Gran Reserva	2004	$$$	★★★
Coemix	Fitz Roy	2004	$$	★★★
Conalbi Grinberg	Conalbi Grinberg	2001	$$$$	★★★
Coop.Vit. Gral. Alvear	Duque de Osuna	2005	$$	★★★
Crotta	Bodegas Crotta	2003	$$	★★★

Bodega	Marca	Cosecha	$	Pts
● **MALBEC**				
Del Añelo	Finca Roja	2004	$$	★★★
Del Fin del Mundo	Postales del Fin del Mundo	2005	$$	★★★
Domados	Tobiano	2004	$$	★★★
Domingo Hnos.	Domingo Molina	2002	$$$$	★★★
Domingo Hnos.	Finca de Domingo	2003	$$$	★★★
Dominio del Plata	Benmarco	2004	$$$$	★★★
Dominio del Plata	Crios	2005	$$$$	★★★
Don Benjamín	Don Benjamín	2004	$$	★★★
El Esteco	Elementos	2005	$$	★★★
Enrique Foster	Enrique Foster Edición Limitada	2003	$$$$$	★★★
Enrique Foster	Terruño Lunlunta	2004	$$$$	★★★
Eral Bravo	Urano	2005	S/D	★★★
Etchart	Ayres de Cafayate	2004	$$	★★★
Etchart	Etchart Privado	2005	$	★★★
Etchart	Río de Plata	2004	S/D	★★★
Familia Cassone	Finca La Florencia	2005	$$	★★★
Familia Cassone	Obra Prima Reserva ☒	2003	$$$$	★★★
Familia Falasco	Balbo	2005	$	★★★
Familia Falasco	Los Haroldos Roble	2004	$$	★★★
Familia Falasco	Los Haroldos	2005	$	★★★
Familia Schroeder	Saurus	2004	$$$	★★★
F. Lavaque - Finca El Recreo	Quara Cafayate	2004	$$	★★★
F. Lavaque - Finca El Recreo	Quara ☒	2004	$$	★★★
Finca Algarve	Cinco Sentidos Reserva	2003	$$$$	★★★
Finca Flichman	Finca Flichman Reserva	2005	S/D	★★★
Finca Flichman	Finca Flichman Roble	2005	S/D	★★★
Finca La Anita	Finca La Anita	2003	$$$$	★★★
Finca La Luz	Viñas de Uco	2004	$$	★★★
Finca Las Moras	Finca Las Moras Reserva	2005	$	★★★
Finca Los Maza	Finca Los Maza Reserva	2003	$$$	★★★
Finca Sophenia	Altosur	2005	$$$	★★★
Finca Sophenia	Finca Sophenia	2004	$$$$	★★★
Fincas Andinas	Il Segreto Roble	2005	$	★★★
Gentile Collins	Gentile Collins	2003	$$	★★★
Graffigna	Colón	2005	$	★★★
Graffigna	Graffigna Centenario	2004	$$	★★★

Bodega	Marca	Cosecha	$	Pts
● **MALBEC**				
Graffigna	Graffigna Clásico ☒	2005	$$	★★★
Humberto Canale	Humberto Canale	2004	$$$	★★★
Humberto Canale	Marcus Gran Reserva	2004	$$$$$	★★★
Intimayu	Finca Intimayu	2005	$	★★★
Jean Rivier	Jean Rivier Reserva	2003	S/D	★★★
La Añorada	Domaine Saint George	2004	S/D	★★★
La Azul	Azul	2004	$$$$	★★★
La Guarda	Sangre de Viña	2005	$$	★★★
La Riojana	Santa Florentina	2005	$	★★★
La Rural	Pequeña Vasija	2004	$	★★★
La Rural	San Felipe Roble	2004	$$	★★★
La Rural	Trumpeter	2004	$$$	★★★
Lagarde	Altas Cumbres	2004	$$	★★★
Lagarde	Lagarde	2003	$$$	★★★
Llaver	Llaver Cobre	2005	$$	★★★
Llaver	Vino de Abordo	2005	S/D	★★★
López	López	2004	$	★★★
Luigi Bosca	Finca La Linda	2004	$$	★★★
Luigi Bosca	Luigi Bosca Reserva	2003	$$$$	★★★
Luis Segundo Correas	Valle Las Acequias	2003	$$$	★★★
Lurton	Lurton	2005	$$	★★★
Lurton	Lurton Reserva	2004	$$	★★★
Martins	Martins	2005	$	★★★
Mauricio Lorca	Ópalo	2005	$$$$	★★★
Mayol	Kaleido	2003	$$	★★★
Medrano Estate	Medrano Alto Reserve	2004	$$	★★★
Melipal	Melipal Reserva	2004	$$$	★★★
Noemìa de Patagonia	Noemìa	2004	$$$$$	★★★
Norton	Norton	2005	$$	★★★
NQN	Malma	2004	$$$	★★★
Pulmary	Donaria ☒	2004	$$$	★★★
Roberto Bonfanti	Roberto Bonfanti Roble	2004	$$	★★★
Robino	Dante Robino	2004	$$	★★★
Robino	Novecento	2004	$$	★★★
Rubino	Finca La Delfina	S/D	$$	★★★
Ruca Malen	Ruca Malen	2003	$$$$	★★★

Vinos

Bodega	Marca	Cosecha	$	Pts
● **MALBEC**				
Melipal	Melipal	2004	$$	★★★
Salentein	Salentein Roble	2004	$$$$	★★★
San Polo	Auka	2004	$$$$	★★★
Santa Ana	La Mascota	2004	$$$	★★★
Schetira	Vástago de Gea	2004	$$	★★★
Telteca Winery	Sayanca	☒ 2004	$$$	★★★
Tempus Alba	Tempus	2004	$$$$	★★★
Terrazas	Terrazas	2005	$$$	★★★
Terrazas	Terrazas Reserva	2004	$$$$	★★★
Terza	Terza Volta	2004	$$	★★★
Tierra de Dioses	Tierra de Dioses	2004	$$	★★★
Tierras Altas	Vicente Vargas Videla Reserve	2002	S/D	★★★
Trapiche	Trapiche	2005	$	★★★
Valentín Bianchi	Bianchi DOC	2005	$$	★★★
Viña Amalia	Viña Amalia	2004	$$$	★★★
Viñas de Altura	Conquista	☒ 2004	S/D	★★★
Viniterra	Omnium	2005	$$	★★★
Viniterra	Viniterra	2004	$$$	★★★
Xumek	Xumek	2004	$$$	★★★
Zuccardi	Santa Julia Roble	2004	$$	★★★
Bórbore	Avanti	2004	$$	★★
Cabrini	Cabrini Roble	2002	$$$$	★★
Dolium	Dolium Reserva	2004	$$$$$	★★
Don Cristóbal 1492	Cristóbal 1492 Oak Reserve	2003	$$$$	★★
El Cerno	Wayna	2004	$$	★★
El Rosal	El Rosal	2004	$$	★★
Enrique Foster	Terruño Vistalba	2004	$$$$	★★
Eral Bravo	Eral Bravo	2004	$$	★★
Estancia El Durazno	Teorema	2003	$$	★★
Goyenechea	Goyenechea Roble	2004	$	★★
Portal Andino	Portal Andino	2003	$$	★★
R.J. Viñedos	Joffré e hijas Gran Malbec	2004	$$$	★★
Siete Fincas	Siete Fincas	2004	$$	★★
Telteca Winery	Telteca	2004	$$	★★
Viñas del Barón	Finca del Marqués Gabriela Barón	2004	$$$$	★★

60

Bodega	Marca	Cosecha	$	Pts
● **MALBEC**				
Vinecol	Médanos	2005	$$	★★
Enrique Foster	Ique	2005	$$$	★
La Banda	Vasija Secreta	S/D	$	★
San Telmo	San Telmo	2003	$	★
● **MALBEC - BONARDA**				
Finca Las Moras	Mora Negra	2003	$$$$	🍇
Catena Zapata	Uxmal	2004	$$	★★★
Charles Leblon	Leblon Classic	2004	$$	★★★
Jean Rivier	Jean Rivier Assemblage Rouge	2004	$	★★★
Martins	Martins Andino	2004	$	★
● **MALBEC - CABERNET SAUVIGNON**				
Alta Vista	Alto	2004	$$$$$	🍇
Colomé	Colomé Reserva	2003	$$$$$	🍇
Chandon	Dos Voces	2004	$$	★★★★★
Bros	Bros	2003	$$$$	★★★★
El Porvenir de los Andes	Laborum	2003	$$$$	★★★★
Etchart	Arnaldo B. Gran Reserva	2002	$$$$	★★★★
Cicchitti	Chipo Céspedes Coupage	2003	$$$	★★★
Etchart	Etchart Privado	2005	S/D	★★★
Etchart	Río de Plata	2004	S/D	★★★
Finca Algarve	Cinco Sentidos Reserva	2003	$$$$	★★★
Lugilde Goulart	Paris Goulart Reserva	2005	$$$$	★★★
Roberto Bonfanti	Roberto Bonfanti Roble	2004	$$	★★★
San Pedro de Yacochuya	San Pedro de Yacochuya	2003	$$$$	★★★
Caligiore	Cuatro Vacas Gordas	2004	$	★★
● **MALBEC - CABERNET SAUVIGNON - BONARDA**				
Carlos Pulenta	Vistalba Corte A	2003	$$$$$	★★★★
Colomé	Amalaya	2004	$$$	★★★
● **MALBEC - CABERNET SAUVIGNON - MERLOT**				
Cuvelier Los Andes	Grand Vin ☒	2004	$$$$	🍇
Weinert	Carrascal	2003	$$	★★★
Weinert	Cavas de Weinert Gran Vino	2000	$$$$	★★★
Bodega Manuel López López	Patrón Santiago	2003	$$$$	★★★
● **MALBEC - CABERNET SAUVIGNON - SYRAH**				
Carinae	Carinae Prestige	2004	$$$$	🍇

Vinos

61

Bodega	Marca	Cosecha	$	Pts
MALBEC - CABERNET SAUVIGNON - SYRAH				
El Porvenir de los Andes	Amauta	2004	$$$$	★★★★
MALBEC - CABERNET SAUVIGNON - SYRAH - MERLOT				
Viña Amalia	Carlos Basso	2003	$$$$	★★★
MALBEC - CABERNET SAUVIGNON - TANNAT				
Colomé	Colomé Estate	2004	$$$$	★★★★
Finca Las Nubes	José L. Mounier	☒ 2004	$$$$	★★★
MALBEC - MERLOT				
Noemía de Patagonia	J. Alberto	2005	$$$$$	🍇
Carlos Pulenta	Vistalba Corte C	2004	$$$$	★★★★
Coop.Vit. Gral. Alvear	Duque de Osuna	2005	$$$	★★★★
Callia	Callia Magna	2004	$$	★★★
Casa Montes	Ampakama	2005	$$	★★★
Cinco Tierras	Cinco Tierras Reserva Familia	2002	$$$$$	★★★
Finca Los Maza	Maza Tonconogy	2003	$$$	★★★
Noemía de Patagonia	A Lisa	2005	$$$$	★★★
Giménez Riili	Terramedia	2004	$	★★
MALBEC - MERLOT - CABERNET SAUVIGNON				
Domados	Lobuno	2004	$$$	★★★★★
Finca Sophenia	Synthesis	2003	$$$$$	★★★★★
Chandon	Beltour	S/D	$	★★
MALBEC - MERLOT - CABERNET SAUVIGNON - CABERNET FRANC				
Achával-Ferrer	Quimera	2004	$$$$$	★★★★
MALBEC - MERLOT - TANNAT				
Domingo Hnos.	Rupestre	2004	$$$$$	★★
MALBEC - PETIT VERDOT				
Luigi Bosca	Los Nobles	2001	$$$$$	★★★★
MALBEC - PETIT VERDOT - TANNAT				
Luigi Bosca	Gala 1	2003	$$$$$	★★★★
MALBEC - SYRAH				
Graffigna	Graffigna	S/D	$$	★★★
Intimayu	Finca Intimayu Oro	2003	$$	★★★
La Riojana	Santa Florentina	2005	$	★★★
La Rural	Trumpeter	2004	$$$	★★★
San Telmo	San Telmo	2005	$	★★★
Trapiche	Broquel	2004	$$	★★★
Viñas del Barón	Finca del Marqués Top Reserve	2002	$$$$	★★★
MALBEC - TEMPRANILLO				
Altocedro	Altocedro Reserva	2003	$$	★★★★

Bodega	Marca	Cosecha	$	Pts
● **MALBEC - TEMPRANILLO**				
O. Fournier	Urban Uco	2003	$$$	★★★
● **MERLOT**				
Cinco Tierras	Cinco Tierras Premium	2003	$$$$	🍇
Doña Paula	Doña Paula Estate	2004	$$$$	🍇
Etchart	Río de Plata	2004	S/D	★★★★★
Nieto Senetiner	Don Nicanor	2003	$$$$	★★★★★
Valentín Bianchi	Bianchi Particular	2003	$$$$	★★★★★
Telteca Winery	Telteca	2004	$$	★★★★
Arístides	La Estiba de Familia	2003	$$$	★★★★
Cabernet de los Andes	Plenilunio	2005	$$$	★★★★
Casa Montes	Alzamora Grand Reserve ☒	2003	$$$$	★★★★
Domados	Tobiano	2004	$$	★★★★
Doña Paula	Los Cardos	2004	$$$	★★★★
Etchart	Etchart Privado	2005	$	★★★★
F. Lavaque - Finca El Recreo	Finca de Altura	2003	$$	★★★★
Finca Sophenia	Altosur	2004	$$	★★★★
Humberto Canale	Marcus Gran Reserva	2004	$$$$	★★★★
La Rural	San Felipe Roble	2004	$$	★★★★
NQN	Malma	2004	$$$	★★★★
Roca	Alfredo Roca	2003	$$$	★★★★
Salentein	Salentein Primus	2002	$$$$$	★★★★
Terrazas	Terrazas	2004	$$	★★★★
Weinert	Weinert	2000	$$$$	★★★★
Andeluna Cellars	Andeluna Reserva	2004	$$$$	★★★
Barale + Biurrun	Finca Martha	2004	$$$	★★★
Carleto Franceschini	Divisadero	2004	$$$	★★★
Cobos	Lagarto	2004	$$$$	★★★
Conalbi Grinberg	Conalbi Grinberg	2001	$$$$	★★★
Del Añelo	Finca Roja	2004	$$	★★★
Del Fin del Mundo	Bodega del Fin del Mundo Reserva	2004	$$$	★★★
Del Fin del Mundo	Newen	2004	$$	★★★
Don Doménico	Finca Don Doménico de Huanacache	2004	$$	★★★
El Cerno	Wayna	2004	$$	★★★
Estepa	Estepa Tierras	2004	$$$	★★★
Finca Flichman	Finca Flichman Roble	2005	S/D	★★★

Vinos

BODEGA	MARCA	COSECHA	$	PTS
● **MERLOT**				
Finca La Luz	Callejón del Crimen	2005	$$$$	★★★
Finca Sophenia	Finca Sophenia	2004	$$$$	★★★
Gentile Collins	Gentile Collins	2003	$$	★★★
Goyenechea	Goyenechea	2004	$	★★★
Hermanos Millás	Cuesta del Viento	2005	$	★★★
Humberto Canale	Humberto Canale	2004	$$$	★★★
La Añorada	Domaine Saint George	2004	S/D	★★★
La Banda	Vasija Secreta	2003	$	★★★
La Riojana	Santa Florentina	2005	$	★★★
La Rural	Rutini	2001	$$$$	★★★
La Rural	Trumpeter	2004	$$$	★★★
Lanzarini	La Ramada	2004	$$	★★★
Llaver	Familia Llaver Oro	2004	S/D	★★★
Los Maitenes	Maestre de Campo	2003	$$$	★★★
Navarro Correas	Navarro Correas Colección Privada	2004	$$	★★★
Portal Andino	Portal Andino	2003	$$	★★★
Pulenta Estate	Pulenta Estate	2004	$$$$	★★★
Putruele	Finca Natalina	2004	$	★★★
Robino	Dante Robino	2004	$$	★★★
San Telmo	San Telmo	2003	$	★★★
Santo Trovato	FT de FamiliaTrovato	2005	$$	★★★
Terrazas	Terrazas Reserva	2003	$$$$	★★★
Viniterra	Viniterra	2003	$$$	★★★
Weinert	Pedro del Castillo	2004	$$	★★★
Andeluna Cellars	Andeluna	2004	$$$$	★★
F. Lavaque - Finca El Recreo	Quara	2004	$$	★★
Finca Flichman	Caballero de la Cepa	2003	$$	★★
NQN	Malma Reserve	2004	$$$$	★★
Tempus Alba	Tempus	2004	$$$$	★★
Charles Leblon	Charles Leblon	2003	$$$	★
Del Fin del Mundo	Postales del Fin del Mundo	2004	$$	★
Finca La Anita	Finca La Anita	2001	$$$$$	★
Telteca Winery	Sayanca	☒ 2004	$$$	★
● **MERLOT - BONARDA**				
La Rosa	Inca	☒ 2004	S/D	★★★
Pulmary	Cuq red wine	☒ 2004	$$	★★★

64

Lounge music

Chill out para el cocktail. Unplugged para el relax.

www.newage-hotels.com

eservas: 4005-0050 o consulte a su agente de viajes.

Disfrute de la mejor selección de pequeños hoteles de lujo de América Latina.
ueños de una arquitectura y un diseño únicos, cada establecimiento combina naturaleza, calidad y servicio en cada detalle.

N|A Town & Country HOTELS

RGENTINA: • **Norte:** Solar de la Plaza - Ciudad de Salta, Salta • Manantial del Silencio - Purmamarca, Jujuy
Centro: Estancia La Paz - Ascochinga, Córdoba • San Pedro Viejo - San Pedro Norte, Córdoba • Club Tapiz - Maipú,
endoza • My ba Hotel - Belgrano, Ciudad de Buenos Aires • Hotel del Casco - San Isidro, Buenos Aires
Villa Julia - Tigre, Buenos Aires • **Sur:** Posada La Escondida - Villa Pehuenia, Neuquén
Hostería Las Balsas - Villa La Angostura, Neuquén • Río Hermoso - San Martín de los Andes, Neuquén
Hotel Aldebarán - Bariloche, Río Negro • Hostería Futalaufquen - Esquel, Chubut • Las Restingas - Puerto
rámides, Chubut **BRASIL:** Posada La Pedrera - Buzios, Brasil **PRÓXIMAMENTE:** La Merced del Alto - Cachi, Salta
007) • El Patio de Moreno - San Antonio de Areco, Buenos Aires (2007) • Club Tapiz Iguazú - Puerto Iguazú,
siones (2007) • Puerto Valle - Esteros del Iberá, Corrientes (2007) • Valle Perdido Wine Resort - San Patricio del
añar, Neuquén (2007) • Palermo "Hollywood", Ciudad de Buenos Aires (2007)

....Conocer el mundo del vino
de la mano de un Sommelier...

A A S

Desarrollo Profesional

Servicios de Consultoría

Acreditación de Estudios

AAS Asociación Argentina de Sommeliers

Miembro
ASI - Assosiation de la Sommellerie Internationale
desde 2002

Thames 1895 2°H
C1414 DDK Buenos Aires - Argentina

www.aasommeliers.com.ar

VUELA A MÉXICO EN NUESTRA CLASE EJECUTIVA, CON LO MEJOR DE LA TIERRA A BORDO.

Sólo Mexicana te ofrece la mejor Clase Ejecutiva de América Latina, aderezada con las exquisitas recetas de nuestra reconocida chef Patricia Quintana y el maridaje de nuestra estupenda carta de vinos, seleccionada por la cava más importante de México: Tierra de Vinos.

Volamos con lo mejor de nuestra tierra, por eso somos la primera línea aérea de México.

Av. Córdoba 1131 P.B. – Buenos Aires
Tel. (54 11) 41 36 – 4136
www.mexicana.com

MEXICANA
La primera línea aérea de México.

eäs
Escuela Argentina de Sommeliers

Escuela pionera en la formación de Sommeliers

Carrera de Sommelier
Título oficial Res. MCE 998/03
Título Internacional

**Cursos
Capacitaciones y
Organización de Eventos**

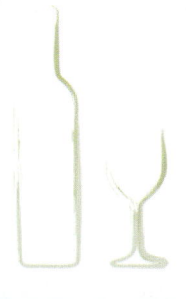

mas info
www.sommeliers.com.ar
info@sommeliers.com.ar
Tel / Fax + 5411 4815.9313 / 4816.675

Bodega	Marca	Cosecha	$	Pts
● **MERLOT - MALBEC**				
Trapiche	Iscay	2003	$$$$$	🍇
Familia Antonietti	Familia Antonietti Gran Guarda	2003	S/D	★★★★
Bournett	Bournett Prestige Roble	2003	$$$$	★★★
● **MERLOT - SYRAH**				
Finca Algarve	Cinco Sentidos Reserva	2003	$$$$	★★
● **PETIT VERDOT**				
Carlos Pulenta	Tomero	2004	$$$$	★★★★
Alta Vista	Los Escasos	2004	$$$$	★★★
Casa Montes	Don Baltazar	2004	$$$	★★★
Finca Los Angacos	Finca Los Angacos	2004	$$$$	★★★
Trapiche	Fond de Cave Reserva	2004	$$$	★★★
Finca La Luz	Callejón del Crimen	2005	$$$$	★★
● **PINOT NOIR**				
NQN	Malma	2005	$$$	★★★★★
Del Añelo	Finca Roja	2004	$$	★★★
Del Fin del Mundo	Bodega del Fin del Mundo Reserva	2004	$$$	★★★
Del Fin del Mundo	Newen	2005	$$	★★★
Etchart	Ayres de Cafayate	2004	$$	★★★
Familia Schroeder	Saurus	2004	$	★★★
Familia Schroeder	Saurus Patagonia Select	2004	$$	★★★
Finca Don Carlos	Calathus	2005	$$$$	★★★
Finca Don Carlos	Khios	2005	$$	★★★
Humberto Canale	Marcus Gran Reserva	2004	$$$$	★★★
La Rural	Rutini	1999	$$$$$	★★★
Luca	Luca Vintage	2001	$$$$$	★★★
Navarro Correas	Navarro Correas Colección Privada	2004	$$	★★★
Roca	Alfredo Roca	2005	$$$	★★★
Salentein	Salentein	2003	$$$$	★★★
Trapiche	Trapiche	2005	$	★★★
Humberto Canale	Humberto Canale	2005	$$$	★★
● **SANGIOVESE**				
Escorihuela	Escorihuela Gascón	2004	$$$$	★★★★★
Alto Salvador	Viñas de Alto Salvador	2004	$$	★★
Benegas	Benegas	2002	$$$$	★★
Finca La Luz	Viñas de Uco	2004	$$	★★

Vinos

Bodega	Marca	Cosecha	$	Pts
● **SYRAH**				
Callia	Callia Magna	2004	$$	🍇
Carinae	Carinae Reserva	2004	$$$$	★★★★★
Santa Ana	Cepas Privadas	2004	$$	★★★★★
Terrazas	Terrazas Reserva	2003	$$$$	★★★★★
Don Cristóbal 1492	Cristóbal 1492 Oak Reserve	2003	$$$$	★★★★
El Esteco	Don David	2004	$$$	★★★★
Graffigna	Graffigna Centenario	2004	$$	★★★★
La Riojana	Raza Argentina	2003	$$$$$	★★★★
Aconquija	Alberto Furque Finisterrae	2004	$$	★★★★
Don Diego	Finca Don Diego Reserva	2005	$$$$	★★★★
Don Diego	Finca Don Diego Roble	2005	$$$$	★★★★
Eral Bravo	Urano	2005	S/D	★★★★
Finca Flichman	Caballero de la Cepa	2004	$$	★★★★
Finca La Sala	La Sala	2004	$$$	★★★★
Freixenet	Viento Sur	2004	$$	★★★★
Gentile Collins	Gentile Collins Gran Syrah	2003	S/D	★★★★
Gentile Collins	Paseo Sarmiento	2003	$	★★★★
Graffigna	Graffigna Clásico ☒	2005	$$	★★★★
Graffigna	G ☒	2003	S/D	★★★★
Higinio Figueroa	Solar del Atuel	2004	$	★★★★
La Guarda	El Guardado	2003	$$$$	★★★★
La Rural	Trumpeter	2004	$$$	★★★★
Luca	Luca Vintage	2002	$$$$$	★★★★
Mauricio Lorca	Ópalo	2005	$$$$	★★★★
Mayol	Lava	2003	$$	★★★★
Terrazas	Terrazas	2005	$$	★★★★
Trapiche	Origen	2004	$$	★★★★
Trivento	Trivento Reserve	2004	$$$	★★★★
Viniterra	Viniterra	2003	$$$	★★★★
Altos de Huanacache	Finca Santa María	2005	$	★★★
Augusto Pulenta	Valbona	2004	$$	★★★
Baquero 1886	Baquero 1886	2002	$$	★★★
Barale + Biurrun	Finca Martha	2004	$$$	★★★
Benegas	Benegas	2003	$$$$	★★★
Bórbore	Avanti	2004	$$	★★★

Bodega	Marca		Cosecha	$	Pts
● **SYRAH**					
Cabernet de los Andes	Tizac		2004	$$	★★★
Caligiore	Caligiore		2004	$$	★★★
Callia	Callia Alta		2005	$	★★★
Casa Montes	Ampakama		2005	$$	★★★
Cecchin	Finca Cecchin		2004	$$	★★★
Chakana	Chakana		2005	$$$	★★★
Chandon	Latitud 33°		2005	$$	★★
Coemix	Fitz Roy		2004	$$	★★★
Del Fin del Mundo	Newen		2005	$$	★★★
Don Benjamín	Don Benjamín Reserva		2002	$$$$	★★★
Don Diego	Finca Don Diego		2005	$$$	★★★
El Esteco	Elementos		2005	$$	★★★
El Rosal	El Rosal		2004	$$	★★★
Escorihuela	Escorihuela Gascón		2003	$$$$	★★★
Escorihuela	Gascón Reserva		2004	$$$	★★★
Etchart	Etchart Cafayate	☒	2005	$$	★★★
Etchart	Etchart Privado		2005	$	★★★
Finca Flichman	Finca Flichman Reserva		2004	S/D	★★★
Finca Flichman	Finca Flichman Roble		2005	S/D	★★★
Finca La Anita	Finca La Anita		2004	$$$$	★★★
Finca La Celia	La Consulta		2004	$$$$	★★★
Finca Las Moras	Finca Las Moras		2005	$	★★★
Goyenechea	Goyenechea		2004	$	★★★
Graffigna	Colón		2005	$	★★★
La Riojana	Santa Florentina		2005	$	★★★
La Rural	Pequeña Vasija		2004	$	★★★
La Rural	Rutini		2003	$$$$	★★★
La Rural	San Felipe Roble		2004	$$	★★★
Lagarde	Lagarde		2004	$$$	★★★
Lanzarini	Montecepas	☒	2004	$$	★★★
Luis Segundo Correas	Valle Las Acequias		2003	$$$	★★★
Medrano Estate	Lazos		2004	$$$	★★★
Nieto Senetiner	Don Nicanor		2003	$$$$	★★★
Nómade	Nómade Reserva	☒	2003	$$$$$	★★★
Norton	Norton Roble		2003	$$	★★★

Bodega	Marca		Cosecha	$	Pts
● **SYRAH**					
Pulmary	Donaria Cosecha Especial	☒	2004	$$$	★★★
Roca	Alfredo Roca		2003	$$$	★★★
Rubino	Finca La Delfina		S/D	$$	★★★
San Polo	Auka		2004	$$$$	★★★
Santa Ana	Santa Ana		2005	$$	★★★
Trapiche	Trapiche		2005	$	★★★
Trivento	Tribu		2005	$	★★★
Valentín Bianchi	Bianchi DOC		2004	$$	★★★
Viniterra	Omnium		2005	$$	★★★
Bórbore	Bórbore		2005	$	★★
Carleto Franceschini	Divisadero		2004	$$$	★★
Familia Falasco	Balbo B.		2005	$	★★
Finca La Anita	Luna		2002	$$$	★★
Martins	Martins		2004	$	★★
Casa Montes	Alzamora Grand Reserve	☒	2003	$$$$	★
Coop.Vit. Gral. Alvear	Duque de Osuna		2005	$$	★
Sol de Los Andes	Sol de Los Andes		2005	$$	★
● **SYRAH - BONARDA**					
Callia	Callia Alta		2005	$	★★★★
Dominio del Plata	Crios		2005	$$$$	★★★★
Telteca Winery	Andes Sur	☒	2005	$$$	★★★
● **SYRAH - CABERNET SAUVIGNON**					
Escorihuela	Escorihuela Gascón		2004	$$$$	★★★★
Graffigna	Graffigna		S/D	$$	★★★★
Bórbore	Martín Fierro		2005	$	★★★
Callia	Callia Alta		2005	$	★★★
Casa Montes	Ampakama		2005	$$	★★★
Don Diego	Finca Don Diego		2005	$$$	★★★
Graffigna	Graffigna Clásico	☒	2005	$$	★★★
Familia Falasco	Los Haroldos		S/D	$	★★
● **SYRAH - MALBEC**					
Doña Paula	Doña Paula Estate		2004	$$$$	★★★★
Callia	Callia Alta		2005	$	★★★
Etchart	Río de Plata		2005	S/D	★★★
Trivento	Trivento		2005	S/D	★★★
Trivento	Trivento Reserve		2004	$$	★★★

Bodega	Marca	Cosecha	$	Pts
● **SYRAH - MERLOT**				
Familia Falasco	Línea Ejecutiva	S/D	S/D	★★★
Familia Falasco	Los Haroldos	S/D	$	★★
● **SYRAH - TANNAT**				
Hermanos Millás	Cuesta del Viento	2005	$	★★
● **SYRAH - TORRONTÉS**				
La Riojana	Santa Florentina Corte X	2005	$	★★★★
● **SYRAH - VIOGNIER**				
Graffigna	Graffigna	S/D	$$	★★★
● **TANNAT**				
Callia	Callia Magna	2004	$$	🍇
Etchart	Etchart Privado	2004	$	★★★★
La Rosa	Inca ☒	2004	S/D	★★★★
El Esteco	Elementos	2005	$$	★★★
F. Lavaque - Finca El Recreo	Quara Cafayate	2004	$$	★★★
F. Lavaque - Finca El Recreo	Quara ☒	2004	$$	★★★
● **TANNAT - MALBEC**				
Doña Paula	Doña Paula Estate	2004	$$$$	★★★★★
● **TEMPRANILLO**				
Carletto Franceschini	Divisadero	2004	$$$	★★★★
Chandon	Latitud 33°	2004	$$	★★★★
Altocedro	Altocedro Desnudos	2003	S/D	★★★★
Don Doménico	El Escondido de Don Doménico	2004	$$$$	★★★★
Nofal	Tunquelén	2004	$$	★★★★
Trapiche	Fond de Cave Reserva	2004	$$$	★★★★
Aconquija	Alberto Furque	2003	$$	★★★
Alta Vista	Los Escasos	2004	$$$$	★★★
Altos de Huanacache	Finca Santa María	2005	$	★★★
Charles Leblon	Charles Leblon Oak Aged	2004	S/D	★★★
El Portillo	Finca El Portillo	2004	$$	★★★
Escorihuela	Familia Gascón	2004	$$	★★★
Estancia El Durazno	Teorema	2005	$$	★★★
Graffigna	Colón	2004	$	★★★
Luigi Bosca	Finca La Linda	2004	$$	★★★
Martins	Martins Oak Roble	2004	$$	★★★
Tempus Alba	Tempus	2004	$$$$	★★★

Bodega	Marca	Cosecha	$	Pts
● **TEMPRANILLO**				
Trivento	Tribu	2005	$	★★★
Viñas del Barón	Finca del Marqués Reservado	2004	$$$$	★★★
Vinecol	Vinecol	2004	$$	★★★
Viniterra	Omnium	2005	$$	★★★
Weinert	Pedro del Castillo	2004	$$	★★★
Zuccardi	Santa Julia	2005	$$	★★★
Zuccardi	Santa Julia Roble	2004	$$	★★★
Familia Falasco	Balbo B.	2005	$	★★
Zuccardi	Q	2002	$$$$	★★
Alto Salvador	Viñas de Alto Salvador	2004	$$	★
Gentile Collins	Gentile Collins	2004	$$	★
● **TEMPRANILLO - BONARDA**				
Finca Los Maza	Maza Tonconogy	2003	$$$	★★★★
Coemix	Lihuen	2005	$	★
● **TEMPRANILLO - MALBEC**				
Aconquija	Alberto Furque	2003	$$	★★★
El Portillo	Paso El Portillo	2005	$	★★★
Alto Salvador	Viñas de Alto Salvador	2004	$$	★
● **TEMPRANILLO - MALBEC - CABERNET SAUVIGNON**				
La Rural	Trumpeter Reserve	2003	$$$$	★★★
● **TEMPRANILLO - MALBEC - MERLOT - SYRAH**				
O.Fournier	B Crux	2003	$$$$	★★★

Vinos Dulces y Fortificados

Bodega	Marca	Cosecha	$	Pts
○ **DULCE Assemblage**				
Graffigna	Santa Silvia Blanco Dulce	S/D	$	★★
○ **DULCE Chardonnay**				
Nieto Senetiner	Don Nicanor Tardío	2003	$$$$	★★★
○ **DULCE Chardonnay - Gewürztraminer - Semillon**				
La Rural	San Felipe Tardío	2004	$$	★★★
○ **DULCE Chardonnay - Sauvignon Blanc - Sauvignonasse**				
Finca El Retiro	Finca El Retiro Tardío	2005	$$	★★★

Bodega	Marca	Cosecha	$	Pts
○ **DULCE Petit Manseng**				
Terrazas	Afincado Tardío	2003	$$$$	★★★
○ **DULCE Semillon**				
Huarpe	Lancatay Tardío	2005	$	★★
○ **DULCE Semillon - Pinot Gris - Gewürztraminer**				
Finca La Celia	Late Harvest	2004	$$$$	★★★★
○ **DULCE Semillon - Verdicchio**				
La Rural	Rutini Vin Doux Naturel	2003	$$$$	★★★★
○ **DULCE Torrontés**				
Etchart	Etchart Torrontés Tardío	2004	S/D	🍇
La Riojana	Santa Florentina Tardío Otoñal	2004	$$$	★★★★
El Esteco	Ciclos Tardío	2004	$$$$	★★
○ **DULCE Torrontés - Chenin Blanc**				
Trivento	Trivento Dulce Natural	S/D	$	★★★
○ **DULCE Viognier - Sauvignon Blanc - Sauvignon Gris**				
Viña Amalia	Vendimia Tardía	2005	$$$	★★★
○ **DULCE FORTIFICADO Assemblage**				
Valentín Bianchi	Los Stradivarius de Bianchi L´Elisir d´Amore	2004	$$$$	★★★★
● **DULCE FORTIFICADO Malbec**				
Zuccardi	Malamado Fortificado	2003	$$$$	★★★★
○ **DULCE FORTIFICADO Viognier**				
Zuccardi	Malamado Fortificado	2004	$$$$	★★★★★
● **GENEROSO Syrah**				
Putruele	Nocheterna	2005	$$$$	★★★★

Destilados de Vinos

Bodega	Marca	Cosecha	$	Pts
▲ **GRAPPA**				
Bressia	Bressia Grappa dal Cuore	S/D	$$$$	★★
▲ **PISCO Moscatel**				
Tapaus	Tapaus Pisco Andino	2005	$$$$	★★★★

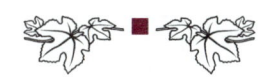

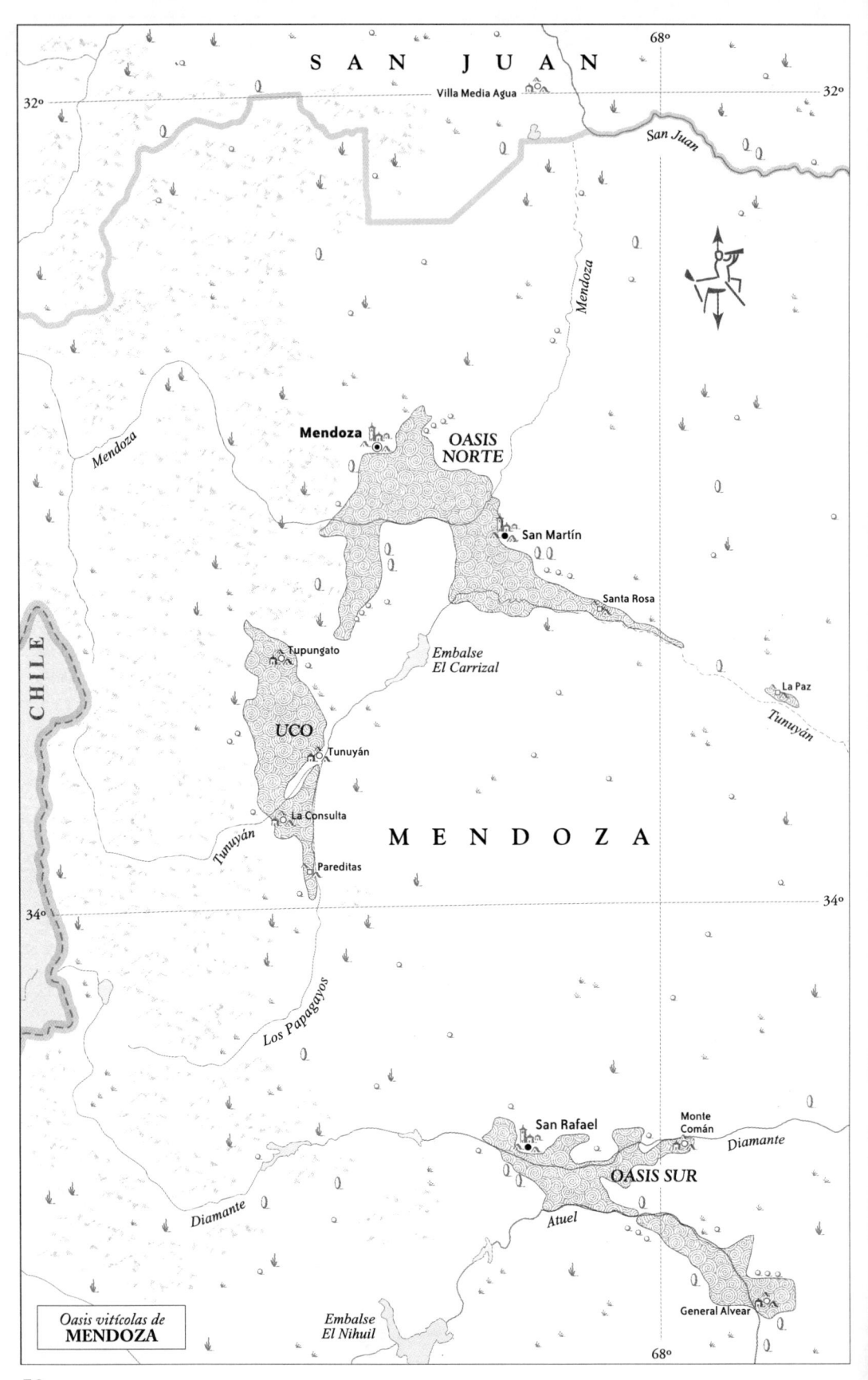

Los Oasis de Mendoza

Oasis vitícolas de **MENDOZA**

72

BODEGAS Y VINOS DE

LOS OASIS DE MENDOZA

La mayor parte de los 150 mil kilómetros cuadrados de Mendoza son montañas y desiertos: la superficie cultivada es sólo el 3,6%. La superficie irrigada suma unos 3,5 mil kilómetros cuadrados en 3 oasis de regadío o 4, si se cuenta al de Malargüe que no produce vinos.

El Oasis Norte, en torno a la ciudad de Mendoza y los departamentos del Gran Mendoza, es irrigado por los ríos Mendoza y Tunuyán inferior; el Valle de Uco es irrigado por el Tunuyán superior y acuíferos subterráneos, y el Oasis Sur, entre San Rafael y General Alvear, vive de las aguas de los ríos Atuel y Diamante. Al cierre de la cosecha 2006, estos 3 oasis sumaban 153 mil hectáreas de viña divididas en casi 17 mil viñedos, con una superficie media de 9 hectáreas.

Un buen tercio de estos viñedos carecen de significado para la enología de calidad: la variedad más plantada en Mendoza es uva del país o Criolla Grande con 22 mil hectáreas, apta sólo para vinos de mesa; también hay más de 16 mil hectáreras de Cereza buena sólo para jugos y 11 mil de Pedro Giménez.

El Malbec, con 18,7 mil hectáreas, es la cepa más difundida, seguida por la Bonarda con 15 mil hectáreas. Luego hay 12,6 mil de Cabernet Sauvignon, casi 10 mil de Moscatel Rosado, más de 7 mil de Syrah, casi 6 mil de Tempranillo y otro tanto de Merlot, 4 mil hectáreas de Chardonnay, 3 mil de Torrontés Riojano, 2,6 mil de Chenin, unas 2 mil de Sangiovese y de Ugni Blanc, más de mil de Sauvignon Blanc y algo menos de Pinot Noir y Semillon. El Bequignol, con 900 hectáreas, se encuentra sólo en Mendoza (hay 100 hectáreas en San Juan).

Entre las demás variedades cultivadas hay Sauvignonasse, Barbera, Moscatel de Alejandría, Viognier, Cabernet Franc (235 hectáreas), Fer, Tannat (150 hectáreas), Moscato Bianco, Riesling, Pinot Gris, Lambrusco Maestri, Graciana, Nebbiolo y Pinot Blanco. El Petit Verdot, que llegó a cubrir más de 8 mil hectáreas a mediados de siglo XX, hoy suma apenas 166 hectáreas.

Con alturas entre los 600 y los 1,4 mil metros y lluvias del orden de los 220 milímetros anuales concentradas en el verano, el clima de los oasis es desértico de altura, con abundante heliofanía y marcada amplitud térmica tanto más acusada en las zonas más altas. Las mayores amenazas a la viticultura son las heladas tardías en brotación y el granizo, que suele causar graves daños todos los años y se intenta combatir con aviones lanzacohetes de yoduro de plata.

En Mendoza, la vid llora en septiembre, brota a principios y florece a fines de octubre, cuaja a fines de noviembre y la pinta o envero, según las variedades y las zonas, es entre fines de diciembre y mediados de enero. A mediados de enero las bodegas que hacen vinos base para espumantes comienzan a trabajar y a principios de febrero se levantan el Chardonnay y el Chenin, seguidos por Sauvignon Blanc, el Pinot Noir y el Merlot; a fines de marzo o principios de abril es la cosecha del Malbec y a mediados de abril, del Cabernet Sauvignon; las últimas variedades en cosecharse son el Tannat y el Petit Verdot. Las uvas blancas de cosecha tardía se levantan en mayo.

El riego tradicional es por manto o inundación del terreno algunas veces al año, desde agosto hasta algún momento en el verano: los productores de calidad evitan regar cuanto más se acerca la cosecha. También se riega por surco, con tuberías (riego californiano) y siempre más en los viñedos más jóvenes, por goteo.

Hay unas 350 mil hectáreas bajo riego en la provincia de Mendoza, con riego de 4 ríos: Mendoza, Tunuyán, Atuel·y Diamante; el río Colorado (que es el más caudaloso) no se aprovecha para irrigación y el "sexto río mendocino" es un vasto acuífero subterráneo que alimenta al menos a 20.000 pozos. El agua regulada por los embalses, con sistemas de compuertas, se ramifica en canales, ramas, hijuelas, ramos y desagües. El derecho de aguas está regimentado de modo que a cada productor le tocan turnos establecidos para recibir el líquido elemento. Los tomeros del *Departamento General de Irrigación* se ocupan de abrir y cerrar las compuertas y tomas de agua.

El Oasis Norte

Contiguo a Mendoza Ciudad y el Gran Mendoza, desde el noreste hasta el sur pasando por el este, se extiende el Oasis Norte, por más de 50 kilómetros de norte a sur y más de 120 kilómetros hacia el este. El oasis incluye a los departamentos Godoy Cruz, Las Heras, Luján de Cuyo, Maipú, Guaymallén, Lavalle, Rivadavia, San Martín, Junín, La Paz y Santa Rosa, cada uno con su propio centro urbano. Esta división urbana muy descentralizada con un pequeño departamento capitalino y grandes municipios periféricos es única en Argentina, fruto de la modernidad impuesta por el terremoto de 1862, que obligó a pensar todo de nuevo y desde cero. Pero los mendocinos lo tienen muy incorporado y tanto las personas como los vinos se identifican mucho con su departamento de origen. También las candidatas a reina de la vendimia se eligen por departamentos.

En términos vitícolas, entre las 25 mil hectáreas de viña se distingue una Zona Alta del río Mendoza, Zona Sur o Primera Zona que incluye a las localidades de Vistalba, Las Compuertas, Carrodilla, Chacras de Coria, Perdriel y Agrelo, en el departamento Luján de Cuyo. La Zona Este abarca San Martín, Junín, Rivadavia, Santa Rosa y La Paz. Y la Zona Norte incluye partes de Guaymallén, Maipú, San Martín y Las Heras, además de Lavalle.

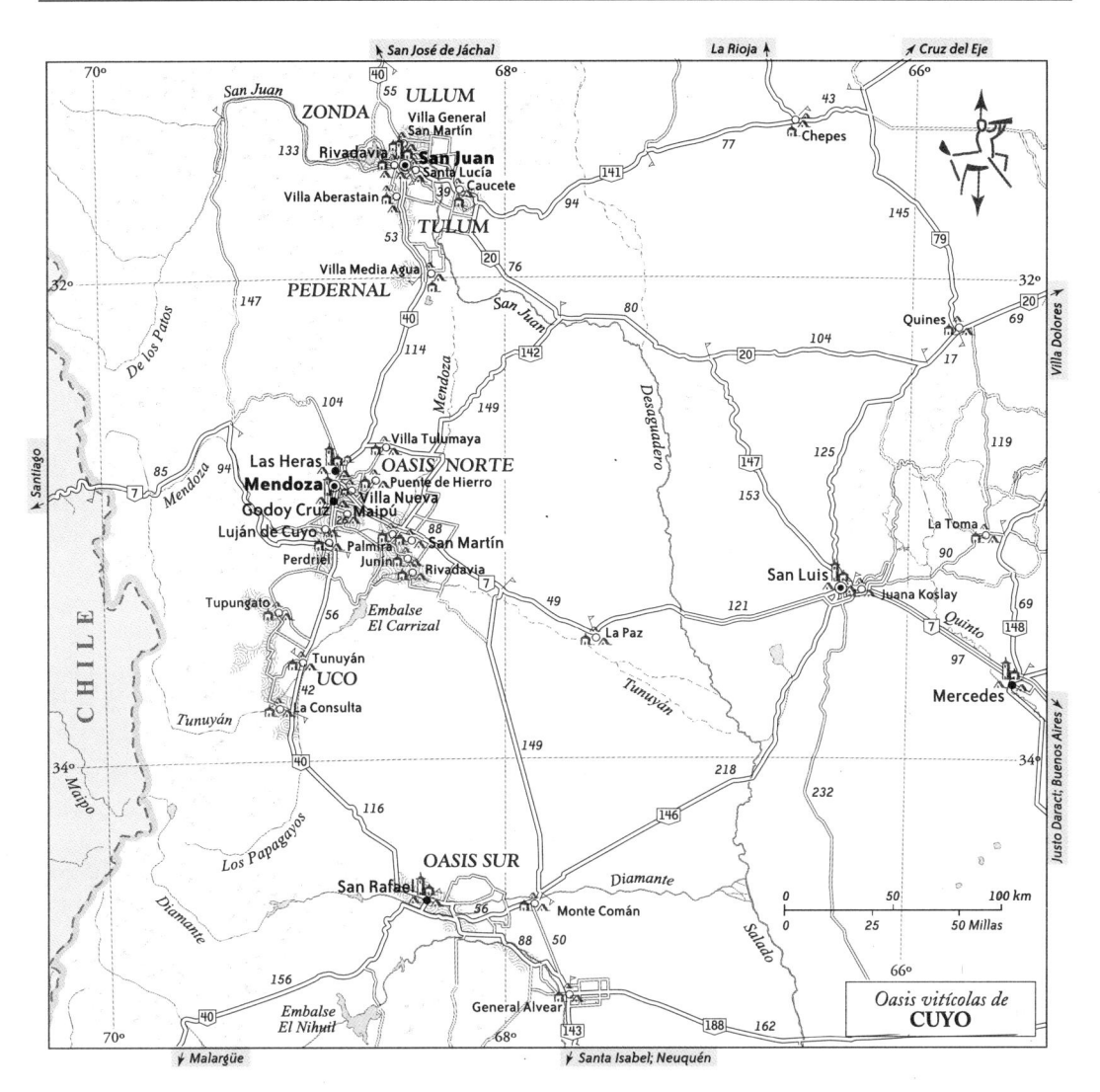

Las alturas van desde poco más de mil metros en Las Compuertas y Alto Agrelo, hasta unos 650 metros en el Este mendocino. Se sabe que los mejores Malbec provienen de los viñedos más viejos y de las zonas más altas. El Este es más reconocido por la Bonarda y el Syrah.

Los suelos son aluvionales, pedregosos en las zonas que fueron antiguo lecho de río, francos y franco arcillosos, más arenosos hacia el este del Oasis.

El vasto sistema público de riego artificial desde los embalses de los ríos Mendoza y Tunuyán inferior tiene por eje troncal de esta inmensa red de riego al Zanjón de la Ciudad o Canal Zanjón Cacique Guaymallén, que los mendocinos llaman "la Costanera" y funciona como colector aluvional y canal de riego, en uso desde tiempo precolombino. El trazado urbano de Mendoza es la tradicional planta ortogonal de las ciudades españolas en América superpuesta y adecuada a una red hídrica preexistente, basada en los 3 canales construidos por los aborígenes huarpes con "consultoría" incaica, modernizada luego por los españoles con algún tajamar y finalmente a fines del siglo XIX por el ingeniero Cesare Cipolletti con el dique regulador que lleva su nombre y acabó con los aluviones.

En la ruta del vino del Oasis Norte

La cantidad de bodegas y viñedos que hay para visitar (y de vinos que hay para probar) en Mendoza obliga a decidir entre una estadía prolongada o la elección de visitar pocas bodegas en pocos días. En ésta y las siguientes rutas del vino, nuestro/a lector/a ideal es un eno-*Superman* o eno-*Wonderwoman* omnipotente y de vacaciones, sin restricciones de presupuesto ni de reloj: no describimos itinerarios cerrados sino que agrupamos el menú por territorios, ya que las distancias suelen ser importantes. El o la lector/a elegirán lo que deseen servirse, de acuerdo a su gusto, tiempo e interés.

El aterrizaje en Mendoza debería hacerse rigurosamente en una buena vinoteca de la ciudad. Si visitar bodegas es como visitar editoriales, los vinotecarios son los libreros del vino: cada uno tiene su propia selección y en Mendoza conocen de cerca a autores y productores. En una hora de charla y degustación de vinos mendocinos se puede obtener un *tour d'horizon* que será muy útil para planear las visitas.

El lugar estratégico para ello a nuestro gusto es *Azafrán*, por su alianza entre la buena vinoteca y la buena mesa de sabores locales. A unos pasos de allí, bajando por Sarmiento hacia la plaza Independencia, están de un lado y otro de la avenida las vinotecas *La Bodeguita del Medio* y *Puracepa*; dentro del *Hyatt* hay un local de vinos de *Azafrán* y un restaurant *Bistro M* con una de las mejores cocinas y cartas de vinos de la ciudad, que también se pueden probar en el *wine-bar Uvas*. Gustar un vino al fresco en la terraza del hotel es todo un llegar a Mendoza. En el *Hyatt* dicta sus cursos la *Escuela Argentina de Sommelliers*, primera en su tipo y fundada en Buenos Aires por Marina Beltrame.

Cerca de la plaza Independencia está *Central Vinoteca*, y en los primeros pasos de la peatonal Sarmiento, la vinoteca *Juan Cedrón*. Otra vinoteca interesante es *Marcelino Tortas y Vino*, en Benegas y Zapata.

La Mendoza comestible y bebestible incluye algunos otros restaurantes paradigmáticos: el tradicional *La Marchigiana*, la cocina de autor de *La Sal* y los pescados y mariscos en *Praga*.

De Godoy Cruz a Luján de Cuyo, por La Carrodilla y Chacras de Coria

Ya en la ruta del vino, habría que almorzar o cenar en *1884* en bodega *Escorihuela*: un hito fuindacional de la *"nouvelle cuisine"* mendocina y una de las bodegas más tradicionales de Cuyo (basta ver cómo quedó englobada en el tejido urbano de Godoy Cruz, cuando al origen tenía sus viñedos contiguos...). Atiéndanse las *Pequeñas Producciones* de la casa y en lo posible, descúbrase *Caro*, vino y bodega.

Hay un Acceso Sur más rápido y al cual se asoman algunas bodegas, pero nadie puede decir que estuvo en Mendoza si no recorrió al menos una vez la interminable galería arbolada e intensamente urbana de la avenida San Martín o vieja Ruta Nacional 7 y 40 hasta Luján de Cuyo y Perdriel. Ésta es la auténtica fachada urbana de la octava "Gran Capital Mundial del Vino": el Gran Mendoza se estructuró en buena parte paralelo al Zanjón y a lo largo de la ruta que unía a los pequeños pueblos hasta Luján de Cuyo, luego con ayuda del ferrocarril.

En *Viña Amalia* está uno de los primeros y mejores ejemplos de gran familia viñatera y bodeguera, los Basso, que tras vender una gran industria vínica recomenzaron en escala *boutique* restaurando una pequeña y vieja bodega de adobe con buen gusto, para hacer vinos elegantes y de estilo propio como los *Reservado* Malbec y Cabernet.

Pasar por Mendoza y no visitar *Weinert* es como perderse el Cerro de la Gloria. Los vinos de la casa pueden o no gustar pues están hechos sin tanques de acero inox y sin barricas, pero ningún amante del vino será inmune al clima de las cavas y toneles de roble de Eslavonia en uso. Artes y menesteres ya olvidados o jamás conocidos en otras bodegas, como la tonelería y el destartarizado de fudres, son parte del cotidiano de la casa, que además es arquitectónicamente bella y está muy próxima al *Museo Fader,* óptimo para desvinarse un poco. En *Weinert* hay algunos Malbec y Merlot largamente criados en tonel que son ineludibles, pero también *Cosecha de Otoño* es un grato recuerdo de la casa.

Alta Vista, a pocas cuadras de la avenida San Martín, es un refugio de buen gusto y extraordinarios vinos, elaborados en una vieja y hermosa bodega de adobe y ladrillo reciclada con enorme esfuerzo. Las joyas de la casa son los *Single Vineyard Alizarine, Serenade* y *Temis*, tres tesis ineludibles sobre el Malbec. La casa posee un pequeño paño de viñedo contiguo y testimonial, en una zona donde la urbanización residencial hizo ya desaparecer muchos viñedos a los que cabe llorar cuando son cepas viejas de Malbec, porque Chacras de Coria y La Carrodilla son terruños excepcionales.

> En Chacras de Coria, al final de la calle Bulnes, hay un modesto barrio residencial abierto que avanzó sobre 25 hectáreas de viñedos con el *modus operandi* de los mafiosos, en la época en que bandas de *gangsters* uniformados gobernaban a la República so pretexto de combatir a otras bandas criminales, como la guerrilla peronista *Montoneros*. Ésta, tras cobrar el secuestro de los hermanos Born (dueños del *holding* cerealero *Bunge y Born*), invirtieron en una gran bodega (ver más abajo) y en viñedos a nombre de una sociedad cuya fachada eran Victorio Cerrutti, un hombre mayor, y Omar Masera Pincolini, ambos descendientes de familias viñateras y bodegueras. En la noche del 12 de enero de 1977 una banda de 15 *gangsters* entró en la casa de la familia Cerrutti y se llevó a Victorio Cerrutti y a Omar Masera Pincolini, además aterrorizar a la familia y saquear todo lo de valor, incluyendo 2 autos. La "fuerza de tareas" los llevó a la *Escuela de Mecánica de la Armada* de Buenos Aires. Cerrutti, Masera Pincolini, el abogado Conrado Gómez y el contador Horacio Palma fueron asesinados tras ser obligados a ceder la sociedad *Cerro Largo* con sus tierras de Chacras de Coria valuadas en 12 millones de dólares a otra llamada *Wil-Ri* que pertenecía a la banda de *gangsters* navales del nefario ex almirante Massera, jefe de la marina. Los *gangsters* lotearon las tierras bautizando a las calles con cinismo: Honor, Bondad, Equidad, Amistad. Algún día el departamento Luján de Cuyo cambiará estos nombres por los de Cerrutti, Masera Pincolini, Gómez y Palma, víctimas del terrorismo de Estado.

Si es tiempo de almorzar o cenar, en torno a la placita de Chacras de Coria y calles aledañas hay una variedad de buenos restaurantes y parrillas. En el barrio está la quinta y sede del *Instituto Nacional de Tecnología Agropecuaria* (INTA), con sus hileras de vides experimentales, que es el repositorio mayor del saber público sobre vides y viticultura en Argentina. Venden algunos productos a los visitantes.

Carmelo Patti es la bodega de un *winemaker* que trabaja casi solo en sus vinos fermentados en tradicionales de piletas de mampostería, y hace vinos como su *Assemblage* que revelan consistencia y un estilo personal.

Luigi Bosca, la casa de la familia Arizu, es una visita estimulante no sólo por la calidad y variedad de sus vinos, sino también porque reúnen bajo su techo a todos los distintos tipos de recipientes vinarios, si bien los viejos toneles de roble ya no están en uso. Tienen un área de visitas muy bien organizada y un "Vino Crucis" en altorrelieves cerámicos que merece ser visto. Cualquiera de los *Gala* es un buen souvenir de la visita, pero hay muchos otros vinos interesantes.

Y muy cerca de allí, *Lagarde* es una hermosa bodega de arquitectura tradicional, con viñedo detrás de la casa y buen patio para degustar vinos de gran elegancia. El Malbec *D.O.C.*, el *Guarda*, el Sauvignon Blanc y el *Henry* Cabernet Franc no se deberían dejar pasar.

Vistalba y Las Compuertas

Con sus viñedos venerables y el fondo imponente del Cordón del Plata, Vistalba y Las Compuertas son una de las zonas más bellas, más altas y mejores para el Malbec.

Nieto Senetiner recibe al visitante en una bodega de estilo Californian, con amplio parque y viñedo; es de las bodegas mendocinas más activas y ricas en sus propuestas en torno a la vid y el vino. De una degustación de los varios *Cadus* puede quedar un recuerdo imborrable.

Ahí nomás, *Carlos Pulenta* es un hermosa bodega de reciente factura, con sus añosas cepas de Malbec al lado, una pequeña *La Bourgogne* y un par de habitaciones para huéspedes. Sus vinos *Vistalba Corte A, B* y *C* se agigantan de año en año; el Petit Verdot *Tomero* es otro grato recuerdo posible.

Siempre en el vecindario, *Fabre-Montmayou* también llamado *Domaine Vistalba* es una bodega familiar francesa muy abierta al visitante, ya que también fue pensada para ello, con espléndida vista a los viñedos y la montaña. Si bien hace un tiempo que no probamos sus vinos, el *Grand Vin* es siempre una apuesta segura. La bodega *Cinco Tierras* también está por aquí, pero no abierta al turismo. Más arriba, la bodega *Barberis* es un estupendo ejemplo de la escala que alcanzó la vitivinicultura mendocina en las primera décadas del siglo XX. También es interesante por el restaurant entre las cubas alimentado con hornos de barro, que funciona en las noches de verano; los vinos de la casa son olvidables.

La actual bodega *Barberis*, construida por el doctor Calise en la década de 1920, es una de las más imponentes construcciones del género bodeguero cuyano. Con enormes naves todavía llenas de grandes toneles de roble y una planta alcoholera completa en desuso, hace 3 décadas *Bodegas Calise* fue comprada por la guerrilla peronista *Montoneros* con parte del rescate pagado por los hermanos Born a principios de los '70, un récord mundial del hampa que permanece invicto: 60 millones de dólares. Los montoneros no llegaron a afirmarse como *winemakers*, porque tras el golpe militar de 1976 la banda de *gangsters* antimontoneros de la marina militar secuestró y asesinó a los testaferros y se quedó con sus tierras y bodega, en uno de los capítulos más oscuros de la vitivinicultura argentina

---

El dique y la refinería

Quienes se interesan realmente por cómo se hace el vino en Mendoza deberían cruzar el río Mendoza por primera vez por la calle y el dique César Cipolletti, deteniéndose un momento a comprender lo que sucede allí y porqué compuertas abajo el Mendoza suele quedar seco. No vale la pena detenerse en la vandalizada estatua del ingeniero italiano que proyectó la obra fundacional del riego moderno en este oasis, además de encauzar el Río Negro y otras obras en Tucumán.

Más allá, cobra dominancia en el paisaje la inmensa refinería de petróleo de Luján de Cuyo, obra de *YPF* construída a partir de la década de 1930, que el ex bodeguero y ex presidente Carlos Menem vendió (con debate parlamentario entre gallos y medianoche) a la española *Repsol*. De noche, la antorcha que incendia a gran altura a los gases que se ventean es un ícono de la comarca, pero ningún productor local tendría la osadía de reproducirla en su etiqueta. De día, la alta chimenea luce menos bella. Los viñadores de la zona dicen que la refinería no afecta a los viñedos, pero se lamentan de que en días nublados y de noche la refinería quema residuos que de día, en el aire diáfano del pedemonte cordillerano, serían muy visibles. Alguno se pregunta qué sucede en el acuífero subterráneo. Más allá de la ecología, en términos paisajísticos la refinería no embellece a un terruño de viñedos de altísima calidad, pero interpone una tensión visual muy propia del Nuevo Mundo. No tenemos noticias de que las uvas del vecindario sufran algún estrés por ello y si así fuera, sería un secreto bien guardado en las bodegas. En un radio de 10 kilómetros de la refinería están muchos de los mejores viñedos de Malbec de Argentina.

Alto Agrelo, Agrelo y Perdriel

Alguna viña y bodega, como la catalana *Séptima*, no hizo cuestión de ello tampoco y plantó y construyó a plena vista de la gran refinería del petróleo mendocino. Con una arquitectura de piedra, acero y vidrio de gran elegancia y funcionalidad y tanques de acero inox y barricas, y con bellos y todavía jóvenes viñedos, *Séptima* hizo un *Reserva* Cabernet-Malbec 2003 que fue *top* en nuestra anterior edición.

También junto al camino a Chile está la más pequeña y sobria *Ruca Malen*, con viñedos contiguos y tanques de acero inox y barricas, bien dispuesta y organizada para recibir visitas y ofrecer almuerzos y degustaciones. El Cabernet Sauvignon de la casa es de una *finesse* poco frecuente en los Cab argentinos.

En el aledaño Perdriel, al que vale la pena entrar por calle Brandsen, está junto al río Mendoza *Achával-Ferrer*, que no está abierta al turismo, con uno de sus mejores viñedos de Malbec, la finca Bellavista. Poco más abajo *Renacer*, también con su viña baja de Malbec antiguo, sí recibe visitas con gusto y degustación de sus 2 formidables *Punto Final*. La bodega es pequeña y tecnificada, con una bonita vista desde su torreón.

Volviendo a la interminable avenida San Martín, *Norton* es el hito vitivinícola más venerable de Perdriel, al punto que la marca *Perdriel* designa a sus mejores caldos. Grande y antigua y moderna, contigua a sus espléndidos viñedos en pérgola, con bello parque y un nogal descomunal bajo el cual ofrecen comidas, *Norton* está siempre mejor equipada para recibir visitantes. Frente a *Norton* hay un paradorcillo criollo que ofrece sandwiches de jamón y pan casero, teñido con aceite de oliva. No decimos más.

Desde aquí es fácil llegar a *Terrazas*, admirable reciclado de una sólida bodega decimonónica que incluía planta alcoholera; muros y arcos de ladrillo que vieron toneles hoy ven tanques de acero inox en un clima de bodega infrecuente. Hay un bien diseñado *Visitor Center* con *wine-bar* y *wine-shop* y una confortable posada de pocas habitaciones. El Syrah y el Cabernet de la casa son de lo mejor, referencias en la materia. Y *Afincado* suele ser un grande.

La casa madre, *Chandon*, está a unos minutos por hermoso callejón arbolado de plátanos o sicomoros, en Agrelo: la gran bodega de acero inox, rodeada por un poco de sus viñedos, creció allí desde los tempranos '60 y es la universidad del espumante argentino. Sin *Chandon*, quizá los espumantes de Cuyo serían sidras. Es una de las bodegas más visitadas de Argentina y está cabalmente preparada para ello. Buscando entre los óptimos vinos tranquilos e inquietos de la casa algo que no se encuentre en toda la República, habría que pensar en el Pinot Noir.

A un tiro de ballesta al sur está *Dolium*, semienterrada y sobriamente funcional, con sus tanques de acero inox y sus barricas, y un pequeño paño de viñedo. La casa de la familia Giadorou está bien abierta a las visitas, y ofrece degustaciones y almuerzos. Aunque hacen otros vinos, es una bodega netamente focalizada en el Malbec de alta gama y crianza, materia en la que cada año destacan con los *Reserva* y *Gran Reserva*.

Al otro lado de la ruta arbolada está *Tapiz*, una bodega funcional rodeada por sus viñedos, que se puede visitar si bien es mucho más atractivo y placentero el *Club Tapiz*, descripto más abajo.

Poco más allá paisajea entre sus espléndidos viñedos la pirámide de *Catena Zapata*, cuyo acceso es el más logradamente monumental de la vitivinicultura argentina. No abierta a todo el mundo sino al ABC1 del vino, la casa de la familia Catena ofrece una experiencia visual, arquitectónica y vínica de las más intensas en Argentina. *Nicolás Catena* es el vino que sólo unos pocos iniciados tienen la fortuna de probar.

En el vecindario está *Cavas Wine Lodge,* un puñado de confortables casitas *Santa Fe style* junto a un viñedo de Bequignol, con un pequeño y bello *spa* y un buen restaurante con cava de vinos. Pensado para solitarios y parejas, con precios excluyentes, no es un lugar donde hay niños correteando. Cada casa tiene su pequeña pileta y solarium, con todos los ítems de la vida moderna más sofisticada, en un clima de sobria elegancia decontracturada. En el corazón verde y calmo de Agrelo, frente a los Andes.

En el terruño hay otras bodegas rodeadas por bellos viñedos: la algo recóndita *Chakana*, funcional y moderna, con soberbia expresión de Cabernet Sauvignon en su Reserva y en el *Estate Selection* basado en Cab; *Dominio del Plata*, bella casa de vinos con bello viñedo y bellos vinos hechos por el matrimonio de enóloga y agrónomo más afamado del país, que recibe visitas con cuentagotas; *Melipal*, con su bodega en construcción; la flamante *Viña Cobos*, de rápida ingeniería premoldeada y viejo viñedo y la invisibilite *Finca La Anita*, que es muy bonita pero no abre tranquera. Ya en el camino por Los Cerrillos a Tupungato está *Pulenta Estate*, espléndida y novísima bodega de espléndidos vinos y viñedos que todavía se está equipando para recibir a los visitantes. Al lado, construye su bodega la viña *Montes* de Colchagua, que en Argentina se llama *Kaikén* y es de mucho respeto en Malbec y Cabernet.

Lunlunta, Cruz de Piedra, Medrano y Barrancas

Entre Lunlunta y Cruz de Piedra hay algunas bodegas que reciben y merecen visitas. Una de ellas es la pequeña y novedosa *Carinae*, de un matrimonio francés que además del vino ama la astronomía y vinifica un formidable Syrah y un *assemblage* apasionante, el *Prestige*. Noches de cielo estrellado y telescopio, empanadas y vino del viñedo y de la casa es la propuesta del lugar. Contigua a la hermosamente inconclusa iglesia de Lunlunta está la pequeña y reciente destilería *Tapaus*, de arquitectura austera y moderna, con 2 alambiques de los que obtienen los mejores espíritus de Argentina. Reciben visitas con gusto y tienen una pequeña tienda. Al otro lado de la calle está la bodega familiar *Domaine San Diego* del enólogo, ciertamente mendocino, Ángel Mendoza.

Cruzando el puente sobre el río Mendoza hacia Barrancas hay una "vía Hormigas" apenas señalizada que llega a *Altos Las Hormigas*, en Medrano, donde hay una bodega sencilla y funcional con su adyacente viñedo, que no recibe turismo pero hace unos Malbec de antología. Y más allá de Barrancas, sola pero contigua a una bonita y antigua capilla, con viñedos a pérdida de vista y un espléndido parque e interesante museo, *Finca Flichman* está feliz de recibir visitas y sabe cómo tratarlas. *Paisaje de Barrancas* es el mejor recuerdo del lugar.

En Barrancas está *Finca Los Amigos / Mendoza Vineyard Village*, donde el viajero que se hubiera enamorado de Mendoza y del Malbec al punto de querer poseer un poco de todo eso, puede comprar o plantar viñedo, construir una casa y hacer su vino en una bodega comunitaria. O dejar que expertos hagan todo eso por uno.

La calle Aráoz

En el Acceso Sur poco antes de la calle Aráoz está *Viniterra*, bodega compacta y funcional bien dispuesta al visitante, con un *wine bar & shop*. *Terra Roble* Malbec es el vino mayor de la casa, a nuestro gusto. Del mismo lado del Acceso Sur, también sin viñedo pero rodeada por jardín, la pequeña y elegante *Vargas Arizu* es el retorno vínico de una tradicional familia bodeguera replegada en la olivicultura, cuyos vinos están definiendo aun su personalidad.

En la esquina de Aráoz, *Benegas* es una gran y bella bodega del '900 reciclada para hacer grandes vinos y otro buen ejemplo de retorno a la vitivinicultura de un vástago de alcurnia viñatera y bodeguera. La cava de *Benegas* es una de las más bellas del país. *Benegas Blend* es lo que debería probarse o llevarse consigo de una visita aquí, pero también el Sangiovese es una interesante producción.

Siguiendo por la verde calle Aráoz se llegará al *Club Tapiz*, el lugar de almuerzo, cena, pernocte o estadía más indicado para estar fuera de la ciudad y cerca del vino. Con viñedo contiguo y una vieja bodega museificada, con un restaurant bien dirigido a los sabores del terruño, confortables habitaciones, piscina y buena carta de vinos, en *Club Tapiz* puede no dar ganas de seguir recorriendo viñedos y bodegas.

Más allá está la chilena *Trivento*, que hace formidables vinos y tiene viñedo junto a la bodega pero no hace turismo.

Una interesante prolongación del recorrido por esta zona es seguir los letreros que llevan hacia algún vivero de vides viníferas. Si se hace una compra simbólica de una cepa de vid o de alguna variedad de olivo para plantar en casa, se tendrá ocasión de aproximarse a un aspecto fundamental de la viticultura.

Maipú

El triángulo bodeguero *López-La Rural-Trapiche* está inscripto en el urbanizado Maipú a poco más de 2 kilómetros una de otra: estas 3 grandes y tradicionales bodegas, que nada tienen que ver entre sí salvo el vino, resumen de todos modos la faz más visible y exitosa de la inmensa tradición y acervo viñatero y bodeguero del departamento Maipú, donde hay bastante más para ver pero en un laberinto urbano y suburbano en el que el forastero puede fatigar para orientarse.

La bodega *López* es la más quintaesencialmente argentina de Argentina. Familiar y allí desde hace más de un siglo, sólo vinifica en grandes toneles de roble francés de temprano el siglo XX y en tanques de acero inox. En esta ciudad del vino no se verá ni una sola barrica bordelesa, ni siquiera para experimentación. En ninguna otra bodega del país se pueden hacer degustaciones o catas verticales (a ritroso en el tiempo) como aquí. En la cava profunda de la casa se guardan botellas de *Montchenot* de cuando el 95% de los lectores de estas páginas no habían nacido ni probado *Vasco Viejo*. Hay un soberbio *wine-shop* subterráneo y gran disposición para recibir al turismo.

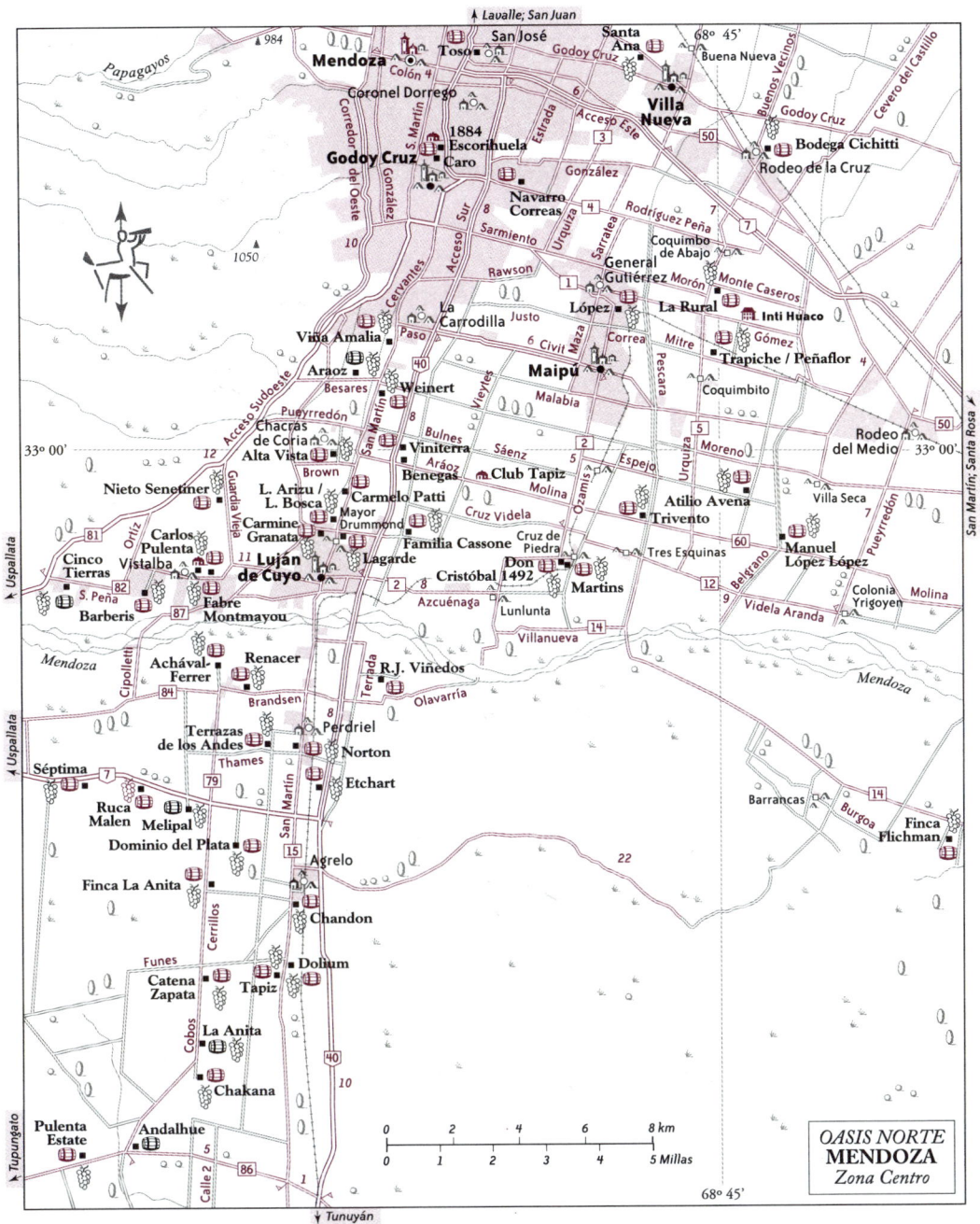

La Rural, que ya no es de la familia Rutini aunque así llama a sus mejores vinos, es una hermosa bodega amurallada de fines del XIX, que hace patio de sus sólidos edificios de ladrillo con un clima que envidian las anónimas bodegas tecno posmodernas. El museo de la casa es el mayor y mejor del país en el género. Algunas de sus etiquetas son epónimos de vino argentino y sus espumantes *San Felipe,* dignos de toda atención. *Felipe Rutini,* el vino máximo de la casa, es un grande a ciegas y un gigante a botella descubierta, entre argentinos.

Trapiche contigua a la casa madre *Peñaflor* es el centro del universo vitivinícola argentino. En mercado interno, exportaciones y tradición exportadora, longevidad de etiquetas como *Fond de Cave* y calidad de vinos en todas las gamas, gracias millares de hectáreas de viñedos propios, no tiene rivales. No conocemos su nueva fachada turística, pero la bodega y la cava de barricas son una de las visiones más fuertes en la ruta del vino sudamericano. *Iscay, Medalla, Fond de Cave* Cabernet Franc, Syrah *Roble*...hay fuertes razones para conocer esta casa.

A sostén del vino, una posta segura y acogedora en Maipú es *Almacén del Sur*, casa de campo y familia mendocina que de la huerta contigua y de la pequeña planta modélica de producción y envasado arrancan a la tierra una sinfonía de sabores y texturas que el pequeño restaurant del lugar retoma para proponer un viaje comestible al país de las conservas de las abuelas, y llevarse sobrados recuerdos de la casa.

En la vía del regreso a la ciudad por el carril Rodríguez Peña (la arteria productiva más vital del Gran Mendoza) vale la pena detenerse en *Navarro Correas*, soberbiamente equipada para recibir visitantes y, a falta de viñedos propios, con un jardín de vides y una cava de barricas impactante, donde crían maravillas como el *Reserva* Cabernet Sauvignon.

Al este

Familia *Zuccardi* es lo más interesante del Este mendocino, con bellos viñedos en pérgola (un parral modificado), una tecnificada bodega con piletas de mampostería, tanques de acero inox y una microbodega para microvinificaciones. Es una de las bodegas mejor equipadas para recibir visitantes, con *wine-shop, wine-bar* y una casa de huéspedes donde sirven almuerzos. Los *Q* son los vinos más ambiciosos de la casa.

Siguiendo por el Acceso Este o Ruta 7, en Palmira está *Crotta*, bodega industrial de grandes volúmenes que merece verse para saber cómo se hacen los vinos de mesa y damajuana.

Desde San Martín hay un hermoso paseo por Junín y Rivadavia hasta Medrano y de aquí al embalse El Carrizal. Todos estos centros urbanos contienen bodegas y tradiciones viñateras de las más sólidas en Argentina. En Rivadavia se puede visitar *Llaver* (que posee 3 bodegas en la comarca) y en las afueras, *Finca El Retiro* antes conocida como *Tittarelli*, que además de vinos elabora aceite de oliva. No lejos de aquí están las ruinas de la inmensa bodega *Gargantini*, que merecen un vistazo.

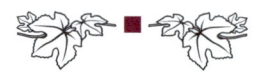

Carlos Balmaceda

Aristóbulo del Valle 753 / 5500 Ciudad / Mendoza
Tel.Fax.: (0261) 4253417
E-mail: carlosbalmaceda@speedy.com.ar
Website: www.arrobawines.com.ar
Capacidad: no posee
Viña: no posee

Elaborado por su autor, el enólogo Carlos Balmaceda, con uvas de Gualtallarí y rendimientos de 7,5 toneladas por hectárea, hallamos en *Arroba Malbec* un vino de mediana intensidad aromática centrada en las ciruelas negras, con cierta complejidad añadida por matices herbáceos, florales y algún dejo mineral y animal. En boca es de buena intensidad, aterciopelado y estructurado, pero no muy presente en su medio de boca, con buena carga de taninos que sin embargo resultan un poco secantes, y media persistencia.

Fuera de "concurso" probamos una de las 1,5 mil botellas del espumante Extra Brut que hizo Balmaceda a base de Pinot Noir, Chardonnay y Chenin. Y aguardamos con ansia probar el Malbec ícono que elaboró en 2006 con uvas de añosos viñedos de Luján de Cuyo y La Consulta.

Arroba Malbec 2005 ★★★

Alma 4

Ruta Provincial km 7,5 / 5531 Fray Luis Beltrán / Maipú / Mendoza
Tel.Fax.: (0261) 4410000 - E-mail: alma4@alma4.com
Capacidad: s/d - Viña: s/d

Esta es una juvenil sociedad de enólogos-propietarios (ex compañeros de estudios enológicos) compuesta por Sebastián Zuccardi, su novia Marcela Manini más Agustín López y Mauricio Castro, que vinifica sus espumantes artesanales de método tradicional pero perfil actual en la importante y equipada bodega del padre de Sebastián, en Fray Luis Beltrán.

Este año nos remitieron 2 muestras de su labor más experimental que comercial, que en 2005 totalizó un total de 5 mil botellas. *Alma 4 Roble*, un *millesimé* 2002, *assemblage* de Chardonnay y Pinot Noir editado en apenas 360 botellas, estuvo próximo a ganar más estrellas gracias a su atractiva nariz de pan fresco, miel con cera y leve oxidación, nota que reaparece en una boca sabrosa y expresiva, de discurrir sedoso y aterciopelado, refrescado por la acidez.

Se ajustó a ★★★ en cambio el *Alma 4 Viognier* 2003, del que hicieron 680 ejemplares, con una nariz herbácea y frutada y una boca que no nos despertó emoción particular sin dejar de resultar franco, también en lo breve.

Alma 4 Chardonnay Roble 2002 ★★★
Alma 4 Viognier 2003 ★★★

Ricardo Santos

Agustín Alvarez 225 piso 7° dpto. 71 / 5500 Ciudad / Mendoza
Tel.: (0261) 4251564
E-mail: malbec@ricardosantos.com
Capacidad: no posee
Viña: 11 hectáreas

El *winemaker* Ricardo Santos elabora su Malbec junto a su familia, compuesta por su esposa Estela y sus hijos Pedro ingeniero industrial y Patricio ingeniero agrónomo, quien se ocupa de la finca de Mayor Drummond (Maipú). Si bien Ricardo Santos es enemigo de la crianza en roble del Malbec ("*tengo alergia al roble*" nos dijo) 2 de nuestros catadores en la cata a ciegas hallaron "*intenso tostado de la crianza*" y "*roble bien integrado*". Como quiera que sea, la fracción aromática de este vino contiene ciruelas muy maduras y registros especiados, metálicos y animales. El recorrido por el paladar es gratísimo, ricamente ornado de fruta y especias, sustentado por una tanicidad impecable, erguido y prolongado hasta el final, de muchas caudalías. Un vino elegante y armónico, no convencional, completo, amplio y expresivo: todo lo que se puede pedir a un gran Malbec de autor.

El Malbec de Ricardo Santos 2004 ★★★★

Walter Bressia

Cartagena 1188 / 5501 Godoy Cruz / Mendoza
Tel.Fax. (0261) 4393860
E-mail: wbressia@ciudad.com.ar
Capacidad: 0,5 millones de litros
Viña: 10 hectáreas

Este año recibimos de la pequeña y bonita bodega de Walter Bressia en Agrelo el *Profundo* 2003, que ya habíamos catado en la edición pasada y volvimos a probar "fuera de concurso", hallando que un año más de botella le sentó muy bien, como a todo gran vino. También probamos en su presentación en Buenos Aires a *Conjuro*, su nuevo *assemblage* de Malbec, Cabernet Sauvignon y Merlot con 18 meses de crianza en barricas de roble americano de primer uso y 24 meses de estiba en botella: no a ciegas y acompañado de su autor y una excelente comida (que no son las condiciones ideales para juzgar objetivamente a un vino) nos pareció estupendo.

Por lo tanto de las muestras que recibimos este año sólo podemos comentar su Grappa *Dal Cuore*, que hallamos algo desconcertante en nariz, con notas de carácter animal poco habituales y con una boca cálida y untuosa, de mediana persistencia.

Grappa Bressia Dal Cuore ★★★

Achával-Ferrer

Calle Cobos y Río Mendoza (esq. Bella Vista) / 5509 Perdriel / Luján de Cuyo / Mendoza
Tel.Fax.: (0351) 4253812
E-mail: ventas@achaval-ferrer.com
Website: www.achaval-ferrer.com
Capacidad: 39 hectáreas · Viña: 0,25 millones de litros

La casa que lideran Santiago Achával Becú y Manuel Ferrer Minetti inauguró en la última vendimia su nueva bodega que balconea sobre el pedregoso cauce del río Mendoza. Allí Roberto Cipresso vinifica sus tintos en piletas de cemento y sin grandes alardes tecnológicos, pues es de los enólogos que creen que la simplicidad y el regreso a las fuentes son beneficiosas para el vino cuando las uvas son de primera y la enología se reduce a *"una operación canónica"*.

En esta edición catamos 2 vinos de la enología de este ingeniero agrónomo véneto devenido toscano: un Malbec *Finca Mirador* (del que hicieron 3.864 botellas, con rendimientos de menos de medio kilogramo por cepa, es decir 1/3 de botella por cepa) cuyo complejo cifrado aromático tarda en explayarse en fruta roja muy madura y sus confituras, sazonadas con pimienta, canela, caramelo quemado, carne fresca y las mejores barricas nuevas de roble francés, donde hizo su fermentación maloláctica y se crió por 14 meses. A pesar de su estructura importante es de gran vivacidad en boca gracias a su caudal frutal y acidez elevada, casi algo despegada pero en todo caso equilibrante de una abundante trama tánica dulce y jugosa; carnoso y con sensación de plenitud recorre al paladar sin tropiezos ni cedimientos y termina largo con notas de café y de ahumados cárnicos.

Assemblage de 35% Malbec con ambos Cabernet (25% Sauvignon, 10% Franc) y 30% Merlot criado por 12 meses en barricas al 98% de roble francés y 2% de roble americano, esta edición de 45 mil botellas de *Quimera* es de amplia e inédita nariz que combina notas habituales (fruta negra madura, menta) con un definido *paté-de-foie*. Al gusto, tras un arranque delicioso, renueva su singular personalidad bien estructurada, balanceada entre sus retornos aromáticos, los taninos suaves y pulidos y la madera de crianza., pero con una acidez muy marcada y sabores que se diluyen en boca algo prestos, tornándose delgado al final: un vino delicioso, potente y sabroso, quizás sin excesiva profundidad, que puede crecer en botella olvidándolo unos años allí donde nada ni nadie moleste al gran vino.

Finca Mirador Malbec 2004 ★★★★
Quimera 2004 ★★★★
Achával-Ferrer Malbec 2003 ♆

Alta Vista

Alzaga 3972 / Chacras de Coria / M5528AKJ Luján de Cuyo / Mendoza
Tel.: (0261) 4964684 - Fax.: (0261) 4964683
E-mail: altavista@altavistawines.com
Website: www.altavistawines.com
Capacidad: 1,6 millones de litros · Viña: 342 hectáreas

Magníficos resultados en la casa de la familia francesa D'Aulan que dirige el enólogo Philippe Rolet con sus colegas Didier Debono y Rubén Sfragara, y la ingeniería agronómica de Juan Antonio Argerich padre e hijo. Hermosa bodega de adobe recuperada *ad artem*, destaca por el formidable trabajo de investigación bebestible que realizan con Malbec en los mejores terruños de Mendoza. Así, resulta estremecedor *Alizarine Vineyard*, con un mundo aromático implicado; casi no cabe en boca: es un vino voluptuoso, de exuberantes taninos, para guarda prolongada. No menos grandioso el *Serenade Vineyard*: crianza y concentración de fruta definen una compleja nariz donde cada registro primario dialoga con una nota terciaria. Majestuoso al paladar, de excelsa frutosidad y taninos de increíble dulzura, de calidez afelpada compensada por exacta acidez refrescante: muy complejo pero tan redondo y goloso que invita a beber. Formidable el *Alto*, más complejo que intenso en nariz: un catálogo de frutas maduras y cocidas, de maderas finas, café y chocolate. Cálido y untuoso terciopelo líquido en boca, de urdimbre tánica noble y copiosa, reclama al menos un año de botella. Extraordinario el Malbec *Temis Vineyard*, cuyo paisaje aromático bajo una rica nube de aromas terciarios dibuja un mar de fruta roja fresca con matices terrosos. De ataque fresco, se dilata a buen volumen en su paladar medio, con tanicidad activa, acidez ajustada, final no muy largo y retrogusto algo duro por su juventud. Más expresivo que intenso en nariz el Malbec *Premium*; crece en boca, con recuerdos de su crianza y achocolatado final. Muy buenos pero no deslumbrantes la serie *Los Escasos*, entre los cuales el que más nos gustó fue el Petit Verdot. Y muy recomendable el Rosé, uno de los pocos en Argentina que tiene alguna personalidad.

Single Vineyard Alizarine Malbec 2004
Single Vineyard Serenade Malbec 2004
Alto Malbec-Cab.Sauv. 2004
Single Vineyard Temis Malbec 2004
Alta Vista Premium Malbec 2004
Grande Reserve Terroir Selection Malbec 2004 ★★★
Alta Vista Premium Cabernet Sauvignon 2004 ★★★
Alta Vista Premium Chardonnay 2005 ★★★
Alta Vista Rosé Malbec 2005 ★★★
Los Escasos Chardonnay 2005 ★★★
Los Escasos Petit Verdot 2004 ★★★
Los Escasos Tempranillo 2004 ★★★

ALTOS LAS HORMIGAS

9 de Julio 309 P.B. "B" / M5500DOG Ciudad / Mendoza
Tel.: (0261) 4240790 - Fax.: (0261) 4058320
E-mail: info@altoslashormigas.com
Website: www.altoslashormigas.com
Capacidad: 0,90 millones de litros
Viña: 40 hectáreas

El binomio toscano Antonini-Pagli, socios de la consultora *Matura*, sólo se verifica en 3 vinos del Nuevo Mundo: los 2 *Hormigas* y *Colonia Las Liebres*, donde también son socios. Esto ya los hace interesantes: es difícil imaginar 2 personalidades enológicas tan distintas y complementarias. Por lo que los conocemos, Antonini es más comercial y globalista en su visión enológica, Pagli más italiano y romántico. Uno hace vinos pensando en los mercados, el otro en que los vinos tengan alma. Cuánto de cada cual hay en cada vino de la casa es la intriga.

El *Reserva Viña Hormigas* 2004, que no estuvo pronto el año pasado, vaya si lo está este año y vaya también usted a encontrarlo en el mercado. La tinta violácea profunda, de largas piernas lentas y transparentes, ya preanuncia un tango olfativo, intenso y complejo, de perfilada silueta varietal y honda carga de registros aromáticos viriles, del tabaco al cuero y la barrica de roble francés. Otro tango aguarda al paladar, con arranque dulce, un medio eróticamente frutal y sazonadamente tánico que danza en boca hasta el final, entre humos y besos de chocolate. Perdurable teorema enológico de Malbec de La Consulta, Vistalba y Medrano según Alberto Antonini y Attilio Pagli.

Todo otro estilo el de *Altos Las Hormigas* 2005, vino prodigio que en la casa llaman "el normal" pues es más Medrano que La Consulta o Vistalba. Esta añada es inusualmente juvenil y algo salvaje, definida por una banana (plátano) bañada en fruta roja, regaliz y especias. Evocaciones que refloran en boca con equilibrio de fruta y acidez y suaves taninos, más una precisa nota de roble que no contuvo al vino como barrica sino que fue contenido en él como duela. A pesar del negro tapón sintético, dan ganas de pacientarlo un tiempo más en botella.

La Bonarda 2005 *Colonia Las Liebres*, que huele a flores y frutas con un leve especiado, nos resultó franca y directa en boca, buenamente voluminosa y frutosa, apenas astringente, con bastante largo final. Sin ser espectacular, resuma "bonardabilidad".

ALTOCEDRO

Necochea 764 / 5500Ciudad / Mendoza
Tel.: (0261) 4233314
Fax: (0261) 4236777
E-mail: altocedro@nysnet.com.ar
Capacidad: 0,22 millones de litros
Viña: 15 hectáreas

De los 2001 catados el año pasado a los 2003 y 2004 de este año registramos un salto de calidad en los vinos del joven enólogo-propietario Karim Mussi Saffie, elaborados en una pequeña y vieja pero ripristinada bodega familiar en La Consulta, con uvas propias y de la zona, sin consultores.

El *Altocedro Reserva* Malbec (75%) - Tempranillo (25%), es un vino robusto y masculino de un rojo violáceo intenso y profundo, con nariz algo tímida que recuerda fruta roja, menta, madera, polvo y montura de cuero viejo. Mucho más expresivo en boca, repite deliciosamente el enunciado olfativo con un toque de pimienta negra y chocolate, apoyado en una urdimbre tánica de gran calidad y madurez, con óptima acidez, equilibrado alcohol, y un largo y agradable final. Puede necesitar tiempo, y quizá también un decantador.

Una producción experimental son las 3 barricas bordelesas que Karim hizo de un Tempranillo *Desnudos* 2003, de intensa nariz y boca voluminosa e impactante, con marcados recuerdos de crianza en barrica.

Accedió también a ★★★★ el *Año Cero* Malbec 2004, un acorde aromático centrado en buena mermelada de frutillas. Más complejo en boca tras un ataque dulce, pues a dicha mermelada suma café, hongos y cacao, sostenidos por adecuada carga tánica y ácida. Vino estilo "la fruta adelante" al decir y gusto anglosajón, limitado en grandeza por su sencillez aromática.

El Oasis Norte

Reserva Viña Hormigas Malbec 2004	🍇
Altos Las Hormigas Malbec 2005	★★★★
Colonia Las Liebres Bonarda 2005	★★★★
Altocedro Reserva Malbec-Tempranillo 2003	★★★★
Altocedro Desnudos Tempranillo 2003	★★★★
Altocedro Año Cero Malbec 2004	★★★★

Andeluna Cellars

Ruta Provincial 89 km 11 / 5561 Gualtallary / Tupungato / Mendoza
Tel.Fax.: (02622) 423226
E-mail: andeluna@familiareina.com
Website: www.andeluna.com
Capacidad: 1 millón de litros · Viña: 80 hectáreas

La tecnificada bodega de la familia Reina Rutini en sociedad con el empresario estadounidense Ward Lay, gerenciada por Mike Kenter y Rodrigo Reina, en 2005 elaboró 274 mil botellas con la enología de Silvio Alberto y la consultoría de Michel Rolland.

Entre los vinos de este año, destacó el *Reserva* Malbec, de tímido fraseo aromático con registros de violetas, pimienta, moras, ciruelas y canela con leves matices terrosos, de cuero y de tostado. Muy seco en boca, casi masticable, de buen entramado tánico y acidez, con sabores frutados y especiados en judicioso equilibrio con el roble y gran persistencia, dispuesto a evolucionar en la guarda.

Excelente también el *Andeluna* Cabernet Sauvignon, con 8 meses de barrica, muy expresivo, concentrado y complejo, cargado de tipicidad varietal integrada al aporte del roble; galano en boca, de óptima estructura y jugosa tanicidad, de llamativa acidez; vino potente y armónico que crecerá en botella.

Interesante el Cabernet Franc *Limitado*, con 18 meses de crianza en barrica, de nariz simple y atractiva pero reconcentrada, con registro frutal-floral levemente balsámico; más intenso y amplio en boca, donde resulta untuoso, goloso, de buen cuerpo, bien pertrechado en cantidad y calidad de taninos, con acidez y alcohol al tono, y un final pimentado.

Muy bien el *Reserva* Merlot, de expresiva nariz frutada y paladar confitado, redondo y agradable, pero media persistencia.

El Chardonnay *Reserva*, untuoso y sedoso, tanto en nariz como en boca es dominado por sus 12 meses de crianza en barrica.

Menos llamativo el *Andeluna* Malbec, que en una muestra tenía TCA y en la siguiente, reducción. También reducido hallamos al Merlot, vino que quiere ser expresivo y personal pero resulta ácido y alcohólico, con retrogusto amargo.

Arístides

Manuel Cruz Videla s/n° / 5517 Cruz de Piedra / Maipú / Mendoza
Tel.: (011) 47154479 / (0261) 4240335 - Fax.: (0261) 4240335
E-mail: aristides@lagusol.com.ar
Website: www.aristideswines.com.ar
Capacidad: 1,3 millones de litros · Viña: 250 hectáreas

En bodega alquilada en Cruz de Piedra de capacidad algo desproporcionada para una producción 65 mil botellas en 2005, con un incremento en viñedos quizá debido a productores asociados, la sociedad entre los primos Hugo Baro (*winemaker*) y Federico Sottano (*wine salesman*) viene creciendo además en calidad, con el enólogo residente Osvaldo Pellegrina y consultor, Oscar Fontana.

Maduro pero con años por delante el *Alta Gama* Malbec, con dinámica olfativa de violetas, ciruelas negras y notas achocolatadas, en buena y grata intensidad. Muy placentero en boca, con análogos registros gustativos y entramado tánico jugoso y maduro, acompañado por elevada acidez que resalta el temperamento frutal y deja lugar a un agradable final especiado.

Espléndidamente varietal el cifrado aromático del Malbec *La Estiba de Familia*, con 4 meses de barrica al igual que los otros vinos que catamos: a copa quieta, huele nítidamente a violetas; al agitarlo se afruta. Galano y expresivo en boca, de tanicidad copiosa pero dulce y jugosa, es redondo y vivo, de personalidad rica y equilibrada. Un vino que demuestra que no hay porqué sobremadurar, sobreextraer o dar duelazo-barricazo cuando hay fruta de primera.

Otra buena nariz la del *Arístides* Merlot, fruta roja con canela y vainilla y roble. Más expresivo en boca, de buena amplitud, frutal y aterciopelado en sus taninos suaves en buen balance con la acidez, y largo final. Poco convincente el Cabernet Sauvignon.

Andeluna Reserva Malbec 2004
Andeluna Cabernet Franc Reserva Limitada 2003 ★★★★
Andeluna Cabernet Sauvignon 2004 ★★★★
Andeluna Merlot 2004 ★★★
Andeluna Reserva Merlot 2004 ★★★
Andeluna Malbec 2004 ★★★
Andeluna Reserva Chardonnay 2004 ★★★
Andeluna Merlot 2004 ★★
Flia. Reina Qta Generación A. Cellars Cab. Sauv. '03

Arístides Alta Gama Malbec 2001
La Estiba de la Familia Malbec 2003 ★★★★★
La Estiba de la Familia Merlot 2003 ★★★★
La Estiba de la Familia Cabernet Sauvignon 2003 ★★

Atilio Avena

Castro Barros 8115 / Villa Seca / 5517 Maipú / Mendoza
Tel.: (0261) 4261152 - Fax.: (0261) 4263081
E-mail: atilioavena@speedy.com.ar
Website: www.atilioavena.com.ar
Capacidad: 2,3 millones de litros
Viña: 100 hectáreas

La bodega Hugo y Carlos Avena con Lorenzo Urbani, que comenzó a fraccionar sus vinos hace una década, sigue afianzándose en la vinificación de vinos de calidad con la enología de Santiago Palero y la consultoría del ingeniero agrónomo Andrés Avena.

Este año nos gustó mucho el Chardonnay *Atilio Avena Roble*, de color oro pálido y aroma invitante de media intensidad que convoca recuerdos de manzana, pera, pomelo y minerales; de buen ataque en boca, se dilata al paladar medio con una materia frutada de chispeante acidez, apenas láctico y untuoso, con un largo final levemente alcohólico: un vino fresco con la exacta dosis de crianza en barrica, muy bien logrado, bebible en grado sumo.

Muy buen vino el Cabernet Sauvignon *Roble*, de uvas de Las Compuertas y 8 meses de crianza en barrica: en nariz es algo sutil, con leves notas frutadas y especiadas; más intenso en boca, es un vio estructurado y redondo, de taninos maduros, equilibrado y persistente. En el mismo nivel el Cabernet *Joven* de uvas de Maipú y sin crianza, de nariz más expresiva (frutada, especiada y mineral) con una buena boca, redonda y sedosa, en la que sólo desafinan un poco los taninos activos.

Gustoso el Malbec *Roble* de uvas de un viñedo de 80 años en Vistalba con 8 meses de barrica: en nariz es de buena intensidad, frutado y floral con leves notas balsámicas; en boca es un vino sencillo, con taninos maduros y dulces y un leve amargor al final. Apenas menor el Malbec *Joven* de uvas de Maipú, frutado y algo especiado en nariz, redondo y ligero con taninos que secan un poco.

No nos convenció el Torrontés de uvas de San Martín, de nariz sutil y evolucionada, plano y sin mucha estructura en boca.

Viñas de Atilio Avena Roble Chardonnay 2005	★★★★
Viñas de Atilio Avena Roble Cab. Sauv. 2003	★★★
Viñas de Atilio Avena Roble Malbec 2003	★★★
Viñas de Atilio Avena Malbec 2004	★★★
Viñas de Atilio Avena Cabernet Sauvignon 2004	★★★
Viñas de Atilio Avena Torrontés 2005	★

Bodega Benegas

Acceso Sur y Aráoz s/n° / Mayor Drummond / M5507ADA
Luján de Cuyo / Mendoza
Tel.Fax: (0261) 4963078
E-mail: info@bodegabenegas.com
Website: www.bodegabenegas.com
Capacidad: 1,8 millones de litros - Viña: 40 hectáreas

La gran bodega de adobe y piletas de hormigón, con cava subterránea, construida en 1901 que Federico Benegas Lynch compró en 2000 es una obra maestra del reciclado y una casa de vinos imponente y con la atmósfera de la que carecen las bodegas de tanques de acero inox. Y en sus añosos viñedos de Finca Libertad, en Cruz de Piedra, Benegas Lynch cultiva, entre otras, cepas de ambos Cabernet de 40 a 80 años de edad descendientes de clones que trajo de Francia su bisabuelo Tiburcio Benegas, plantados en lo que alguna vez fue cauce del río Mendoza. Tanto en terruño como en bodega aquí rezuma una tradición familiar a la que este *winemaker* agrega una personalidad que transmite a sus vinos.

Bébase por ejemplo *Benegas Blend*, vino más complejo que intenso en su planteo aromático, que acuna –entre notas de buena crianza– cassis, regaliz, flores algo marchitas y cuero. De óptimo impacto en boca, es sabroso y jugoso, armónico en toda la superficie gustativa y equilibrado pero expresivo e inquietante en su largo recorrido sensorial. No cabe esperarlo más.

Don Tiburcio se asemeja al *Blend* en su perfil aromático de envío más complejo que intenso, que abarca de la fruta roja madura al mineral, de las especias al acento herbáceo. Muy expresivo en boca, retoma sus notas olfativas con vivaz acidez, bien integrada crianza, suave urdimbre tánica, largo final. Un vino de carácter, con estilo personal, complejo y extraído pero redondo y muy bebible.

El *Juan Benegas* dividió a nuestros pareceres entre quien halló un vino elegante y expresivo, sólido y bien estructurado y quien lo sintió algo corto y hermético, en todo caso, muy buen vino. De media intensidad, muy frutado y fluido, sabroso pero algo corto el *Benegas* Malbec. Fresco, de sencillas y ligeras intensidades florales y frutadas el *blend* rosado *Carmela Benegas*. Encontramos *Brett* (notas de betún) en el Syrah y en el Sangiovese, más allá de aquél punto que aporta complejidad: vino de buena materia por lo demás el Syrah, menos nítido el Sangiovese.

Benegas Blend 2001	★★★★★
Don Tiburcio 2003	★★★★
Juan Benegas Malbec 2004	★★★
Benegas Malbec 2002	★★★
Carmela Benegas Rosado 2005	★★★
Benegas Syrah 2003	★★★
Benegas Sangiovese 2002	★★

El Oasis Norte

BODEGA CATENA ZAPATA

Calle Cobos s/nº / M5518AEA Agrelo / Luján de Cuyo / Mendoza
Tel.: (0261) 4900214
Fax.: (0261) 4900217

E-mail: export@catenazapata.com
Website: www.catenawines.com
Capacidad: 4 millones de litros
Viña: 600 hectáreas

De los prolijos viñedos y la elegante pirámide que corona a la tecnificada bodega de Nicolás Catena, recibimos este año una docena de muestras de la gama más comercial. Nos quedamos con las ganas de probar las máximas expresiones del arte vinificatorio de José Galante, que ciertamente sumarían lauros al pie de esta página.

Los 2 vinos que más nos impactaron fueron los *Angélica Zapata* Malbec y Cabernet: el primero de un color tan juvenil que desorienta, con una sublime complejidad aromática que integra a los descriptores de la variedad con una sapiente crianza y en boca se resuelve intenso y exuberante, de gran estructura, casi masticable, con taninos dulces y finos y mucho largo de boca: un vino que pide unos años más de botella para alcanzar toda su dimensión. Por su parte, el Cabernet en fase aromática es intenso, complejo y clásico, con registros de cassis, roble, especies y tabaco, en una atmósfera olfativa de gran crianza. En boca entra dulce y despliega un logrado equilibrio de fruta, acidez y tanicidad muy madura, con buena persistencia: un vino elegante y sedoso que puede esperar un lustro en botella.

Excelente también el Malbec *Saint Felicien*, de atractiva nariz frutada y especiada, que en boca se supera con un recorrido completo, cálido y untuoso, de madura tanicidad y agradable final, si bien aquí podría ser un poco más intenso.

Siempre en *Saint Felicien*, bien logrado y muy bebible el Cabernet-Merlot, de nariz agradable, con un definido registro floral acompañado por frutas rojas y secas y recuerdos de la crianza; es amplio en boca, muy sabroso, con mucha fruta madura, óptima estructura y armonía.

Muy marcado por el tostado de roble de la crianza el Chardonnay *Saint Felicien Roble*, de estilo californiano, es intenso y bastante complejo al olfato, con nítidos registros de choclo (maíz fresco) y miel, con subyacente roble tostado y frutas blancas y tropicales. De arranque dulzón y untuoso en boca, gana buen volumen acompañado por buena frutosidad y adecuada acidez, con un final bastante largo que se recuesta sobre las notas de crianza.

También muy intenso y definido el Chardonnay *Maison Rosselot*, vino de sugestiva configuración aromática donde la fruta blanca, los cítricos y el ananá (piña) maduro y las notas vegetales se apoyan en registros de crianza, tostados y manteca; en el paladar despliega un gran volumen, con paso untuoso y buen equilibrio de fruta y madera ahumada; hay buen largo de boca y agradable retrogusto ahumado. Para beber ya, pues está en el ápex de su evolución.

En la misma línea, probamos un Cabernet que no nos convenció, pues hallamos taninos secantes y un vino algo simple.

Muy bebible y gustosa en cambio la Bonarda *Álamos*, en cuyo primer plano olfativo hay madera tostada y ahumada y café, que dejan paso a registros frutados y confitados, en un marco de buena intensidad y cierta complejidad. Seco, cálido y jugoso en boca, de media estructura, con buenos taninos que dejan sensación aterciopelada al final, junto al recuerdo de la madera: un vino muy armónico, que presenta un leve amargor final que no fastidia.

Angélica Zapata Alta Malbec 2002	🍇
Angélica Zapata Alta Cabernet Sauvignon 2002	★★★★
Saint Felicien Cabernet Sauv.-Merlot 2003	★★★★
Álamos Bonarda 2004	★★★★
Saint Felicien Malbec 2003	★★★★
Saint Felicien Cabernet Sauv.-Merlot 2003	★★★★
Saint Felicien Roble Chardonnay 2004	★★★★
Maison Rosselot Chardonnay 2002	★★★★
Uxmal Cabernet Sauv.-Syrah 2004	★★★
Uxmal Malbec-Bonarda 2004	★★★
Álamos Cabernet Sauvignon 2004	★★★
Uxmal Cabernet Sauv.-Malbec 2005	★★★
Uxmal Sauv. Blanc-Semillon 2005	★★
Maison Rosselot Cabernet Sauvignon 2000	★★
Catena Zapata Cabernet Sauvignon 2003	🍇

Bodega Enrique Foster

San Martín 5039 / Mayor Drummond / 5507 Luján de Cuyo / Mendoza
Tel.Fax.: (0261) 4961579 / 1240
E-mail: contact@bodegafoster.com
Website: www.bodegafoster.com
Capacidad: 0,265 millones de litros - Viña: 12 hectáreas

En la primorosa, contenida pero tecnificada bodega del matrimonio baleárico-americano Enrique Foster y Luisa Severini, donde la enología es de Mauricio Lorca, hay una fundacional voluntad de destacar en el Malbec.

Esta manifiesta ambición, de acuerdo a nuestra distante y ciega percepción, se explayó en modo contundente e irreprochable con la cosecha 2002 (2 racimos de vino *Top* de Sudamérica por el *Edición Limitada* y el *Reserva*). Pero en la añada 2003 y en nuestra pasada edición detectamos cierta leve flexión en el *Reserva* (que no obstante nos resultó excelente vino), y en la presente edición algo parecido nos sucedió con el *Edición Limitada* (que quedó a un paso de la excelencia).

Excelencia alcanzada con holgura el *Reserva* 2004, que quedó a un soplo de lo extraordinario: cálido en su envío aromático, con flores y fruta muy madura, tostados de roble y leve toque de *Brett* que añade una dimensión salvaje; untuoso y carnoso en boca, con un avanzado equilibrio entre la urdimbre tánica copiosa pero aterciopelada y la acidez, pese a su ampulosa estructura es armónico y de gran bebibilidad, sobre todo acompañando una carne jugosa. Un vino elegante y prolongado.

El *Edición Limitada* es de media intensidad olfativa y carácter frutado, con notas de malvón, geranio y heno; intenso en boca, cálido y untuoso, tánico pero amable, elegante y armónico, resulta también algo alcohólico y no muy largo: es un vino lleno de propósitos que por algún motivo no termina de engalanar al paladar.

Catamos también la nueva producción *Terrunyo Lunlunta*: un Malbec gustable, de medianas proporciones olfativas y gustativas, amparado en las generales de la cepa, quizá algo *overoaked* para alguna boca pero sedoso y ligero. Nos gustó menos *Terrunyo Vistalba*, un Malbec que los catadores definieron "raro" al olfato y no muy convincente en boca.

Para olvidar este año el *Ique*, reducido, con drama de franqueza, plano, cocido y cárnico, con un azúcar residual que lo aboca.

Enrique Foster Reserva Malbec 2004	★★★★
Enrique Foster Edición Limitada Malbec 2003	★★★
Terruño Lunlunta Malbec 2004	★★★
Terruño Vistalba Malbec 2004	★★
Ique Malbec 2005	★

Bodega Manuel López López – Finca El Zorzal

Belgrano s/nº y Juan Vargas / 5517 Villa Seca / Maipú / Mendoza
Tel.: (0261) 4973283 / 155270276
E-mail: manuelopezlopez@yahoo.com.ar
Website: www.fincaelzorzal.com.ar
Capacidad: 0,2 millones de litros
Viña: 7,8 hectáreas

La pequeña casa de vinos y viñedo familiar del ingeniero industrial gallego (afincado en Mendoza desde 1978) Manuel López López se encuentra en Villa Seca, Maipú, junto a un nodo de distribución de las aguas de riego por acequia que suma su encanto a la amurallada y vieja bodega de adobe que él recicló, dotándola de tanques de acero inox y barricas de roble, en mayoría francesas.

Sus vinos tienen el mérito de ser vinificaciones casi artesanales y con un estilo personal que las diferencia, hasta en el vestido de la botella, muy galaico por cierto. Así por ejemplo el *Patrón Santiago Gran Reserva*, un Cabernet de color rojo granate profundo, con destellos teja de evolución en el borde, que contiene elegancia y riqueza descriptiva en su envío aromático, abarcativo desde las bayas maduras al roble de crianza, con una interesante terrosidad. Muy guapo vino en boca, redondo y sedoso, voluminoso y envolvente, largo cuanto basta, quizá algo desprolijo en su balance pero por lo mismo, dotado de una personalidad propia.

Muy interesante también el *Villa Seca Reserva Especial*, donde las voces del Cabernet y el Merlot se suman en un caldo rojo granate de intensidad media alta, que comienza a mostrar signos de evolución. Es un vino elegante y sutil en su cifrado aromático, que evoca hierbas frescas, especias, frutas rojas maduras y crianza. Entra con un estilo propio al paladar, ni muy encorpado ni muy ligero, fresco y ágil a pesar de su edad, bien frutado y especiado, con taninos maduros, pulida estructura y un largo y seductor final: un *blend* que tiene más características de Merlot que de Cabernet, bien placentero y en su mejor momento.

Bien correcto el *Patrón Santiago* Malbec-Cabernet, que en nariz ofrece registros de buena evolución con notas de café y chocolate, además de frutados, confitados y especiados. Intenso también en boca, de taninos maduros, redondo y sedoso, de bastante persistencia.

Patrón Santiago Gran Reserva Cab. Sauv. 2002	🍇
Villa Seca Reserva Especial Cab. Sauv.-Mer. 2001	★★★★
Patrón Santiago Malbec-Cab. Sauv. 2003	★★★

BODEGA LUIGI BOSCA

San Martin 2044 / Mayor Drummond / M5507EUP Luján de Cuyo / Mendoza
Tel.: (0261) 4980437
Fax.: (0261) 4982086

E-mail: luigibosca@luigibosca.com.ar
Website: www.luigibosca.com.ar
Capacidad: 5 millones de litros
Viña: 650 hectáreas

Entre las bodegas argentinas de primera línea y de familias argentinas, la de la familia Arizu ocupa un lugar preponderante. Es la única en esta categoría que se repliega del apellido familiar tras el de un socio itálico fundacional, quizá porque la marca *Arizu* se perdió en los avatares de una de las más ricas y fascinantes historias familiares del vino argentino. Es también una casa de vinos con rumbo propio, que sin consultores de alto vuelo hace desde hace tiempo vinos de alto vuelo. Alberto Héctor Arizu y sus hijos Alberto y Gustavo, sin ayuda de los bancos y en la turbulenta Argentina de los últimos 30 años, lograron afirmar en el mercado interno a su marca como epítome de gran vino y llegar a exportar la mitad de su producción a más de 40 países. Con la enología de José Hernández Toso y José Irrera, cada año *Luigi Bosca* nos entrega vinos caudalosos, auténticos, siempre sorprendentes.

Un tinto de pasmo el *Gala 2*, de sugestiva y compleja frase aromática, francamente frutal, discretamente especiada, levemente mentolada, sabiamente criada en el roble. Todo ello explota en boca, atronando al paladar con vastedad de sensaciones. Carnosidad, frutosidad, golosidad, mineralidad, sensualidad y suave tanicidad acuden a la mente al gustar este gran vino que hoy se deja beber con enorme placer, y sin embargo se pregunta qué será de él con unos años de guarda.

Un espumante de pasmo el *Bohème* Brut Nature, atractivo y complejo al olfato, multievocador de hierba seca, tilo, azahar, bollería, fruta tropical, flores silvestres, ruibarbo y frutillas o fresas. Esta intensa complejidad salta al paladar donde resulta ágil y fresco, con lograda armonía en un nivel que trasciende el amargor de un final algo breve para tan buen espumante.

Gala 1 es de complejo discurso aromático, con notas terrosas (polvo de ladrillo) junto a frutas rojas y violetas; en boca se presenta y permanece denso y redondo, con acertado equilibrio en sus altos niveles de fruta, acidez, alcohol y taninos. Un virtuosismo embotellado.

El blanco *Gala 3* es de amable nariz, de pródiga intensidad y complejidad, abarcativa desde las frutas blancas y tropicales a los registros minerales. Consecuente en su paso por la boca, despliega un cuerpo medio, ágil y elegante, con buena acidez y un agradable final. Es un vino cálido y algo alcohólico, pero bien balanceado y de gran persistencia.

Luigi Bosca D.O.C. Malbec es más sintético que expansivo en aromas, y evoca ciruelas negras, nuez moscada, regaliz y barrica. En boca dilata su personalidad con un acertado equilibrio entre acidez, taninos suaves y dulces pero presentes, alcohol elevado, y una frutosidad y crianza muy bien amalgamados.

Finca Los Nobles Malbec-Petit Verdot es un vino para llorar de alegría, pues casa a las 2 cepas bordelesas que alguna vez fueron las más difundidas en Cuyo: el Malbec sobrevivió diezmado, pero el Verdot casi se extinguió. Color profundo y muy vivo para su edad. En nariz, algo hermética al principio, aporta aromas florales y minerales. Cobra complejidad en boca, explosivo y voluminoso, apoyado en una urdimbre tánica dulce y redondeada, y se dilata hasta un final irreprochable y moroso, o amoroso.

Algo *laid back* o perezoso el *Luigi Bosca Reserva* Cabernet, que tenía en mano todas las cartas de crianza, madurez y estructura de un vino de ★★★★ pero no las hizo valer.

Bonachón y franco y bueno y frutoso al exceso el *Reserva* Malbec, juguetón pero no cautivante.

Interesante el Cabernet Bouchet *Los Nobles*, expresiva evocación de fruta y terciopelo.

Galopante en boca el *Finca La Linda* Malbec, dulce y ácido, ágil y sedoso, con nariz de frambuesa y cereza. Menos galopante en la misma línea el Viognier, de poca expresión aromática y boca simple y mediana, sedoso y expresivo sin más.

Al tranco el Tempranillo, con algo de reducción en la nariz y en boca una lucha entre opiniones disímiles.

Al paso el Sauvignon Blanc, de nariz y boca inconvincentes.

Matungo el Riesling, ligero y corto.

Gala 2 *assemblage* 2003	🍇
Bohème	
Gala 3 *assemblage* 2005	★★★★
Gala 1 *assemblage* 2003	★★★★
Los Nobles Malbec- P.Verdot 2001	★★★★
Luigi Bosca DOC Malbec 2003	★★★★
Luigi Bosca Reserva Cabernet Sauvignon 2003	★★★
Luigi Bosca Reserva Malbec 2003	★★★
Los Nobles Cab.Bouchet 2001	★★★
Finca La Linda Malbec 2004	★★★
Finca La Linda Viognier 2005	★★★
Finca La Linda Tempranillo 2004	★★★
Luigi Bosca Reserva Sauvignon Blanc 2005	★★
Luigi Bosca Reserva Riesling 2005	★★

Bodega Mayol

Necochea 183 Piso 1° / 5500 Ciudad / Mendoza
Tel.: (0261) 4499920 - Fax.: (0261) 4499917
E-mail: ventas@familiamayol.com
Website: www.familiamayol.com
Capacidad: 0,7 millones de litros
Viña: 70 hectáreas

De esta tecnificada y funcional bodega, donde la enología es de Abel Furlán, catamos un *Lava* Syrah, vino que pasó 8 meses en barrica y fue elaborado en 40 mil botellas: de profundo color rojo azulado, en su espectro aromático de buena intensidad destaca la fase terciaria (tostados, especias) amalgamada con notas de arándanos, ciruelas y eucaliptus. No menos intenso en el paladar, presenta un ataque excelente y muy buena estructura, con taninos presentes y todavía jóvenes que se desmarcan un poco en el final, no muy largo. Es un vino con carne y hueso, ideal para acompañar comidas sustanciosas.

En el Malbec *Kaleido* (6 meses de crianza en barrica, 60 mil botellas) nos resultó demasiado sutil la nariz que, sin embargo, es fresca y frutada; en boca es grato y sabroso, de buena estructura y bebidad: un vino placentero que no sobresale pero tampoco defrauda.

Lava Syrah 2003	★★★★
Kaleido Malbec 2003	★★★

Bodega Melipal

Ruta 7 km 1056 y Calle Cochabamba / 5509 Agrelo / Luján de Cuyo / Mendoza
Tel.: (0261) 152189064 - Fax.: (0261) 4275147
E-mail: info@bodegamelipal.com
Website: www.bodegamelipal.com
Capacidad: 0,49 millones de litros · Viña: 70 hectáreas

La bodega establecida en 2002 por Ignacio Aristi y que gerencia su yerno Santiago Santamaría vinifica sus propias uvas de viñedos jóvenes y viejos contiguos a la bodega en construcción por etapas. La enología es de Héctor Durigutti y la consultoría, de Alberto Antonini. En esta edición, registramos una flexión marcada del *Melipal Reserva* que en la cosecha y edición anterior fue un laureado: es un vino muy intenso en ambas fases, pero definidamente *overoaked*, con *Brett* y un dejo químico; en el paladar promete más de lo que da, con taninos no del todo maduros, la fruta se pierde en nariz y en el paladar hay sobrada estructura pero de algún modo no termina de hacerse el gran vino que probamos el año pasado. Nos gustó más el *Melipal* a secas, menos intenso y más simple, con fruta en nariz no obliterada por madera y de nuevo taninos que aprietan un poco, pero sin malograr la experiencia.

Melipal Malbec 2004	★★★
Melipal Reserva Malbec 2004	★★★
Melipal Reserva Malbec 2003	🍇

Bodega Navarro Correas

Rodríguez Peña 1550 / M5501ESV Godoy Cruz / Mendoza
Tel.: (0261) 4315988/9 - Fax.: (0261) 4315987
E-mail: centrodevisitas@ncorreas.com
Website: www.ncorreas.com
Capacidad: 4,5 millones de litros
Viña: no posee

En una bodega advocada a la calidad sin viña propia, la búsqueda y selección de las uvas es vital para lograr vinos de la talla de los enumerados abajo. Así los propios enólogos Juan Marco, Miguel Navarro y Celia López siguen de cerca a los co-productores, como les llaman en la casa. Destacamos el *Gran Reserva* Cabernet Sauvignon, que al olfato es complejo e intenso, cargado de frutas rojas, especias, aromas cárnicos y recuerdos de barrica. Su recorrido por boca es todo placer desde su ataque dulce y frutal hasta el final apoyado en una trama tánica madura y jugosa: es un vino que pide invierno y carnes importantes, y quizá 2 años más en botella. Remarcable el *Gran Reserva* Malbec, de buena personalidad aromática, que a frutas y flores de la cepa suma crianza en roble, minerales y un toque de betún; en el paladar discurre sin complicaciones gracias a sus taninos redondos, con buen cuerpo y armonía, más la bebidad invitante de los mejores Malbec. Menos concentrado y más frutado el *Colección Privada* Malbec, de agradable aroma terroso con nota de albahaca y ciruela madura; su boca se elonga sobre las ciruelas y repite la original albahaca, con agradable acidez y trama tánica presente pero dulce. Siempre en *Colección Privada*, el *blend* es herbáceo, frutado, especiado y con notas de roble, en boca es estructurado, sabroso y elocuente. De buena fruta imbricada en roble el Pinot, expresivo, elegante y sedoso. Frutado y mineral, con nota terrosa o ferrosa el Merlot, de boca sedosa y taninos activos. No convenció el Cabernet, pero 2004 fue mal año para la cepa. Simple, ligero, ácido y breve el Sauvignon Blanc.

En los espumantes, hay una intensa nariz floral, frutada y melosa en el Extra Brut, que es de muy buen ataque en boca, fluido y envolvente. Más hermético en su nariz floral y herbácea el Nature, sabroso y elegante en boca donde termina largo y con leve amargor, pero agradable.

Navarro Correas Gran Reserva Cab.Sauv. 2002	🍇
Navarro Correas Gran Reserva Malbec 2003	★★★★
Navarro Correas Colección Priv. Malbec 2004	★★★★
Navarro Correas Colección Priv. Blend 2004	★★★
Navarro Correas Colección Priv. Pinot Noir 2004	★★★
Navarro Correas Colección Priv. Merlot 2004	★★★
Navarro Correas Extra Brut	★★★
Navarro Correas Nature	★★★
Navarro Correas Colección Priv. Cab. Sauv. 2004	★★
Navarro Correas Colección Priv. Sauv. Blanc 2005	★★

BODEGA Y CAVAS DE WEINERT

San Martín 5923 / Chacras de Coria / M5528DPG Luján de Cuyo / Mendoza
Tel.: (0261) 4960409 / 4960825 - Fax.: (0261) 4960721
E-mail: info@bodegaweinert.com
Website: www.bodegaweinert.com
Capacidad: 4,2 millones de litros - Viña: 44 hectáreas

La tradicional casa de la familia Weinert, con enología de Hubert Weber, es de las contadísimas bodegas sin tanques de acero de inox ni barricas bordelesas, sino viejos grandes toneles de roble.

Este año gustamos un Merlot *Weinert*, de buena complejidad en nariz con *bouquet* de fruta roja, crianza y ligero *Brett*; en boca es suave y armonioso, muy frutado, con taninos algo secantes al final. En *Pedro del Castillo* Malbec hay aromas más complejos que intensos, con registros de ciruelas, especias y algo láctico; en boca es más pronunciado, con óptimo ataque pimentado, calidez y frutosidad "malbequiana" en su paladar medio, urdimbre tánica suave y pulida, discretos recuerdos de crianza y final largo y placentero, en un conjunto elegante y armónico. En la misma línea, el Tempranillo es frutado y límpido en aromas, de entrada dulce en boca con buena intensidad, taninos suaves y buena acidez: un vino expresivo que ganará con más botella. Siempre en *Pedro del Castillo*, el Cabernet Sauvignon dispersó al panel entre quienes hallaron un vino de medianas intensidades y algo *Bretty* y quienes gustaron de su amplitud y complejidad, con notas especiadas, balsámicas y minerales, elegante y armónico. El Merlot resultó frutado y algo especiado y vegetal en nariz, con boca limpia y aterciopelada algo breve en su final. Muy grato el Chardonnay, con aromas de fruta blanca y boca seca y fresca, expresiva y bien frutada, con buena duración. Gustoso como siempre el *Montfleury Gran Rosé*, con nariz frutada y algún dejo mineral, y una boca expresiva y sabrosa, ágil y bastante largo.

En el *Gran Vino* hay aromas de fruta y especias y una boca carente de acidez y taninos, con alcohol solitario en el final. *Carrascal* (Malbec-Cabernet Sauvignon-Merlot) es evolucionado y clásico, de buena calidad y estructura: *value for money*, al decir en inglés. Nos gustó menos el blanco (Sauvignon Blanc y Pinot de la Loire).

Weinert Merlot 2000	★★★★
Pedro del Castillo Malbec 2004	★★★★
Pedro del Castillo Tempranillo 2004	★★★
Pedro del Castillo Cabernet Sauvignon 2003	★★★
Pedro del Castillo Merlot 2004	★★★
Pedro del Castillo Chardonnay 2005	★★★
Montfleury Gran Rosé 2005	★★★
C. de Weinert Gran Vino Malbec-Cab. Sauv. 2000	★★★
Carrascal *assemblage* tinto 2003	★★★
Carrascal *assemblage* blanco 2005	★★

BODEGA TIERRAS ALTAS

Av. Acceso Sur 6501 Lateral Este / Carrodilla / 5505 Luján de Cuyo / Mendoza
Tel.: (0261) 4960333 - Fax.: (0261) 4961380
E-mail: vinos@vargasarizu.com - Website: www.vargasarizu.com
Capacidad: 0,5 millones de litros
Viña: 75 hectáreas

Esta bella, moderna y compacta bodega fue establecida en 2001 a la vera del Acceso Sur por los 3 hermanos Vargas Arizu, ya productores de aceite de oliva y viticultores de alcurnia. De la labor enológica de Juliana Pérez Cavagnaro, este año nos hicieron llegar el *Vicente Vargas Videla Reserva*, un Malbec cosecha 2002 que a la vista es color rubí de capa media alta con una ligera nota evolutiva y al examen olfativo presenta un cifrado aromático distinto a lo habitual, con registros de menta, perejil, pimiento morrón, fruta roja, minerales, vainilla, regaliz y una ligera nota oxidativa. De buen ataque en boca, sabroso y expresivo, con buena acidez, taninos aterciopelados y largo final, es un vino masculino que podría calificar más alto con un tiempo más en botella.

Vicente Vargas Videla Reserve Malbec 2002	★★★

CICCHITTI

Buenos Vecinos 57 / M5525ASA Rodeo de la Cruz / Guaymallén / Mendoza
Tel.Fax.: (0261) 4913139 / 4910845
E-mail: ventas@bodegacicchitti.com
Website: www.bodegacicchitti.com
Capacidad: 1 millón de litros - Viña: 84 hectáreas

De la bodega que dirige José Antonio Cicchitti con la enología de su hermano Rafael Cicchitti, destacamos este año el *Cichitti Colección* Torrontés, que en nariz es algo más tímido que los homólogos norteños. Más nítido en boca, donde destaca por su tenor dulzón (azúcar residual), buena acidez y notas de miel, duraznos blancos y cierta mineralidad: vino delicado e interesante, muy bebible y de recuerdo prolongado. Interesante el *Chipo Céspedes Coupage* de Malbec y Cabernet, cuya nariz se divide en fruta y especiado aporte de roble (vainilla, cacao, nuez moscada, canela) con boca de mediana intensidad y persistencia, sostenida por taninos maduros y dulces. Muy correctos, bien que no deslumbrantes, los *Gran Reserva*: el Cabernet es de buena nariz y boca aterciopelada, con taninos maduros; el Malbec afectado por la reducción en fase aromática y taninos todavía frescos en boca. Demasiado dulce a nuestros paladares el *Chipo Céspedes* Torrontés.

Cicchitti Colección Torrontés 2005	★★★★
Chipo Cespedes Coupage Malbec-Cab. Sauv. 2003	★★★
Cicchitti Gran Reserva Malbec 2004	★★★
Cicchitti Gran Reserva Cabernet Sauvignon 2005	★★★
Chipo Céspedes Torrontés 2005	★★

BODEGA LAGARDE

San Martín 1745 / Mayor Drummond / M5507OUP Luján de Cuyo / Mendoza
Tel.: (0261) 4980011
Fax.: (0261) 4983330

E-mail: info@lagarde.com.ar
Website: www.lagarde.com.ar
Capacidad: 2,4 millones de litros
Viña: 240 hectáreas

La bonita y clásica bodega de la familia Pescarmona, con el enólogo Juan Roby Stordeur, se instala siempre en el más alto nivel vínico de Cuyo pero en un estilo sin estridencias. Hallamos excelencia en 4 de sus muestras. Extraordinario el Malbec *Lagarde D.O.C.*, de cepas centenarias, donde todo el vino pasó un año en barricas de roble francés: dueño de una rica y compleja geometría aromática con fruta roja muy madura y licorosa, banana madura, vainilla, un leve *Brett* que aporta complejidad y algún matiz floral; en el paladar presenta una tanicidad envolvente y muy buen caudal frutal, con un cuerpo no excesivo pero estructurado aunque sin complicar la bebilidad: un vino hechizador, altivo, cálido, multifacético, elegante y fragante.

En el *blend Guarda* (40% Malbec, 30% Cabernet Sauvignon, 20% Merlot, 10% Syrah; criado en roble frácés por un año) se percibe el estilo de la casa: un perfil aromático de leve evolución con fruta presente mas no conspicua y una crianza que aporta elegancia pero sin los excesos nuevomundistas: aquí hay registros herbáceos, algún *Brett* que añade su dimensión, matices terrosos, tabaco y humo, algo de rosas, cierto matiz de evolución y naturalmente, la fruta roja. Es de entrada fresca en boca, delicado, de excelente equilibrio entre alcohol, acidez y sus taninos suaves y redondos, con buen volumen, pulida estructura y una personalidad madura y sosegada: está en su mejor punto de evolución.

Gran Sauvignon Blanc el *Lagarde*, que abunda tipicidad varietal en nariz (cítricos, herbáceos, florales y hasta *pipi de chat*); de boca vivaz, neta, con óptima acidez y leve amargor final, lleno de carácter: un paradigma de la variedad.

Interesantísimo el Cabernet Franc *Henry*, criado 18 meses en barrica nueva, que presenta una fase olfativa expresiva y profunda, tan pletórico que cada uno hallará su descriptor entre las flores, las frutas rojas y negras, las hierbas aromáticas, las especias y la madera de crianza; en fase gustativa es intenso y rico, sin cedimientos en el recorrido del ataque al final, con un paladar medio amplio y jugoso acompañado por taninos robustos que secan apenas: elegante y untuoso, muy prolongado en boca, es un gran vino cargado de intenciones respecto al futuro.

No terminamos de amigarnos con *Henry Gran Guarda N°1*, blend de 51% Syrah, 23 % Merlot, 10% Cabernet Franc, 9% Malbec y 7 % Petit Verdot con 24 meses de barrica de roble francés, que no plugo en demasía a la mayoría joven del panel, pero agradó bien a los mayores: en nariz presenta un registro de geranio y una nota química que se repite en boca, donde queda a un paso de la excelencia.

En la línea *Lagarde* el que más nos gustó fue el Merlot, frutado y especiado con cierta reducción, de excelente tanicidad, con ligero *Brett* y muy largo en boca. Muy gustoso el Syrah, de interesante nariz de arándanos, especiada y mineral, con algo de cuero y flores; sabroso y expresivo en boca, no llegó más lejos por sus taninos secantes.

Placentero el Malbec bien que no muy intenso en nariz, donde presenta registros de betún, tinta china y grafito; sabroso en boca, es algo amargo y tánico y no destaca por su tipicidad.

Con fruta, eucalipto, madera y registros *Bretty* el Cabernet Sauvignon, sedoso y aterciopelado, bastante expresivo, pero no muy prolongado.

Correcto el Chardonnay, floral y frutado, con leve recuerdo de roble, pero fastidiado por un final amargo.

En la línea *Altas Cumbres* muy parejos los 3 vinos que probamos: el Malbec, de expresión aromática algo cerrada y escasa y más intensa boca, con calidad frutal, buena acidez, taninos algo secantes y una leve punta de amargor final; en el mismo nivel el Cabernet Sauvignon, frutado en su envío aromático matizado con cierto eucalipto y expresivo en boca bien que algo dulce, con taninos redondos y retorno del eucalipto hacia el final. Y el Sauvignon Blanc, de mediana intensidad aromática, con registros herbáceos y frutados, es más intenso en boca, grato y de acidez pronunciada, con bastante persistencia.

Lagarde D.O.C. Malbec 2003	★★★★★
Lagarde Guarda *assemblage* 2002	★★★★
Lagarde Sauvignon Blanc 2005	★★★★
Lagarde Henry Cabernet Franc 2003	★★★★
Lagarde Merlot 2002	★★★
Henry Gran Guarda N°1 2002	★★★
Lagarde Syrah 2004	★★★
Lagarde Malbec 2003	★★★
Lagarde Cabernet Sauvignon 2004	★★★
Lagarde Chardonnay 2005	★★★
Altas Cumbres Malbec 2004	★★★
Altas Cumbres Cabernet Sauvignon 2004	★★★
Altas Cumbres Sauvignon Blanc 2005	★★★

BODEGAS Y VIÑEDOS ANTONIO NERVIANI LTDA.

25 de Mayo s/n° / Russell / 5515 Maipú / Mendoza
Tel.: (0261) 4972038 - Fax.: (0261) 4972499
E-mail: ventas@nerviani.com.ar
Website: www.nerviani.com.ar
Capacidad: 8 millones de litros
Viña: 30 hectáreas

Bodega familiar establecida en 1892 en Russell, fue la cuarta generación en la persona del arquitecto Jorge Rao Nerviani la que emprendió el salto cualitativo de los grandes volúmenes de antaño a los vinos premium, incorporando acero inox y renovando viñedos. Entre los 8 vinos elaborados por el enólogo Adrián Vargas que catamos, destacó el *Nerviani* Cabernet Sauvignon, en la línea más económica y sin crianza en barrica, pero con una nariz elocuente que evoca registros florales y frutados bien ensamblados con recuerdos de roble (¿duelas?). Muy grato y redondo al paladar, elegante pero no pretencioso, lineal y equilibrado en todo su tránsito, de personalidad franca y armónica, sin complejos de grandeza o pequeñez. Muy correcto el espumante de Chardonnay y Pinot Noir *Colección Privada* 1892 Extra Brut, con nariz de manzana asada, miel y minerales y boca de agradable intensidad y expresividad con buena persistencia, pero cierta unidimensionalidad. Muy bien también el *Monte Santa María* Reserve Malbec, de buena intensidad aromática basada en ciruela negra y hortalizas rojas pero que cede luego en boca, donde es estructurado pero sin gran plenitud. Los *Antonio Nerviani* con crianza de un año en roble nos agradaron sin deslumbrar: el Cabernet Sauvignon-Malbec resultó franco y aceptable, pero de personalidad algo apagada. Algo similar experimentamos con el *Colección Privada* Malbec y el *Colección Privada* Cabernet Sauvignon donde hay buena nariz frutada y especiada con una boca de media intensidad pero de buena calidad, suficientes taninos y buena armonía. Correcto y de buena bebibilidad el *Nerviani* Malbec, si bien algo ligero y breve. Agradable sin más el *Monte Santa María* Cabernet Sauvignon, de nariz vegetal y frutada, cuerpo medio y algo corto final. Nos resultó flojo y con problemas de franqueza en nariz y boca el *Monte Santa María* Chardonnay 2004.

Nerviani Cabernet Sauvignon 2004	★★★★
Antonio Nerviani Col. Privada 1892 Extra Brut	★★★
Antonio Nerviani Reserve Cab.Sauv.-Malbec 2001	★★★
Antonio Nerviani Colección Privada Malbec 2002	★★★
Nerviani Malbec 2004	★★★
Antonio Nerviani Col. Privada Cab.Sauv. 2001	★★★
Monte Santa María Cabernet Sauvignon 2003	★★★
Monte Santa María Reserve Malbec 2002	★★★
Monte Santa María Chardonnay 2004	★

BODEGAS Y VIÑEDOS RUBINO HNOS.

Bonfanti esq. Solari / M5525ASA Rodeo de la Cruz / Guaymallén / Mendoza
Tel.Fax.: (0261) 4910063
E-mail: bodega@bodegasrubino.com.ar
Website: www.bodegasrubino.com.ar
Capacidad: 37 millones de litros - Viña: 950 hectáreas

Sabemos poco de este productor que nos envió 5 muestras pero sin acompañarlas con la respectiva ficha de bodega y de vinos. Fundada en 1949 por Santos y José Nicolás Rubino, posee viñedos en Maipú, Tupungato, Medrano y Rivadavia y elabora vinos varietales de Cabernet Sauvignon, Malbec, Syrah, Tempranillo y Chardonnay en su línea Finca La Delfina, todos sin añada por lo que presumimos que son vinos que contienen más de un 15% de otras cosechas.

Su *Finca La Delfina Máximo* Cabernet Sauvignon fue el que más destacó en nuestra cata a ciegas: es un vino de buena complejidad e intensidad aromática, con registros de frutas muy maduras o cocidas, caramelo quemado, hojarasca, yesca y carnes; entra dulcemente en boca, cobra intensidad y se torna goloso, con un cuerpo medio bien pertrechado de taninos redondos y suaves, con un largo final y un retrogusto algo vegetal: una experiencia interesante, atractiva y particular, con buenas perspectivas de mejorar con un tiempo en botella.

Muy correcto el Cabernet *Finca La Delfina*, con nariz frutada, especiada y de roble, vainilla y caramelo; en boca transita sabroso, frutado y juvenil, con regustos avainillados.

Algo sutil en nariz el Chardonnay, con notas de manzana, choclo (maíz fresco) y algo demasiada madera de roble; bastante sabroso y ligero en boca, algo maderizado, de buena armonía y breve persistencia.

Reducido en primera olfacción el Malbec, que ofrece aromas de fruta no muy expresiva, madera y notas animales; en boca es bueno pero algo corto y sin mucha personalidad.

El problema de la reducción se repite en el Syrah, con notas de anhídrido sulfuroso en una nariz animal, especiada y con marcado acento mineral; en boca es ágil y ligero, correcto sin más.

Finca La Delfina Máximo Cabernet Sauvignon	★★★★
Finca La Delfina Cabernet Sauvignon	★★★
Finca La Delfina Chardonnay	★★★
Finca La Delfina Malbec	★★★
Finca La Delfina Syrah	★★★

Bodega y Viñedos Lanzarini

San Isidro 231 / 5577 Rivadavia / Mendoza
Tel.Fax.: (02623) 442291
E-mail: info@lanzarini.com
Website: www.lanzarini.com
Capacidad: 5 millones de litros
Viña: 200 hectáreas

Nueva en estas páginas pero veterana en Rivadavia, la bodega que fundó en 1936 el viñador modenés Leonardo Lanzarini sigue siendo familiar 3 generaciones después: hay la dirige Leonardo Carlos Lanzarini, con sus hijos José Luis a cargo de la bodega, Alejandro en los viñedos y las plantaciones de frutales y Alfredo en las exportaciones, con la enología de Mauricio Scala. La bodega es de piletas de mampostería con revestimiento epoxy y pequeños tanques de acero inox, con equipamiento italiano de molienda y prensado. Poseen viñedos viejos en parral y nuevos en espaldero, con un amplio catálogo de variedades.

De su producción, nos impactó el *Montecepas* Malbec, cuya nariz denota ciruelas y violetas, con algún matiz confitado; ágil y fresco en boca, de sabores definidos que evocan a sus aromas acompañados por vibrante acidez, taninos amables y bien amalgamados, es un vino jugoso y placentero hasta el final. No es un gran vino de guarda sino para beber ahora, pero tiene el mérito del estilo propio entre tantos Malbec tan semejantes. Gustoso el Viognier, floral y frutado, con notas de durazno y piedra húmeda; fresco, simple y ligero en boca, con acidez algo marcada. En la misma línea, el Syrah huele a pimienta, madera, tabaco y fruta roja; al paladar ofrece un buen medio, con taninos presentes y activos y media persistencia. De medianas intensidades en nariz y boca el Cabernet Sauvignon *La Ramada*, frutado y vegetal con cierto matiz especiado y láctico; fresco, sencillo y algo tánico en boca. La Bonarda es de mediana intensidad también en ambas fases, quizá algo más presente en boca que en nariz, con signos de buena evolución, armónica y sedosa, elegante. Siempre en *La Ramada,* el Merlot brinda alguna fruta y notas terciarias a la nariz pero en boca se fastidia con taninos verdes y secantes, y concluye simple. Poco expresivo el Torrontés *Montecepas*, floral y frutado pero distraído de sus tareas vínicas. Flojo y despersonalizado el Chardonnay *La Ramada*.

Montecepas Malbec 2004	★★★★
Montecepas Viognier 2005	★★★
La Ramada Cabernet Sauvignon 2004	★★★
Montecepas Syrah 2005	★★★
La Ramada Bonarda 2003	★★★
La Ramada Merlot 2004	★★★
Montecepas Torrontés 2005	★★
La Ramada Chardonnay 2004	★

Bodegas López

Ozamis 375 / General Gutiérrez / M5511 Maipú / Mendoza
Tel. (0261) 4811091 / 4972406
Fax.: (0261) 4973610
E-mail: lopezmza@bodegaslopez.com.ar
Website: www.bodegaslopez.com.ar
Capacidad: 40 millones de litros - Viña: 1.100 hectáreas

Hito de la vitivinicultura argentina, la de la familia López tiene el gran mérito de ser una de las 2 bodegas que conservan sus toneles de roble donde crían vinos de personalidad única y sin los cuales las bodegas pierden casi todo su encanto. Nada sabe de vitivinicultura argentina quien no visitó *López* ni probó los vinos de los enólogos Jorge Villegas, Philippe Caraguel, Carmelo Panela y Juan Carlos Stalloca.

El primer espumante Top de Sudamérica volvió a manifestar su personalidad este año: el Extra Brut *Montchenot*, de nariz elegante y discreta, con registros de manzana, vainilla, parafina, miel y bollería. Más expresivo en boca, con buen volumen, agradable espumosidad y grata acidez, con renovado registro parafínico: un espumante redondo y amable.

Excelente también el *López* Extra Brut, muy dotado en su franca y directa nariz frutal que evoca cítricos, duraznos, manzanas y peras. Expresivo y coherente, reitera en boca esas notas con buena expansión espumosa y excelente acidez, ligero y amable, terminando largo y delicado sobre un regusto a manzanas.

Medianamente intenso pero con buen perfil frutal el *López* Malbec, de boca muy agradable, fresca y aterciopelada, elegante y sencillo a la vez.

En el clásico y muy correcto *Chateau Vieux* predominan los aromas terciarios, con buena intensidad; en boca discurre ligero y sin mucha persistencia.

Evolucionado el *Montchenot* 1996, de nariz frutada, especiada, animal y con registros de madera; medianamente intenso al paladar, ligero y redondo, algo abocado, de tanicidad bien madura. Correcto el *Montchenot* Brut Nature, de nariz frutada y expresiva pero breve en boca, donde cae un poco y presenta un regusto metálico. De nariz herbácea y mineral (parafina), el *Casona López* Semillon es simple y ligero en boca, con aguja carbónica. Con resabios de aromas frutados y florales, pero ya en su fase declinante el *Montchenot 15 Años Gran Reserva*, aterciopelado y elegante en boca pero al término de su vida vínica.

Montchenot Extra Brut	★★★★
López Extra Brut	★★★★
López Malbec 2004	★★★
Montchenot 1996	★★★
Chateau Vieux 1998	★★★
Montchenot Brut Nature	★★★
Casona López Semillon 2005	★★
Montchenot 15 Años Gran Reserva 1989	★★
Montchenot Extra Brut *assemblage*	🍇

El Oasis Norte

BODEGAS MARTINS

Carlos Pellegrini 750 / C1009ABP Ciudad de Buenos Aires
Tel.: (011) 43282300/ 2033 - Fax.: (011) 43283332
E-mail: enriquec@bha.com.ar
Website: www.bodegasha.com.ar
Capacidad: 2,1 millones de litros - Viña: 100 hectáreas

Siempre dirigida por el enólogo español Joaquín Bartolomé con la consultoría de José Di Marco, de la bodega del ibérico grupo *Arco* probamos 6 vinos, de los cuales el mejor fue *Martins* Malbec, cuyo envío aromático es de media intensidad centrado en la fruta; más intenso en boca, donde avanza grato y expresivo, con carácter franco aunque no muy prolongado. El Tempranillo *Oak* (único con crianza) posee buena fruta aunque mediana intensidad aromática y un tránsito gustativo también signado por la fruta, con buena acidez si bien hacia el final se abrevia y torna levemente amargo. El Chardonnay presenta una aceptable nariz frutada (manzana, fruta seca) y cierta expresividad en el paladar donde discurre ágil pero termina con prisa. Menos claro el desempeño del Cabernet, de nariz frutada pero una boca complicada por aguja carbónica y registros sulfurosos. Problemático también el Syrah, reducido en nariz y con notas olfativas poco claras, en tanto que en boca los taninos están verdes. Flojo el *Andino* Malbec-Bonarda, cerrado en nariz y escaso en boca.

Martins Malbec 2005	★★★
Martins Tempranillo Oak 2004	★★★
Martins Chardonnay 2005	★★★
Martins Syrah 2004	★★
Martins Cabernet Sauvingon 2005	★★
Martins Andino 2004	★

LOS MAITENES

Cobos 4285 / Perdriel / 5507 Luján de Cuyo / Mendoza
Tel.: (0261) 4292527 / 4960652 / 4881236
Fax.: (0261) 4960542
E-mail: info@losmaitenes.com
Website: www.losmaitenes.com
Capacidad: 0,57 millones de litros - Viña: 20 hectáreas

De la bodega de Raúl Correas y Antonio Carlos Sottano en Perdriel, donde la enología está en manos de Walter Bressia, recibimos 3 vinos uno de los cuales, el *Maestre de Campo* Malbec 2002, ya habíamos catado en nuestra pasada edición, con gran satisfacción. Al borde de las ★★★★ quedó en nuestra cata a ciegas el *Maestre de Campo* Merlot, de nariz no muy intensa pero sí compleja con registros frutados, florales y especiados; en boca discurre aterciopelado, con buena carga tánica madura y agradable final. Menos satisfactorio el *blend* Cabernet-Merlot *El Corregidor*, que presenta notas de evolución y resulta escaso en nariz y en boca, ligero y de poca persistencia.

Maestre de Campo Merlot 2003	★★★
El Corregidor 2004 Cab. Sauv.-Merlot	★★

BODEGAS NOFAL

Rufino Ortega 453 Of. 2 / 5500 Ciudad / Mendoza
Tel.Fax.: (0261) 4200976 / 4200986
E-mail: agronofal@speedy.com.ar
Capacidad: 1,5 millones de litros
Viña: 130 hectáreas

La bodegas de las hermanas Nora, Ercilia, Beatriz y María Teresa Nofal es única en Argentina: no hay bodegas de 4 hermanas en todas partes del planeta. Razonan de vinos con el enólogo Carlos González Ramponi.

Nofal Alonso, "homenaje de sus hijas a Gabriel Nofal y Ferina Alonso" en primera nariz recuerda vinos de hace una década: evolución, notas animales y trasfondo de madera antigua acompañada por registros frutales y especiados. En boca es más contemporáneo y no menos placentero, con entramado tánico de muy buena calidad y final de gran vino. Es amable, sabroso, elegante y largo, de placentero final, con personalidad propia.

Vino con ganas de ser gran vino es *Tunquelén* Tempranillo, que raspó las ★★★★: una nariz frutosa y mineral y una boca con vainilla, dulce de leche y mucha tanicidad sin nada secante, pero algo flojo en ataque y muy tostado.

Nofal Alonso 2003	★★★★
Tunquelén Tempranillo 2004	★★★

BODEGAS Y VIÑEDOS CROTTA

Carril Chimbas y Acceso Este / 5584 Palmira / Mendoza
Tel.Fax.: (02623) 461059 / 461936
E-mail: crotta@infovia.com.ar
Website: www.crotta.com.ar
Capacidad: 18 millones de litros
Viña: 200 hectáreas

Fundada en 1933, la bodega industrial de la familia Crotta está tradicionalmente asociada a los grandes volúmenes (8 millones de litros en 2006) de vinos de mesa y en damajuana. Sin embargo, este año nos enviaron un Malbec, elaborado por los enólogos Walter Flores y Angel Bottero en 50 mil botellas, que quedó muy cerca de las ★★★★ y que en relación calidad-precio es un vino para destacar y recomendar. Sin crianza en barrica, su nariz es medianamente intensa, floral y frutada (cereza negra), con matices especiados y empireumáticos; en boca es de buen ataque y grato medio de boca, aterciopelado y redondo, de media persistencia y buena armonía. Un Malbec sencillo y sin pretensiones, pero que entrega más de lo que promete.

Bodegas Crotta Malbec 2003	★★★

Bodegas y Viñedos Huarpe

25 de Mayo 1078 / Piso 5° Dpto 2 / M5500GIF Ciudad / Mendoza
Tel.Fax.: (0261) 4231000 - E-mail: info@huarpewines.com
Website: www.huarpewines.com
Capacidad: 0,3 millones de litros
Viña: 80 hectáreas

Esta pequeña y reciente bodega familiar fue establecida por los primos (de alcurnia vitivinícola cuyana y origen piamontés) Maximiliano Hernández Toso (ingeniero industrial y director) y José Hernández Toso (enólogo), y vinifica uvas de sus propios viñedos familiares en Barrancas, con cepas de Cabernet Sauvignon, Malbec, Chardonnay y otras.

La bodega, de estilo funcional, trabaja con tanques de acero y una de las peculiaridades de su enología es que no prensan las uvas tintas. Además, los *Huarpe* y *Taymente* hacen fermentación maloláctica en barricas, donde la mitad son de roble francés y la mitad americano. De los vinos que probamos este año, el que más nos impactó fue *Huarpe* Cabernet-Malbec, cuya tinta púrpura en los bordes denota ligera evolución y que al olfato resulta intenso y elegante, bien articulado en notas primarias de frutas rojas y mermeladas y notas terciarias de tostados y vainilla. Entra suave en boca, dilatándose en mucha frutosidad con cuerpo medio agradable y buena acidez. Sus taninos están todavía algo activos pero mejorarán con la guarda. Un vino expresivo y de buena bebilidad, que destaca en boca gracias también al uso judicioso de la barrica.

Algo más signado por la presencia del roble el *Taymente* Malbec, cuya nariz conjuga un buen perfil varietal (ciruela negra, violetas) y crianza (vainilla, tostado). En boca, más allá de cierto exceso de madera, es de perfil franco y sabroso, con buena acidez, taninos redondos y adecuada permanencia en el paladar. Un vino de estilo contemporáneo y listo para beber.
Gustoso pero también algo marcado por la barrica de roble el *Lancatay* Chardonnay, de nariz terciaria y láctico en boca, con cierto dulzor de azúcar residual. De nariz herbácea, también frutada y algo mineral el *Taymente* Cabernet, correcto en boca si bien un poco breve y vegetal.
Frutado en nariz el *Lancatay* Tardío, abocado al paladar y falto de acidez para compensar su dulzor.

Huarpe Cabernet Sauvignon-Malbec 2004	★★★★
Taymente Malbec 2004	★★★★
Lancatay Chardonnay 2005	★★★
Taymente Cabernet Sauvignon 2004	★★★
Lancatay Tardío Semillón 2005	★★

Bodega y Viñedos Luis Segundo Correas S.A.

Granaderos 888 / 5500 Mendoza Ciudad
Tel.Fax.: (0261) 4230604
E-mail: fcorreas@bodegacorreas.com.ar
Website: www.bodegacorreas.com.ar
Capacidad: 3,8 millones de litros
Viña: 400 hectáreas

La bodega de Julián, Luis, Francisco, Ana y Segundo Correas, donde la enología la desempeña Daniel Mayorga, vinifica a sus mejores vinos en una bodega de pequeñas piletas de cemento/epoxy con refrigeración. También cuentan con tanques de acero inox. Esta es una casa familiar llevada adelante con el esfuerzo personal de los hermanos en las distintas áreas y sin el brillo de las recientes inversiones de grandes capitales, pero con el lustre de ser uno de los pocos linajes patricios mendocinos que sigue ligado en primera persona al vino y a la tierra. En este sentido, es de las bodegas más tradicionales del país. De sus parcelas de Malbec de 70 y más años en viña baja deriva la consistencia de *Valle Las Acequias Roble*, cuyo envío aromático es complejo y de intensidad media-alta, con los registros habituales de la variedad y además como nota propia matices mentolados y de eucalyptus, especias y una leve acidez volátil. En boca es mucho vino: mucha fruta, mucho tanino, mucha madera. Le falta cierta delicadeza y le sobra estilo comercial, pero está muy bien hecho y aunque es vino de cierta estructura, se deja beber con facilidad. En la misma línea el Malbec "normal" suma en nariz notas de fruta, flores, bálsamos, especias y algo mineral u oxidado, con buena estructura en boca, taninos firmes que se sienten un poco y mediana persistencia: le gustaría quedarse unos meses más en botella. El Syrah se deja beber muy bien pero no terminó de convencernos del todo: en nariz y/o en boca hallamos cierta artificialidad y un tanino verde y secante que no llega a malograr la experiencia, pues es un vino que puede gustar sin complicaciones. Buena fruta (manzana, pera, papaya) en el Chardonnay, medianamente intenso sea en vía nasal que oral pero seco, fresco y placentero en el medio del paladar, redondo y simple, ligero y no muy largo, fácil de tomar. No muy típica la nariz del Torrontés, que evoca ensalada de frutas y flores, con algo de vainilla y geranio. En boca sigue frutoso pero indistinto, como insinuando un toque de roble, ligero y con punto de amargor final.

Valle Las Acequias Roble Malbec 2003	★★★★
Valle Las Acequias Malbec 2005	★★★
Valle Las Acequias Syrah 2003	★★★
Valle Las Acequias Chardonnay 2005	★★★
Valle Las Acequias Torrontés 2005	★★★

BODEGA Y VIÑEDOS MAURICIO LORCA

San Martín 5039 / Mayor Drummond / 5507 Luján de Cuyo / Mendoza
Tel.: (0261) 4961579 / 1240
E-mail: info@opalowines.com
Website: www.opalowines.com
Capacidad: 0,15 millones de litros - Viña: 30 hectáreas

Desde que probamos *Ópalo* Malbec y Cabernet 2003 seguimos de cerca a los vinos personales del enólogo Mauricio Lorca. A su apuesta innovadora de varietales premium despojados de sabores de roble, sumó luego el año en barrica de los *Poético* Malbec y Cabernet Sauvignon. Todos son vinos de un viñedo joven y propio plantado en alta densidad por Lorca en Vistaflores, con rendimientos exiguos. Como se vé abajo, nos impactó mucho *Lorca Poético* Malbec, vino de capa alta que tarda un poco en abrir nariz pero contiene muchísima violeta, además de arándanos, pimienta y madera de crianza. Su discurso gustativo es dinámico y expresivo: comienza dulce y súbito compensa en acidez, avanza por el paladar con paso firme y buen peso, diciendo sabores de muchas frutas y articulándose sobre una trama tánica gorda y dulce, para terminar largo cuanto basta, elegante y armonioso en todo el recorrido.

Ópalo Syrah hubimos de catarlo 2 veces por las discusiones acerca de la reducción a la que son tan propensos los vinos de esta variedad. Lo que nunca estuvo en discusión era que era un vino de inusual expresividad y riqueza. Cereza, violetas, tostado, carne, ahumados y pimienta son aromas que acuden al oler tras una buena oxigenación del vino. En fase gustativa resulta fresco y jugoso, de media estructura, con taninos algo vivaces, gran acidez, buena armonía y persistencia. Concentrado, maduro y complejo en su envío olfativo el *Ópalo* Cabernet, levemente cerrado por la reducción. Es más cautivante en su discurso gustativo, bien estructurado, firme y fino en sus taninos, ácido todo lo necesario, armónico y expresivo hasta el final.

Otro vino polémico fue el *Poético* Cabernet, de nutrido bagaje aromático y sabrosa boca, pero que no concertó pareceres para el salto a ★★★★.

Ópalo Malbec resultó correctamente frutado en nariz, pero no entusiasmante en boca sino mediano y simple. Un muy buen vino que se deja beber pero no se hace recordar.

No nos gustó el Syrah, de nariz reducida y una boca que no terminó de armarse.

Lorca Poético Malbec 2004
Ópalo Syrah 2005 ★★★★
Ópalo Cabernet Sauvignon 2005 ★★★★
Lorca Poético Cabernet Sauvignon 2003 ★★★
Ópalo Malbec 2005 ★★★

BROS

Av. Belgrano 990 Piso 5º / C1092AAW Ciudad / Buenos Aires
Tel.: (011) 43442132
Fax.: (011) 43442309
E-mail: bros@vinosbros.com.ar
Capacidad: no posee
Viña: no posee

El empresario farmacéutico y *bon vivant* Sebastián Bagó compró en 1998 un viñedo en Cruz de Piedra, Maipú y de allí en 2003, con la ingeniería agronómica de Pedro Marchevsky y la enología de Susana Balbo, obtuvo las uvas de las que se elaboraron las apenas 2,6 mil botellas de *Bros*. Un vino pleno de vinosa energía desde su tinte violáceo oscuro y brillante, de bien expresivo y grato planteo aromático donde destaca muy nítido el ramillete de violetas frescas, con ciruela negra, arándanos y un perfume de crianza tostado y avainillado. Muy sápido en boca, insiste en los enunciados olfativos sobre un cuerpo estructurado, todo fruta y crianza, con buena acidez y dulce y abundante carga tánica, así como un largo y especiado final. Puede parecer *overoaked* a los paladares ya de retorno de la barrica barroca. Algo salvaje todavía, ganará afinación con un tiempo en botella.

Bros Malbec 2003 ★★★★

CABRINI

Ruta 15 km 22 Pedriel / M5544APB / Luján de Cuyo / Mendoza
Tel.Fax.: (0261) 4880218
E-mail: ivgcabrini@infovia.com.ar
Website: www.vinoscabrini.com.ar
Capacidad: 1,3 millones de litros - Viña: 60 hectáreas

Esta bodega familiar fundada en 1918 por el tatarabuelo de los hermanos Fernando y Hugo Cabrini posee años viñedos de Malbec, uno de ellos contiguo a la sencilla pero acogedora bodega de piletas de cemento/epoxy y tanques de acero inox. Este año recibimos sólo 2 muestras de su producción: una nos gustó mucho y la otra poco.

Fernando Cabrini Cabernet Sauvignon es de aroma no intenso pero grato, con fruta roja y un definido pero no fastidioso *Brett* que se manifiesta como un recuerdo de betún; muy bueno en boca, con taninos dulces, notas minerales, algo de roble y algo licoroso, de media persistencia.

El *Cabrini Roble* Malbec nos resultó plano y apagado, con olor a madera vieja, liviano y simple.

Fernando Cabrini Cabernet Sauvignon 2002 ★★★
Cabrini Roble Malbec 2002 ★★

Caligiore

Ruta Provincial 86, La Picada a Tupungato km 1 / 5509 Luján de Cuyo / Mendoza
Tel.Fax.: (0261) 4303521
E-mail: info@caligiore.com.ar
Website: www.caligiore.com.ar
Capacidad: 0,04 millones de litros - Viña: 21 hectáreas

Esta bodega familiar, que dirige el ingeniero Gustavo Caligiore, posee viñedos de uvas tintas en Luján de Cuyo y elabora 3 líneas, de las que probamos 2. El vino más gustoso fue la Bonarda *Caligiore*, que segmentó al panel en una mayoría que lo encontró parangonable a las mejores Bonardas piamontesas y una minoría que lo halló afligido por acidez volátil y final amargo. También excelente el Malbec, de compleja nariz que evoca violetas, malvón, herbáceos, fruta cocida, tomate, aceitunas, cuero, tabaco; crece en boca, con logrado balance fruta-acidez-taninos-alcohol repitiendo las notas aromáticas a las que se suma, por vía retronasal, un recuerdo de chocolate. Correcto el Syrah, con demasiada mermelada en nariz, y boca estructurada y bastante expresiva. *4 Vacas Gordas* resultó franco y ágil, para tomar sin pensar.

Caligiore Bonarda 2002	★★★★
Caligiore Malbec 2004	★★★★
Caligiore Syrah 2004	★★★
4 Vacas Gordas Malbec-Cab.Sauv. 2004	★★

Campo Negro

Callejón Zapata s/nº / Cruz de Piedra / 5517 Maipú / Mendoza
Tel.: (0261) 4242590 - Fax.: (0261) 424-2069
E-mail: ricardorosell@supernet.com.ar
Website: www.camponegro.com
Capacidad: 0,25 millones de litros - Viña: 15 hectáreas

Esta bodega *boutique* y familiar fue establecida en 2002 por el emérito profesor Pedro Rosell con su hijo Ricardo y el enólogo Cristián Allamand junto al exótico viñedo de Saint Jeannet que crece contiguo a la vieja casa veraniega de los Rosell. Este año catamos 3 vinos de su producción en la línea de vinos jóvenes con apenas un toque de madera. Un muy buen Malbec es *Finca El Reposo*, no muy intenso en fase aromática pero atractivo, con notas de fruta roja, madera y especias; más intenso y expresivo en boca, donde repite su fruta con leve recuerdo de roble y buena acidez en un conjunto de grata bebilidad. Muy bien también el Saint Jeannet, bien floral y frutado en su aroma de media intensidad y muy personal en boca, si bien algo verde y no muy prolongado. Menos nítido el Cabernet Sauvignon *Finca El Reposo*, de nariz frutada y taninos dulces, un vino correcto pero que no despierta a los sentidos.

Finca El Reposo Malbec 2004	★★★
Finca El Reposo Cabernet Sauvignon 2004	★★★
Finca El Reposo Saint Jeannet 2005	★★★

Carinae Viñedos y Bodega

Videla Aranda 2899 / 5517 Cruz de Piedra / Maipú / Mendoza
Tel.: (0261) 4990470 - Fax.: (0261) 4990637
E-mail: carinae@carinaevinos.com
Website: www.carinaevinos.com
Capacidad: 0,26 millones de litros
Viña: 18 hectáreas

La pequeña bodega de Philippe y Brigitte Subra nació para vinificar bajo la bóveda celeste austral que inspira, con sus constelaciones, al nombre de la casa y de sus cuarteles de viña. Un telescopio en bodega atestigua la pasión de los Subra, que une a las vides con los astros.

Este año tuvimos la primera prueba tangible de las alturas celestes que procuran con la enología de, valga redundancia, Gabriela Celeste (cabeza cuyana del equipo *EnoRolland*) con la agronomía de Mathieu Grassin.

Carinae Prestige es de aroma voluptuoso y envolvente: fruta roja, violetas, roble nuevo y especias. En boca reitera su carácter suntuoso con amplitud y cuerpo, óptima acidez, taninos sazonados y encomiable amalgama de fruta y crianza: un astro purpúreo que brilla con luz propia.

Del viñedo de Syrah contiguo a la bodega proviene *Carinae Reserva*, de buena tipicidad aromática, fruta y cuero con roble tostado. Potente y voluminoso en boca, invoca arándanos, menta y vainilla, con urdimbre tánica firme pero no agresiva y final interminable.

En órbita algo más baja *El Galgo Gran Reserva*, un Malbec de media intensidad olfativa pero complejo, con roble, vainilla y una terrosidad subyacente a frutas y flores. Muy gananciosos en boca pero hegemonizado por sabor a encina, de taninos suaves, correcta acidez, frutosidad nítida aunque no discernible y agradable final. Un vino que invita a beber más si se gusta del vino encinado, con mucho roble.

Menos alto el *Carinae* Malbec, corto y desprovisto de energía aromática e intensidad gustativa.
Con problemas de olfato el *Carinae Reserva* Cabernet, mejor en boca pero ya irremediablemente acomplejado por su narizota.
Aun más problemática la sangría de Malbec.

Carinae Prestige 2004	🍷
Carinae Reserva Syrah 2004	★★★★
El Galgo Gran Reserva Malbec 2004	★★★★
Carinae Malbec 2004	★★★
Carinae Reserva Cabernet Sauvignon 2004	★★
Carinae Rosado 2004	★

El Oasis Norte

Cavagnaro

Montecaseros 2659 / 5513 Coquimbito / Maipú / Mendoza
Tel.: (0261) 4972337
E-mail: juliancavagnaro@fullzero.com.ar
Website: www.bodegacavagnaro.com.ar
Capacidad: no posee
Viña: 1,6 hectáreas

Julián Cavagnaro es bisnieto Ángel Cavagnaro, viticultor que se hizo bodeguero en Coquimbito; un siglo después, desde un paño de 1,6 hectáreas de Malbec plantado en 1998 en la vieja propiedad, con un rendimiento de 9 toneladas por hectárea, vinificando en espacio de bodega alquilado y estibando las botellas en la vieja casona de la propiedad (donde se propone construir bodega propia) y con la enología de Jorge Moschetti, *Cavagnaro* es un Malbec de buena complejidad y mediana intensidad aromática basada en fruta muy madura, casi mermelada o compota, con algo floral (geranio) y herbáceo; entra dulce en boca y despliega buena amplitud, con taninos abundantes y maduros, buena estructura, acidez quizá algo escasa y final no muy largo pero agradable, con notas de chocolate y café. En Argentina se puede regresar a los orígenes yéndose a vivir a Italia o plantando vid en la tierra de los bisabuelos.

Cavagnaro Malbec 2004 ★★★★

Finca Algarve / Cinco Sentidos

Rivadavia 152 / 5500 Mendoza Ciudad
Tel.Fax: (261) 4298124
E-mail: info@finca-algarve.com.ar
Website: www.finca-algarve.com.ar
Capacidad: 0,75 millones de litros
Viña: 52 hectáreas

El emprendimiento de los hermanos Valdez que dirige Manuel Valdez cuenta con uvas propias de parrales y espalderos jóvenes, y vinifica en bodega alquilada con la enología de Hugo Zamora y Mathieu Grassin. En 2005 elaboraron 100 mil botellas.
Cinco Sentidos Reserva Malbec es de aroma herbáceo y frutado, con notas de chocolate y ciruela en pasas; en boca es intenso pero algo duro, a causa de sus taninos activos.

El *Reserva* Cabernet-Malbec tiene fruta y flor en nariz, pero subsumidas en una nota azufrada; en boca es estructurado, con buenos taninos y media persistencia. Menos convincente el Merlot-Syrah, algo metálico y desequilibrado. También desequilibrado y oxidado el *Gran Reserva* Malbec.

Cinco Sentidos Reserva Malbec 2003 ★★★
Cinco Sentidos Reserva Malbec-Cab.Sauv. 2003 ★★★
Cinco Sentidos Reserva Merlot-Syrah 2003 ★★
Cinco Sentidos Gran Reserva 2002 ★★

Conalbi-Grinberg Casa Vinícola

Maza 1848 esquina Espejo / Russell / 5517 Maipú / Mendoza
Tel.Fax.: (0261) 4815064
E-mail: cg_vinicola@ciudad.com.ar
Website: www.conalbigrinberg.com
Capacidad: no posee
Viña: 43 hectáreas

La sociedad de Luis Pablo Conalbi y Sergio Grinberg este año nos envió 4 vinos, fruto de la enología de Abel Furlán, uno de ellos ya catado en la pasada edición. Muy buen vino el *Conalbi-Grinberg* Malbec, de media intensidad aromática con registro de violetas, ciruelas, anís y alcanfor; en boca es ligero y sencillo, con taninos algo secantes y media persistencia. Evolucionado el Cabernet Sauvignon, medianamente intenso al olfato con notas de cassis y grafito además de recuerdos de crianza; de media intensidad en el paladar, con taninos maduros y buena acidez, es un vino balanceado y no muy prolongado. Correcto el Merlot, bien que ya evolucionado, con nariz vegetal y floral acompañada por pimiento morrón y frambuesas; expresivo y elegante en boca, no hay que esperarlo más.

Conalbi Grinberg Merlot 2001 ★★★
Conalbi Grinberg Cabernet Sauvignon 2000 ★★★
Conalbi Grinberg Malbec 2001 ★★★

Cave Extrême S.A.

Callao 384 5° 12 / C1022AAQ Ciudad de Buenos Aires
Tel.Fax.: (011) 43730887
E-mail: info@cave-extreme.com
Website: wwwcave-extreme.com
Capacidad: no posee
Viña: no posee

De la empresa de Jean Edouard de Rochebouët y sus socios, donde la enología es de Paul Caraguel, catamos con mayor gusto un espumante *Extrême* de buena nariz frutada, floral y de levaduras, que en boca resulta crocante y armónico, sabroso y expresivo, de muy placentera bebibilidad. Grato y atractivo en nariz el *Henri Piper*, frutado y floral con notas cítricas, fresco, ágil y sabroso en boca, sin aristas.

Poco expresivo en nariz y boca el Malbec *Mapú Curá*, con notas cárnicas y de pasto seco junto a la fruta roja y una boca ágil y no muy larga. En la misma línea, hay fruta tropical, manzanas y roble en la nariz del Chardonnay, que en boca es ligero y fluido, de media persistencia. *Paul Rigaud* es sabroso y expresivo, algo dulzón y fácil de tomar.

Extrême Extra Brut Chardonnay-Pinot Noir ★★★
Henri Piper Extra Brut ★★★
Mapú Curá Malbec 2003 ★★★
Mapú Curá Chardonnay 2005 ★★★
Paul Rigaud Extra Brut Chenin-Chardonnay ★★

Pedro y Jorge Cecchin S.R.L.

Manuel A. Saez 626 / Russel / Maipú
Tel.Fax.: (0261) 4976707
E-mail: info@bodegacecchin.com.ar
Website: www.bodegacecchin.com.ar
Capacidad: 0,8 milones de litros
Viña: 78 hectáreas

Esta vieja bodega de adobe fue adquirida por los abuelos Pedro y Jorge Cecchin en 1959 y ampliada 10 años más tarde; el *winemaker* Alberto Cecchin nos dijo *"nací en la bodega. Llevo 40 años viendo elaboraciones. Mi tío abuelo Jorge todavía supervisa el trabajo"*. Fermentan en piletas de mampostería con epoxy porque, dice Alberto, *"somos reacios al acero inoxidable"*. La familia posee algunas joyas, como el parral de Graciana en Ugarteche, plantado en 1961, junto a Carignan o Cariñena.

Finca Cecchin Graciana es uno de Los 53 Mejores Vinos de esta edición: de color rubí de media intensidad con leve matiz teja en el borde, destaca por una floralidad complementada por notas de miel, fruta seca, azafrán, cierto anís, cierta conífera. Al paladar sorprende con su delicadeza sabrosa y ampliamente frutal, con tanicidad y acidez vivas pero no hirientes, en óptima amalgama con la madera de roble, envolvente hasta el final y con retrogusto de golosina de confitería fina europea. De gratísima bebibilidad, es vino distinto a lo habitual y con personalidad: un magnífico ejemplo de lo que se puede hacer en Argentina más allá del Malbec y/o los estilos homologados por y para el mercado global. Una etiqueta para seguir de cerca cada añada, de ahora en más.

En la misma línea, el Carignan nos pareció menos expresivo en nariz pero franco y sin mayores definiciones que un frutado y floral genérico; de buena boca, expresivo, elegante, armónico, sedoso y redondo, sólo que le faltan 10 centavos para el peso.

Disparador de dispersión en el panel el *Esencias de la Tierra* Cabernet Sauvignon, sin añada: algo que ya pone nervioso a cualquier panel de cata a ciegas. El mismo vino resultó intenso, complejo, expresivo, tánicamente dulce, largo, sedoso, redondo, muy tomable; defectuoso, cocido leve y con abundante *Brett*, dulzón, con punta de amargor, mucho tanino secante y verde, y además corto. Hay que probarlo para saber dónde uno está parado respecto al *Brettanomyces*. No del todo a punto el Moscatel: hay pomelo y terpénico en nariz, y poca y breve cosa en boca.

Finca Cecchin Graciana 2004	★★★★
Esencias de la Tierra Cabernet Sauvignon s/d	★★★★
Finca Cecchin Carignan 2004	★★★
Finca Cecchin Syrah 2004	★★★
Cecchin Premium Malbec 2004	★★★
Finca Cecchin Moscatel de Alejandría 2005	★★

Cinco Tierras

Roque Saenz Peña 8450 / Las Compuertas / M5509XAF Luján de Cuyo / Mendoza
Tel.: (0261) 4983115
E-mail: ventas@bodegabanfi.com.ar
Web site: www.bodegabanfi.com.ar
Capacidad: 0,7 millones de litros - Viña: 25 hectáreas

La familia Banfi, con la dirección de Rubén Gustavo Banfi, recicló admirablemente una vieja bodega de piletas de cemento en Las Compuertas, donde vinifican con la enología de Horacio Scattareggia a las uvas de productores asociados de La Consulta, Vistalba y Agrelo; mientras las viñas de su finca de Agrelo todavía están creciendo.

Este año recibimos 3 muestras de sus vinos: el que nos resultó más impactante fue el *Cinco Tierras Premium* Merlot (del que hicieron 8 mil botellas, con crianza de un año en barricas francesas de primer y segundo uso), que en nariz despliega un generoso y expresivo temperamento aromático donde priman registros balsámicos, florales y especiados. Es muy placentero en boca, henchido de frutosidad con sabores de arándano y menta, de trama tánica bien madura, acidez a tono, y un final largo con evocación de tostados y vainilla de crianza: un vino personal y fresco, de buena complejidad y gran bebibilidad.

Excelente también el *CincoTierras Premium* Malbec (producción de 16 mil botellas, con crianza similar al anterior) cuyo envío aromático despliega gran intensidad y buena complejidad aromática con registros florales (violetas), frutados (ciruela negra cocida), recuerdos de crianza y un matiz *bretty* que no fastidia y también se advierte en boca, donde destaca por su frutosidad jugosa y notable urdimbre de taninos activos pero dulces, con una acidez que puede resultar algo marcada. Su final es largo y placentero.

Correcto el *Reserva Familia* Malbec-Merlot (7,5 mil botellas, 18 meses de barrica francesa nueva), con buen intensidad floral, frutada y especiada en la fase aromática; sedoso y ligero en boca, de media persistencia, sus taninos resultan algo secantes.

Cinco Tierras Premium Merlot 2003	★★★★
Cinco Tierras Premium Malbec 2003	★★★★
Cinco Tierras Reserva Familia Mal.-Mer. 2002	★★★

El Oasis Norte

CHANDON

Ruta 15 km 29 / Agrelo / M5509AOA Luján de Cuyo /
Mendoza / Acceso turístico por Ruta 40 km 29
Tel.: (0261) 4909968
Fax.: (0261) 4909925

E-mail: visitorcenter@chandon.com.ar
Website: www.bodegaschandon.com.ar
Capacidad: 32 millones de litros
Viña: 663 hectáreas

La tradicional casa de Agrelo, con la enología de Onofre Arcos, cada año nos sorprende con más de un vino y esta vez lo más impactante fue el *Chandon Extra Brut Cuvée Speciale 45 Años*, cuyo cifrado aromático incluye un nítido registro evolutivo que suma complejidad a la fruta, el tostado y la levadura, en un cuadro intenso y elegante. Al paladar penetra con distinción y crece al medio, con buena estructura y placentera textura, largo final y un persistente retrogusto que reitera sus notas de crianza. Un grande.

En la línea *Baron B.*, destacó el *Brut Nature* de nariz vivaz y compleja, con notas de levadura, caramelo, fruta blanca, tostados y mineral. Sedoso y con personalidad, en boca es de entrada dulce y buena burbuja, acidez y volumen, con final prolongado. Excelente también el *Brut Rosé*, de buena complejidad aromática con fruta roja, madera y leve oxidación. En su tránsito gustativo es muy grato, de óptima espuma y acidez que acentúa su fruta: estructurado y complejo pero de gran frescura. Muy sorprendente el *Extra Brut*, a la nariz revela notas de levadura, manzana, miel, frutas secas y tenue oxidación que añade complejidad. En el paladar es fluido y sedoso, muy fresco, ácido y frutoso, con final largo y envolvente: complejo, elegante y muy bebible. Menos impactante el *Baron B. Unique Brut Nature*, de ataque dulce para su categoría y no muy envolvente, algo liviano.

Con la excelencia habitual de los *Chandon*, el *Brut Nature* ofrece aromas florales, frutas rojas y blancas, miel y mazapán; en boca es amplio, sedoso, cremoso, de muy buen volumen y muy largo final, con recuerdo muy agradable.

Óptimo el *Extra Brut*, de intensa fracción aromática de frutas rojas y secas, levadura, tostado y miel, que llena la boca con buena espuma, untuosidad equilibrada con acertada acidez, deja un registro de dulce de leche y concluye largo y aterciopelado: paradigma de espumante argentino. Grata sorpresa el *Demi Sec*, por primera vez en ★★★★, con fraseo aromático que incluye levadura y fruta blanca; para nada empalagoso, es fresco y de acidez envolvente, con grata espuma y final cítrico placentero. Apenas menor el *Cuvée Reserve* de Pinot Noir, de oxidación algo marcada y textura a la que faltó algo para destacar. También el *Brut Rosé*, gustoso pero con una nota metálica y algo apresurado al final. No nos convenció el *Eternum Zero Dosage*.

Muy parejos en su nivel los *Mercier*: el *Extra Brut* de atractiva nariz a levadura y fruta blanca, expresivo en boca aunque algo ligero; el *Rosé* gratamente frutado y de curiosa nota metálica como su homólogo *Chandon*; y el *Demi Sec*, bueno pero algo módico en fruta y estructura.

En los vinos tranquilos, sorprendente el *Latitud 33° Tempranillo*, de espectro aromático amplio y bien armado, con fruta negra cocida, chocolate, café, tabaco y tostados; ataque dulce en boca, donde se dilata goloso y equilibrado, con repetición de las notas de crianza y trama tánica bien ajustada: un vino con personalidad, que ama expresarse. Excelente también el *Dos Voces* Malbec-Cabernet, cuyo perfil aromático de grata intensidad abarca desde frutas rojas a tostados de crianza. En el paladar comienza dulzón y frutal y concluye en recuerdos de roble y especias, muy balanceado en todo el recorrido. Entre los *Latitud 33°* nos gustaron: el Malbec, que está para más; el Chardonnay, si bien algo corto; y el Cabernet, fácil de beber; menos nítido el Syrah...y flojo el Sauvignon Blanc.

Chandon Cuvée Especial 45 Años Extra Brut	★★★★★
Latitud 33° Tempranillo 2004	★★★★
Dos Voces Malbec-Cab.Sauv. 2004	★★★★
Chandon Demi Sec	★★★★
Baron B. Extra Brut	★★★★
Baron B. Brut Nature 2002	★★★★
Baron B. Brut Rosé 2002	★★★★
Chandon Brut Nature	★★★★
Chandon Extra Brut	★★★★
Mercier Extra Brut	★★★
Baron B. Unique Brut Nature 2001	★★★
Latitud 33° Malbec 2005	★★★
Chandon Cuvée Reserve Pinot Noir	★★★
Mercier Rosé	★★★
Mercier Demi Sec	★★★
Chandon Brut Rosé	★★★
Latitud 33° Syrah 2005	★★★
Valmont	★★★
Latitud 33° Cabernet Sauvignon 2004	★★★
Latitud 33° Chardonnay 2005	★★★
Dos Voces Cab.Sauv.-Temp. 2004	★★★
Eternum Zero Dosage	★★
Valmont Chard.-Sem.	★★
Beltour	★★
Latitud 33° Sauvignon Blanc 2005	★
Clos du Moulin Cab.Sauv.-Pinot Noir 2003	★

Chakana

Cerrito 1070 Piso 9° / C1010AAV Ciudad de Buenos Aires
Tel.: (011) 48117559 - Fax.: (011) 48117559 Int. 101
E-mail: info@chakanawines.com.ar
Website: www.chakanawines.com.ar
Capacidad: 0,5 millones de litros
Viña: 120 hectáreas

En un lustro, la tecnificada casa de vinos familiar que dirige Juan Pelizzati ganó su lugar entre los nuevos productores de más alta calidad, con la enóloga residente Liliana Iannizzotto y Dominique Delteil como consultor. Muy parejos en su talla descomunal los 2 Cabernet Sauvignon: el *Reserve* 2004 (10 meses de barrica) de amplio e intenso despliegue aromático, amplitud e intensidad que se reiteran en boca con estilo masculino, taninos bien puestos y final no tan largo como desearía tanto vino, un referente de la cepa en Cuyo.

Intenso, sutil y elegante el otro Cabernet, *Chakana* 2005 (6 meses de barrica) con aromas de fruta roja madura, café y vainilla de crianza; de entrada dulce e intensa al paladar que recorre con desenvoltura, carnosidad y mucha estructura, típico hasta en un ligero eucaliptus, y de largo final.

Excelentísimo vino el *assemblage Estate Selection*, de gran intensidad aromática: fruta roja, sotobosque, menta y especies de la crianza. Óptima entrada en boca, de progresión sin cedimientos, goloso y carnoso, bien pertrechado en taninos, perdurable e intenso hasta el final.

Altísimo también el *Reserve* Malbec, que asombra al olfato con complejidad inversamente proporcional a su intensidad: hay que hallar su plétora de descriptores, al límite de lo discernible. Otro asombro en boca, donde es opulento, envolvente, estructurado, compacto, casi rugoso al tacto, con taninos de jugo dulce y un final que no quiere serlo. Vino gordo, que pesará en paladares frágiles.

En los *Chakana* hallamos expresivo pero con taninos no del todo adomesticados al Malbec; de buena complejidad aromática el Syrah, menos nítido en boca; y la Bonarda, con interesante nota de piel o sudor animal en su nariz frutada, se dispersa en el paladar.

Chakana Reserve Cabernet Sauvignon 2004	🍇
Chakana Estate Selection 2004	🍇
Chakana Cabernet Sauvignon 2005	★★★★★
Chakana Reserve Malbec 2004	★★★★★
Chakana Bonarda 2005	★★★
Chakana Syrah 2005	★★★
Chakana Malbec 2005	★★★

Dolium

Ruta 15 km 30 / Agrelo / 5509 Luján de Cuyo
Tel.: (0261) 4900200 - Fax.: (0261) 4900190
E-mail: dolium@dolium.com
Website: www.dolium.com
Capacidad: 0,4 millones de litros
Viña: 8 hectáreas

Con Ricardo Giadorou al timón y la enología de Luis Barraud y Andrea Marchiori con asesoría de Paul Hobbs, *Dolium* es una tecnificada *boutique* donde el Malbec es el eje. El *Gran Reserva* es intenso y complejo en aromas, con los descriptores habituales y aportes de buena crianza. Alcohólico, en boca entra y queda dulce en todo el recorrido, con muy buena fruta, taninos maduros, dulces y vivos, y final largo y placentero: vino que nació grande en la viña, con natural concentración y madurez polifenólica. Arquetípico Malbec el *Dolium*: color violeta, nariz de ciruela y boca de tanino amable, no largo pero muy bebible, con tipicidad y terruño. Simpático el Malbec *Rosé*, con aroma a cereza y boca fresca y ligera. Nos convenció poco el *Reserva*, con exceso de madera cruda y cierta acidez volátil.

Dolium Malbec Gran Reserva 2003	🍇
Dolium Malbec 2004	★★★★
Dolium Malbec Rosé 2005	★★★
Dolium Reserva Malbec 2004	★★
Dolium Reserva Malbec 2003	🍇

Familia Antonietti

Alem 1701 / 5501 Godoy Cruz / Mendoza
Tel.Fax.: (0261) 4390964
E-mail: bfa@lanet.com.ar
Website: www.familiaantonietti.com.ar
Capacidad: 0,3 millones de litros
Viña: 9 hectáreas

Damos la bienvenida a estas páginas a la pequeña empresa familiar del enólogo Andrés Pedro Antonietti e hijos, que dirige la ingeniera agrónoma Andrea Beatriz Antonietti. No conocimos todavía la bodega de Chapanay (San Martín) donde en 2005 elaboraron 30 mil botellas ni a sus viñedos por mitad de cepas blancas y tintas. Pero catamos con el mayor gusto al *blend* Merlot (85%) y Malbec (15%) *Familia Antonietti Gran Guarda*, criado un año en barrica, del que hicieron 5,1 mil botellas. De buen color rojo violáceo, es algo hermético en su interesante registro aromático herbáceo, frutado y especiado. Más elocuente en boca, repite las notas de nariz con buen equilibrio de fruta, taninos, acidez y crianza. De muy grato beber, con tanino apenas secante al final y algo cerrado en su carácter, sin embargo muy bien hecho.

Familia Antonietti Gran Guarda 2003	★★★★

El Oasis Norte

103

Dominio del Plata S.A.

Cochabamba 7801 / 5509 Agrelo / Luján de Cuyo / Mendoza
Tel.Fax.: (0261) 4982934/ 4986572
E-mail: info@dominiodelplata.com.ar
Website: www.dominiodelplata.com.ar
Capacidad: 1,24 millones de litros
Viña: 67 hectáreas

En su viña-bodega-casa de Agrelo, Susana Balbo y Pedro Marchevsky cultivan y vinifican con profesionalismo que desborda en la maternidad y paternidad de los vinos, algo raro en Argentina. Sus hijos los *Benmarco*, *Susana B.* y *Críos* son vinos llamativos por sus distintas pero intensas y bien actuales personalidades. Los *Benmarco* son Marchevsky, los *Susana B.* no hace falta decirlo y los *Críos* son conjuntos. Todos nacen y crecen bajo el mismo techo de los mismos progenitores, así que vaya uno a saber cuántos cromosomas comparten.

Benmarco Expresivo es un equivalente enológico de los toros que ganan los grandes premios en la Exposición Rural cada invierno, ejemplares únicos sin parentesco aparente con el toro genérico pampeano. Hay que descifrar el rico discurso de su nariz, profunda y compleja pero reservada. Expansivo, es otro vino en boca, a la que ocupa en un todo desde el ataque *con brio* al medio *maestoso ma non troppo* hasta un final entre *vivace* y *andante* que deja meditando en la experiencia.

En otra escala de extracción y crianza, el *Críos* Syrah-Bonarda –color rubí profundo– evoca con intensidad y varietalidad a registros frutados, lácticos y terrosos; en boca ataca franco y frontal, con volumen, frutosidad, acidez y taninos ecualizados en un vino impactante, fresco y vivaz, con ese punto de roble que impulsa la bebidilidad sin dificultarla con los espesores de la gran crianza.

Inolvidable el *Críos* Torrontés (de Cafayate, Salta) de bello color amarillo pajizo con reflejos verdosos y cautivante perfil aromático con jardín de rosas, jazmín, azahar y lavanda haciendo patio con miel, peras y durazno (melocotón), que principia dulce en boca para luego recordar peras y miel, caminando amplio, fresco y elocuente hasta tipificar que puede haber Torrontés sin amargor final. Un paradigma de la cepa a imitar.

Muy buenos pero de media persistencia los Malbec: un poco duro aun y para afinar el *Benmarco*, en tanto que en *Críos* Malbec hay taninos algo secantes.

Don Cristobal 1492

Videla Aranda 361 / Cruz de Piedra / M5586BQG Maipú / Mendoza
Tel.: (0261) 4999003 - Fax.: (0261) 4990120
E-mail: infobodega@doncristobal.com.ar
Website: www.doncristobal.com.ar
Capacidad: 0,83 millones de litros - Viña: 90 hectáreas

No podemos asegurar la actualidad de las informaciones que constan aquí arriba, y lamentamos no poder decir mucho sobre cómo se hicieron los vinos comentados a continuación, ya que este productor pese a nuestra insistencia no nos envió las fichas de bodega y de vinos que deben complementar al envío de muestras, que en este caso fueron 5.

Hace un par años, en una visita a la bodega, su enólogo de entonces Fabricio Orlando (hoy es Juan Bruzzone) nos hizo probar un Syrah de la barrica, donde ya llevaba 9 meses, que entonces nos pareció del todo frutal. Cuando lo catamos ya embotellado, *Cristóbal 1492 Oak* Syrah presentó cierta reducción que requirió pacientarlo hasta que se oxigenara, para manifestar aromas de ciruela cocida, caramelo, tostado, especias y cuero. De intenso ataque frutal, se expandió gustoso al medio con taninos de calidad, fruta y bastante roble, con un final agradable y frutal. Sólo lo afectó, para ser más aun, la reducción inicial que, se sabe, es frecuente en esta variedad.

Siempre muy gustoso el Verdelho, intenso, grato, floral y frutado, con notas de pan y banana (plátano), expresivo y sedoso en boca aunque sin mucho relieve en el medio del paladar y algo mordiente al final. En el Chardonnay *Cristóbal 1492* no hay una nariz muy expresiva, y la boca tampoco termina de cobrar vuelo, sin dejar de ser un buen vino, franco, ágil y ligero.

El Extra Brut es frutado en nariz pero no mucho más; en boca es bueno y ágil pero demasiado espumoso, con notas de vainilla y manzana cocida, demasiado dulce y con un final flojo: bebible pero como se dice en inglés, *nothing to write home about*.

Finalmente, hallamos problemático al Malbec *Oak Reserve*, que carece de franqueza en nariz: además de alguna madera tostada es marcadamente láctico, con olor a queso y leche pasada, como si las bacterias de la fermentación maloláctica se hubieran vuelto locas. En boca, además de un matiz terroso, no hay mucho más que taninos secantes y poca persistencia, lo que no deja de ser una virtud cuando el vino es apenas bueno.

Benmarco Expresivo 2003	•••
Críos Torrontés 2005	★★★★
Críos Syrah-Bonarda 2005	★★★★
Benmarco Malbec 2004	★★★
Críos Malbec 2005	★★★

Cristóbal 1492 Oak Syrah 2003	★★★★
Cristóbal 1492 Verdelho 2005	★★★
Cristóbal 1492 Chardonnay 2005	★★★
Cristóbal 1492 Extra Brut 2003	★★★
Cristóbal 1492 Oak Reserve Malbec 2003	★★

DOÑA PAULA

Paso de los Andes 467 / 5507 Luján de Cuyo / Mendoza
Tel.: (0261) 4984410
Fax.: (0261) 4986374
E-mail: info@donapaula.com.ar

Website: www.donapaula.com.ar
Capacidad: 3,5 millones de litros
Viña: 400 hectáreas

En la chilena *Doña Paula*, los enológos chileno Stefano Gandolini y mendocino David Bonomi otra vez volvieron a situarse en el pináculo de la enología argentina, con 2 de los mejores vinos del país. El *Selección de Bodega* Malbec, de viñedos cuarentones que dan fruta a razón de 4,5 toneladas por hectárea (1 racimo por brote) con una larguísima fermentación preferementativa en frío en tanques pequeños de acero inox y una sangría del 15%, fermentado con levaduras indígenas y criado por entero en barricas francesas durante 16 meses, es muy seductor e interesante en su discurso aromático, con óptima intensidad frutal aunada a registros terciarios, especias, hierbas aromáticas y un dejo láctico y de tabaco; en el paladar es aún más elocuente, de amplia entrada, con mucha expresión frutal en el medio de boca, óptima acidez, taninos perfectos en su madurez y largo final sobre notas de fruta y crianza fundidas en dulce círculo virtuoso.

Altísimo vino el Merlot *Estate*, de aromas a tomate fresco, pimiento morrón, frutillas o fresas, violetas, eucalipto, vainilla y roble; en boca es intenso y frutal, con la madera de roble aun mejor amalgamada que en la nariz, taninos marcados pero agradables, fresca acidez y largo final sobre notas de roble nuevo y no muy tostado: de lo mejor de la variedad en el país, este año.

Otra vez más, Gandolini y Bonomi dictaron cátedra de Sauvignon Blanc: el *Estate* es de una intensidad aromática de alta tipicidad, con cáscara de pomelo, notas herbáceas y florales, pimiento verde morrón; resulta deslumbrante en boca si bien la acidez al primer sorbo puede resultar algo excesiva, pero luego se equilibra y acompaña a los registros cítricos que perduran, junto a un leve matiiz animal, hasta el final, de gratísimo recuerdo: es el mejor en su variedad de Argentina. Diríase que toda la buena uva fue a este vino y nada quedó para el Sauvignon *Los Cardos*, que es apenas una sombra del hermano mayor.

Extraordinario hallazgo el corte inusual del *Estate* Tannat-Malbec, de copiosa nariz que además de fruta roja propone notas terrosas, especiadas y de crianza; intenso y gustoso en el paladar, estructurado y criado al punto justo, de óptima urdimbre tánica y un final acorde: un vino muy logrado, completo, de gran bebibilidad. Otro hallazgo bivarietal es el Syrah-Malbec de extrovertida y vivaz presencia en nariz, donde fruta roja madura y madera de roble de crianza dialogan en una intensa dialéctica aromática; explosivamente frutado en boca, expresivo, cálido y jugoso, dueño de un maduro repertorio tánico y agraciado con un largo final donde la boca queda impreganada de registros frutados y ciertas notas lácticas, de yoghurt: es un vino que busca impactar y sin duda lo logra.

De la sangría de Malbec, nada mal el *Los Cardos* rosado, con una nariz sencilla pero atractiva y agradablemente frutada (cerezas maduras) y un recuerdo de rosas, hierbas y pimienta de Cayena; en boca revela buena acidez, fresco y armonioso, bastante amable y largo en su recorrido, con cierto dulzor residual que se manifiesta en el final donde regresan las cerezas maduras..

Creció a nuestro juicio respecto a la añada anterior el *Estate* Chardonnay de estilo *Californian* es decir barricado y mantecoso, pero placentero y expresivo. El menos barricado *Los Cardos* también huele y sabe de roble pero la fruta protagoniza aquí a un vino más ágil y fresco que el algo maderoso Chard mayor.

Muy gratificante el Merlot *Los Cardos*, de más compleja que intensa nariz con notas de fruta roja, violetas, vainilla, pimiento y madera tostada; es de entrada dulce y amplia, con un medio signado por taninos bastante suaves y amables en boca, muy buena fluidez, límpido y franco, para beber pronto.

Menores los Cabernet Sauvignon: el *Estate* elegante y redondo, con cierto dejo de *Brettanomyces*, taninos maduros y dulces y buena armonía pero no muy prolongado, en tanto que el *Los Cardos* ofrece una nariz vegetal, frutada y algo mineral, con leve especiado, mientras que en boca escasea un poco, ligero y simple, con taninos firmes y en algún punto, algo secantes.

Doña Paula Selección de Bodega Malbec 2003	🍇🍇
Doña Paula Estate Merlot 2004	🍇
Doña Paula Estate Sauvignon Blanc 2005	★★★★★
Doña Paula Estate Tannat-Malbec 2004	★★★★★
Doña Paula Estate Syrah-Malbec 2004	★★★★
Doña Paula Estate Chardonnay 2004	★★★★
Los Cardos Merlot 2004	★★★★
Los Cardos Rosado Malbec 2005	★★★★
Los Cardos Chardonnay 2005	★★★★
Doña Paula Estate Cabernet Sauvignon 2004	★★★
Los Cardos Cabernet Sauvignon 2004	★★★
Los Cardos Sauvignon Blanc 2005	★★★
Doña Paula Estate Malbec 2004	🍇

El Oasis Norte

ESCORIHUELA

Belgrano 1188 / M5501APX Godoy Cruz / Mendoza
Tel.: (0261) 4242744 / 4242268 / 4242282
Fax.: (0261) 4242857
E-mail: escorihuelagascon@escorihuela.com.ar

E-mail: escorihuelaadm@simza.com.ar
Website: www.escorihuela.com.ar
Capacidad: 8,5 millones de litros -
Viña: 150 hectáreas

Esta tradicional bodega de Nicolás Catena en Godoy Cruz alberga al afamado restaurant *1884* de Francis Mallman y vinifica con el enólogo Gustavo Marín y las uvas de viñedos supervisados por el ingeniero agrónomo Gonzalo Villanueva.

Sangiovese *Escorihuela Gascón* es Sangiovese, con su nariz clásica y de "sencilla complejidad": cereza y leve especiado, un dejo de cuero y un acento de roble. Sin corpulencia, es gran vino en boca, de gran bebilidad gracias al logrado equilibrio tánico, ácido y alcohólico y la amalgama de fruta y crianza en roble. Es vino que invita a ser bebido, es decir, un gran vino.

Malbec *Pequeñas Producciones* es aquél que los turistas deberían comprar en el *duty-free* de Ezeiza al partir: aquí viajan embotelladas toda la violeta y la ciruela del Malbec y una virtuosa crianza; fruta sobrepujante, urdimbre tánica *palatable*, calibrada acidez y un largo final de corpúsculos achocolatados que se disuelven lentamente en el paladar. Es decir, un vino de gula.

Otro Malbec de la gran siete es *Gascón Reserva*, de estilo *oaky* (encinoso, nos gusta traducir) con el contrapeso de un denso y rico núcleo de fruta roja, en una propuesta elegante y expresiva. Es vino que crece voluptuosamente en boca, desde un arranque sutil a un medio borboteante de fruta y bien integrado con la crianza y una trama tánica amigable, aterciopelada. Su final es prolongado y dice de grosella y arándano. Es un bello exponente de la cepa, con personalidad, para beberes que no excluyan los pensares del vino.

Para seguir con Malbec, *Escorihuela Gascón* tarda un poco en abrirse y ofrecer notas de ciruela madura, café, tostados y roble, estos últimos quizá un punto en exceso. Al paladar resulta muy redondo y carnoso, de rica frutosidad y con sus intensos recuerdos de crianza mejor amalgamados que en el lóbulo olfativo, equipado con tanicidad y acidez impecables: vino cálido y firme que agradece tiempo en botella.

Grata sorpresa el Barbera *Pequeñas Producciones*, fino y elegante en su intensidad aromática, con registros de fruta compotada, flores apagadas, hinojo y menta; evoluciona gustoso en el paladar, con cuerpo medio, acidez refrescante, tanicidad dulce y amable, buena fruta, final casi largo y ninguna arista: ineludible expresión de la cepa, de muy grato beber, sin complicaciones.

Escorihuela Gascón Syrah-Cabernet propone un perfil aromático signado por la barrica de roble, con registros tostados y torrefactos que dejan a la fruta en segundo plano; en boca es dulzón y envolvente, luego cálido y algo secante, con renovados recuerdos de la crianza que perduran en el final, bastante prolongado. No es vino para burgomaestres abarricados contra la barrica, pero se hace agua la boca al imaginarlo con buenos quesos y fiambres ahumados. El Viognier venía insinuándose con ★★★ en ya 2 ediciones, y aquí salta a ★★★★: Su perfil aromático va de lo herbáceo a lo frutal y la madera de crianza bien puesta. Es tonificante del paladar, jovial y vivaz, de largo final en notas frutadas: vino intenso y delicado, introverso, que mucho oculta en su timidez.

Poco Cabernet este año: un *Familia Gascón* 03 de nariz frutada pero confusa y estructura que no termina de resolverse en boca; un *Escorihuela Gascón* 04 frutado y especiado con crianza, estructurado pero de taninos algo mordientes. Bien, pero más abajo el *Gascón Reserva* 04, fruta y madera al olfato y taninos secantes y amargo final para el gusto.

Muy bien el Syrah *Escorihuela Gascón* 03, aunque hay cierta reducción tras la preeminente nariz de roble tostado; estructurado en boca, pero los taninos secan un poco. Algo menos intensa pero con similares notas de pequeña reducción y mucha madera tostada el *Gascón Reserva* 04, expresivo, de leve amargor y carente de afinamiento en botella.

Con algunos problemillas el Tempranillo, que quiere ser expresivo y elegante pero comparece reducido y polvoriento, flojo y algo sucio, duro del medio al final. Atractivo en nariz el Sauvignon Blanc, con flores y frutas tropicales, sabroso y expresivo en boca pero finalmente derrotado por el amargor.

Pequeñas Producciones Malbec 2002	🍇
Pequeñas Producciones Barbera 2002	🍇
Escorihuela Gascón Sangiovese 2004	★★★★★
Gascón Reserva Malbec 2004	★★★★
Escorihuela Gascón Malbec 2004	★★★★
Escorihuela Gascón Syrah-Cab.Sauv. 2004	★★★★
Escorihuela Gascón Viognier 2004	★★★★
Familia Gascón Cabernet Sauvignon 2003	★★★
Gascón Reserva Cabernet Sauvignon 2004	★★★
Escorihuela Gascón Cabernet Sauvignon 2004	★★★
Familia Gascón Tempranillo 2004	★★★
Escorihuela Gascón Sauvignon Blanc 2005	★★★
Escorihuela Gascón Syrah 2003	★★★
Gascón Reserva Syrah 2004	★★★

Eral Bravo

Primitivo de la Reta 1010 Piso 3° Dpto. B / 5500 Ciudad / Mendoza
Tel.Fax.: (0261) 4296864 - E-mail: info@eralbravo.com
Website: www.eralbravo.com
Capacidad: 0,1 millones de litros
Viña: 72 hectáreas

El emprendimiento familiar de Matías Sánchez Nieto, con la enología de Luis Barraud, tuvo su primera cosecha en 2003 y ya despuntan algunos de vinos de carácter. El primer ejemplo es el joven *Urano* Syrah, de media intensidad y complejidad en nariz, donde al herbáceo y la fruta roja se suman aportes de barrica de roble por la que tuvo breve paso. De ataque dulce en boca, es intenso y de muy grata bebilidad, con taninos abundantes y maduros y final no muy largo pero sí placentero. Un vino redondo, de temperamento fácil y amistoso. Algo láctico, cálido, de buena madurez tánica y media persistencia con apacible armonía el *Urano* Cabernet. En el *Urano* Malbec, la fruta y alguna nota láctica dominan a una nariz sencilla, con boca agradable aunque no memorable. Excesiva la acidez del *Eral Bravo* Malbec.

Urano Syrah 2005	★★★★
Urano Cabernet Sauvignon 2005	★★★
Urano Malbec 2005	★★★
Eral Bravo Malbec 2004	★★

Familia Carletto Franceschini

Guido Spano 130 / 5501 Godoy Cruz / Mendoza
Tel.Fax.: (0261) 4249975
E-mail: jmcarletto@hotmail.com
Capacidad: 4,65 milloes de litros
Viña: 139 hectáreas

Bodega familiar con la enología de Juan Manuel Carletto y consultorías de Jorge Rodríguez y Raúl Castellani, elaboran 4 varietales *Divisadero* de a 15 mil botellas cada uno, sin crianza en barrica. El más atractivo es el Tempranillo, de no muy intenso ni complejo envío aromático que además de fruta y pasas, evoca madera nueva de roble. De gran franqueza en boca, tiene un buen ataque dulce y un paladar medio donde despliega una trama tánica algo mordiente y buena carga de fruta. Gustosa la Bonarda, de más boca que nariz, para dejar un tiempo más en botella. En el Merlot hay mucho perfume a chocolate con leche, tostado, café, cacao y lácticos. En boca es sedoso e impersonal, sin atributos ni defectos. Disfuncional el Syrah, con olor de coles hervidas y boca verde, corta y plana donde tercia un tanino secante.

Divisadero Tempranillo 2004	★★★★
Divisadero Bonarda 2004	★★★
Divisadero Merlot 2004	★★★
Divisadero Syrah 2004	★★

Familia Cassone

Mitre 1367 / 5500 Ciudad / Mendoza
Tel.: (0261) 4233203
E-mail: bodegacassone@familiacassone.com.ar
Website: www.familiacassone.com.ar
Capacidad: 0,35 millones de litros
Viña: 59 hectáreas

La bodega familiar, moderna pero de estilo tradicional, establecida por Eduardo Cassone en 1998, vinifica en acero inox con la enología de Fabián Giardino y, desde este año, cuenta con la consultoría de Alberto Antonini. Con viñedos propios en diversas fincas de Mayor Drummond, Lunlunta, Agrelo y Tupungato de los que obtienen rendimientos contenidos a un promedio de 6 toneladas por hectárea, es muy factible que los vinos de la casa, ya muy correctos, alcancen pronto el nivel de excelencia que este año advertimos en el Malbec *Finca La Florencia*, cuya nariz enuncia violetas y frutas rojas maduras con un leve acento de crianza. En boca, tras la entrada dulce, es frutoso y masculino, de taninos afectuosos y madera de roble bien ensamblada, con largo final: un vino franco y de mucha tipicidad que puede crecer en botella.

Fresco y frutado el *Madrigal* Cabernet-Malbec, que discurre en boca sedoso y ágil, sin grandes emociones ni complicaciones.

Expresivo y también frutado con recuerdos de sus 12 meses de barrica el *Obra Prima Reserva* Malbec, elegante y sabroso en boca aunque sus taninos necesitan algo más de botella para terminar de redondearse.

Correcto el *Finca La Florencia* Merlot, bien que algo fastidiado por taninos levemente secantes, alcohol despegado y cierto amargor.

Con una nariz frutada con notas de lavanda que para algún catador resultó medicinal, el *Madrigal* Chardonnay-Chenin es sabroso y ágil pero concluye amargo.

Algo cerrado al olfato el Extra Brut *Finca La Florencia*, fresco y fluido en boca si bien algo escaso y simple. Con notas de banana madura en ambas fases y algo pesado y falto de frescura en boca el Chardonnay *Finca La Florencia*. Problemático el *Obra Prima* Cabernet, muy tomado por notas de banana y falto de franqueza y carácter.

Finca La Florencia Malbec 2004	★★★★
Obra Prima Reserva Malbec 2003	★★★
Madrigal Cab. Sauv.-Malbec 2004	★★★
Madrigal Chard.-Chenin 2005	★★★
Finca La Florencia Extra Brut Chard.-Chenin	★★★
Finca La Florencia Malbec 2005	★★★
Finca La Florencia Chardonnay 2004	★★
Obra Prima Cabernet Sauvignon 2005	★★

FAMILIA ZUCCARDI

Ruta 33 km 7,5 / Fray Luis Beltrán / 5531 Maipú / Mendoza
Tel.: (0261) 4410000
Fax.: (0261) 4410010
E-mail: info@familiazuccardi.com
Website: www.familiazuccardi.com
Capacidad: 18 millones de litros
Viña: 650 hectáreas

La bodega de José "Pepe" Zuccardi es de las más interesantes en Mendoza por muchas razones, entre las que la más importante es, obviamente, la calidad y relación precio-calidad de sus vinos y la infraestructura destinada a acoger a los visitantes. Pero además, es un productor que destaca por ser casi el único de primera línea en el Este mendocino, por trabajar sus viñedos en parrales modificados que llaman pérgolas, por ser una de las bodegas que más experimenta con variedades infrecuentes y, *last but not least*, por la activa participación del *winemaker* de marras en los quehaceres políticos del vino argentino.

La *expertise* enológica de Rodolfo Montenegro y Rubén Ruffo, con la consultoría del californiano Ed Flaherty afincado al otro lado del Ande, destacó este año en Q Cabernet Sauvignon, un vino que sin demasiada intensidad pero con inusitada elegancia y excelente complejidad, ya desde su personalidad aromática cautiva al bebedor antes de ponerlo en boca. Su avanzado equilibrio de fruta y crianza se reitera en el paladar, suscripto por una tanicidad abundante, jugosa y dulce, con acidez acorde también a un alcohol importante. Es un vino concentrado pero redondo, estructurado pero no pastoso, de recorrido sensual y largo final. Para beber ya, o mejor guardar unos años.

Q Chardonnay es uno de los mejores vinos blancos argentinos: de muy grato y complejo perfil aromático, con registros de manzana, banana (plátano), cítrico, vainilla, frutas secas y buen roble de crianza, es no menos grato en su recorrido gustativo, de gran franqueza, óptima acidez, sutil pero interesante astringencia, logrado balance de fruta y crianza, largo final. Un Chardonnay de gran clase que brilla con luz propia.

Formidable experiencia, por lo novedosa y original, la del *Malamado* Viognier, de muy placentera nariz que evoca frutas de carozo maduras, miel, flores blancas, madera, caramelo y tostado. En boca es untuoso y cálido, casi almibarado pero no empalagoso ya que lo tonifica una adecuada acidez. De final prolongado, donde recién se percibe la barrica de roble, es un vino de postre delicioso y distinguido, ideal para acompañar las sobremesas con cascanueces.

Otrosí decimos del *Malamado* Malbec, expresivo y algo alcohólico en su fraseo aromático de vino confitado, con ciruelas e higos pasificados, avellanas y recuerdos de crianza. Entra y recorre bien al paladar con untuosidad, dulce mas no empalagoso, con taninos maduros en logrado equilibrio con su alcohol, larga persistencia y agradable recuerdo.

En *Santa Julia Roble* Malbec hallamos todas las generales de la ley de la cepa, con registros aciruelados y de roble bien integrado, en un discurso sedoso y sin complicaciones. En la misma línea, el Tempranillo es de franco carácter frutal, con algún recuerdo de roble y una boca signada por los taninos activos de la variedad. Y el Chardonnay *Roble* lleva en nariz y boca fruta y crianza pero con media intensidad y cierta sencillez.

Santa Julia Viognier es de medianas intensidades olfativas y gustativas, de carácter frutado (ananá o piña) y cremoso o láctico, con leve acento mineral, correcto pero algo simple y breve.
Frutado y vegetal en nariz el Cabernet Sauvignon *Santa Julia*, que en boca es de buen ataque, expresivo y redondo, sin aristas.

En el Tempranillo *Santa Julia* hay aromas frutados, herbáceos y especiados, con leve acento animal, y una boca de perfil sedoso y sencillo, con tanicidad suficiente.
De mediana intensidad en nariz, con alguna fruta, el *Santa Julia* Sauvignon Blanc es más intenso en boca pero simple y sin gran personalidad.
Q Tempranillo se complica en su nariz frutada con registros de *Brett* y en boca tropieza con taninos secantes y acidez algo despegada.

Q Cabernet Sauvignon 2002	🍇	Santa Julia Viognier 2005	★★★
Malamado Viognier 2004	★★★★★	Santa Julia Roble Chardonnay 2005	★★★
Q Chardonnay 2004	★★★★	Santa Julia Tempranillo 2005	★★★
Malamado Malbec 2003	★★★★	Santa Julia Cab.Sauv. 2005	★★★
Santa Julia Roble Malbec 2004	★★★	Santa Julia Sauvignon Blanc 2005	★★
Santa Julia Roble Tempranillo 2004	★★★	Q Tempranillo 2002	★★

Finca Alma

Coronel Trole 1057 / B1414FPU Ituzaingo / Buenos Aires
Tel.Fax.: (011) 46612574
E-mail: info@fincaalma.com.ar
Website: www.fincaalma.com.ar
Capacidad: 0,15 millones de litros
Viña: no posee

El emprendimiento vitivinícola del empresario Marcelo Manghi y la enóloga Alejandra Lozano, que en 2005 elaboró 80 mil botellas en base a uvas compradas y bodega alquilada, este año nos hizo llegar 2 de sus vinos *Alhué* sin crianza: una Bonarda (de la que hicieron 5 mil botellas) que brinda cierta intensa complejidad aromática (ciruela, frambuesa, toffee, romero y tierra) pero decae en boca, donde resulta golosa y balanceada aunque breve; y un Viognier (del que hicieron 3 mil botellas), de nariz floral y frutada; bueno, fresco y ligero en boca pero algo simple y plano. Ambos son vinos que se dejan tomar sin complicaciones pero sin despertar fuertes emociones.

Alhué Viognier 2002	★★★
Alhué Bonarda 2005	★★

Finca El Retiro

La Florida s/nº / La Libertad / 5577 Rivadavia / Mendoza
Tel.: (02623) 442990
Fax.: (02623) 442606
Website: www.fincaelretiro.com
Capacidad: 13 millones de litros
Viña: 100 hectáreas

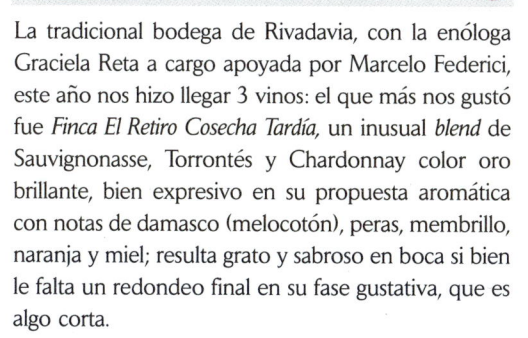

La tradicional bodega de Rivadavia, con la enóloga Graciela Reta a cargo apoyada por Marcelo Federici, este año nos hizo llegar 3 vinos: el que más nos gustó fue *Finca El Retiro Cosecha Tardía*, un inusual *blend* de Sauvignonasse, Torrontés y Chardonnay color oro brillante, bien expresivo en su propuesta aromática con notas de damasco (melocotón), peras, membrillo, naranja y miel; resulta grato y sabroso en boca si bien le falta un redondeo final en su fase gustativa, que es algo corta.

Muy frutado y algo floral el Rosé de Malbec, con notas de caramelo y fruta roja, bastante vibrante y expresivo en boca si bien algo dulce al final. Menos interesante la Bonarda, de buena y atractiva intensidad aromática con registros de fruta negra, pimienta de Cayena y notas herbáceas, pero que en boca pierde el paso con aguja carbónica, taninos que secan un poco y ligero amargor al final.

Finca El Retiro Tardío 2005	★★★
Finca El Retiro Rosé Malbec 2004	★★★
Finca El Retiro Bonarda 2004	★★

Finca Koch

Pueyrredon 2681 / 5505 Chacras de Coria / Mendoza
Tel.Fax.: (0261) 4960216
E-mail: eugenia@fincakoch.com
Website: www.fincakoch.com
Capacidad: 0,5 millones de litros
Viña: 80 hectáreas

Tras una pausa de 2 ediciones regresa a nuestras páginas esta pequeña casa de grandes vinos propiedad del empresario argentino Alfredo Koch, residente en Estados Unidos, cuyo padre fue bodeguero en Mendoza. Con la enóloga Valeria Antolin a cargo y la consultoría de Steve Resmusson "y otros", en 2005 elaboraron 120 mil botellas con uvas de sus propios viñedos en Agrelo y Tupungato.

Impresionantes ambos *Finca Koch* tintos: el Cabernet Sauvignon, 22 mil botellas que pasaron 13 meses en barrica, es dueño de un elegante cifrado aromático, hondo y elocuente, de gran amplitud de registros, desde lo herbáceo hasta el tabaco pasando por el cassis y la pimienta. Gustosísimo en el paladar, untuoso y carnoso, equilibrado y balanceado en cada una de sus partes, con taninos gordos y dulces y una asombrosa bebidad para tan lograda estructura. Vino que deja la impresión de que Pininfarina se dedica ahora a la enología.

Muy grande también el Malbec, 8 mil botellas con 13 meses de crianza, es vino de color casi negro con bordes púrpura y un fraseo aromático bien placentero no obstante que los registros de fruta roja, roble, cuero, ahumado y especias estén algo empastados, demasiado amalgamados. El vino cobra mayor nitidez y expresividad en fase gustativa, sin alejarse de sus registros olfativos, con gran estructura, taninos de los más afelpados y golosos, y un prolongado final que insinúa maderas nobles tales como el sándalo y el incienso. Decepcionante el Viognier, de nariz defectuosa.

Finca Koch Cabernet Sauvignon 2004	★★★★★
Finca Koch Malbec 2004	★★★★★
Finca Koch Viognier 2004	★

El Oasis Norte

Finca La Anita

Av. Del Libertador 260 16° C / C1001ABP / Capital Federal
Tel.: (011) 43254498 - Fax.: (011) 43286402
E-mail: info@fincalaanita.com
Website: www.fincalaanita.com
Capacidad: 0,3 millones de litros
Viña: 70 hectáreas

Por curiosidad profesional, solemos comparar nuestros puntajes de los mismos vinos con los de la crítica local o de ultramar: es interesante comprobar en qué medida nuestros gustos se asemejan o difieren con los de otros expertos. Tenemos muchas diferencias con los puntajes de la guía de Miguel Brascó y Fabricio Portelli, pero en ningún caso tan dramáticas como en los vinos de la bodega de los hermanos Mas, que nos resultaron bastante flojos en tanto que nuestros colegas los califican entre los mejores del país. El lector enófilo tiene la última palabra y en este caso, en vez de usar a las guías para elegir al vino, puede usar a estos vinos para elegir a la guía que más se ajusta a su gusto y criterio.

Finca La Anita Malbec presenta una nariz evolucionada de media intensidad, con frutas rojas cocidas y matices de madera tostada y balsámicos; en boca despliega taninos maduros y media persistencia, pero es un vino sin carácter.

En la misma etiqueta, el Syrah suma a su fruta especiada algún recuerdo azufrado; mejor en boca, donde es expresivo y estructurado, con buen medio de boca. *Finca La Anita* Semillon es floral y frutado en nariz, de cierta complejidad aterciopelada en el paladar, si bien se queda corto de acidez para contrastar la untuosidad. El Chardonnay es ligero y simple, con cierto registro oxidativo. Algo escaso en aromas y muy dulce en boca, casi abocado, el Tocai Friulano, vino simple y plano. De nariz poco franca, quizá con algo de *Brett*, el Cabernet, que en boca tropieza con taninos verdes. Con notas de pelo mojado en nariz y aguja carbónica y taninos secantes el Merlot.

El *Luna* Syrah en nariz libera una nota de cáscara de maní junto a cierta fruta especiada, en el paladar tropieza con taninos secantes y verdes.

Ligero y sedoso el *blend Finca Línea Tonel*, sin mucho más en el olfato o el gusto. Mal el *Finca Corte Clásico*, con demasiados defectos como para enumerarlos.

Finca La Anita Malbec 2003	★★★
Finca La Anita Semillon 2002	★★★
Finca La Anita Syrah 2004	★★★
Luna Syrah 2002	★★
Finca La Anita Tocai Friulano 2002	★★
Finca La Anita Chardonnay 2001	★★
Finca Línea Tonel *assemblage* 1999	★★
Finca La Anita Cabernet Sauvignon 2002	★
Finca La Anita Merlot 2001	★
Finca Corte Clásico *assemblage* 2001	★

Finca y Bodega Carlos Pulenta

Roque Saenz Peña 3531 / Vistlaba / 5509 Lujan de Cuyo / Mendoza
Tel.: (0261) 498 9400 - Fax.: (0261) 4989406
E-mail: info@cpwines.com
Website: www.carlospulentawines.com
Capacidad: 1 millón de litros - Viña: 53 hectáreas

La todavía flamante casa de vinos de Carlos Pulenta en Vistalba vinifica en piletas de cemento a las uvas de su añoso viñedo de Malbec y Bonarda, con el enólogo Alejandro Cánovas y la consultoría de Alberto Antonini.

Este año nos faltó catar el *Corte B* que tanto nos llamó la atención el año pasado. Probamos en cambio una de las 8,5 mil botellas del *Vistalba Corte A* (40% Malbec, 40% Cabernet Sauvignon, 20% Bonarda, con 18 meses de crianza en barrica), un caldo violáceo negruzco ricamente ornado en su formulación aromática de fruta rojinegra madura, roble nuevo y notas cárnicas y de betún (*bretty*). La dimensión gustativa, amplia e intensa, se articula sobre una madura frutosidad, la presencia de las notas de crianza, bastante alcohol y una tanicidad copiosa y sazonada. Vino de gran estructura que al final, no muy prolongado, presenta una nota de chocolate amargo que puede descomponer la experiencia, otramente muy interesante.

Menos ambicioso en estructura y más volcado a la bebilidad el *Corte C* (85% Malbec, 15% Merlot, donde 1/5 del vino pasó un año en barrica) cuya primera nariz resulta vegetal y herbácea (geranio) antes de proponer fruta roja. Más expresivo en boca, con entrada y taninos dulces y un cuerpo medio que suscribe a un vino de cómodo beber.

Pequeña producción de 5 mil botellas, *Tomero* es un Petit Verdot de color rojo violáceo oscuro e intenso, de nariz pequeña pero atractiva y bien definida en su abanico frutado, vegetal, apenas especiado y balsámico. Es vino que se agranda en boca, donde entra dulce y al punto despliega su buena acidez seguida de fruta golosa, tanicidad redondeada y un grato final de fruta roja madura. Un monovarietal sin crianza donde la estructura no va en desmedro de la bebilidad.

Vistalba Corte A 2003	★★★★
Vistalba Corte C 2004	★★★★
Tomero Petit Verdot 2004	★★★★

FINCA FLICHMAN S.A.

Munives 800 / M5517AOA Barrancas / Maipú / Mendoza
Tel.: (011) 43267300
Fax.: (011) 43267301
E-mail: marketing@flichman.com.ar
Website: www.flichman.com.ar
Capacidad: 12 millones de litros
Viña: 276 hectáreas

Esta hermosa y acogedora casa de Barrancas pertenece al grupo familiar lusitano *Sogrape* y es dirigida por Ricardo Rebelo, con enología de Luis Cabral de Almeida y consultoría de Pascal Chatonnet.

Este año no catamos sus vinos más ambiciosos, *Paisaje de Barrancas* y *Paisaje de Tupungato*. Pero nos deleitamos con *Caballero de la Cepa* Malbec (criado 6 meses en barricas al 70% de roble francés y el resto americano) cuyo complejo envío aromático abarca ciruela negra, pimienta, algo cárnico, ahumados, chocolate, café y piedra húmeda; es dulce al entrar en boca, luego carnoso y perfumado de fruta roja con chocolate y vainilla de su crianza, de óptima tanicidad y amplio final: un vinazo que sin embargo puede resultar *overoaked* a algún paladar.

De la misma etiqueta, algo tímida la nariz del Syrah, de carácter terciario, con registros tostados y frutados, corámbricos y lácticos; el vino cobra vivacidad e intensidad en boca con entrada dulzona, mucha jugosidad frutal con tostados de la barrica, grata acidez y buena urdimbre tánica, para terminar en chocolate al maraschino y pimienta. Siempre en los *Caballero de la Cepa*, hay mucha intensidad y alguna complejidad en la seductora nariz del Cabernet Sauvignon, que a la fruta roja suma un goloso recuerdo de barrica de roble y en boca renueva la seducción, con cuerpo no excesivo y bien equilibrado, amables taninos y buen aporte de la crianza: puede parecer *overoaked* pero es un sobremaderizado muy fino.

En el Chardonnay *Finca Flichman* la cifra aromática está impregnada de notas leñosas en las que no naufraga la fruta, que empero subyace; la cifra gustativa, basada en un cuerpo medio de mucha fluidez, reitera cierto repliegue en los robles de crianza sin por lo tanto perder el equilibrio armónico y dejando un recuerdo agradable. Agradable pero menos nítido el *Caballero de la Cepa* Chardonnay, de buena bebibilidad. En la misma variedad, el *Claire* es grato y ágil,

con nariz de choclo (maíz fresco y cáscara de manzana) y una aguja carbónica que suma efecto refrescante a la acidez.

En la línea *Finca Flichman Reserva* el Cabernet Sauvignon propone una buena nariz eminentemente frutada y luego evocadora de madera tostada, con un paladar estructurado, aterciopelado y elegante donde los taninos están activos. En la nariz del Syrah *Reserva* el abundante tostado de la madera cubre cierta reducción; en boca discurre con buena armonía y franqueza pero los taninos secan al final, de mediana duración. En la misma línea, el Malbec ofrece aromas de ciruela en mermelada condimentada con coco y chocolate con leche; en boca es dulzón, goloso, cálido y algo pesado, flaco en acidez.

En la línea *Flichman Roble*, hay una buena nariz frutada con matiz animal y floral en el Cabernet Sauvignon, expresivo y elegante en boca, redondo y dulzón, con taninos presentes y media persistencia. De la misma línea, el Syrah ofrece en nariz arándanos, cuero, tostado y mineral junto a cierta leve reducción; en boca es intenso, con abundantes taninos activos y algún verdor. El Malbec *Roble* acentúa una nariz terrosa y mineral junto a la fruta madura; al paladar resulta redondo, bien integrado, de taninos suaves y final en declive, algo alcohólico. En el Merlot *Roble* hay aromas de fruta, roble y un leve registro animal en un envío cálido e intenso; la boca es de tanino firme, algo láctica y alcohólica, con punta de amargor al final. Y el Chardonnay, con nariz de manzana verde, miel y madera, sin tonos lácticos, es bien fresco, ágil y ligero en boca, de media persistencia y recuerdo de roble tostado.

En el *assemblage* básico *Viña Plata* blanco hay fruta y aceptables intensidades en un muy buen vino sin mayores pretensiones. Su hermano tinto es evolucionado y de escasa materia.

Simpático en nariz pero algo débil en boca y con punto de amargor el *Jubilé* rosado.

Caballero de la Cepa Malbec 2005	★★★★
Caballero de la Cepa Syrah 2004	★★★★
Caballero de la Cepa Cabernet Sauvignon 2004	★★★★
Finca Flichman Reserva Chardonnay 2005	★★★★
Caballero de la Cepa Chardonnay 2005	★★★
Flichman Claire Chardonnay 2005	★★★
Finca Flichman Reserva Cabernet Sauvignon 2004	★★★
Finca Flichman Reserva Syrah 2004	★★★
Finca Flichman Reserva Malbec 2004	★★★
Finca Flichman Roble Cabernet Sauvignon 2004	★★★
Finca Flichman Roble Syrah 2005	★★★
Finca Flichman Roble Malbec 2005	★★★
Finca Flichman Merlot Roble 2005	★★★
Finca Flichman Roble Chardonnay 2005	★★★
Viña Plata *assemblage* blanco 2004	★★★
Finca Flichman Jubilé Syrah-Malbec	★★★
Viña Plata *assemblage* tinto 2004	★

GENTILE COLLINS

Agustín Alvarez 221 / 5579 Rivadavia / Mendoza
Tel.Fax.: (02623) 482207
E-mail: bodega@gentilecollins.com
Website: www.gentilecollins.com
Capacidad: 14 millones de litros
Viña: 550 hectáreas

Esta bodega, propiedad de la familia Gentile desde 1915, es buen ejemplo del salto de la producción de mostos y vinos a granel a las botellas de alta calidad. Con los enólogos Juan Aristeo e Iván Fernández, otra vez nos sorprenden con la honesta consistencia de sus Syrah y Malbec. Por ejemplo, el *Paseo Sarmiento* Malbec, donde la sencillez domina al olfato con una nota arcillosa junto a la ciruela. La misma sencillez en el gusto, con entrada fresca, un medio frutado apoyado en taninos dulces y redondos, y final agradable y dulzón: un vino fluido y ligero para beber sin darse cuenta, cuya simplicidad es su virtud.

Único con crianza en barrica, el *Gran Syrah* es de buena presencia aromática: fruta roja sazonada con pimienta, madera y cuero. Entra pleno y dulce en boca, desarrollando buen cuerpo con notas mentoladas y acirueladas, acompañado por taninos aun inquietos y final no largo pero placentero, achocolatado.

Singular personalidad aromática la del *Paseo Sarmiento* Syrah, con registros de cáscara de naranja, frambuesas, arándanos, canela, tostados y algo de licorería francesa. Franco y jugoso, de cuerpo medio, buena fruta y acidez, retoma su cáscara de naranja entre taninos dulces, y termina bastante largo: un vino raro y personal, que se aleja del común de la cepa.

El *Gentile Collins* Malbec es simple y redondo, algo difícil de recordar.
El Merlot tenía carne de buen vino pero lo apesadumbró la reducción.
Y el Cabernet, mediano en nariz, pierde en boca con taninos verdes y astringentes.
Apagado y con aguja el Chardonnay.
Un traspié con el Tempranillo, excelente en la cosecha exterior y este año destruido por una nariz fétida.

Gentile Collins Gran Syrah 2003	★★★★
Paseo Sarmiento Malbec 2004	★★★★
Paseo Sarmiento Syrah 2003	★★★★
Gentile Collins Merlot 2003	★★★
Gentile Collins Malbec 2003	★★★
Gentile Collins Cabernet Sauvignon 2003	★★★
Gentile Collins Chardonnay 2005	★
Gentile Collins Tempranillo 2004	★

GIMÉNEZ RIILI

Serú 270 Bº Bombal / 5500 Ciudad / Mendoza
Tel.: (0261) 4242147 - Fax.: (0261) 4245973
E-mail: info@gimenezriili.com.ar
Website: www.gimenezriili.com
Capacidad: 0,15 millones de litros
Viña: 12 hectáreas

En su segunda cosecha fraccionada con su firma, la pequeña empresa familiar de Susana Riili y Eduardo Giménez ya logró con las uvas de Merlot de sus viñedos de Maipú y la enología de Norberto Moreno un vino particularmente elegante, el *Perpetuum*, que ya habíamos catado el año pasado y nos reenviaron.

No nos entusiasmó el resto de los vinos que recibimos: hallamos no muy vívido en nariz y algo más nítido en boca al Torrontés, un vino ágil pero breve.
De nariz no muy límpida y boca sedosa pero no muy larga el *Terramedia* Chenin, en tanto que el algo apagado Malbec-Merlot tartamudea en nariz, y luego balbucea en boca.

Perpetuum Torrontés 2005	★★★
Terramedia Chenin Blanc 2005	★★★
Terramedia Malbec-Merlot 2004	★★

KAIKEN

Araoz 1600 / Mayor Drummond / M5507ADA Luján de Cuyo / Mendoza
Tel.Fax.: (0261) 4960794
E-mail: cundurraga@kaikenwines.com
Website: www.kaiken.com
Capacidad: no posee - Viña: 30 hectáreas

No recibimos este año los *Kaiken Ultra* que nos deslumbraron en la anterior edición, pero con el par de muestras que nos envió la filial mendocina de la chilena *Montes* que dirige el enólogo Cristóbal Undurraga ya basta. *Kaiken* Malbec es de esos vinos que arrancan hurrahs a un panel de cata a ciegas: en el examen olfativo es ricamente bifronte, frutado y maderado a la vez, en avanzado y hasta arriesgado equilibrio. Su trama gustativa, en un continuo armónico, enhebra taninos dulces y sazonados, rica materia frutal y buenos recuerdos de la crianza en el roble: un vino profundo, personal, intenso, equilibrado, elegante y complejo.

También con mucha presencia de roble tostado el Cabernet, algo excesiva quizá, pero acompañada por un vino de mucha fruta, taninos suaves, largo en boca y muy bien estructurado.

Kaiken Malbec 2004	★★★★★
Kaiken Cabernet Sauvignon 2004	★★★
Kaiken Malbec 2003	🍇
Ultra Kaiken Cabernet Sauvignon 2003	🍇
Ultra Kaiken Malbec 2003	🍇

Quinta Los Ciervos
Naturaleza única

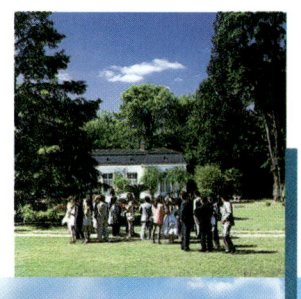

Parques que sorprenden por su maravillosa belleza.
Salones de gran capacidad con detalles de arquitectura pensados
para disfrutar.
Un servicio de catering delicado e irresistible que halaga los sentidos.
La excelencia de profesionales que le brindan su experiencia
y la contención y tranquilidad que usted necesita.

QUINTA
LOS CIERVOS

Av. Pedro Díaz 1800 / (B1686IQN) / Hurlingham
Buenos Aires / Argentina
Teléfono: (011) 4662-8888 / 4665-0373
www.quintalosciervos.com.ar   eventos@quintalosciervos.com.ar

ECO DE LOS ANDES

Ruta Provincial 92, km 14 / Tunuyán /
Valle de Uco / Mendoza
Tel.: 0800-66-NATURAL (6288725)

Website: www.ecodelosandes.com.ar
E-mail: ver Website

Eco de los Andes (ver mapa de Valle de Uco, página 133) está a mitad de camino entre Tunuyán y Vista Flores, en el corazón del terruño de los mejores vinos argentinos, al pie del imponente Cordón de Plata y sus 60 kilómetros de nieves eternas entre el cerro El Plata (6.075 metros) al norte y el volcán Tupungato (6.635 metros) al sur. Ya la toponimia indígena reflejaba con sabiduría milenaria la naturaleza de la región: *Tunuyán*, en lengua de los huarpes del Valle de Uco, quiere decir "aguas subterráneas". Esta aguas son las que los vientos del oeste recogen a lo largo del Océano Pacífico Sur, la región más vasta y menos contaminada del planeta. En forma de nubes, las aguas del Pacífico llegan hasta la Cordillera de los Andes y el Cordón de Plata y allí se depositan en las nevadas invernales. A más de 5 mil metros de altura, los glaciares y nevados andinos acumulan estas nieves y hielos y los liberan gota a gota en innumerables torrentes de deshielo que, en su mayoría, no se transforman en ríos como el Tunuyán sino que penetran bajo tierra, filtradas por inmensos espesores de arena, piedra y rocas. Así se forma el acuífero de Tunuyán, esas "aguas subterráneas" que corren a casi 200 metros de profundidad y afloran en el manantial de *Eco de los Andes*. La misma agua que constituye al 86 % de los más grandes vinos del Valle de Uco, es el 100 % que se embotella en la moderna planta de *Eco de los Andes*. Por eso *Eco de los Andes* es un "agua de terruño". Por eso un "Área de Protección Hidroecológica" de 2,5 mil hectáreas ampara al acuífero del que brota esta agua de manantial. Por eso también, *Eco de los Andes* trabaja bajo las estrictas normas 9001 de la *International Standard Organization* (ISO) en una planta de 12 mil metros cuadrados cubiertos rodeada por un parque de 54 hectáreas. El agua mineral de manantial *Eco de los Andes* es de débil mineralización, sin nitritos, con poquísimos nitratos y bajo contenido de flúor, sulfatos y sodio: más allá de todo lo que ello significa para la salud, estas características hacen que esta agua sea la más indicada para beber en las catas de vinos de *Austral Spectator*. Agua tan pura y neutra como nuestros catadores.

Eco de los Andes *(see Uco Valley map, page 133) is located halfway between Tunuyán and Vista Flores in the heart of the* terroir that produces Argentina's best wines and at the foot of the tremendous El Plata Range, with its 37 miles of perennial snow between Mt. El Plata (19,926 ft) to the north and the Tupungato Volcano (21,763 ft) to the south.

The age-old wisdom of its indigenous toponym Tunuyán *reflects the region's nature, meaning "underground waters" in the language of the Huarpes of Uco Valley.*

Western winds collect these waters along the South Pacific, the vastest and least contaminated region on the planet. In the form of clouds, the Pacific waters reach the Andes Mountains and the Plata Range, where they are deposited as winter snowfall. At an altitude of over 16,400 feet, Andean glaciers and snowfall accumulate snow and ice and then liberate them drop by drop in innumerable thaw torrents and rivulets. Most of this water is not transformed into rivers, such as the Tunuyán, but penetrates below ground, filtered by immense, dense layers of sand, stone and rock. Hence, the Tunuyán aquifer is formed, and these "underground waters" that flow close to 650 feet deep emerge at the Eco de los Andes *spring. The same water that constitutes 86% of Uco Valley's best wines constitutes 100% of the water bottled at the modern* Eco de los Andes *plant. Therefore, Eco de los Andes is a "terroir water" and, therefore, a 6,175-acre "Protected Hydro-Ecological Area" preserves the aquifer that blooms from this spring water. Therefore, as well, Eco de los Andes works under the strict 9001 norms of the* International Standard Organization *(ISO) in their 129,200 sq. ft. plant surrounded by a 133-acre park.*

Eco de los Andes *spring water is lightly mineralized, without nitrites, very few nitrates and low fluoride, sulfate and sodium contents. Beyond its health benefits, such characteristics make this water the perfect accompaniment for our* Austral Spectator *tastings: water as pure and neutral as our tasters.*

Agua mineral sin gas 2 litros PET - 1,5 litros PET - 0,5 litros PET - 0,5 litros vidrio HHHHH
Agua mineral con gas 2 litros PET - 1,5 litros PET - 0,5 litros PET - 0,5 litros vidrio HHHHH

espacio de publicidad

LA ESCUELA ARGENTINA DE SOMMELIERS RECOMIENDA ECO DE LOS ANDES
PARA ACOMPAÑAR LOS MEJORES VINOS Y COMIDAS.
Por su pureza de origen, sabor neutro y excelente calidad.

Mendoza Vineyard Village
your private resort - your own wine

www.fincalosamigos.com

Sentimos pasiones...
...pasión por el vino...pasión por Mendoza
...pasión por recibirlo a Usted!

Vinos y viajes

...pura pasión!

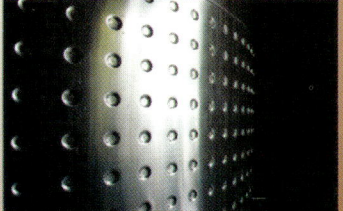

ENOTURISMO - TOURS A LA CARTA - GRUPOS DE ENÓFILOS
SERVICIOS CORPORATIVOS - VIAJES A FERIAS - WINE BUSINESS

info@vinosyviajes.com.ar   www.vinosyviajes.com.ar

MENDOZA | ARGENTINA

La Añorada

Independencia 155 / Arrascaeta s/nº / 5577 Algarrobo Grande / Junín / Mendoza
Tel.: (02623) 442718 - Fax.: (02623) 443173
E-mail: wropero@centro-enologico.com
Website: www.laanorada.com.ar
Capacidad: 3,2 millones de litros - Viña: 56 hectáreas

Del enólogo-propietario Williams Ropero catamos 3 pequeñas producciones etiquetadas *Domaine St. George* con uvas propias de la Zona Este.
Primero, un interesante Malbec con la virtud poco habitual de dispersar a nuestro panel: a quien más gustó pareció intenso, atractivo, expresivo, largo y ágil pero también supo ser breve y aceptable, sin más.
Otro interesante dispersador de panel fue el Merlot, que pareció grato y sabroso, aterciopelado y sedoso, pero corto y alcólico.
Fruta simple, medianas intensidades y cierta sedosidad son las virtudes del Chardonnay-Chenin, al que algún catador halló problemas de franqueza.
Los 3 vinos tuvieron un paso por barrica en apenas un décimo del vino.

Domaine St. George Malbec 2004	★★★
Domaine St.George Merlot 2004	★★★
Domaine St. George Chardonnay-Chenin 2004	★★

Luca Vineyards

Gurruchaga 1746 1º / 1425 Ciudad de Buenos Aires
Tel.: (011) 48335412
E-mail: ultrapremium@losarrayanes.com
Website: www.losarrayanes.com
Capacidad: no posee
Viña: s/d

Los vinos de Laura Catena permanecen para nosotros aureolados de cierto misterio: sólo sabemos que su enólogo es Luis Regginato y que se vinifican en la bodega paterna.
Luca Vintage Syrah es muy Syrah en casi opulenta propuesta olfativa, cuyo registro cárnico-corámbrico está envuelto en menta-eucaliptus, con notas alcanforadas, especiadas y un ligero *Brett*. Tanta nariz debería preludiar a una boca más intensa, que de todos modos es delicada, con taninos dulces y maduros, buena acidez, final cálido y especiado: un vino evolucionado, para tomar ya.
Luca Vintage Pinot Noir, que a la vista presenta matices teja-ladrillo de evolución propia de su edad, posee un fraseo aromático intenso y complejo, con fruta algo pasificada, matices herbáceos, acentos minerales y animales, notas balsámicas y empireumáticas. En boca conoce la elegancia pero concluye algo simple y tánico.

Luca Vintage Syrah 2002	★★★★
Luca Vintage Pinot Noir 2001	★★★

Los Domados

San Martin 7933 / 5505 Carrodilla / Lujan de Cuyo / Mendoza
Tel.Fax.: (0261) 4362755
E-mail: info@domadoswines.com.ar
Website: www.domadoswines.com.ar
Capacidad: 0,08 millones de litros
Viña: 40 hectáreas

El emprendimiento de la familia Spigatin, con la experta enología del profesor Pedro Rosell (quien por alguna razón parece hacer mejores vinos para terceros que para él mismo) sigue afirmándose en la calidad de sus tintos de "pelaje" criollo.
El que más nos llamó la atención en esta edición en la que catamos 5 vinos de muy buen nivel fue *Lobuno, assemblage* de Malbec con Merlot y Cabernet Sauvignon, del que hicieron 12 mil botellas con crianza en barrica: medianamente intenso pero complejo en nariz, con registro de frutas cocidas, cassis, tomates secos, tostados, torrefactos, matices herbáceos y cárnicos; gratamente correcto en cada fase de su tránsito por boca, sin aristas, equilibrado en todas sus variables, con taninos sazonados a punto y buen largo de boca: no es un grandísimo, pero sí un correctísimo, franco y amigable, muy bebible.
Muy parejos *Zaino* y *Tobiano* Merlot: el Malbec (7 mil botellas, con crianza) posee una nariz femenina por su discreta intensidad y la elegancia de su perfume a violetas, ciruela negra y especias; en el paladar es todo redondez de taninos y dulzor de fruta enmarcado en una precisa crianza en buen roble y un grato final a ciruelas y violetas, apenas algo alcohólico: un Malbec para recomendar y disfrutar. Y el Merlot (15 mil botellas, sin crianza) es de envío olfativo no muy intenso pero de cierta complejidad, que incluye fruta roja, café y minerales; crece en el paladar, ganando complejidad en sus notas gustativas (que suman a las de nariz tomate y chocolate) en un logrado equilibrio de acidez, alcohol y taninos bien presentes pero maduros, además de un largo final: un Merlot bien logrado y muy disfrutable.
Tobiano Cabernet Sauvignon (15 mil botellas, sin crianza) es algo escaso y cerrado en nariz, grato y sabroso en boca, con taninos presentes y media persistencia: un vino simple pero bien hecho.
Finalmente *Tobiano* Malbec es de rara nariz más floral que frutada, con buena boca, simple y redonda, aterciopelada en sus taninos maduros: no es un purasangre pero sí un fiel criollo, versátil y sin vueltas.

Lobuno *assemblage* 2004	★★★★
Zaino Malbec	★★★★
Tobiano Merlot 2004	★★★★
Tobiano Cabernet Sauvignon 2004	★★★
Tobiano Malbec 2004	★★★

La Rural

El Oasis Norte

Montecaseros 2625 / Coquimbito 551 Maipú / Mendoza
Tel.: (0261) 4972013
Fax.: (0261) 4973956
E-mail: promocion@bodegalarural.com.ar
Website: www.bodegalarural.com.ar
Capacidad: 11,6 millones de litros
Viña: 300 hectáreas

Ante un envío tan generoso como el que recibimos de esta tradicional casa donde vinifica el enólogo Mariano Di Paola, nos limitamos a comentar los mejores resultados de nuestra cata a ciegas.

Uno de los 2 mejores espumantes de Argentina, el Charmat *San Felipe Extra Brut* es intrigante y seductor en su propuesta aromática, que aúna registros frutados diversos (fruta blanca y tropical, fruta roja) con notas florales y de miel: una nariz que invita a ponerlo en boca. De expansiva burbuja, se desarrolla untuoso y amplio en el paladar, muy frutado y equilibrado en acidez y alcohol: un gran espumante de fantástica personalidad.

Vino grande e impactante desde la primera nariz el *Felipe Rutini*, de gran complejidad y elegancia aromática donde fruta, especias y crianza se aúnan a cáscara de cítricos y ligero *Brett*; amplio, estructurado y robusto al paladar, con una carga tánica importante y buen retorno de sus registros olfativos, avanza firme y largo hasta un final de frutas secas y maduras. Puede guardárselo muchos años, pero hay que decantarlo para que se manifieste.

Excelente el *Vin Doux Naturel*, seductor en su despliegue aromático donde cítricos confitados se suman a registros especiados, balsámicos, melosos y de guayaba, con ligera nota de sudor; al paladar es fresco y de muy grato impacto gracias a una buena acidez que equilibra el dulzor: elegante y sedoso, ideal para acompañar *foie gras* o quesos florecidos.

Excelente el *San Felipe* blanco "caramañola", intenso y complejo en su propuesta aromática de fruta (lima, melón, manzana verde) y notas de miel y caramelo; en boca comienza dulce y se despliega seco con buen volumen, grata untuosidad y ácida frescura que equilibra al peso del vino: armónico y completo, sin pretensiones, para disfrutar ya.

En el cifrado aromático de *Rutini* Malbec priman especias (comino, pimienta de Cayena, vainilla, canela) con tabaco y té negro, la ciruela madura aparece en sucesiva olfacción; de gran volumen en boca, con urdimbre tánica copiosa y jugosa, mucha fruta y final no muy largo: es un Malbec de gran tipicidad, un clásico argentino.

El Syrah *Trumpeter* posee invitante nariz que aúna mucha fruta (ciruelas maduras, cerezas) y aromas tostados (café) que acomplejan al registro primario sin obturarlo; de ataque dulce en boca, despliega buen volumen e intensidad apoyándose en una trama de taninos maduros, abundantes y activos pero no secantes, para progresar hasta un final que retoma los tostados de la primera nariz. En la misma línea, el Cabernet Sauvignon es de nariz tímida al principio, luego muy balsámico y con notas minerales y animales además de arándanos; en el paladar es muy placentero y clásico, con bien integrada crianza y buen balance, expresivo, completo.

San Felipe Roble Merlot ofrece un aroma tostado de barrica por sobre la fruta, que aparece al agitar la copa; entra dulce al paladar y se dilata a un cuerpo medio con recorrido aterciopelado por una tanicidad copiosa pero madura, en óptima armonía con el alcohol, la acidez y la fruta que perdura en su final no muy largo pero placentero: un vino hecho para gustar.

San Felipe Extra Brut 2005	🍇	Cepa Tradicional 2000	★★★
Felipe Rutini 2000	★★★★	San Felipe Roble Malbec 2004	★★★
Rutini Vin Doux Naturel 2003	★★★★	San Felipe Roble Chardonnay 2005	★★★
San Felipe *assemblage* blanco 2005	★★★★	Pequeña Vasija Malbec 2004	★★★
Rutini Malbec 2003	★★★★	Pequeña Vasija Cab. Sauv.-Syrah 2004	★★★
Trumpeter Syrah 2004	★★★★	San Felipe Roble Syrah 2004	★★★
Trumpeter Cabernet Sauvignon 2004	★★★★	Rutini Cabernet Sauvignon 2003	★★★
San Felipe Roble Merlot 2004	★★★★	San Felipe Rosé de Malbec 2005	★★★
Trumpeter Malbec 2004	★★★	Trumpeter Rosé Malbec 2004	★★★
Trumpeter Merlot 2004	★★★	Rutini Pinot Noir 1999	★★★
Trumpeter Extra Brut 2004	★★★	Rutini Merlot 2001	★★★
Trumpeter Malbec-Syrah 2004	★★★	Trumpeter Chardonnay 2005	★★★
Pequeña Vasija Sauvignon Blanc-Semillon 2005	★★★	Rutini Chardonnay 2005	★★★
Pequeña Vasija Syrah 2004	★★★	Trumpeter Reserve 2003	★★★
San Felipe Demi Sec 2003	★★★	San Felipe 12 uvas	★★
San Felipe Tardío 2004	★★★	Rutini Cab. Sauv.- Malbec 2004	★★
Rutini Sauvignon Blanc 2005	★★★	San Felipe *assemblage* tinto	★
Rutini Syrah 2003	★★★	Rutini Gewürztraminer 2003	★

LLAVER

San Isidro y José Hernández / 5577 Rivadavia / Mendoza
Tel.Fax.: (02623) 443961 / 446739
E-mail: bodegallaver@bodegallaver.com.ar
Website: www.bodegallaver.com.ar
Capacidad: 22,5 millones de litros
Viña: 551 hectáreas

Esta bodega familiar se reacomodó en los últimos años de la producción de grandes volúmenes de vinos comunes a la elaboración de vinos de alta gama, con resultados interesantes. Entre los Malbec, el *Familia Llaver Oro*, a las ciruelas y violetas añade registros lácticos y avainillados; en boca es aterciopelado, amplio y jugoso, fácil de beber. El *Eduardo Félix* está bien dotado en nariz, con frutas rojas y un trasfondo floral, confitado y especiado. Crece en boca, sabrosa, con taninos redondos y jugosos y recuerdos de crianza, con largo final.

Nos agradaron bien los 2 Cabernet: el *Familia Llaver Oro*, que en nariz ofrece registros de violetas, fruta roja madura y roble, y en boca evoca su nariz con taninos maduros, buen cuerpo y buena persistencia. Gustoso también el *Llaver Cobre*, de nariz de moderada intensidad y buen perfil varietal: frutado, vegetal y herbáceo, con notas de crianza. Más seductor en boca, de placentera bebilidad con cuerpo ágil y frutoso, taninos maduros y ajustada crianza. Excelente el Chardonnay *Vino de Abordo*, de nariz simpática, con evocación de fruta blanca, ananá, flores y leve recuerdo de crianza. En boca es fresco, elegante y sedoso, con cierta untuosidad y buena estructura, no largo pero agradable. Menos convincentes los *Vinos de Abordo* Malbec, algo alcohólico y empalagoso al final, y el Cabernet de buena nariz y sabroso y sedoso en boca, pero sin gran personalidad. Muy bien el *Familia Llaver Oro* Merlot, de nariz compleja y boca expresiva con taninos maduros, pero ligero amargor.

Expresivo, sedoso y ágil, sin grandes definiciones en nariz, el Chardonnay *Llaver Cobre;* menos nítido en la misma cepa el *Eduardo Félix*. Muy correcto en esta misma etiqueta el Sauvignon Blanc, de buena nariz y boca fresca y simple. También muy correcto pero no llamativo el Malbec *Llaver Cobre*.

Familia Llaver Oro Malbec 2004	★★★★
Eduardo Felix Malbec 2004	★★★★
Familia Llaver Oro Cabernet Sauvignon 2004	★★★★
Llaver Cobre Cabernet Sauvignon 2005	★★★★
Vino de Abordo Chardonnay 2005	★★★★
Vino de Abordo Malbec 2005	★★★
Vino de Abordo Cabernet Sauvignon 2005	★★★
Eduardo Felix Chardonnay 2005	★★★
Familia Llaver Oro Merlot 2004	★★★
Llaver Cobre Chardonnay 2005	★★★
Eduardo Felix Sauvignon Blanc 2005	★★★
Llaver Cobre Malbec 2005	★★★

MEDRANO ESTATE

Franklin Villanueva 3541 / Lunlunta / 5515 Maipú / Mendoza
Tel.: (0261) 4990526
Fax.: (0261) 4990611
E-mail: info@filuswine.com
Website: www.filuswine.com
Capacidad: 2,7 millones de litros - Viña: 200 hectáreas

Los socios Gustavo Capone y Ambrosio Di Leo cuentan con varias fincas propias de Malbec, Cabernet Sauvignon, Merlot, Tempranillo, Bonarda, Syrah, Chardonnay y Viognier, y vinifican en piletas de cemento/epoxy en una bodega de mediados de siglo XX a la que reciclaron; cuentan con medio millar de barricas y la enología de Juan Manuel González. De vocación exportadora, contribuyen a afirmar el renombre del Malbec en ultramar con su *Filus Reserve Oak Barrel*, 6 mil botellas cuyo caldo se crió 18 meses en barrica y ofrece una muy grata experiencia olfativa, que transmite frescura y complejidad con registros herbáceos, frutados y balsámicos; es igualmente grato en boca, henchido de fruta, con presencia no abrumadora de los tostados y ahumados de la barrica, tanicidad madura y activa, equilibrada acidez, largo final: un vino excelente que, hacia atrás en el tiempo, hace pensar en un viñedo muy bien manejado, y hacia adelante, en una buena cava donde guardarlo un par de años.

Hay cierta complejidad aromática en *Lazos* Syrah, con registros frutados sazonados con especias y algún matiz animal y mineral; de taninos maduros y cierta estructura, el vino pierde guapeza en boca y se aligera un poco mientras transita hacia el final, que es de mediana duración.

Medrano Malbec es de buenas intensidades y carácter olfativo frutado; en boca transita redondo y cálido, con cierta simpleza y sin grandes pretensiones, pero también sin aristas.

Medrano Chardonnay enuncia fruta en nariz, pero una fruta algo artificiosa, como de caramelo masticable; en boca es fresco y un poco abocado, ligero y de mediana persistencia.

En la misma línea, el Cabernet Sauvignon trae a nariz aromas de fruta y algunas flores y especias, con relativa intensidad; al paladar presenta cierta estructura, cierta elegancia, cierto aterciopelado y taninos maduros y dulces pero no manifiesta grandeza y prefiere ser apenas un muy buen vino, sin más.

Filus Reserve Malbec 2003	★★★★
Lazos Syrah 2004	★★★
Medrano Reserve Malbec 2004	★★★
Medrano Reserve Chardonnay 2005	★★★
Medrano Cabernet Sauvignon 2004	★★★

El Oasis Norte

MENDEL WINES

Terrada 1863 / Mayor Drummond / 5507 Luján de Cuyo / Mendoza
Tel.Fax.: (0261) 4984239
E-mail: info@mendel.com.ar
Website: www.mendel-wines.com
Capacidad: 0,09 millones de litros - Viña: 26 hectáreas

El enólogo Roberto de la Mota ya no está más en *Terrazas*: ahora es *winemaker* de *Mendel Wines* y socio de Anabelle Sielecki, quien recordó a su padre en el nombre de la casa. Alquilaron a largo plazo la bodega de la calle Terradas (donde reciben visitas, con arreglos previos) que refaccionaron y equiparon de tanques de acero inox de 5 y 8 mil litros, maquinaria de despalillado, molienda y prensa "en miniatura" y barricas *Taransaud*. Su viña baja de Malbec es de 1928: *"es una viña excepcional, en suelos pedregosos, a 5.555 plantas por hectárea, con rendimientos muy bajos, 50 quintales por hectárea"* nos explicó Roberto de la Mota. Santiago Mayorga Boaknin está a cargo de viñedos y enología. En 2004 vinificaron 30 mil botellas de un *Mendel* Malbec con 55% del vino criado en barricas nuevas; y un *Unus* 70% Malbec y 30% Cabernet Sauvignon en 20 mil botellas, donde todo el vino pasó por barricas. El *winemaker* trabajó en modo clásico y por gravedad, fermentando con levaduras seleccionadas y encubando hasta 5 semanas, con pisoneo manual y casi sin sangría.

Fuera de cata, a solas y no a ciegas, probamos el Malbec que en primera nariz entrega mucha ciruela roja y cierto alcohol para luego acomplejarse con otras frutas rojas y algo corámbrico o cárnico. Es boca entra dulce y muy frutado, con gran acidez y taninos tan redondos que se perciben como dulce terciopelo; de buen cuerpo sin pesadez, es largo y culmina sobre notas de fruta y madera, con mínimo amargor final y cierto anisado retronasal. En toda la experiencia, desde la primera nariz al final de boca, el roble está pero en discretísimo segundo plano y la fruta comanda. *Unus* sí que dice haber pasado su tiempo en madera fina, con fruta circunscripta por vainilla y maderas nobles en un planteo aromático elegante pero no adulador...como si el Cab hubiera serenado en nariz al Malb. La seducción ocurre en boca: de entrada enjundiosa, el avainillado francés acompaña hasta el medio a la incontenible pulsión de fruta jugosa del Malb, sofrenada por una estupenda urdimbre tánica de fusión; largo y gustoso, es de cuerpo y volumen natural: el Cab aporta lo suyo a un vino carnoso y musculoso pero sin caer en el pato Vicca. Despierto y noble, es para reposar en botella unos años.

Mendel Malbec 2004   s/d
Mendel Unus Malbec-Cab. Sauv. 2004   s/d

MERITERRA

Reynoso 2287 / 1611 Don Torcuato / Buenos Aires
Tel.Fax.: (011) 48461123
E-mail: hgirado@ciudad.com.ar
Capacidad: 0,8 millones de litros
Viña: 12 hectáreas

En una pequeña bodega en El Peral (Tupungato) de piletas de cemento/epoxy, con equipo de frío, algunas barricas de roble americano tostado medio, uvas compradas en un viejo viñedo a 3 kilómetros de la bodega y a mil metros de altitud y la consultoría de Patricio Santos, el enólogo Darío Coletto elabora un Malbec artesanal. En Argentina se vende sólo en forma directa y comienza a exportarse al Reino Unido. Resulta entusiasmante su crecimiento cualitativo del 2003 al 2004: vino de seductor espectro aromático, con mucha ciruela especiada y sazonada sutilmente con roble y un leve dejo animal. Al paladar, es óptimo en su arranque y recorrido hasta el final, de cuerpo medio pero muy jugoso, largo y refrescante, equilibrado en acidez y tanicidad, con un acertado y ajustado aporte de la barrica. Un Malbec pleno y genuino, ya de gran bebidalidad pero que puede ganar con un año o dos de guarda.

Meriterra Malbec 2004   ★★★★

NÓMADE WINES & VINEYARDS

España 1094 / 5567 La Consulta / Mendoza
Tel.: (011) 44379728 - Fax.: (02320) 499053
E-mail: tomasachaval@nomadewines.com
Website: www.nomadewines.com
Capacidad: 0,35 millones de litros
Viña: 35 hectáreas

Este nuevo emprendimiento liderado por Tomás Achával, ex director de *Chandon*, con el enólogo Fernando Di Lello y la consultoría de Gabriela Celeste, vinifica uvas de pequeños viñedos seleccionados en el Valle de Uco: 2 hectáreas de Syrah en Altamira (La Consulta) y 2 de Malbec, a las que se suman otras 3 hectáreas de Malbec de un viñedo de 70 años de La Consulta y 3 hectáreas, también de Malbec, en un curioso sistema de conducción (*"pini"*) en Vistaflores, de 90 años de edad. Sus vinos *Nómade* y *7 Lunas* se exportan a Estados Unidos, Brasil y Europa.

Pudimos catar *Nómade Reserva* Syrah, vino de grata bebidalidad cuya fracción aromática evoca registros vegetales, de moras, cuero y especias; en boca es franco, con notas de pimienta negra, taninos algo despiertos y acidez que podría ser un punto más marcada, con buena estructura y persistencia media. No pudimos probar, ya que no estaba pronto, el Malbec 2004.

Nómade Reserva Syrah 2003   ★★★

Nieto Senetiner

Vieytes 2275 / Carrodilla / 5507 Mendoza
Tel.Fax.: (0261) 4960732
E-mail: tursimo@nietosenetiner.com.ar
Website: www.nietosenetiner.com
Capacidad: 10 millones de litros
Viña: 300 hectáreas

Este año, la prestigiosa casa de Vistalba nos reenvió los *Cadus* que ya habíamos catado en la edición pasada, y que probamos para cerciorarnos de que su excepcional grandeza sigue incrementándose al paso del tiempo...en forma desmesurada en el Cabernet. Pero fieles a nuestras reglas editoriales, sólo incluimos añadas nuevas en estas páginas.

La enología de Roberto González nos impactó con el *Don Nicanor* Merlot: al agitar y olfatear, saltan fuera de la copa ciruelas y pequeñas frutas rojas junto al especiero y algún acento terroso, en un conjunto elegante y delicado. Entra aterciopelado en boca, con amplitud frutal y buen bagaje tánico, estirándose deliciosamente hasta un largo final donde a la fruta se suma la crianza. Muy europeo en su estilo, tiene estructura como para crecer con un año o dos de guarda.

Gustoso en la misma línea el Syrah, con entrega de aromas frutados y especiados y matices florales y minerales; es estructurado y sedoso en el recorrido gustativo, con taninos maduros y media persistencia.

Interesante el *Nieto Senetiner Reserva*, un inusual *assemblage* de Syrah, Ancellotta y Bonarda, de enérgicos aromas de fruta, flores, especias y madera, ésta última un tanto asertiva. De buena sapidez en boca, es bastante estructurado y largo pero queda a un paso de la grandeza.

Bien nutrido y bastante complejo en fase aromática el *Don Nicanor Blend*, sabroso en un paladar que sin embargo queda marcado por sus taninos cimarrones.

De cierta complejidad en nariz, el *Don Nicanor Tardío* resulta empalagoso y arrebatado por su larga crianza en barrica.

Don Nicanor Merlot 2003	★★★★
Don Nicanor Blend 2004	★★★
Nieto Senetiner Reserva 2003	★★★
Don Nicanor Syrah 2003	★★★
Don Nicanor Tardío 2003	★★★
Cadus Cabernet Sauvignon 2002	☙

Norton

Ruta 15 km 23,5 Perdriel / M5544APB Luján de Cuyo / Mendoza
Tel.: (0261) 4909700 - Fax.: (0261) 4909799
E-mail: info@norton.com.ar - Website: www.norton.com.ar
Capacidad: 12 millones de litros
Viña: 680 hectáreas

Sin los *Perdriel*, que no catamos este año, la tradicional y acogedora casa afincada en el terruño del mismo nombre es un buen ejemplo de calidad, coherencia y consistencia en sus vinos si bien desprovista de esas puntas de lanza que destacan en la mesa de cata a ciegas (que no es la mesa de todos los días). Así las cosas, de los vinos del enólogo Jorge Riccitelli el que más descolló fue el Malbec *D.O.C.* (Luján de Cuyo), que escatima un poco en su envío aromático, mencionando apenas una genérica fruta roja. Bien más nítido en boca, con buen ataque, un medio ampliamente frutal y una urdimbre tánica de buena calidad, aunque termina algo corto. Un excelente Malbec, sin más. Muy bien el *Privada*, que en su decurso olfativo sugiere además de fruta un registro animal y de ligero *Brett*, bien cargado de taninos maduros y dulces en una boca elegante y sedosa que empero, no termina de despertar entusiasmo. No muy intenso en su nariz frutada el *Norton* Malbec, redondo y sedoso en boca con taninos maduros y mediana persistencia. Con flores y frutas de mediana intensidad aromática y una boca expresiva gracias a su buena acidez y frescura aunque quizá demasiado burbujeante y de retrogusto con punto de amargor el *Cosecha Especial Extra Brut*. Con flores, frutas y matices herbáceos la nariz del Sauvignon Blanc *Roble*, que en boca no terminó de aunar al panel de cata, sumiéndolo en la divergencia. Muy espeso y balsámico el Cabernet *Reserva*, vino raro y complejo que habla de arándanos y roble con taninos maduros y extraña elocuencia. Menos personal pero de más fácil bebibilidad el Cabernet *Norton*, de agradable nariz frutada con dejos especiados y una tanicidad que se despierta un poco al final de boca. Menos nítido el comportamiento del *Norton Roble* Syrah, de nariz frutada y una boca donde los taninos están activos en el cuerpo de un vino algo ligero y de media persistencia.

Norton D.O.C. Malbec 2003	★★★★
Norton Privada 2002	★★★
Norton Roble Sauvignon Blanc 2005	★★★
Norton Reserva Cabernet Sauvignon 2003	★★★
Norton Cosecha Especial Extra Brut Chard.	★★★
Norton Malbec 2005	★★★
Norton Cabernet Sauvignon 2005	★★★
Norton Roble Syrah 2003	★★★
Perdriel Del Centenario *assemblage* 2002	☙
Perdriel Single Vineyard *assemblage* 2002	☙

POESÍA

Espejo (Este) 1591 / Russell / 5517 Maipú / Mendoza
Tel.Fax.: (0261) 4974712
E-mail: poesia@uolsinectis.com.ar
Website: www.bodegapoesia.com
Capacidad: no posee
Viña: 13 hectáreas

La bodega de Heléne Garcin con la enología de Patrice Leveque y la consultoría de Alain Raynaud nos hizo llegar sólo uno de los 5 vinos que elaboran, el *Clos des Andes* Malbec del que hicieron 40 mil botellas con 12 meses de crianza en barrica. Es un vino de estupenda complejidad aromática donde además de la consabida fruta roja hay aromas de todo un bosque: hongos de pino y champiñones frescos, trufas, menta, humus y flores. Captura a la boca desde el primer sorbo, con dulce materia frutal, un cuerpo no excesivo pero elegante, sostenido por taninos firmes y dulces, maduros y en maduración, con acidez calibrada y gran integración del todo, hasta un final no largo pero sí aterciopelado, con retrogusto especiado. *Un Malbec tout a fait diferent et trés elegant...*

Clos des Andes Malbec 2004 ★★★★

PULENTA ESTATE

Gutiérrez 323 / M5500GKG Ciudad / Mendoza
Tel.Fax.: (0261) 4200800
Fax.: (0261) 4203546
E-mail: edu@pulentaestate.com
Website: www.pulentaestate.com
Capacidad: 1,09 millones de litros - Viña: 135 hectáreas

Esta flamante y funcional *"bodega hecha por y para enólogos"* (como dicen sus fundadores Eduardo y Hugo Pulenta) rodeada por bellas plantaciones donde los tintos manifiestan una personalidad llamativa, este año nos hizo llegar 3 muestras de su producción elaborada por el enólogo Fabricio Orlando. Impactante el Sauvignon Blanc *La Flor de Pulenta Estate,* cuyo fraseo aromático corresponde con nitidez a la variedad, ofreciendo notas herbáceas, cítricas, minerales y salvajes. Sorprende con leve aguja que añade una dimensión al paladar, por el que discurre fluido, vibrante y armónico, fresco y prolongado: un vino sensual y elegante. Discutido el Merlot: de nariz floral, frutada y especiada, con registros de crianza, resulta grato y sabroso en boca pero cae un poco hacia el final. De atractiva nariz de fruta blanca, el Chardonnay resulta intenso y muy amable en boca, donde discurre ágil, fácil de tomar.

La Flor de Pulenta Estate Sauvignon Blanc 2005 ★★★★★
Pulenta Estate Merlot 2004 ★★★
Pulenta Estate Chardonnay 2004 ★★★
Pulenta Estate *assemblage* 2002 ❦
Pulenta Estate Cab. Sauv. 2002 ❦

PULMARY

La Pampa 229 Bº Bombal / 5500 Ciudad / Mendoza
Tel.: (0261) 4963553
Fax.: (0261) 4240170
E-mail: dsantolini@pulwines.com
Capacidad: 0,3 millones de litros
Viña: 25 hectáreas

Nueva en estas páginas, la bodega de la familia Maures donde vinifica Diana Santolini de Maures nos llamó la atención con su óptima Bonarda *Donaria,* de muy buena complejidad en la entrega aromática, basada en registros de fruta cocida, herbáceos, vegetales y minerales, con algo animal y sanguíneo. Al paladar resulta fresca y estructurada, con tanicidad amalgamada y dulce, larga persistencia, virtuosa armonía y personalidad propia. Algo escaso en nariz el *CUQ,* de carácter frutado y mineral; más intenso en boca, resultó sencillo y con taninos secantes. Interesante el Syrah *Donaria Cosecha Especial,* con personalidad aromática frutal y especiada y buen ataque en boca, donde resulta expresivo y de buena persistencia. Discutido el Malbec, que en nariz oblitera al registro frutal con una nota química, pero resulta expresivo y redondo en boca, con media persistencia.

Donaria Bonarda 2004 ★★★★
Donaria Cosecha Especial Syrah 2004 ★★★
Donaria Malbec 2004 ★★★
Cuq Red Wine Merlot-Bonarda 2004 ★★★

R.J. VIÑEDOS

Terrada 2400 / 5509 Pedriel / Luján de Cuyo / Mendoza
Tel.: (011) 48275580 - Fax.: (011) 48275248
E-mail: rjvinedos@rjvinedos.com - Website: www.rjvinedos.com
Capacidad: 1,6 millones de litros - Viña: 85 hectáreas

En el mundo del vino nada es lineal y tanto menos para las bodegas que están en sus comienzos: los altibajos son parte del camino, incluso con un enólogo de larga experiencia como Fabián Gardino y la consultoría de Michel Rolland. Tras un arranque espectacular en nuestra pasada edición, este año percibimos una flexión en los vinos de la casa, que no dejan de ser muy buenos.

El *Joffré e hijas* Cabernet es correcto en toda la línea, estructurado y redondo, pero de media intensidad en nariz y en boca, muy bebible pero no memorable. En el mismo nivel el Chardonnay, de buena fruta tropical y blanca, sedoso pero algo breve. Alicaído el *Gran Malbec,* con persistente reducción en su nariz y una boca flaca y fluida.

Joffré e hijas Gran Cabernet Sauvignon 2004 ★★★
Joffré e hijas Gran Chardonnay 2005 ★★★
Joffré e hijas Gran Malbec 2004 ★★

R.J. Viñedos Premium Merlot 2003 ❦

Renacer

Brandsen 1863 / 5509 Perdriel / Luján de Cuyo / Mendoza
Tel.Fax.: (0261) 4881247
E-mail: info@bodegarenacer.com.ar
Website: www.bodegarenacer.com.ar
Capacidad: 0,6 millones de litros - Viña: 18 hectáreas

La pequeña y todavía flamante bodega de la calle Brandsen, inversión del empresario chileno Patricio Reich a la que gerencia apasionadamente Eduardo Gramblicka, con la enología de Fernanda Reta y la consultoría de Alberto Antonini y Héctor Durigutti pega cada año más alto y fuerte en nuestras catas.

Esta vez con el *Punto Final Reserva*, tinta negruzca que en su voluptuosa cifra aromática cuenta no menos de una docena de descriptores que denotan sapiente y talentosa extracción. Enjundioso en boca, de masticable carnosidad, jugoso y envolvente, incansable en el final. Esta producción de unas 16 mil botellas, pasó por entero 16 meses en barricas de roble francés.

Más a mano en precio y bebidad el *Punto Final*, que huele a Nuevo Mundo: buena madera de roble francés (las duelas no en torno al vino sino dentro de él) aportando coco y la fruta, paradigmáticas ciruelas y violetas. Seductora, simpática, plena y redonda su boca franca y moderna, sin exceso de complejidad ni concentración, con final largo y distinguido.

Punto Final Reserva Malbec 2004
Punto Final Malbec 2004

Bodega Terza (ex Sedna)

República del Líbano 298 / 5500 Ciudad / Mendoza
Tel.Fax.: (0261) 4244544
E-mail: info@bodegaterza.com.ar
Capacidad: 0, 49 millones de litros - Viña: 4,5 hectáreas

Del nuevo emprendimiento de Flavio Senetiner con enología de Ramiro Peralta y consultoría de Juan Carlos "Pulqui" Rodríguez Vila, catamos un *Tremila Bottiglie* de compleja identidad aromática frutada-especiada y floral; en boca (donde es estructurado, equilibrado en acidez y carga tánica) revela una identidad propia con su cuerpo medio, flexible, de buena bebidad no desprovista de elegancia y versátil amabilidad. Simple, ligero y de grata bebidad el Sauvignon Blanc, de buena intensidad y tipicidad en el envío aromático, desde el herbáceo al cítrico, el mineral y la nota de sudor, registros que se prolongan en boca con vibrante acidez y un largo final con leve amargor y cierto azúcar residual. Muy franco y elegante el Cabernet Sauvignon y más guapo en nariz que en boca, donde resulta algo ligero, el Malbec.

Terza Volta Tremila Bottiglie Malbec 2003 ★★★★
Terza Volta Sauvignon Blanc 2005 ★★★★
Terza Volta Cabernet Sauvignon 2004 ★★★
Terza Volta Malbec 2004 ★★★

Robino y Cia. Saci

Zapiola 3151 / C1429ANE Ciudad de Buenos Aires
Tel.: (011) 45441400 Int. 153
Fax.: (011) 45441400 Int. 165
E-mail: info@bodegarobino.com
Website: www.bodegarobino.com
Capacidad: 10 millones de litros - Viña: 200 hectáreas

Fundada en 1920 por Dante Robino, desde 1982 pertenece a la familia Squassini. Poseen 2 establecimientos: una "champañera" y una bodega de vinos tranquilos. La edad promedio de sus viñedos es de 20 a 30 años. La enología está a cargo de Marcos Miguelez con Federico Laborde.

Entre los vinos catados destacó el espumante Extra Brut (50% Chardonnay, 30% Pinot Noir 20% Semillon), más bien discreto en nariz pero de buena calidad, frutado con leve acento floral, mineral y de levadura; cobra intensidad en boca, con buena expansión espumosa, cremoso y suave, sabroso y envolvente, cargado de buena fruta y cierta mineralidad. Ideal como aperitivo, es bien largo, bello y elegante. Muy grato el Merlot, de buena carga frutal (ciruela) y floral (violetas) además de regaliz, especias y madera de roble; intenso y expresivo en el paladar, con buenos taninos y acidez y alcohol algo elevados. En el *Novecento* Malbec hay aromas de fruta roja cocida y en mermelada, con alguna nota especiada y recuerdo de crianza; en boca resulta expresivo, con registros de ciruelas negras y cacao, buena acidez, taninos algo mordientes y un final un poco cálido: puede mejorar con un tiempo en botella ya que es un vino joven y con estructura. Muy buena nariz la del Cabernet Sauvignon, con notas frutadas acompañadas por registros florales y de tabaco, piedra húmeda y madera de roble tostada; en boca es frutado, sabroso y bastante amplio, con taninos que secan un poco pero sin fastidiar la experiencia, y final medianamente prolongado. El Malbec *Dante Robino* ofrece buena tipicidad y expresión al olfato, con un carácter frutado acompañado por leve nota de roble; sabroso en boca, no termina de acomodar su estructura para pasar a la liga de los vinos mayores. El Chardonnay es de medianas intensidades en nariz y en boca, con alguna fruta y matices de roble, algo simple y breve. *Suá* es un frizzante gasificado de Chardonnay, Torrontés, Chenin y Semillon de nariz floral y frutada no muy intensa y boca algo escasa y breve.

Dante Robino Extra Brut 2005 ★★★★
Dante Robino Merlot 2004 ★★★
Novecento Malbec 2004 ★★★
Dante Robino Cabernet Sauvignon 2004 ★★★
Dante Robino Malbec 2004 ★★★
Dante Robino Chardonnay 2004 ★★
Suá *assemblage* blanco 2004 ★★

Roberto Bonfanti

Terrada 2024 / Perdriel / 5509 Luján de Cuyo / Mendoza
Tel.Fax.: (0261) 4880595 / 4983557
E-mail: ventas@vinosbonfanti.com.ar
Website: www.vinosbonfanti.com.ar
Capacidad: 0,06 millones de litros - Viña: 16 hectáreas

Flamante casa de vinos fundada en 2003 por Roberto Bonfanti y sus 2 hijos, esta pequeña bodega de Perdriel trabaja con tanques de acero inox y barricas, en tanto que sus viñedos de Malbec y Cabernet Sauvignon están en Luján de Cuyo y Maipú. En 2006 elaboraron 26 mil litros con la enología de Sebastián Bonfanti y Rolando Lazzarotti como consultor. Este año catamos 4 vinos: al borde de las ★★★★ quedó el *Roberto Bonfanti* Malbec-Cabernet Sauvignon criado en barrica, vino elegante y expresivo en nariz con matices frutados y de la madera, de muy buen ataque en boca, sedoso y de taninos suaves pero de media persistencia. Muy buen vino el Malbec *Roble*, de nariz frutada y buen volumen en boca pero algo carente de tipicidad varietal y un poco corto al final. El rosado de sangría de Malbec, con aceptable nariz de fruta roja, en boca es de cierta elegancia pero penalizado por un final amargo y no muy largo. Menos nítido el Cabernet Sauvignon *Roble*.

Roberto Bonfanti Roble Malbec-Cab. Sauv. 2004 ★★★
Roberto Bonfanti Roble Malbec 2004 ★★★
Bonfanti Malbec Rosado 2005 ★★★
Roberto Bonfanti Roble Cabernet Sauvignon 2004 ★★

Santo Trovato e Hijos S.R.L.

Ruta Provincial 50 km 1039 / 5584 Palmira / San Martín / Mendoza
Tel.: (02623) 463030 - Fax.: (0261) 4262146
E-mail: btrovato@speedy.com.ar
Website: www.familiatrovato.com.ar
Capacidad: 2,76 millones de litros - Viña: 28 hectáreas

Recién llegada a estas páginas, la bodega de Salvador, Vicente, Estela y Santos E. Trovato, cuenta con la enología de Juan Carlos Ledda y Mariano Egea y la consultoría de Vicente Trovato y Sergio Ramírez. Nos impactaron sobremanera con su Malbec de uvas de Las Compuertas, del que hicieron 9 mil botellas sin crianza en roble: un vino de neto perfil primario en su fracción aromática, impostada sobre los descriptores de la variedad (ciruelas, violetas); muy bienvenido en boca por su franqueza y ataque dulce, con medio de boca floral y frutado apoyado en un cuerpo ágil, de taninos dulzones y final achocolatado. Un vino rico y simple, expresivo y de muy grata bebibilidad. Gustosa experiencia también la del Merlot, de nariz frutada y especiada; sabroso, expresivo y aterciopelado en boca bien que no muy largo, y con un leve amargor al final donde también aparece algún verdor.

FT de Familia Trovato Malbec 2005 ★★★★
FT de Familia Trovato Merlot 2005 ★★★

Ruca Malen

Manuel Obarrio 2986, 1º Piso / CP1425CQB Ciudad de Buenos Aires
Tel.: (011) 48071671 / (0261) 4541236 - Fax.: (011) 48016690
E-mail: info@bodegarucamalen.com
Website: www.bodegarucamalen.com
Capacidad: 0,9 millones de litros - Viña: 27 hectáreas

La moderna y muy tecnificada casa de vinos de Jacques Louis de Montalembert y Jean Pierre Thibaud en la ruta 7 camino hacia los Andes tiene por enólogo residente a Juan Manuel Mallea y cuenta con la consultoría de los expertos Raúl del Monte, Silvia Avagnina y Carlos Catania.

En sus vinos, en particular en los formidables *Kinien* que catamos el año pasado (no había una nueva cosecha este año) observamos la búsqueda de un estilo vinificatorio elegante y sobrio, un Nuevo Mundo sin la vocinglería de sus producciones más arriesgadas, con un pie en el Viejo Mundo.

Nos deslumbró esta vez el *Ruca Malen* Cabernet Sauvignon, caldo de lectura olfativa compleja e intensa, con nutrido bagaje de descriptores matizado por un trasfondo balsámico que evoca la crianza. En su recorrido gustativo procede sin cedimientos desde el ataque hasta el final, apoyado en una trama tánica dulce y madura, impecable, elegante, sobrio, con clase.

Atrapante experiencia la del elegante y estilado Chardonnay, en cuya delicada e intensa nariz priman las frutas blancas de otoño y los cítricos sobre un ligero trasfondo de roble; en boca renueva su planteo de vino franco y frutado con apenas un susurro de crianza, de tonificante acidez y final feliz, que deja alegre al paladar.

Versátil y muy bebible el *Yauquén* Cabernet-Malbec, de nariz placentera, con registros frutados en los que sobrenadan hierbas aromáticas y especias. En boca gana intensidad y prestancia con un cuerpo medio y todas sus variables en logrado equilibrio: vino para beber ya.

Gustoso si bien no conmovedor el *Ruca Malen* Malbec, de mediana intensidad al olfato y al gusto, sedoso y de buen tránsito.

Ruca Malen Cabernet Sauvignon 2003 ★★★★
Ruca Malen Chardonnay 2005 ★★★★
Yauquén Cab. Sauv.-Malbec 2004 ★★★★
Ruca Malen Malbec 2003 ★★★

San Telmo

Juan de la Cruz Videla s/n° / Cruz de Piedra / 5517 Maipú / Mendoza
Tel.Fax.: (0261) 4990042 / 4990050
E-mail: ad-mza@bodegacruzdepiedra.com.ar
Website: www.bodegacruzdepiedra.com.ar
Capacidad: 7,53 millones de litros - Viña: 200 hectáreas

La casa que elabora los vinos *San Telmo* y *Cuesta del Madero* funciona en una modalidad infrecuente en Argentino: sus 2 marcas epónimas ya no le pertenecen pero las produce para que las comercialice la británica corporación *Diageo*, propietaria de ambas etiquetas y de *Navarro Correas*. Éste no debía ser el objetivo fundacional del empresario mendocino Sigifredo Alonso cuando plantó sus primeros viñedos en 1974 ni cuando en 1977 construyó la primera bodega mendocina con intención arquitectónica posmoderna, es decir pensando además en la imagen y el turismo, con un estilo vagamente mediterráneo-morisco. Antes de la revolución vínica de los '90, en los '80, *San Telmo* y *Cuesta del Madero* se afianzaron con éxito en el mercado cobrando fama de vinos buenos y confiables a precio razonable: el vino que todo argentino agradece para acompañar una tira de asado o el vacío. Por ello, Sigifredo Alonso ganó en 1998 un premio *Konex*. La propiedad de uno de los 2 canales de tv mendocinos le distrajo luego de la vitivinicultura, pero nunca la abandonó del todo.

Este año probamos sólo *San Telmo*. El que más nos gustó fue el Merlot, frutado, especiado y con maderas en su perfil aromático; expresivo y aterciopelado en el recorrido por boca, con taninos suaves y final bastante largo: un Merlot no estrepitoso pero muy honesto y de grata bebilidad.
También muy atractivo el Malbec-Syrah, de nariz frutada y boca aterciopelada y sedosa, un vino de tranquilo y simple beber.
Grato el Chardonnay, con alguna manzana y madera en su haber aromático, sedoso y ligero en boca, medianamente largo.

Sin mucha fuerza aromática el Sauvignon Blanc, con ideas herbáceas y de melón, en boca anda fresco y ligero, simpático pero sin grandes ambiciones.
Menos nítido el Cabernet, reducido en fase aromática; es correcto en boca, pero no mucho vino.
Con problemas de nariz y taninos el Malbec.

San Telmo Merlot 2003	★★★
San Telmo Malbec-Syrah 2005	★★★
San Telmo Chardonnay 2005	★★★
San Telmo Cabernet Sauvignon 2003	★★★
San Telmo Sauvignon Blanc 2005	★★★
San Telmo Malbec 2003	★

Santa Ana

Roca y Urquiza / Villanueva / 5521 Guaymallén / Mendoza
Tel.: (0261) 5207219 - Fax.: (0261) 5207221
E-mail: avivas@bodegas-santa-ana.com.ar
Website: www.bodegas-santa-ana.com.ar
Capacidad: 15 millones de litros
Viña: 400 hectáreas

La tradicional bodega de Coquimbito impacta con la maestría de Rodolfo "Opi" Sadler para vinificar con alta calidad en grandes volúmenes. En la línea *La Mascota*, el Cabernet seduce con aromas de frutas rojas y grafito, algo animal y roble dulce. De gran personalidad en boca, con óptima tanicidad y acidez, fruta a raudales y crianza prudente.
Expresivo y estructurado también el Malbec *La Mascota*, pero no tan balanceado en crianza, acidez y alcohol.

En *Cepas Privadas* destacó el Syrah, bien pertrechado de aromas y muy grato y sabroso al paladar, amplio y seco, de tanicidad algo secante en su largo final y marcada crianza. El Malbec es atrayente en nariz, con tipicidad de ciruela y violetas y complejidad de pimienta, ahumado y banana madura; entra dulce en boca y despliega taninos algo rústicos, con buena acidez, alcohol elevado y final no largo pero agradable.

El Cabernet es de buena complejidad en nariz pero menos expresivo en boca, donde los taninos secan levemente. Bien expresivo el Viognier, cargado de fruta aunque algo signado por la crianza en roble.

En la línea sin crianza *Santa Ana*, impactante el Malbec (elaborado en 600 mil botellas) con limpia y nítida nariz de ciruelas frescas y maduras; sabroso al gusto, de buena acidez, con la fruta adelante y taninos dulces.
Algo menor el Cabernet Sauvignon, pero de correcta factura. Fresco, frutado y simple el Syrah. Bueno pero unidimensional y falto de estructura el Torrontés. Fluido y fresco, bebible pero no apasionante, el Sauvignon Blanc.

Cepas Privadas Syrah 2004	★★★★
La Mascota Cabernet Sauvignon 2004	★★★★
Cepas Privadas Malbec 2004	★★★★
Santa Ana Malbec 2005	★★★★
Cepas Privadas Cabernet Sauvignon 2004	★★★
Santa Ana Cabernet Sauvignon 2005	★★★
La Mascota Malbec 2004	★★★
Santa Ana Syrah 2005	★★★
Santa Ana Torrontés 2005	★★★
Cepas Privadas Viognier 2005	★★★
Santa Ana Sauvignon Blanc 2005	★★
Cepas Privadas Syrah 2003	🍇

El Oasis Norte

Schetira S.A.

Malabia 581 / Carrodilla / 5507 Luján de Cuyo / Mendoza
Tel.Fax.: (0261) 4963014 / 4961437
E-mail: schetirasa@hotmail.com
Capacidad: 0,5 millones de litros
Viña: 40 hectáreas

Nueva en estas páginas, la bodega de la familia Porretta nos envió 2 vinos elaborados con uvas de sus jóvenes viñedos en Ugarteche y Pedriel por los enólogos Rodolfo y Ricardo Minuzzi. Excelente la Bonarda, de la que hicieron 30 mil botellas con 5 meses de crianza en barrica: en nariz no es muy intensa pero sí de buena calidad y complejidad con bastante expresión frutal amalgamada a notas de chocolate, canela y leves aportes tostados de roble; más desenvuelta en boca, donde entra con intensidad y despliega buen volumen, con tanicidad abundante y madura, acidez que acompaña y sensación de dulzura: una Bonarda casi esférica en su redondez.

Gustoso el Malbec (40 mil botellas con 7 meses de crianza) de nariz frutada con matices florales, herbáceos, minerales y especiados; fresco y ligero en boca, con taninos maduros y dulces, y buen balance entre fruta y crianza.

Vástago de Gea Bonarda 2005	★★★★
Vástago de Gea Malbec 2004	★★★

Sietefincas

Paso de los Andes 1226 / 5000 Mendoza
Tel.: (0261) 4292803
E-mail: comercial@sietefincas.com.ar
Website: www.sietefincas.com.ar
Capacidad: s/d
Viña: s/d

Esta bodega es nueva en nuestras páginas y no nos envió información complementaria, por lo que sólo sabemos que pertenece a Edgardo Stallocca y que su enólogo es Ernesto Gaibazzi. Catamos 4 vinos, entre ellos un Extra Brut de cierta intensidad olfativa, con registros frutados y herbáceos, fresco, sedoso y expresivo en boca. De media intensidad aromática, frutado y con matices de crianza el Cabernet Sauvignon, de boca fresca y buena tanicidad, ligero y simple, sin complicaciones. Menos convincente el Malbec, con notas de coliflor o repollo hervido en boca y cierta reducción junto a notas de madera y café; muy tánico en boca. Con una nariz poco atractiva el Chardonnay y algo mejor en boca, donde resulta seco y fresco.

Sietefincas Extra-Brut	★★★
Sietefincas Cabernet Sauvignon 2004	★★★
Sietefincas Malbec 2004	★★
Sietefincas Chardonnay	★★

Bodegas Sur

O'Higgins 4379 / 1429 Ciudad de Buenos Aires
Tel.: (011) 47024600
E-mail: guillermo@bodegasur.com.ar
Website: www.bodegasurdelosandes.com.ar
Capacidad: 0,75 millones de litros
Viña: no posee

Guillermo Banfi, tras dirigir los primeros años de la bodega familiar (*Cinco Tierras*, ex *Dominio Banfi* pues ya hay una bodega *Banfi* en Italia) se lanzó a un emprendimiento vínico en propio, asociado con un estadounidense que desarrolla el negocio allá, pues toda la producción se despacha a ese mercado. Recién está comenzando a entrar en el mercado interno. *"Mi idea es posicionar los vinos con una muy buena relacion precio-calidad. Recientemente* Wine & Spirits *le otorgó un* "good value" *al Malbec y al Reserva y 92 puntos al Gran Reserva"* nos comentó.

El enólogo Pablo Durigutti siguió a Guillermo en la nueva empresa, que se apoya en productores ya bien conocidos desde *Cinco Tierras,* con viñas viejas de bajo rendimiento en Vistaba, Agrelo, Lunlunta, Medrano y San Carlos.

El vino que más nos gustó fue la Bonarda, en cuyo planteo aromático, intenso y complejo, se desmarca un poco el tostado del roble pero sin obliterar a la gorda frutosidad y a la ligera floralidad del vino; en boca hay taninos sueltos de la madera pero el conjunto es intenso y carnoso, con madurez polifenólica, óptimo balance y buen largo, de grato recuerdo: un hermoso vino que agradecerá unos meses más de afinamiento en botella.

En el Malbec *Reserva*, la oferta aromática es típica y copiosa, expresiva y audaz, con intenso diálogo a muchas voces entre registros primarios y terciarios; en boca es frutón de tan frutado, amplio y envolvente, sedoso, deliciosamente ácido, con taninos malbequianamente amables: un vino vivo, que despierta al paladar con una bebibilidad excepcional. Puede ser interesante ver qué le sucede en un par de años de botella. Y habrá que seguir a las próximas cosechas.

Finalmente el Malbec "normal" en su fase olfativa evoca, con buena intensidad, a registros frutados, florales y tostados de la madera por la que pasó brevemente; de ataque cálido y pleno, recorre el paladar en un solo y largo paso, deslizándose sobre una urdimbre tánica dulce y redonda hasta el final, con aromas de boca persistentes y agradables. Armónico y equilibrado, es un Malbec fácil de beber pero con personalidad, para beber ya.

Sur de los Andes Bonarda 2005	★★★★
Sur de los Andes Reserva Malbec 2004	★★★★
Sur de los Andes Malbec 2005	★★★★

Tapaus

Franklin Villanueva 3826 / M5507XAF / Lunlunta / Maipú
Tel.Fax.: (0261) 4990514
E-mail: info@tapaus.com.ar
Website: www.tapaus.com.ar
Capacidad: 1 millón de litros
Viña: no posee

La hermosa y todavía flamante destilería que dirige Sergio Bunin con la maestría destilatoria del enólogo Hubert Weber este año nos envió un solo destilado para catar, el *Pisco Andino* destilado de vino de Moscatel de Alejandría, del que hicieron unas 2 mil botellas. De muy buena nariz, limpia, intensa y agradable, con aromas florales bien evocadores del Moscatel, a los que el alcohol (42°) no llega a encubrir con su vigor. En el paladar es ligeramente dulce y nada ardiente, con reiterados registros aromáticos. Armonioso, largo y de recuerdo agradable, es un aguardiente elegante y bien logrado que puede beberse solo, o al modo andino, refrescado con hielo y aguas gaseosas.

Tapaus Pisco Andino Moscatel 2005 ★★★★

Bodega Tapiz

Ruta 15 km 32 / Agrelo / 5507 Luján de Cuyo / Mendoza
Tel.: (0261) 4900202 - Fax.: (0261) 4900202 Int. 4
E-mail: tapiz@tapiz.com.ar
Website: www.tapiz.com
Capacidad: 1,72 millones de litros
Viña: 170 hectáreas

Respecto a los brillantes resultados de la anterior edición, registramos cierta leve flexión este año en el envío de las muestras de la casa, propiedad del matrimonio porteño Jorge y Patricia Ortiz en la que vinifica el enólogo Fabián Valenzuela. Quizá porque 2 de las 3 muestras fueron blancos.

Intenso en ambas fases, el Viognier es bien frutado, refrescantemente ácido y con apreciable presencia de la crianza en barrica de roble.

No termina de tomar vuelo propio el Sauvignon, sutil y breve aunque correcto.

Demasiado ahumada y empireumática la nariz del Cabernet-Merlot *Reserva*, que es más desenvuelto en fase gustativa y deja buen recuerdo en boca si bien no termina de hacerse un lugar en la memoria.

Tapiz Viognier 2005 ★★★
Tapiz Sauvignon Blanc 2005 ★★★
Tapiz Reserva Cab.Sauv.-Merlot 2004 ★★★

Telteca Winery

Rodriguez Peña km 7,5 / 5513 Coquimbito / Maipú / Mendoza
Tel.: (0261) 4930293 - Fax.: (0261) 4930397
E-mail: teltecawinery@vinasar.com
Website: www.teltecawinery.com
Capacidad: 10 millones de litros - Viña: 250 hectáreas

Esta gran bodega que la familia Cartellone estableció en Costa de Araujo en los '70 elaboraba jugos de uva, mostos y vinos de mesa hasta que en 2000 se asoció a la *Marubeni Corporation* creando *Telteca Winery*, con el ingeniero agrónomo José Ferrando en la viña (de 35 años de edad) y el enólogo José Pedro Gómez en bodega. Nos impactó mucho el *Telteca Merlot*, de uvas del norteño departamento Lavalle: es de nariz compleja y delicada, con frutas rojas, cassis, banana madura, vainilla y madera de crianza; en boca es equilibrado y armónico, con la seducción propia de la cepa y un final rico y largo: de carácter comercial pero impecablemente elaborado, está para beber ya o guardar un tiempo más. Intenso y con acentuados aromas lácticos y de crianza el *Sayanca* Cabernet Sauvignon, expresivo, redondo y fresco en boca, aunque algo menos intenso que en nariz. Casi en el mismo nivel el *Telteca* Cabernet, con fruta roja y recuerdos de madera no del todo nueva. De medianas intensidades olfativas y gustativas el *Sayanca* Malbec, con ciruelas negras y taninos maduros, fresco y redondo, no muy persistente. El *Andes Sur* Chardonnay-Semillon es de aroma frutado (banana madura, manteca) y madera; sabroso sedoso y ágil en boca, con mediana persistencia. En el Chardonnay *Sayanca* hay fruta en una nariz no del todo limpia, con una boca verde, liviana y plana. El Syrah-Bonarda goza de cierta complejidad en nariz, con fruta roja y matices de cuero viejo y mineral; es fresco y redondo en boca, con taninos maduros y dulces. Aceptable el Syrah rosado, si bien hay algun azúcar residual y acidez inadecuada. *Telteca* Malbec está dominado en nariz y en boca por el registro de banana, con algún matiz de caramelo y fruta roja (ciruela); en boca es de acidez marcada, taninos algo mordientes, simple y fresco, sin más. *Sayanca* Merlot fracasa por su acidez mal corregida.

Telteca Merlot 2004 ★★★★
Sayanca Cabernet Sauvignon 2004 ★★★
Sayanca Malbec 2004 ★★★
Andes Sur Chardonnay-Semillon 2005 ★★★
Sayanca Chardonnay 2005 ★★★
Telteca Cabernet Sauvignon 2004 ★★★
Andes Sur Syrah-Bonarda 2005 ★★★
Andes Sur Syrah Rosé 2005 ★★★
Andes Sur Rosé 2005 ★★★
Telteca Malbec 2004 ★★
Sayanca Merlot 2004 ★

TERRAZAS

Thames y Cochabamba / Perdriel / M5544AYA Luján de Cuyo / Mendoza
Tel.: (0261) 4880058
Fax: (0261) 4880704

E-mail: info@terrazasdelosandes.com
Website: www.terrazasdelosandes.com
Capacidad: 3 millones de litros
Viña: 700 hectáreas (con Chandon)

La hermosa y acogedora bodega que ya no dirige el experto enólogo Roberto de la Mota en Perdriel (ahora el enólogo es Pablo Rodríguez) vinifica con envidiable coherencia estilística y una continuidad cualitativa sin sobresaltos. El *Terrazas* Cabernet sorprende e inquieta en nariz, con notas frutadas y especiadas a las que se suman el grano de mostaza y la pimienta blanca. Entra muy bien en boca, amplio y carnoso, con acentuado registro de arándano y mora, taninos jugosos y potentes, y un final no muy largo pero agradable, con nota de chocolate amargo: muy equilibrado, puede ganar con unos meses más en botella.

En *Cheval des Andes*, tras cierta lentitud en abrirse al olfato, brota una nariz intensa y compleja con una rica matriz frutal bien sazonada, sugestión de flores dulces, un dejo animal y una crianza prudente y lograda. El mensaje se prolonga en el paladar con mucha concentración y estructura, gran cuerpo, óptima acidez y taninos que ansían polimerizar en botella, con un largo, delicioso final. Se le puede sumar una estrella más si se lo deja en la cava unos años.

En *Afincado* hay un cifrado aromático intenso y complejo, con eje en las ciruelas casi pasas y la vainilla y chocolate de la madera. Entra dulce en boca y avanza con paso firme, apuntalado por taninos activos y una acidez que le augura buena vida en botella, para culminar en un final prolongado con notas frutadas y achocolatadas. Un vino excelente, si bien no es el *fuoriclasse* de añadas anteriores.

Terrazas Reserva Syrah presenta una buena e intensa complejidad aromática, que a las grosellas maduras suma rosas, pimienta negra y café, jengibre y macís. En fase gustativa revela una logradísima estructura, en un aterciopelado discurso que tarda en concluir, con acentos de chocolate con pasas: lo mejor del Syrah en una botella que vale la pena guardar. Por su parte, el Syrah "normal" en su expresión aromática incluye desde la fruta roja a los destellos florales, animales y especiados, además de tostados de la crianza. Su vivacidad se prolonga en boca con la amplitud e intensidad propia de un vino donde De la Mota extrajo de las uvas toda su sustancia, incluyendo un bagaje tánico importante, que necesita aplacarse con reposo en botella: un vino estructurado, de largo final achocolatado y algo alcohólico, pero muy placentero. El *Reserva* Cabernet es intenso e inquietante en su perfil aromático que entrega registros de pimiento morrón, bayas rojas, fruta cocida, pasas y café, también con matices aportados por la crianza. En boca prosigue intenso, sabroso y expresivo, agradablemente seco, con taninos que aprietan un poco y final no muy prolongado: un vino bien hecho, para tomar ya, pero que puede redondearse con un poco más de botella. Nos gustó el Merlot "normal", que en su espectro aromático combina con buena intensidad fruta roja y perfumes lácticos, especiados y tostados. Su dinámica gustativa, tras un ataque dulce, ofrece un cuerpo medio articulado sobre una trama tánica presente y levemente astringente, con notas de coco animando el final. El Merlot *Reserva* es atractivo en nariz con registro de jalea de arándanos y mentol, y en boca suma pimienta blanca y cacao en el final; sabroso y aterciopelado, aunque demasiado dulce.

Fresco y frutado, con notas de crianza y un sedoso-aterciopelado recorrido en boca el Malbec *Reserva*, al que le falta algo de botella para asumir toda su dimensión. No muy intenso en su nariz frutada y más expresivo en boca, el Malbec sin crianza es elegante y aterciopelado en el paladar, de una bebilidad sin complicaciones.

Con acentos mantecosos y de barrica de roble bien integrada a la fruta (ananá, miel, banana) el Chardonnay *Reserva* recorre el paladar sin sobresaltos, muy correcto en su estilo *oaked*. De nariz elegante y fresca el Chardonnay a secas, con registros cítricos y de ananá (piña); es franco y fluido en boca, con refrescante acidez.

Elegante y complejo el *Afincado Tardío*, con notas tropicales y melosas en su propuesta aromática; de buen ataque en boca, queda algo corto en acidez y persistencia.

Terrazas Cabernet Sauvignon 2004		Terrazas Reserva Chardonnay 2005	★★★
Cheval des Andes Cab. Sauv.-Malbec 2002	★★★★	Terrazas Chardonnay 2005	★★★
Terrazas Reserva Syrah 2003	★★★★	Afincado Tardio Petit Manseng 2003	★★★
Afincado Malbec 2002	★★★★	Terrazas Malbec 2005	★★★
Terrazas Syrah 2005	★★★★	Terrazas Reserva Malbec 2004	★★★
Terrazas Reserva Cabernet Sauvignon 2003	★★★★	Terrazas Reserva Merlot 2003	★★★
Terrazas Merlot 2004	★★★★		

TRAPICHE

Mitre s/n° / Coquimbito /M5522CHA Maipú / Mendoza
Tel.: (0261) 5207210
Fax.: (0261) 5207202
E-mail: info@trapiche.com.ar

Website: www.trapiche.com.ar
Capacidad: 14,5 millones de litros
Viña: 1.075 hectáreas

Abarcar el universo *Trapiche* implica ir al grano de los vinos sin prolegómenos sobre la bodega epónima de Cuyo donde la enología es de Daniel Pi con su equipo. Este año destacó el Cabernet Franc *Fond de Cave Reserva*, algo tímido en nariz pero con madurez y complejidad de fruta roja, cassis, violetas, confituras y pimienta, con tostado de crianza en segundo plano. Sabroso en boca, estructurado pero goloso, de magnífica textura y envolvencia, con taninos marcados y delicioso final. Vino muy moderno, para tomar ya o guardar un tiempo.

Iscay es de planteo aromático intenso y complejo desde las frutas finas hasta la mejor barrica, con matices florales y especiados. Es mucho vino en boca y con su alcohol, acidez vibrante y taninos firmes y jugosos puede aturdir a paladares delicados. De paso firme y largo, aplomado pero armonioso, es bebible ya o abandonable por unos años en cava.

Medalla rebosa energía aromática, con nítida fruta negra cocida, mermelada de ciruelas, pimienta negra, carne, tostados, café, cedro. En fase gustativa arranca con amplitud, concentración y redondez golosa que al medio se traducen en mucha fruta y buena crianza en roble francés, con tanicidad y acidez impecables, para terminar largo, frutal y placentero.

La sorpresa del año son los *Origen* Torrontés, Malbec y Syrah. El primero, de uvas cafayateñas deriva una nariz de intensa calidad y tipicidad varietal, con su jazmín y sus cítricos. Al gusto es igualmente perfumado, bien ácido y algo tánico, de final agradable apenas amargo. El Malbec contiene una hermosa cifra aromática que inicia con violetas y culmina con ciruelas y recuerdos de crianza. De óptimo paso y peso en boca, estructurado sin complicar la bebilidad, equipado con taninos maduros que necesitan asentarse, es de buena persistencia y grato recuerdo. Finalmente, el Syrah en nariz sugiere moras maduras y cocidas, con un leve especiado y tostado. Es más rotundo en boca, con plenitud frutal, acidez punzante y taninos que secan apenas. Es un vino vital pero algo tosco, que puede suavizarse con un tiempito en botella.

Volviendo a los *Fond de Cave*, el *Reserva* Tempranillo es de media intensidad aromática pero grata complejidad, con fruta roja sobre trasfondo especiado apenas tostado. Guapo en boca, de buen caudal frutal con taninos hoy vivaces, que se mitigarán con carnes grasas o esperándolo. El Cabernet *Fond de Cave* es licoroso y oxidado en nariz, estilo Oporto que reaparece en boca donde es explosivo, aterciopelado en su tanicidad madura, redondo y bastante largo.

El *Reserva* Petit Verdot fue castigado por cierto amargor y un tanino secante, pero permanece un vino herbáceo, floral y frutado, expresivo en boca, tánico, sedoso y elegante, de final achocolatado.

Y el Chardonnay *Fond de Cave* resultó simple pero gustoso, con leve matiz de roble en su nariz frutal de manzana cocida, notas que se repiten en boca.

Pasando a los *Trapiche*, formidable el *Colección Roble* Malbec cuya nariz efusiva invoca frutas rojas, especias y leve roble tostado; con un decurso gustativo definido en cada fase, del ataque franco al medio de boca frutado, tánico y acidificado a sazón, hasta el final largo y potente. De nariz frutada y fresco en boca el Pinot Noir *Trapiche*, vino simple y sedoso, con taninos un punto secantes. En la nariz del Syrah, a la fruta se suma lo animal y especiado; en boca es redondo y sedoso, con taninos maduros y dulces pero presentes. El Malbec no es muy aromático pero en boca es armónico, con cierto afelpado. Su Rosé es fresco y sin aristas, la elegancia de la simplicidad.

Y el *Trapiche* Sauvignon, de aroma herbáceo y de ananá, resulta fresco y sencillo en boca.

En los *Broquel*, el Cabernet-Merlot es simple, frutado, de grata bebilidad; el Malbec-Syrah es de nariz algo más compleja y también recorre al paladar con gusto y sin tropiezos; el Chardonnay-Viognier es fresco, ligero y breve: no es vino para ejercitar a la memoria sino para refrescar a la boca.

Iscay Merlot -Malbec 2003	
Medalla 2003	
Fond de Cave Reserva Cabernet Franc 2004	
Origen Torrontés 2005	
Trapiche Colección Roble Malbec 2004	★★★★
Origen Malbec 2004	★★★★
Fond de Cave Reserva Tempranillo 2004	★★★★
Origen Syrah 2004	★★★★
Fond de Cave Chardonnay 2004	★★★
Fond de Cave Cabernet Sauvignon 2003	★★★
Fond de Cave Reserva Petit Verdot 2004	★★★
Trapiche Malbec 2005	★★★
Trapiche Pinot Noir 2005	★★★
Trapiche Syrah 2005	★★★
Trapiche Rosé Cabernet Sauvignon 2004	★★★
Trapiche Sauvignon Blanc 2005	★★★
Broquel Cab.Sauv.-Merlot 2004	★★★
Broquel Malbec-Syrah 2004	★★★
Broquel Chardonnay-Viognier 2005	★★
120 Años *assemblage* 2002	

TRIVENTO

Pescara 9347 / Russell / 5517 Maipú / Mendoza
Tel.: (0261) 4990270
Fax.: (0261) 4990269
E-mail: info@trivento.com

Website: www.trivento.com
Capacidad: 27,9 millones de litros
Viña: 743 hectáreas

Impactante afirmación de calidad en los vinos de esta filial de *Concha y Toro* que dirige en lo enológico Federico Galdeano con Alberto Antonini consultor. De 16 muestras que catamos, 8 alcanzaron o superaron las ★★★★.

Vino máximo el Malbec *Golden Reserve*, de amplio y elegante abanico aromático que conjuga ciruela roja madura, violetas y barrica de roble al primer uso; crece en el paladar, con arranque frutal, un medio amplio con tanicidad dulce y untuosa, y un final largo y dialogado entre frutosidad y crianza. Es tan redondo que parece sencillo: la elegancia de un príncipe. Para beber solo y lento.

Otra experiencia memorable fue Bonarda *Reserve*, de intensa nariz donde a la fruta rojinegra se suman sándalo, jengibre confitado, violetas, anís y torrefacción; sensual y personal en fase gustativa, con materia carnosa y golosa, taninos óptimos y muy buen largo de boca: una de las Bonardas más impactantes de la vida.

Excelente planteo aromático en el *Reserve* Cabernet-Malbec, con cassis, ciruelas y roble de crianza; de leve ataque dulce, se dilata a un medio de boca que retoma las notas de nariz subrayadas por una tanicidad jugosa y madura; con largo final.

Igualmente convincente el Syrah *Reserve*, que contiene las generales aromáticas de la cepa incrementadas por la crianza, en un conjunto de buena intensidad y complejidad; en la boca, de inicio dulce, hay notas de moras y azúcar morena en un cuerpo medio con taninos amigables de leve astringencia y un final no muy largo, con recuerdo agradable. Siempre en los *Trivento*, el Malbec *Reserva* acude láctico a una primera olfacción a copa quieta y al agitarse libera notas frutadas y florales con *sottofondo* de roble tostado; muy sabroso y expresivo en boca, donde entra dulce y se expande luego a una frutosidad elocuente, con urdimbre tánica tupida pero sazonada, untuoso y armónico, de buena persistencia: está para tomar ya o guardar un par de años. Los 2 bivarietales Syrah-Malbec obtuvieron la misma puntuación. De nariz intensa y compleja el *Reserve* 2004, en boca sabroso pero con taninos despegados. El 2005 por su lado tiene una nariz agradable con notas de cuero y animal, y es expresivo en boca, de taninos suaves, algo corto.

De grata intensidad frutal el Chardonnay-Chenin, expresivo y aterciopelado en boca. Floral y muy dulce el Torrontés *Dulce Natural*, se deja beber sin emocionar. En otro género, estimulante experiencia la del *Trivento Brut Nature*, de bello color dorado-cobrizo con burbujeo diminuto y abundante; con un atractivo perfume de pequeñas frutas rojas y recuerdo de frutas secas y pan; al paladar entra con delicadeza y buena textura, sumando a las frutas de nariz registros cítricos, cremosos y minerales, con largo final: un espumante con carácter, fresco y sabroso, de grato recuerdo.

Hallamos interesantes vinos también en la línea *Tribu*, donde hay un Viognier de simpática nariz frutada y floral, con amplios y nítidos de fruta blanca y tropical. En su discurso gustativo, de ataque dulce, despliega buen volumen equilibrado por acidez refrescante, con repetición de las notas aromáticas. Un vino muy recomendable.

Guapo vino también el *Tribu* Malbec, de notable energía aromática, cargada de violetas y yogurt de frutillas (fresas). De ataque dulzón y cuerpo ágil, gana presto un medio de boca centrado en la fruta, apoyado en taninos decididos pero jugosos, con final largo y láctico.

Atractivo y sabroso el Syrah, con buena frutosidad y paso ágil pero breve.

Más intensa la Bonarda, de nariz frutada y especiada, grata y expresiva en boca, de paso aterciopelado.

En *Tribu* Tempranillo hay nariz de cereza negra y pimienta blanca, con boca de buena fruta y taninos pulidos a tono con la acidez: un vino elegante y aterciopelado. Atractiva la nariz del Chardonnay, con notas de manzana y banana, grato y sabroso al paladar, de buena estructura.

Trivento Golden Reserve Malbec 2003	🍇
Trivento Reserve Bonarda 2005	🍇
Trivento Reserve Cab.Sauv.-Malbec 2004	★★★★★
Trivento Reserve Syrah 2004	★★★★
Trivento Reserve Malbec 2004	★★★★
Trivento Brut Nature	★★★★
Tribu Viognier 2005	★★★★
Tribu Malbec 2005	★★★★
Trivento Syrah - Malbec 2005	★★★
Trivento Reserve Syrah - Malbec 2004	★★★
Trivento Chard.-Chenin 2005	★★★
Trivento Dulce Natural Torrontés-Chenin B.	★★★
Trivento Chard.-Chenin 2005	★★★
Tribu Syrah 2005	★★★
Tribu Bonarda 2005	★★★
Tribu Tempranillo 2005	★★★
Tribu Chardonnay 2005	★★★

VINITERRA

Acc. Sur km 17,5 / 5507 Mayor Drummond / Luján / Mendoza
Tel.: (0261) 4985888
Fax.: (0261) 4985888
E-mail: info@viniterra.com.ar
Website: www.viniterra.com.ar
Capacidad: 3,4 millones de litros
Viña: 80 hectáreas

En diez años, la bodega que desde 1999 pertenece al enólogo italiano Adriano Senetiner tuvo diversas etapas enológicas con distintos nombres y resultados; hoy la vinificación es del propietario junto al enólogo mendocino Juan Carlos Chavero y con la consultoría de Juan Carlos Rodríguez Villa.

Terra Roble Malbec ofrece buen caudal aromático, bajo el denominador común del roble tostado. En boca comienza dulce y frutal, con un cuerpo jugoso, correcta acidez y taninos redondos, pero hacia el final predomina nuevamente el tostado muy marcado. A pesar del exceso de empireumático, es un excelente vino.

En los *Viniterra*, el Cabernet es de buena complejidad, con notas de frutas rojas y recuerdos de su crianza. Muy agradable y gustoso en boca, destaca por su frescor y una urdimbre tánica sazonada y en logrado equilibrio con el alcohol: sedoso, armónico y equilibrado, es un vino ideal para acompañar carnes rojas asadas.

Siempre *Viniterra*, el Syrah no es complejo pero sí muy agradable al olfato, con equilibrio de fruta y crianza y cierto aroma de mentol-eucaliptus. Al paladar entra fresco, dilatándose en frutas rojas, suaves taninos, acidez a punto y una crianza que se acentúa al final, que es bastante prolongado: un vino muy equilibrado que debería ganar con algún tiempo de guarda. El Merlot es atractivo en nariz, con fruta, especiado y eucaliptus, bastante expresivo en boca, con taninos que aprietan todavía, aterciopelado, algo corto. El Malbec es de mucha fruta y flores, madera y especias en el olfato, con una nota de jarabe que retorna en su buena boca, es un vino que frecuenta la elegancia y la estructura sin terminar de asumirlas como propias. Y el exótico Pinot Grigio (el único *Viniterra* sin crianza en barrica) con anís, jazmín y maracuyá, además de tomate y minerales, en boca, donde resulta ligeramente aterciopelado, queda a un paso de la plenitud. En la línea *Terra* (donde el aporte de roble es con duelas, salvo en el Viognier, y las producciones van de 12 a 80 mil botellas) el que más nos gustó fue el Cabernet, vino frutado de media intensidad aromática, fresco y redondo en boca, también de media persistencia.

Interesante el espumante de Malbec, de nariz de frambuesas y violetas, con recorrido gustoso por boca, pero algo unidimensional.

En el Chardonnay las notas de madera, lácteo y vainilla embretan un poco a la no muy pronunciada fruta, en boca es ágil y bastante largo, con acidez marcada. El Viognier, de aroma frutado, discurre bien por el paladar pero sin estremecer y con cierto amargor final. Finalmente el espumante *Terra Reserve Extra Brut*, un *méthode champenoise* del que Adriano Senetiner hizo 25 mil botellas, con un punto más de acidez habría estado para más: tiene una buena nariz con nota de manzana y evolución, y es sabroso y expresivo en boca.

La línea *Omnium*, que es *entry level*, con producciones de hasta 170 mil botellas en el Malbec y 200 mil de espumante, son varietales sin duelas ni barrica. Empero, hallamos alguna noticia de cedro o de roble junto a pasa de ciruela en la grata nariz del Syrah; intenso y expresivo en boca, con excelente fruta, es un vino que asume bien su rol de *value for money*. Por su parte, el Cabernet al registro aromático frutado suma un matiz empireumático; en boca discurre gustoso y sin complicaciones, con buena tanicidad y media persistencia. No del todo convincente la nariz del Tempranillo, con notas de fruta cocida y caramelo, en boca es ágil y frutoso, cálido, bueno. Algo de roble tostado aflora en la nariz del Malbec, predominantemente frutada, con boca simple y sedosa.

Por último el *Omnium* Chardonnay es algo escaso en nariz y casi se extingue en boca, sin fruta ni expresión. En el blanco artificialmente gasificado y de osada etiqueta llamado *Hacker* no hallamos mucho salvo cierto olor a plástico, pero sus consumidores probablemente no lo perciban o lo atribuyan al tapón sintético y de todos modos, no leen esta guía.

Terra Roble Malbec 2004	★★★★
Viniterra Cabernet Sauvignon 2003	★★★★
Viniterra Syrah 2003	★★★★
Viniterra Merlot 2003	★★★
Viniterra Malbec 2004	★★★
Viniterra Pinot Gris 2005	★★★
Omnium Tempranillo 2005	★★★
Terra Roble Cabernet Sauvignon 2004	★★★
Terra Malbec Extra Brut	★★★
Terra Chardonnay 2005	★★★
Terra Viognier 2004	★★★
Terra Reserve Extra Brut	★★★
Omnium Syrah 2005	★★★
Omnium Cabernet Sauvignon 2005	★★★
Omnium Malbec 2005	★★★
Omnium Chardonnay 2005	★★
Hacker *assemblage*	★★

Tempus Alba

Carril Perito Moreno 572 / 5513 Coquimbito / Maipú / Mendoza
Tel.Fax.: (0261) 14813501 - E-mail: bodega@tempusalba.com
Website: www.tempusalba.com
Capacidad: 0,15 millones de litros
Viña: 110 hectáreas

La flamante y tecnificada bodega de la familia Biondolillo este año apabulló a nuestros sentidos con un *assemblage* superlativo: el *Tempus Pleno*, de potentes y complejos aromas de fruta y contrapunto de buena crianza con un toque *Bretty* que añade profundidad. En el paladar resulta original en su ataque seco pero envolvente, con un recorrido asentado en taninos copiosos pero sazonados, que llega con elegancia hasta el largo final.

De buena personalidad aromática el Tempranillo *Tempus*, con una nota mineral; en boca es expresivo, con buenos taninos, buena acidez y equilibrio, pero algo breve.

De buena nariz el Malbec pero menos enérgico en boca, donde resulta sedoso y de taninos maduros pero algo ligero y de mediana persistencia.

Muy reducida la nariz del Merlot, aunque buena su materia.

Tempus Pleno 2003	🍇
Tempus Tempranillo 2004	★★★
Tempus Malbec 2004	★★★
Tempus Merlot 2004	★★

Tierra de Dioses

Castelli 354 / 5501 Godoy Cruz / Mendoza
Tel.: (0261) 154171517 - Fax.: (02622) 451131
E-mail: info@tierradedioses.com.ar
Website: www.tierradedioses.com.ar
Capacidad: 0,08 millones de litros
Viña: 10 hectáreas

Este emprendimiento, nuevo en nuestras páginas, pertenece a Rodolfo Bianchetti, María Laura Canzian, Pablo Martorell y Gastón Buscema, donde los últimos 2 son los enólogos.

Recibimos de ellos un sólo vino, el Malbec *Tierra de Dioses*, de mediana expresión aromática, con registros frutados y empireumáticos, y mediana intensidad gustativa, con taninos suficientes y maduros, media persistencia, redondo y bastante armónico. Un vino correcto, muy bueno para ser el primer paso de una nueva bodega mendocina, del que hicieron casi 12 mil botellas, sin crianza en barrica.

Tierra de Dioses Malbec 2004 ★★★

Tikal

Gurruchaga 1746 1º / 1425 Ciudad de Buenos Aires
Tel.: (011) 48335412
E-mail: ultrapremium@losarrayanes.com
Website: www.losarrayanes.com
Capacidad: no posee
Viña: s/d

Tikal, el emprendimiento vínico de Ernesto Catena, es una bodega algo hermética tanto en su comunicación como, curiosamente, en sus vinos que elabora el enólogo Luis Regginato. En esta edición, de los 4 vinos que recibimos, debimos recatar a 2 para cerciorarnos de que no estábamos cometiendo un error de apreciación. Un vino que dividió a los 2 paneles que lo cataron fue *Alma Negra*, un *assemblage* que en primera ocasión resultó de mediana intensidad y con taninos que aprietan, pero que un segundo panel juzgó algo hermético en nariz pero de cierta complejidad, con notas de fruta negra, violetas, especias, herbáceos y leve recuerdo de crianza; en boca es más elocuente sin llegar a ser charlatán: de ataque dulce, con mucha fruta en el paladar medio apoyado por la crianza en roble, elevada acidez algo punzante, con taninos abundantes y levemente secantes y un final no muy largo pero placentero, que evoca fruta, especias y chocolate amargo: un buen vino, de mucha estructura, pero que no seduce fácilmente.

Otro vino que tuvimos que volver a catar fue *Júbilo*, otro *assemblage* que en primera apreciación resultó un vino aceptable, de nariz compleja pero algo sucia y demasiado tostada, con boca simple; para un segundo panel resultó más gustoso, bien que siempre con una nariz tomada por un excesivo tostado y ahumado de la barrica que tapa a la fruta y una boca de buena tanicidad y acidez, enegante y de mediana persistencia. Más fáciles de juzgar fueron los de nombre más difícil: *Tahuantinsuyu* Malbec posee un cifrado aromático de ajustada intensidad y complejidad, que conjuga a los descriptores de la cepa y de la crianza en roble de ambos mundos. En boca es sabroso, ágil y simpático, equilibrado en toda la línea, de personalidad elegante pero no convencional.

Por su parte, *Siesta en el Tahuantinsuyu* Cabernet Sauvignon es de nariz más complejas que intensa, con registros de fruta roja, especias, crianza...pero no en primera plana ni con grandes titulares. Pero se agranda mucho en el paladar, cobrando una amplitud aterciopelada y carnosa, en una progresión sin cedimientos. Con un año de guarda obtendrá la estrella que hoy le falta.

Tahuantinsuyu Malbec 2003	★★★★
Siesta en el Tahuantinsuyu Cab. Sauv. 2003	★★★★
Alma Negra 2003	★★★★
Júbilo 2002	★★★

Colomé

EL ALMA DE LA TIERRA

ESTANCIA COLOMÉ se encuentra a 2.300 mts sobre el nivel del mar. Como parte del Valle Calchaquí, lugar de belleza incomparable, ofrece a sus huéspedes un lugar de perfecta armonía. Las amplias suites están equipadas con todo el confort esencial para que durante su estadía usted se sienta parte de esta tierra generosa. Pileta, masajes, cancha de tenis, cabalgatas, son algunas de las actividades que la Estancia ofrece, todo dentro del marco de los viñedos correspondientes a la Bodega mas antigua, en funcionamiento del país.

ESTANCIA Y BODEGA COLOMÉ
4419 MOLINOS, PROVINCIA DE SALTA, ARGENTINA, Tel. +54 (0) 3868 49 40 44 / Fax +54 (0) 3868 49 40 43
www.estanciacolome.com / info@estanciacolome.com / www.bodegacolome.com / info@bodegacolome.com

A COMPANY OF THE HESS GROUP

Slow Food

Laboratorio del Gusto - Cenas Temáticas - Ferias y Exposiciones - Apoyo a Productores - Rutas Gastronómicas

Redescubramos los aromas y los sabores de la cocina artesanal y de los productos argentinos, entrelazando:

Conocimiento, gusto y placer

Laboratorio de Uvas, mayo de 2003

Curso para chicos "A la aventura de los sentidos", julio de 2003

Slow Food es un proyecto cultural que propone una filosofía del placer y un programa de educación del gusto, de protección del patrimonio enológico y gastronómico, de formación del consumidor, proponiendo iniciativas de solidaridad.

Slow Food®
BAN - Buenos Aires Norte
Alimentos Argentinos

Tel.: 011-4322-1717

www.slowfoodarg.com.ar - info@slowfoodarg.com.ar

10 años

El sitio de vinos argentinos cumple una década en la web al servicio de profesionales y consumidores de vinos

INFORMACION

Boletines de distribución gratuita con toda la información sobre el vino argentino en el mundo

AWPro: Diario para profesionales
AWFan: Mensual para consumidores
AWAgenda: Semanal con todos los eventos, cursos y degustaciones

CURSOS

Elaboración artesanal de vinos y espumosos
Degustación de vinos
Elaboración de destilados

Y conjuntamente con UdeSA
El negocio del vino
Marketing y comercialización de vinos

WINE TOURS

Visitas guiadas a las regiones vinícolas de Argentina

Tours exclusivos con participación en las degustaciones anuales de cada zona

Elaboración artesanal de vinos en Mendoza

Wine Tours a medida para grupos y empresas

ArgentineWines.Com

www.vinosargentinos.info   info@argentinewines.com

TORRES DE MANANTIALES
CENTRO DE CONVENCIONES

LOS MEJORES NEGOCIOS MERECEN EL MEJOR LUGAR.

El **Centro de Convenciones de Torres de Manantiales** le ofrece las mejores opciones para realizar su evento:

- El **Gran Salón Manantiales** para más de 1.000 personas.
- Variedad de salones integrados, con modernas áreas de servicio y excelente nivel de gastronomía.
- La exclusividad de **Villa Gainza Paz**.
- El piso 28 con vista panorámica.
- Business Center.
- 190 departamentos con vista al mar.

Además, la posibilidad de disfrutar del **Club y Spa de Mar**, programas de golf y actividades recreativas temáticas.

TORRES DE MANANTIALES

Alberti 453 - B7600FHI - Mar del Plata
Tel: (0223) 486-2222 - Fax: (0223) 486-2340

manantiales@manantiales.com.ar - www.manantiales.com.ar

Vinecol S.A.

Rojas 1883 / C1416CPQ / Ciudad de Buenos Aires
Tel.: (011) 45853600 - Fax.: (011) 45821383
E-mail: info@vinecol.com.ar
Website: www.vinecol.com.ar
Capacidad: 0,3 millones de litros
Viña: 95 hectáreas

Situada al kilómetro 903 de la RN7, *Vinecol* es una reciente bodega industrial sin arquitectura: un galpón con brillantes tanques de acero inox igual a otras bodegas medianas equipadas para hacer buen vino, no para seducir turistas. El diferencial de *Vinecol* es su misión de hacer vinos de uvas orgánicas con procesos orgánicos para los mercados que demandan vinos naturales ajenos a la química fuera del caldo bordelés y el anhídrido sulfuroso, inevitables en toda vitivinicultura.

El año pasado, la Bonarda-Tempranillo '03 *Médanos* fue finalista, pero no catamos a su siguiente cosecha. En la pasada edición destacaron los tintos, y en ésta los blancos de la cosecha 2005: casi al borde de las ★★★★ el *Médanos* Chardonnay de breve crianza en roble, una nariz sutil con notas de manzana, miel y flores; grato y sedoso en boca, de media persistencia y buena armonía.

Muy bueno también el *Vinecol* Torrontés, bastante expresivo en su nariz floral, frutada y herbácea con ligera evolución y grato en boca pero falto de la estructura y acidez que destacan a un vino.

De plácido beber el Chenin-Sauvignon Blanc sin gran intensidad olfativa pero fresco evocador de hinojo, durazno y ananá; sedoso, ágil y ligero en boca, algo ácido, termina en breve.

Menos nítidos este año los tintos: el que más destacó fue un rosado de Cabernet Sauvignon de nariz frutada, en boca bueno y fresco pero sin más.

Correcto el Tempranillo, de nariz frutada de cierta complejidad olfativa (notas animales) y buena bebibilidad por su frescura y paso ligero, con taninos dulces. Flojón y muy corto el *Médanos* Malbec 2005, de nariz típica pero lilliputiense y de franqueza objetada en nariz y boca por la reducción.

Médanos Chardonnay 2005	★★★
Vinecol Torrontés 2005	★★★
Vinecol Chenin-Sauvignon Blanc 2005	★★★
Vinecol Cabernet Sauvignon Rosado 2005	★★★
Vinecol Tempranillo 2004	★★★
Médanos Malbec 2005	★★

Vinorum

Barcala 80 / 5515 Maipú / Mendoza
Tel.Fax.: (0261) 4972246
E-mail: vinorum@nysnet.com.ar
Website: www.bodegavinourm.com
Capacidad: 2 millones de litros
Viña: 6 hectáreas

De la bodega de Guillermo Altieri donde la enología es de Jorge Rodríguez y las uvas son de viñedo propio en Perdriel, con Cabernet Sauvignon joven y Malbec viejo, recibimos este año y catamos con gran placer *Vinorum Reserve* Malbec. Elaborado en 4 mil botellas con 18 meses en barrica francesa, pese a su prolongada crianza, en la nariz el roble no tapa a la ciruela, las violetas confitadas y las rosas pero subyace con bien lograda elegancia. De gran presencia en boca, con sabores profundos que evocan a los registros aromáticos, urdimbre tánica afelpada y muy acertado aporte de la barrica. Un vino gordo pero elegante, gustoso desde la primera olfacción hasta el final en boca.

Vinorum Reserve Malbec 2003	★★★★

Viña El Cerno

Carril Moreno 631 / 5513 Coquimbito / Maipú / Mendoza
Tel.: (0261) 4811567 - Fax.: (0261) 4964929
E-mail: elcerno@lanet.com.ar
Website: www.elcerno.com.ar
Capacidad: 0,6 millones de litros
Viña: no posee

La bodega familiar y de fuerte vocación turística de Pedro Martínez y María Ester Carra, con la enología de Eduardo López, nos llamó la atención el año pasado con su Syrah *Barricado*.
Este año catamos los más jóvenes varietales *Wayna*. El Cabernet Sauvignon en nariz presenta cierta reducción y aromas de café y cacao; entra bien en boca, con excelente estructura, taninos maduros y prolongado final, siempre acompañado por las notas de nariz.
El Merlot, sin gran intensidad, ofrece notas de fruta muy madura y en el paladar presenta buena estructura y taninos, pero con cierto amargor en el recorrido.
El Malbec nos resultó poco expresivo en nariz y de aceptable aunque algo breve recorrido en boca.

Wayna Cabernet Sauvignon 2004	★★★
Wayna Merlot 2004	★★★
Wayna Malbec 2004	★★

El Oasis Norte

Viña Amalia

San Martin 7440 / Carrodilla / 5507 Lujan de Cuyo / Mendoza
Tel.: (0261) 4360677 - Fax.: (0261) 4360363
E-mail: fincamalia@nysnet.com.ar
Website: www.vinamalia.com
Capacidad: 0,7 millones de litros
Viña: 270 hectáreas

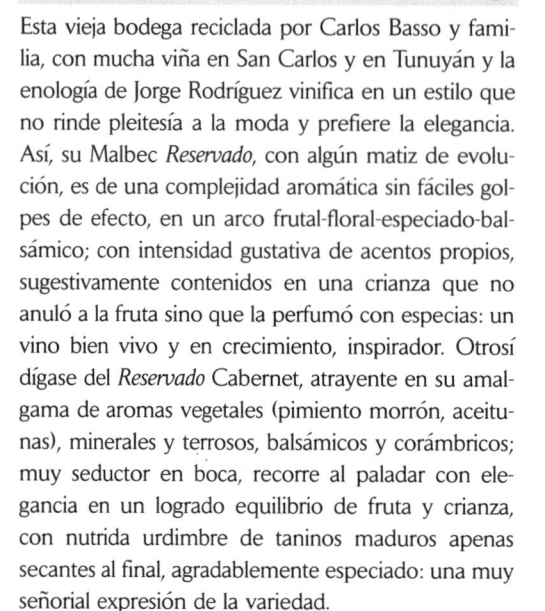

Esta vieja bodega reciclada por Carlos Basso y familia, con mucha viña en San Carlos y en Tunuyán y la enología de Jorge Rodríguez vinifica en un estilo que no rinde pleitesía a la moda y prefiere la elegancia. Así, su Malbec *Reservado*, con algún matiz de evolución, es de una complejidad aromática sin fáciles golpes de efecto, en un arco frutal-floral-especiado-balsámico; con intensidad gustativa de acentos propios, sugestivamente contenidos en una crianza que no anuló a la fruta sino que la perfumó con especias: un vino bien vivo y en crecimiento, inspirador. Otrosí dígase del *Reservado* Cabernet, atrayente en su amalgama de aromas vegetales (pimiento morrón, aceitunas), minerales y terrosos, balsámicos y corámbricos; muy seductor en boca, recorre al paladar con elegancia en un logrado equilibrio de fruta y crianza, con nutrida urdimbre de taninos maduros apenas secantes al final, agradablemente especiado: una muy señorial expresión de la variedad.

De buena e intensa nariz frutada y floral el *Dos Fincas* Cabernet-Malbec, de madura y dulce tanicidad, redondo y estructurado. Con fruta y madera la nariz del *Viña Amalia* Malbec; sabroso, aterciopelado, sedoso y largo en boca: vino muy logrado que puede ser más. Muy vegetal y algo especiado el aroma del *Dos Fincas* Cabernet-Merlot, sabroso y expresivo al paladar. Estimulante experiencia olfativa el Sauvignon Blanc, henchido de ruda, pomelo, *pipí de chat* y espárragos; en boca decae, con punto de amargor. Complejo y elegante al olfato el *Vendimia Tardía*, floral y frutado pero también especiado; en boca es sabroso y largo bien que algo pesado por su dulzor y mucho tostado de la barrica. En *Viña Amalia* Cabernet hallamos nariz frutada y mineral y boca no muy intensa. El *Carlos Basso* carece de elocuencia aromática y al paladar es ágil y sedoso, pero no mucho más. Casi inexpresivo el Chardonnay, sin virtudes pero sin defectos.

Viña Amalia Reservado Malbec 2002	★★★★★
Viña Amalia Reservado Cab. Sauv. 2002	★★★★
Dos Fincas Cab. Sauv.-Malbec 2004	★★★
Viña Amalia Malbec 2004	★★★
Dos Fincas Cab.Sauv.-Merlot 2004	★★★
Viña Amalia Sauvignon Blanc 2005	★★★
Viña Amalia Vendimia Tardia 2005	★★★
Viña Amalia Cabernet Sauvignon 2003	★★★
Carlos Basso 2003	★★★
Viña Amalia Chardonnay 2005	★★

Viña Cobos

Cobos 6445 / Perdriel / 5509 Luján de Cuyo / Mendoza
Tel.Fax.: (0261) 4291074
E-mail: info@vinacobos.com
Website: www.vinacobos.com
Capacidad: 0,37 millones de litros
Viña: 54 hectáreas

La sociedad creada en 1998 por el matrimonio de enólogos mendocinos de Andrea Marchiori y Luis Barraud junto al *flying-winemaker* californiano Paul Hobbs, de larga trayectoria en estas latitudes, inauguró su flamante bodega de la calle Cobos con la vendimia 2006: en palabras de sus propietarios, es *"de diseño único y simple...pensada útil y práctica para cuidar todos los detalles de la elaboración en busca de la alta calidad que deseamos"*. Para ello se apoyan en los viñedos de su *"socio estratégico"* Nico Marchiori, padre de Andrea, dueño de un viñedo de 54 hectáreas en Perdriel con Malbec (de más de 50 años), Cabernet Sauvignon, Chardonnay y Merlot.

Este año no tuvimos ocasión de probar sus vinos de más alta gama, *Cobos* (que hacen sólo en los mejores años) y *Bramare*. Pero catamos 3 de los vinos de la *Colección Nativo*.

El que más nos impactó fue el Malbec *El Felino*, interesante en su complejidad aromática, bien que no muy intenso, con los registros habituales de la cepa acompañados por una marcada nota láctica (dulce de leche) y un matiz terroso; en boca entra dulce, despliega buen cuerpo con óptimo balance entre jugosidad frutal, acidez, taninos (que aprietan apenas) y crianza en barrica y termina, quizá algo pronto y tánico, pero agradable: debería esperar un año más en botella.

En *Lagarto* Merlot hallamos una nariz algo metálica, además de frutal (algo de fruta cocida) y vegetal, con notas terrosas y flores secas; en el paladar comienza con entrada dulce y se manifiesta copiosamente tánico, con taninos maduros, muy concentrado, estructurado, cálido y grueso, con media persistencia y buena armonía.

Cocodrilo Cabernet Sauvignon desorientó al panel de cata con un planteo aromático donde la fruta (cassis) adquiere un matiz licoroso, con registros balsámicos y especiados de roble, y en boca, donde resulta expresivo, revela notas de chocolate con leche, cassis y roble y presenta taninos dulces, sensación reforzada por un ulterior dulzor atribuible al azúcar residual, que le confiere un carácter untuoso, abocado y algo pesado, raro en todo caso.

El Felino Malbec 2004	★★★★
Lagarto Merlot 2004	★★★
Cocodrilo Cabernet Sauvignon 2004	★★

VIÑAS DE ALTO SALVADOR

Morón entre Costa Canal Montecaseros y Lavalle / 5571 Alto Salvador / San Martín / Mendoza
Tel.Fax.: (02623) 420937
E-mail: info@winealto.com.ar
Website: www.winealto.com.ar
Capacidad: 2,4 millones de litros - Viña: 70 hectáreas

Nuevo en estas páginas, la bodega que dirige Pedro Miguel Lorenti con enología de Eugenio Fontana, trabaja en piletas de mampostería y no usa barricas. Sus 2 fincas de cepas tintas son de cultivo orgánico certificado.

El Cabernet Sauvignon, de expresivo aroma frutado y empireumático (no obstante el no uso de barrica...) es menos intenso en boca, donde hay taninos secantes.

Interesante el Cabernet-Malbec, frutado y algo mineral en nariz, de discurrir redondo y sedoso. Leve en nariz el Malbec, más presente en boca, con buenos taninos y persistencia.

Apenas bueno el Sangiovese, sin franqueza en nariz y de taninos secantes.

Reducido y defectuoso el Tempranillo-Malbec, pobre en boca y de taninos verdes.

Con problemas de franqueza también el Tempranillo.

Viñas de Alto Salvador Cabernet Sauvignon 2004	★★★
Viñas de Alto Salvador Cab. Sauv.-Malbec 2004	★★★
Viñas de Alto Salvador Malbec 2004	★★★
Viñas de Alto Salvador Sangiovese 2004	★★
Viñas de Alto Salvador Temp.-Malbec 2004	★
Viñas de Alto Salvador Tempranillo 2004	★

BAQUERO 1886

Perito Moreno s/n° / Coquimbito / 5513 Maipú / Mendoza.
Tel.Fax.: (0261) 4293915
E-mail: baquero@arnet.com.ar
Website: www.baquerowineestate.com
Capacidad: no posee
Viña: 10 hectáreas

La pequeña casa de vinos de Griselda y Marcela Baquero en Coquimbito este año nos envió su *Baquero 1886* Syrah 2002, vino de buena nariz frutal y especiada que sin embargo no asume dimensión de excelencia en boca, donde es algo escaso, ligero y breve, pero muy bueno al fin.

Baquero 1886 Syrah 2002 ★★★

VIÑAS DEL ADAGIO

Alicia Moreau de Justo 740 3° of.1 / C1107AAR Ciudad de Buenos Aires
Tel.Fax.: (011) 43433157
E-mail: adagio@fibertel.com.ar
Website: www.adagiowines.com.ar
Capacidad: no posee - Viña: 20 hectáreas

Un nuevo productor se suma a estas páginas: se trata de una sociedad de 4 empresarios que a fines de los '90 invirtieron en viñedos de Malbec en Perdriel. Con la enología de Jorge Cruz, vinifican unos 75 mil litros al año en la bodega Fincas Patagónicas. De las 5 muestras que recibimos, 2 nos resultaron excelentes.

El *Adagio Premium* Malbec es un vino particularmente bien dotado en su espectro aromático elegante y complejo, donde los registros florales y frutales de la cepa se aúnan a los deliciosos aportes avainillados, de tabaco y cuero de una buena crianza; es impecable en el recorrido gustativo, desde la entrada suave y dulce a un medio de buen terciopelo tánico y fruta roja condimentada con tostados de la barrica, cálido y estructurado, con acidez vivaz y golosa fruta roja madura acompañada por tostados del roble hasta un final persistente y agradable: un vino elegante y señorial.

También nos resultó excelente Malbec el *Brumales*, de no muy comunicativa nariz, insinuante de frutas rojas y hierbas con mucho tostado de la madera de roble y bastante alcohol, por lo que debería servírselo a menos de 18°C. Gancioso en boca, arranca dulce pero se equilibra en buena acidez que en el medio paladar abre juego a una sensación aterciopelada con un final jugoso y redondo: no es un vino complejo pero sí para beber con gran gusto.

El *Adagio* Chardonnay no es un vino de pasmo, pero sí bueno y frutado en nariz (notas de manzana acompañadas con vainilla y manteca) y cierta estructura en boca, donde discurre ágil y ligero.

Un punto más abajo el *Adagio* Malbec, ágil y fluido, buenamente frutado, con taninos suaves y temperamento sedoso, pero no más: un vino manso para beber sin pensar mucho. Apenas muy bueno el sangrado de Malbec *Rosa del Desierto*, con alguna nariz frutal y un dejar beberse grato y sedoso, sin más.

Adagio Premium Malbec 2003	★★★★
Brumales Malbec 2003	★★★★
Adagio Chardonnay 2004	★★★
Adagio Malbec 2003	★★★
Rosa del Desierto Malbec 2004	★★★

El Oasis Norte

131

VIÑAS DEL BARÓN

Virrey Loreto 3594 2°A 1426 Ciudad de Buenos Aires
Tel.: (011) 45560104
Fax.: (011) 45531161
E-mail: gabriela@fincadelmarques.com.ar
Website: www.fincadelmarques.com.ar
Capacidad: no posee - Viña: 25 hectáreas

El emprendimiento de Víctor Barón que gerencia su hija Gabriela con la enología de Pedro Yáñez y consultoría de Patricio Santos y Estela Jaime, y que posee sus viñedos en Luján de Cuyo, vinifica pequeñas producciones sin bodega propia.

El *Reservado* Bonarda (apenas 4 barricas) ofrece buena fruta y algo mineral-metálico en nariz, buena y expresiva boca, con taninos activos y suficiente estructura. El Tempranillo es de buena intensidad en nariz y boca, frutado y redondo, con taninos secantes y media persistencia. El *Top Reserve* Malbec-Syrah con 18 meses de crianza (12 mil botellas) por sobre la fruta es muy balsámico y láctico, con taninos aun activos y algo alcohólico, pero placentero. Algo fastidiado en nariz el Malbec, mejor en boca pero fluido y simple.

Finca del Marqués Reservado Bonarda 2004   ★★★
Finca del Marqués Reservado Tempranillo 2004 ★★★
Finca del Marqués Top Reserve 2002   ★★★
Finca del Marqués Malbec 2004   ★★

FINCA LUGILDE GOULART

Bolívar 1026 / C1066AAV Ciudad de Buenos Aires
Tel.: (011) 43077406
Fax.: (011) 43612124
E-mail: erika_goulart@yahoo.com.ar
Website: www.fincalugildegoulart.com.ar
Capacidad: no posee - Viña 24 hectáreas

La emprendedora paulista Erika Goulart cuenta en portuñol que *"mi proyecto empezó cuando encontré una escritura de una finca en Mendoza en el cajón de mi casa (...) pedí a mi marido que es argentino que me acompañase hasta Mendoza y cuando llegué me enamoré y nunca más me fuí"* y así en 2002 nació esta sociedad con el *antique dealer* José Luis Lugilde y el enólogo Mauricio Parodi. Con una producción en 2006 de 50 mil botellas, elaboran un *París Goulart Reserva* (Malbec-Cabernet Sauvignon) y un *Gran Reserva* Malbec. Catamos este año al primero, que resultó bien intenso y concentrado en nariz, con registros de geranio y *Brett* junto a flores y frutas; en boca transita con cierta pesadez a causa de la sobreextracción o la sangría, algo pastoso y cocido, con taninos dulces y mucha pero mucha estructura. Un vino asertivo y ambicioso, que tropieza con sus ganas de decir todo desde la primera cosecha.

París Goulart Reserve Malbec-Cab. Sauv. 2005   ★★★

Del grupo *Familia Falasco*, que comprende a las sociedades *Los Haroldos* y *Balbo*, recibimos un generoso envío de 21 muestras que lamentablemente no estaban acompañadas ni por la ficha de bodega, ni la ficha de vinos, ni el cuestionario que los productores, en particular los nuevos en estas páginas o los que actualizaron datos, deben enviarnos, con todos sus datos y personas de contacto. Pese a nuestra insistencia, no recibimos esta información ni tampoco pudimos recabarla de las botellas, donde sólo consta un sitio www.familiafalasco.com.ar, en el cual tampoco hay direcciones o teléfonos y el formulario de correo electrónico que es la única ventana a la empresa y enviamos, no tuvo respuesta. No deja de ser curioso que un sitio en la red de una empresa familiar sea tan anónimo que no presenta rostros, nombres o coordenadas...cuando Internet sirve precisamente para optimizar la visibilidad y comunicatividad de las empresas. En rigor no deberíamos incluir a un productor del que no sabemos nada, pero los vinos fueron catados y tabulados y se nos hizo tarde para borrarlos de las tablas. Por ello los vinos *Los Haroldos, Balbo B.* y *Viñas de Balbo* figuran con sus puntajes en la tabla de vinos, pero no hay una columna dedicada al productor, donde habríamos comentado al vino que más nos gustó, *Los Haroldos Extra Brut*, un espumante interesante y bastante bien hecho.

Esperamos subsanar esta laguna informativa el próximo año: no nos gusta recomendar vinos de los que no sabemos quién, dónde, cuándo, cuánto, cómo, con qué, porqué y para qué los elabora, además de su precio. El buen vino es arte, y el arte sólo excepcionalmente es anónimo.

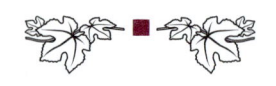

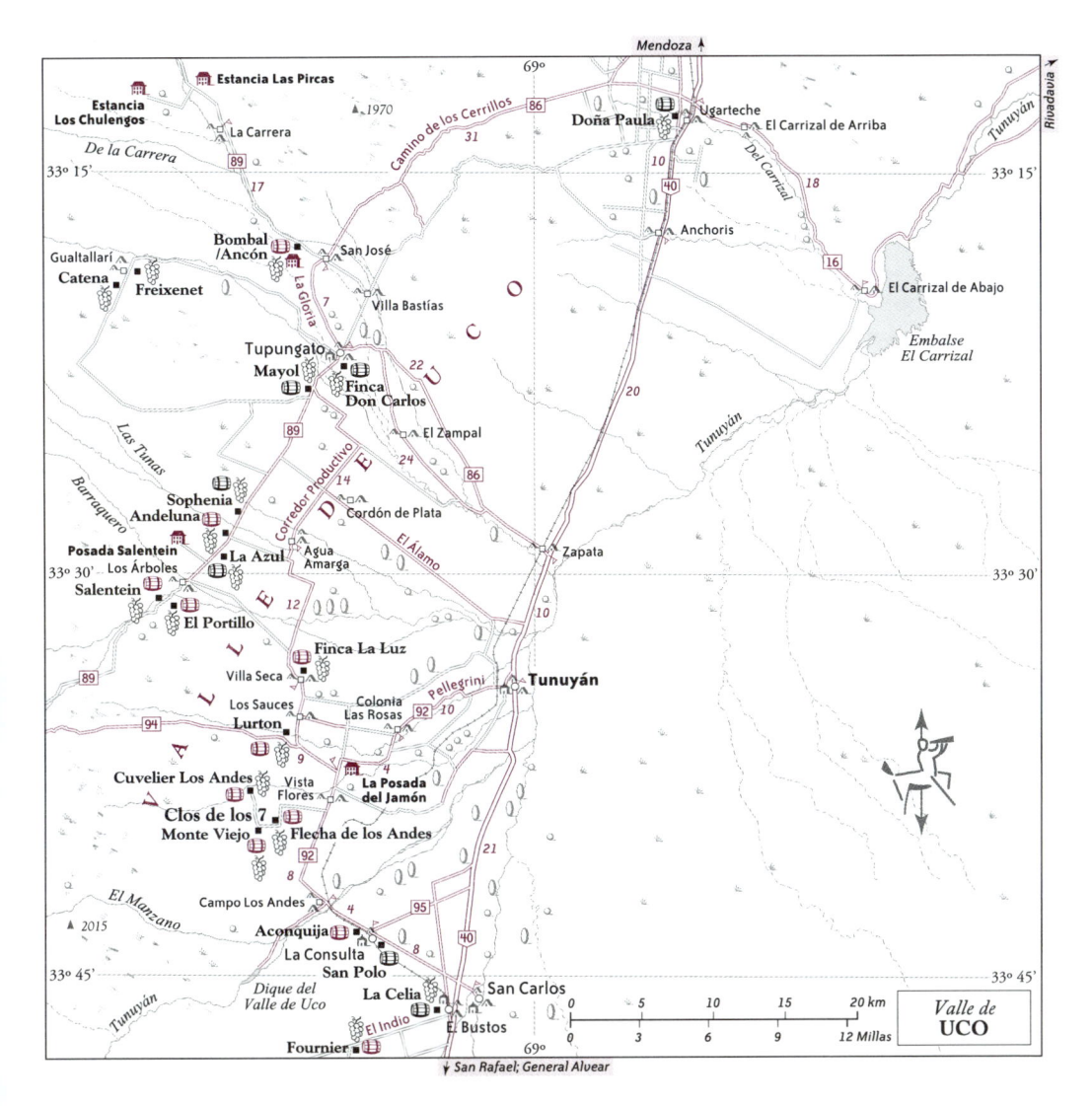

Valle de Uco

Hace 17 años, cuando Diego Bigongiari relevó algo de prisa a esta comarca para la primera edición de la guía *Pirelli*, el topónimo Valle de Uco se usaba tan poco que no lo registró, ni dedicó una palabra al territorio. Hace 12 años, cuando la recorrió de nuevo para la segunda edición de la guía *Pirelli*, registró el topónimo Valle de Uco como sinónimo de Valle de Tupungato y apuntó "espléndidos oasis viñateros" y el panorámico efecto Cordón del Plata, sin mucho más. En 1963, la *Gran Enciclopedia Argentina* dedicó unas pocas líneas al Valle de Uco sin decir palabra de sus viñedos, pero sí que los conquistadores y los jesuitas temprano en el siglo XVII se afincaron en las tierras del cacique Cuco o Uco. *Google* hoy registra más 11 mil páginas páginas en Internet sobre el Valle de Uco y/o *Uco Valley*.

Las viñas bajas de La Consulta*, Tupungato, Tunuyán y San Carlos están ahí desde los tatarabuelos, pero nadie prestaba mucha atención a las

---

* La Consulta deriva su nombre de que allí el general San Martín hizo un parlamento con los caciques mapuches, señores del sur del territorio y de los pasos andinos, y les jugó un *balon d'essai* que los caciques englutieron, "consultándoles" si podía ir a liberar a Chile a través de sus territorios. Así, por telegrafía mapuche, informó en falso al ejército español y realista que los provincianos revolucionarios unidos los atacarían por los pasos más fáciles del sur. San Martín atacó desde el oeste y el norte, a través de los pasos más difíciles, y sin mapuches.

133

expresiones del terruño. Como en *La Cenicienta*, estos viñedos de Malbec tuvieron que esperar a que príncipes azules de la enología europea contemporánea los descubrieran, porque los criollos mezclaban uva francesa de Tunuyán y Maipú, o arrancaban cepas que entonces no valían nada para plantar frutales, porque el mercado no justipreciaba su uvaje. Hoy con menos de 7 mil dólares por hectárea es difícil comprar una fracción de pedregal pelado en Valle de Uco. Y los viejos paños de Malbec son niñas ansiadas y mimadas.

Lo primero que hay que saber sobre el Valle de Uco es que, a menos que se llegue desde el norte por Potrerillos o desde Alto Agrelo por Los Cerrillos, difícilmente se tendrá la impresión de entrar a un valle sino más bien a un medio valle o pedemonte. Al este no hay nada que equilibre el cordillerazo andino del Cordón del Plata: son 200 leguas de llana travesía hasta el mar.

Hidrológicamente, el Valle de Uco es la red de avenamiento del río Tunuyán superior y del río Tupungato además de un importante acuífero subterráneo, surtido en aguas de deshielo por el Cordón del Plata: hay casi 50 kilómetros de nieves eternas entre el cerro El Plata (6.310 metros) y el volcán Tupungato (6.800 metros). Los excedentes del Tunuyán son regulados por el embalse de El Carrizal y confluyen en el Este mendocino con la red de riego alimentada por el río Mendoza.

En alturas entre los 900 y los 1,4 mil metros (en Gualtallarí), en suelos aluvionales pedregosos y arenosos con partes franco arcillosas y manchones ocasionales de material calcáreo, hay 14,5 mil hectáreas de viña plantada en Valle de Uco. Esta superficie se desglosa en 3,7 mil hectáreas de Malbec, 2,2 de Cabernet Sauvignon, 1,8 de Merlot, 1,3 de Chardonnay, 1,2 de Tempranillo y casi mil hectáreas de Bonarda, con superficies menores de otras variedades viníferas. Además, el oasis de Uco tiene una copiosa producción frutícola de peras, duraznos, nueces y otras frutas.

El clima es similar al del Oasis Norte, quizá con cierta mayor incidencia de heladas a causa de la altura y similar ocurrencia de tormentas de granizo.

En la ruta del vino del Valle de Uco

Entrando desde el norte por el sinuoso camino de ripio desde Potrerillos, hay algunas estancias que reciben huéspedes y una de ellas, *Estancia Ancón* de Lucila Bombal, cuenta con sus propios viñedos y bodega, donde hacen algunos apreciables vinos y además, cosechan nueces de sus nogales.

Tupungato, al igual que las otras pueblerinas ciudades del valle (Tunuyán, San Carlos, La Consulta, Vista Flores) son agradables pero sin un carácter definido, ni con alternativas de hospedaje o gastronomía que sugieran la necesidad de un detenimiento como el que merece por ejemplo la solitaria *Posada del Jamón* cerca de Vista Flores. Aquí sí es menester detenerse a probar y comprar el jamón de la casa, curado con el seco frío del invierno, apoyándose en una buena cocina de campo para recorrer la carta de los mejores vinos de Uco. Pero la *Posada del Jamón* no ofrece alojamiento y no hay muchas otras alternativas en la comarca: una es la *Posada Salentein*, algo cara para argentinos, pero confortable y acogedora, y la otra el pequeño *lodge Postales del Plata* en Colonia Las Rosas, rodeado por un viñedo de malbec y con un restaurante-sala de té abierto todos los días.

Por la recientemente pavimentada Ruta Provincial 89 se llega a *Andeluna Cellars,* una bodega flamante y tecnificada (todo acero inox y barricas) pero englobada en una arquitectura que evoca el estilo de una gran casa de campo, con un espléndido salón con comedor y *wine-bar* donde reciben visitas. El Malbec y el Cabernet *Reserva* de la casa y de sus propios viñedos es memorable, y también hacen un Cabernet Franc muy interesante.

La vecina *Finca Sophenia* no recibe visitantes, pero tiene espléndidos viñedos y un *Synthesis* que es de los mejores vinos de Uco.

Salentein fue la primera bodega de gran envergadura que se construyó en Uco. Su sala de barricas es un alarde de arquitectura y elegancia y allí se crían vinos como los *Primus* Merlot y Malbec, expresiones de gran intensidad y concentración. Es la bodega de la comarca más preparada para recibir visitantes, e incluso huéspedes en la pequeña posada a 3 kilómetros de la bodega. Acaban de inaugurar un *visitor center* completo de restaurant, *wine-shop* y *wine bar*. Al otro lado de la ruta, compartiendo viñedos, está la bodega hermana *Finca El Portillo*, más funcional, donde elaboran algunos excelentes varietales entre los que destaca el *Elevado*.

Por la Ruta 89 se llega al hermoso valle del Manzano Histórico, lugar de veraneo de los mendocinos, y a la Ruta Provincial 94 por la que en dirección opuesta se pasará frente a *Jacques y François Lurton*, casa de vinos francesa que fue de las pioneras del Valle y recibe vistas con gusto. *Chacayes* es el vino *top* de la casa, pero sujeto a variaciones de añada en añada a nuestro juicio incompatibles con su precio. En *Gran Lurton* y *Piedra Negra* hay una mayor coherencia, y el Pinot Gris de la casa es siempre muy respetable.

Desde Vista Flores se accede al formidable *Clos de los Siete*, extensión de prolijos y jóvenes viñedos que llegan casi al pie de las montañas y que incluye 3 bodegas: *Monteviejo*, *Flecha de los Andes* y *Cuvelier Los Andes*, todas de moderna y funcional arquitectura, capaces de elaborar algunos de los mejores vinos del Valle y del país, como el *Petit Fleur* o el esfuerzo común *Clos de los Siete*. Aquí reciben visitas pero desalentando al turismo masivo.

En La Consulta está *Aconquija*, una vieja bodega reciclada abierta a los visitantes, cuyos Malbec y Syrah son muy correctos. Finalmente, en las afueras de Eugenio Bustos, pueblito apéndice de San Carlos (que con sus calles arboladas es el centro urbano más agraciado de Uco) está *O. Fournier*, una flamante bodega española que alardea con su arquitectura y equipamiento y elabora los singulares *Alfa Crux* Malbec, Syrah y *blend*. Aquí proyectan construir un restaurant y un hotel. En Eugenio Bustos está también *Finca La Celia*, que al presente no recibe turismo.

ACONQUIJA VIÑEDOS Y BODEGA

España 1094 / La Consulta / 5567 San Carlos / Mendoza
Tel.Fax.: (02622) 470329
E-mail: info@aconquija.com
Website: www.aconquija.com
Capacidad: 1,8 millones de litros
Viña: 150 hectáreas

Este año no catamos los *Furque Roble*, la producción más ambiciosa de esta tradicional bodega de La Consulta relanzada por la familia catamarqueña que apellida a sus vinos. Recibimos y probamos con gusto la línea de 3 varietales y un *blend* sin crianza *Alberto Furque*, de los que el enólogo José Atilio Moschetti elaboró entre 6,6 y 8,9 mil botellas. El vino que más nos impactó fue el *Alberto Furque* Syrah, un caldo rojo ciruela profundo dotado de elocuente y rico registro frutado (arándanos, ciruelas), especiado (regaliz, pimienta), herbáceo-aromático (tomillo, romero), animal (cuero, carne) y hasta algo lígneo (roble, quizá de algún *chip* en fermentación). La boca, de entrada dulce y frutal, evoca aquellos registros aromáticos y llega bien al final, pero con taninos activos a sosegar con una temporada en botella. Vino grato y de fácil bebilidad, nada pomposo, de buen carácter.

Al borde de las ★★★★ quedó el corte 50%-50% Tempranillo-Malbec, de atractivo fraseo aromático muy frutado, donde se advierte un matiz cocido o de caramelo quemado que no suma. Intenso y expresivo al paladar, si bien no es largo, es franco y armónico.

Muy buen vino el *Alberto Furque* Tempranillo 2003: medianamente aromático (casi todo fruta, algo floral). En boca discurre franco y bueno, pero con taninos algo secantes, acidez marcada y quizá un amargor en el final, que es muy largo.

Muy bien también en la misma línea el Malbec, con una nariz de buena intensidad frutal-floral-vegetal-especiada. De algo menor desempeño en boca, donde deviene un buen Malbec sin atributos particulares.

Menos acertado nos pareció el *Aconquija* Syrah Rosado, una nariz algo frutada y levemente mineral, que tropieza en boca con mucho azúcar residual, acidez cuentapropista y punto de amargor en el final. Pero elogiamos la intención, porque en el largo verano argentino al mediodía nos gustan bien los buenos vinos rosados.

Alberto Furque Finisterrae Syrah 2004	★★★★
Alberto Furque Tempranillo-Malbec 2003	★★★
Alberto Furque Tempranillo 2003	★★★
Alberto Furque Finisterrae Malbec 2002	★★★
Aconquija Syrah Rosado 2004	★★

BODEGA LA AZUL

Ruta Provincial 89 s/n° / 5561 Tupungato / Mendoza
Tel.: (011) 47323770
Fax.: (02622) 423593
E-mail: ventas@bodegaazul.com
Website: www.bodegalazul.com
Capacidad: 0,06 millones de litros - Viña: 116 hectáreas

Esta nueva y pequeña bodega (apenas un cubículo próximo a la ruta y contiguo a sus viñedos) es propiedad de Alejandro Fadel y Andy Larghi, con Flavia Manterola en la enología.

Este año catamos un solo vino de su producción, el Malbec *Azul*, del que hicieron 3 mil botellas sin crianza en roble. En su envío aromático de media intensidad hallamos registros frutados y especiados, con algo de mermelada de fruta roja y menta. En boca es un vino expresivo y de media persistencia, pero con taninos algo verdes y secantes. Un vino correcto, pero no conmovedor.

Azul Malbec 2004   ★★★

CUVELIER LOS ANDES

Clos de los Siete / Vista Flores /
5665 Tunuyán / Mendoza
Tel.Fax. (0261) 4055610
E-mail: amanchon@clos7.com.ar
Capacidad: 0,49 millones de litros
Viña: 55 hectáreas

Si bien esta añada se hizo en la vecina *Monteviejo*, en 2005 la familia Cuvelier inauguró una bodega que no tuvimos ocasión de conocer, así que nos abstenemos de describir.

Hacen 3 vinos: un *Colección*, el *Gran Vin* y "una perla", el *Gran Malbec*, que saldrá al mercado en octubre de 2006 y en 8 mil botellas.

La enología del *Gran Vin* (*assemblage* de un 60 % de Malbec con Cabernet Sauvignon, Merlot y Syrah de sus propios jóvenes viñedos) estuvo a cargo de Adrián Manchon con la consultoría de Michel Rolland. Presenta una matriz aromática rica y compleja, más cárnica que vegetal, que incluye un leve acento de *Brettanomyces* enriquecedor. En boca discurre en un similar andarivel de complejidad pero sin complicaciones, magníficamente dotado en todas sus partes y etapas, desde el arranque impactante al prolongado final. Un gran comienzo para una flamante casa de vinos.

Grand Vin 2004

Bodega y Viñedos Monteviejo

Clodomiro Silva s/n° / 5565 Vista Flores / Mendoza
Tel.: (02622) 422054
Fax: (0622)422209
E-mail: mpelleriti.mv@gmail.com
Website: www.monteviejo.com
Capacidad: 2.2 millones de litros - Viña: 121 hectáreas

La bodega de la enérgica y dinámica Catherine Péré-Vergé, inaugurada en 2003, fue la primera del *Clos de los Siete* y es la que más afianzada está en su camino triunfal hacia los grandes vinos. La casa cuenta con viñedos propios de Malbec (57% de la superficie), Merlot, Syrah, Petit Verdot y Chardonnay, plantados desde 1998 a mil metros de altitud en suelos pedregosos y pobres. La bodega, además de toda la tecnología más actual para vinificar en tanques de acero inox, suma mil barricas. La enología es franco-argentina: está a cargo del enólogo residente Marcelo Pelleriti y de Michel Rolland, inspirador del ambicioso proyecto del *clos* menos pequeño y amurallado del planeta. *Madame* Péré-Vergé (quien nos dijo *"mi trabajo no era la viticultura, aunque tengo 20 vendimias en Bordeaux"*) sigue muy de cerca a su viñedo del sur y a sus vinos, desde la poda a las primeras uvas y la decisión sobre los distintos lotes: para eso viaja 3 veces al año y permanece todo lo necesario en su confortable apartamento en lo alto de la bodega, con mágica vista al viñedo y a los contrafuertes andinos. Su Malbec *Lindaflor* es uno de Los 53 Mejores Vinos de Argentina, casi un *primum inter pares*: destaca más por su complejidad que por la intensidad de su cifrado aromático, dominado por una reconcentrada nota de arándanos levemente especiados y perfumados de crianza. Su recorrido gustativo es un *crescendo* desde el ataque dulce a un medio de boca amplio y cargado de fruta, especias y recuerdos de roble, hasta un final licoroso que tarda en apagarse. Un vino carnoso y opulento, muy estructurado, de desarrollo impecable. El *assemblage Clos de los Siete* se elaboró en *Monteviejo* en las primeras 2 añadas y en ésta en *Flecha de los Andes*, con la participación de su enólogo Pablo Ricciardi junto a Marcelo Pelleriti y Michel Rolland; las uvas son de lotes elegidos de todas las bodegas del Clos. Así la cosecha 2005 se hizo en *Cuvelier Los Andes* también con su enólogo Adrián Manchon. La cifra aromática de este Malbec es compleja pero algo ensimismada, con plétora de descriptores sobre un fondo de fruta cocida y cuero, con acento de violetas y ciruelas negras. Resulta más expansivo al paladar, al que ocupa por completo con sus ciruelas y regaliz en el ataque, violetas y roble de crianza en el medio, acidez bien marcada y taninos lujosos.

Lindaflor Malbec 2003
Clos de los Siete *assemblage* 2004

Bodegas Salentein

Ruta 89 s/n° / 5560 Tunuyán / Mendoza
Tel.: (02622) 429000 - Fax.: (02622) 429010
E-mail: info@bodegasalentein.com
Website: www.bodegasalentein.com
Capacidad: 1,9 millones de litros
Viña: 455 hectáreas

Salentein es una de las nuevas bodegas del Valle de Uco más impactante por su arquitectura y también por su vocación turística, que se apoya en una pequeña y muy acogedora posada pionera del género en la comarca.
Pero hasta ahora, en la cata a ciegas nos impactaban más los vinos de las bodegas hermanas *El Portillo* (al otro lado de la ruta) y *Callia* (en San Juan).
Sabíamos que era sólo cuestión de tiempo y que antes o después los vinos del enólogo Laureano Gómez en esta soberbia bodega de propiedad holandesa demostrarían en la cata a ciegas su valor.
Así es como el *Salentein Primus* Malbec resultó una de las más impactantes expresiones de la variedad en nuestras catas para esta edición: en su aproximación a la nariz evoca un Aleph aromático, pues huele a libros encuadernados en cuero, tinta, tierra y toda la biblioteca Malbec. Y en boca es un Golem gustativo: opulento, sostenido por un esqueleto tánico excepcional, monstruosamente bueno, diríase inmortal. Una cava de los mejores vinos argentinos estará incompleta sin recostar alguna de estas botellas hasta el futuro distante. Vino personal, inolvidable, felliniano en su exuberancia, seductor y de alto impacto.
Excelente el *Primus* Merlot, elegante y casi afrancesado en nariz, con registros florales, especiados, herbáceos y plétora de fruta roja. Muy frontal y potente en boca, donde explota en fruta, pasto seco y pan tostado, con muy buena carnadura y osamenta si bien los taninos, a pesar de la edad, están activos y el final, que es medio y especiado, resulta levemente alcohólico. Le falta botella para asumir toda su dimensión de gran vino.
Muy bueno el Pinot Noir, de intensa nariz frutada complementada por recuerdos de la crianza en barrica y de mediana intensidad en boca, aterciopelado, con taninos maduros, buena estructura y media persistencia.
Algo injusta nuestra calificación del Malbec *Roble*, pero es un vino de gran concentración y estructura que está duro para catar y necesita 3 o 4 años de botella: entonces será un gran vino.

Salentein Primus Malbec 2003
Salentein Primus Merlot 2002 ★★★★
Salentein Pinot Noir 2003 ★★★
Salentein Roble Malbec 2004 ★★★

Valle de Uco

Valle de Uco

Bodega y Viñedos O. Fournier

Finca Santa Sofía / Calle El Indio s/nº / 5567 La Consulta / Mendoza
Tel.Fax.: (02622) 451579
E-mail: info@ofournier.com
Website: www.ofournier.com
Capacidad: 1,2 millones de litros - Viña: 97 hectáreas

La casa de la familia española Ortega Gil-Fournier este año nos hizo llegar 3 vinos de su producción para nuestra cata a ciegas. Todos ellos fruto de la enología de José Mario Spisso y uvas en buena parte cultivadas en sus 3 fincas de la comarca, donde poseen paños de Tempranillo de más de 30 años de edad: este productor tiene una debilidad ibérica por el Tempranillo del Valle de Uco. La tecnificada bodega, desde la lontananza, puede confundirse con el terminal aéreo de La Consulta gracias a su ascendente-descendente pista de *"arrivals"* para los camiones cargados de cajas de uvas, ya que el todo fue proyectado para trabajar por gravedad. En su interior, cobijan 600 mil litros de capacidad en tanques de acero inox tronco-cónicos, y el resto en piletas de cemento/ epoxy y barricas. Hasta ahora, realizaron una inversión de unos 4 millones de dólares sobre un total de 8 millones, que incluye facilidades para el turismo. La gerencia de la bodega es de Natalia Ortega Gil-Fournier y la presidencia, de su hermano José Manuel Ortega Gil-Fournier. También poseen otra bodega en Ribera del Duero, España. El vino que más destacó en nuestras catas fue el *Alfa Crux* Malbec, de intenso color violeta casi negro, que tarda en manifestar su rica e intensa personalidad aromática donde los vectores de la fruta roja madura y la crianza en roble se potencian sin anularse, complementados por notas herbáceas, florales y terrosas. Es muy intenso en boca pero al mismo tiempo fresco, con mucha fruta, tanicidad, alcohol y acidez: un gran vino nacido en la viña, admirablemente acunado en bodega, para olvidar en la cava algunos años. El *Beta Crux* (*assemblage* de Tempranillo, Malbec, Merlot y Syrah) nos resultó de buena intensidad aromática, empiureumático y con curiosas notas de caucho o alquitrán que no molestan demasiado pero tampoco suman. En boca entra con buena intensidad y estructura pero no mantiene su volumen y concluye no muy largo en boca. *Urban Uco* ofrece a la nariz fruta roja, cuero nuevo, ligeras especias, roble y un leve dejo animal; en boca renueva sus credenciales olfativas con una carga de taninos algo exigua y un medio de boca un poco plano, tornándose algo ligero en el final.

Alfa Crux Malbec 2003	★★★★★
Beta Crux 2003	★★★
Urban Uco Malbec-Tempranillo 2003	★★★
A Crux *assemblage* 2002	🍇
A Crux Malbec 2002	🍇

138

Charles Leblon

Roque Sáenz Peña 3531 / 5509 Vistalba / Luján de Cuyo / Mendoza
Tel.Fax.: (0261) 4989433
E-mail: ventas@charlesleblon.com.ar
Website: www.charlesleblon.com.ar
Capacidad: 0,3 millones de litros - Viña: 16 hectáreas

Su fundador Juan Carlos Bernardo se asoció en 2005 con Carlos Pulenta, en cuya flamante bodega de Vistalba vinifican, con enología de Luis María Cano. Este año nos sorprendió el *Leblon Classic* Torrontés de uvas cafayateñas: deliciosa nariz floral, herbácea y frutada de mucha tipicidad; boca intensa y untuosa equilibrada con acidez refrescante y matices cítricos.

Para destacar también el *Charles Leblon* Malbec, con nariz de violetas, ciruela madura y especias. En boca arranca dulzón y se dilata a un medio cálido y estructurado, con buena frutosidad y acidez y taninos maduros y jugosos.
Parejos en excelencia 2 de los 3 Cabernet Sauvignon: el *Gran Leblon* criado en barrica, de nariz muy "cabernética" con pimiento morrón cocido y fruta roja madura, más recuerdos de crianza; expresivo en boca, armónico y equilibrado, de buena intensidad y personalidad.

También destacado el *Leblon Classic,* más complejo que intenso al olfato, con frutas rojas y negras matizadas con notas vegetales y de caramelo. De cuerpo medio, en boca repite a la nariz con franqueza y tanicidad equilibrada con refrescante acidez, en un conjunto redondo y sedoso.
Menos brillante el *Charles Leblon* Cabernet, de nariz compleja pero poco intensa, boca algo sencilla y breve.
De mucho carácter el Chardonnay *Charles Leblon*, sabroso y untuoso, largo en el paladar pero sobremaderizado.

En un mismo nivel el Malbec-Bonarda *Classic*, frutado y ágil pero de incierta personalidad; el Tempranillo, sutil en nariz y en boca; y el algo modesto *Gran Leblon* Malbec.
Mal el Merlot, oxidado y con taninos secantes.

Leblon Classic Torrontés 2005	★★★★★
Charles Leblon Malbec 2004	★★★★
Leblon Classic Cabernet Sauvignon 2004	★★★★
Gran Leblon Cabernet Sauvignon 2004	★★★★
Charles Leblon Tempranillo Oak Aged 2004	★★★
Charles Leblon Chardonnay Oak Aged 2005	★★★
Leblon Classic Malbec-Bonarda 2004	★★★
Gran Leblon Malbec 2004	★★★
Charles Leblon Cabernet Sauvignon 2004	★★★
Charles Leblon Merlot 2003	★

El Portillo

Ruta 89 s/n° / 5575 Los Arboles / Tunuyán / Mendoza
Tel.: (02622) 429000 - Fax.: (02622) 429000 Int. 2
E-mail: info@bodegaelportillo.com
Website: www.bodegaelportillo.com
Capacidad: 5,6 millones de litros
Viña: 455 hectáreas (con Salentein)

La bodega hermana y vecina de *Salentein* sigue descollando con vinos de alta relación calidad-precio y seguirá así ya que sumó la consultoría de Alberto Antonini a la enología de Mauricio Fogliati (residente) y Horacio Scattareggia (consultor). Esta bodega industrial que trabaja por gravedad con tanques de acero inox, en 2005 produjo 2,65 millones de botellas.

Ambos *Elevado* destacaron por su buena bebilidad sin complicaciones, con mucha fruta y aporte de roble por duelas o barricas usadas, pues son vinos de 21 pesos. El Cabernet Sauvignon es intenso en su envío olfativo, donde combina mermelada de frambuesa con cedro y ligeros ahumados y tostados de roble. Renueva intensidad en boca, voluminoso, carnoso y potente, muy frutado en el paladar medio, con taninos maduros, acidez algo módica y un final que acentúa los recuerdos de roble.

El Malbec ofrece un registro olfativo más denso y apretado que circunscribe a la fruta roja cocida en una matriz de roble tostado. Entra bien y se acomoda holgado al paladar, sostenido por taninos jugosos y redondos con fruta y acidez acorde, retirándose con cierta presteza pero recuerdo agradable.

Una grata experiencia fue el espumante Extra Brut, de color amarillo pálido con destellos verdosos y una rica propuesta olfativa que combina azahar, manzana, frutillas (fresas), ananá (piña), durazno (melocotón), papaya (mamón), miel, pan y levadura. En boca reaparecen entre la buena espuma algunos de sus perfumes, para terminar con leve acento cítrico y mineral.
En la línea *Finca El Portillo* el Cabernet Sauvignon nos resultó demasiado *overoaked* para ir a más y el Tempranillo gustó, con su buena fruta y alguna elegancia pero resultó corto su final. Menos convincente el bivarietal *Paso El Portillo*, un vino breve y reducido en nariz.

Elevado Malbec 2004	★★★★
Elevado Cabernet Sauvignon 2004	★★★★
El Portillo Extra Brut	★★★★
Finca El Portillo Tempranillo 2004	★★★
Finca El Portillo Cabernet Sauvignon 2005	★★★
Paso El Portillo Tempranillo-Malbec 2005	★★★

Finca Don Carlos

Nazarre 3293 / C1417DXC Ciudad de Buenos Aires
Tel.: (011) 15 50257700 - Fax.: (011) 43251986
E-mail: hsalvo@fincadoncarlos.com
Website: www.fincadoncarlos.com
Capacidad: 0,1 millones de litros
Viña: 50 hectáreas

Esta pequeña y flamante bodega de Tupungato, propiedad del contador porteño Héctor Salvo con otros socios, comenzó con la compra de un finca pensando más en una inversión inmobiliaria que enológica. Pero la idea de hacer vino tomó vuelo propio, bien que la producción en 2005 fue de apenas 25 mil botellas, con el enólogo Gustavo Silvestre. Más allá del craso error de lacrar los corchos y así imposibilitar el descorche, *Calathus* Malbec presenta una asombrosa nariz floral-frutal-boscosa-especiada y es voluptuoso en boca, con una crianza que no oblitera la fruta y una trama de taninos obesos, dulzones y decididos. Mucha personalidad para un vino tan joven.

Gran vino también el Cabernet Sauvignon, muy grato y expresivo en su envío olfativo de bayas rojas y sus confituras, con notas mentoladas y terrosas. Buena intensidad en boca, con equilibrio tánico-ácido y lograda integración de la crianza si bien termina algo pronto, con leve amargor.

Excepcional el *Khios*, que sorprende con algo raro en un rosado: nariz de cierta intensidad con frutas rojas que retornan en boca acentuadas y amalgamadas con una vivaz acidez, taninos armoniosos y un final muy agradable.

Muy bien el Pinot Noir *Calathus*, de nariz frutada y especiada pero alcohólico y no muy integrado en boca, con final secante; más flojo el *Khios*, oxidado y corto, con taninos verdes y secantes. Interesante el blend *Calathus* (40% Pinot, 30% Cabernet, 30% Malbec), salvo un amargor final.

Nada mal el *Calathus* Chardonnay barricado, de aceptable intensidad aromática frutada y vegetal y buena expresión en boca, si bien corto; fuera de foco el *Khios* sin crianza, carente de intensidad y muy breve.

Calathus Malbec 2005	❦
Calathus Cabernet Sauvignon 2005	★★★★
Khios Rosé 2005	★★★★
Calathus blend 2005	★★★
Calathus Pinot Noir 2005	★★★
Khios Pinot Noir 2005	★★★
Calathus Chardonnay 2005	★★★
Khios Chardonnay 2005	★★

Valle de Uco

Finca La Celia

Av. España 1340 / 5500 Mendoza Ciudad
Tel.: (0261) 4134400 - Fax.: (0261) 4134422
E-mail: info@fincalacelia.com.ar
Website: www.fincalacelia.com.ar
Capacidad: 6,6 millones de litros
Viña: 411 hectáreas

La filial de la chilena *Viña San Pedro*, con los enólogos Cristian García y Andrea Ferreyra (la enóloga chilena Irene Paiva ya no trabaja en *San Pedro*) elabora vinos de creciente personalidad y, a nuestro juicio, está lejos de haber desarrollado todo su potencial enológico. Grandísimo vino el *La Celia Reserva* Cabernet Sauvignon (que en el mercado argentino se llama *La Celia* a secas): elaborado con uvas propias de viñedos relativamente jóvenes de rendimientos de 4 toneladas por hectárea y criado por entero durante 12 meses en roble francés, en su envío aromático no es muy enérgico pero sí rico de notas florales, frutadas, animales y minerales en un cuadro de bella y atrayente tipicidad varietal; desde su entrada en boca se expresa con intensidad y potencia, con sabores definidos y profundos (arándano, tabaco, madera de crianza) suscriptos por una trama tánica firme y dulce y una acidez al tono: un Cabernet de gran recorrido hasta el final, lleno de grandes virtudes. Muy gustoso el Malbec *La Consulta*, sencillo pero muy agradable en su entrega olfativa, con fruta acompañada por una hierba anisada y notas balsámicas; coherente en su lograda sencillez, hace cosquillas al paladar con un discurrir fresco y fluido de vino joven y frutado, equilibrado y armónico en toda la línea: sobresaliente Malbec para tomar ya, sin complicaciones. De alto vuelo aromático el *Late Harvest*, que planea entre aromas de miel, azahar, trufas y un tenue vapor de alquitrán; en boca destaca por una soberana untuosidad que persiste al acabarse el vino, que es de media persistencia y recuerdo agradable. Su acidez compensa en buena parte su dulzura, si bien no lo bastante para los paladares más empalagables. No muy convincente el Syrah *La Consulta*, de nariz aceptable y boca simple y breve. Tampoco termina de levantar vuelo el Cabernet de la misma etiqueta, de nariz frutada y una boca simple donde los taninos secan un poco. Con bastante madera en su nariz frutada el Chardonnay, expresivo y untuoso en boca si bien con una punta de amargor.

La Celia Reserva Cabernet Sauvignon 2003
La Celia Malbec 2003 ★★★★
La Consulta Malbec 2004 ★★★★
La Celia Late Harvest 2004 ★★★★
La Consulta Syrah 2004 ★★★
La Consulta Chardonnay 2004 ★★
La Consulta Cabernet Sauvignon 2004 ★★

Finca Los Maza

Av. de Mayo 1370 9º Of. 249 / C1085ABQ Ciudad de Buenos Aires
Tel.: (011) 40400304 - Fax.: (011) 43831065
E-mail: info@mazatonconogy.com.ar
Website: www.mazatonconogy.com.ar
Capacidad: 0,25 millones de litros - Viña: 50 hectáreas

Los vinos de los jóvenes emprendedores Alex Campbell y Juan Tonconogy siguen afirmándose de año en año en calidad con la enología de Daniel Ramonda.

Al igual que en su previa cosecha, el *Maza-Tonconogy* Cabernet Sauvignon-Syrah mostró una personalidad interesante en nariz, con agradables y variados registros de notas frutadas y especiadas (anís, regaliz) así como cierto dejo mineral, para ganar luego intensidad y amplitud en boca, con taninos suaves y buena acidez aunque con un alcohol algo autónomo que se desmarca en el final. Un vino bien logrado y más grande en boca que en nariz.

En la misma línea, excelente bivarietal (además de inusual) el Tempranillo-Bonarda, dueño de una fase aromática compleja e intensa, que evoca frutas rojas, carne fresca, montura de cuero, yodo, hinojo y pimiento; entra muy bien boca, con gran frutosidad y frescura, buena acidez y una urdimbre tánica que se tensa un poco al final, donde resulta algo breve. Es un vino de estructura media, para tomar ya, sin complicaciones.

Muy bien el corte Malbec-Merlot, que compone un vino frutado, de acentos maderosos con algo mineral y polvoriento en nariz, delgado en boca pero aterciopelado, de acidez elevada y final breve.

Casi en el mismo nivel el *Finca Los Maza Reserva* Malbec, de buena nariz frutada y buena expresividad en boca, pero de mediana persistencia y carente de grandeza.

No nos entusiasmó el Cabernet Sauvignon *Reserva*, con una nariz complicada por *Brett* y demasiada fruta cocida.

Maza Tonconogy Tempranillo-Bonarda 2003 ★★★★
Maza Tonconogy Cabernet Sauvignon-Syrah 2003 ★★★★
Maza Tonconogy Malbec-Merlot 2003 ★★★
Finca Los Maza Reserva Malbec 2003 ★★★
Finca Los Maza Reserva Cabernet Sauvignon 2003 ★★

Finca Sophenia

Juramento 2089 Piso 10° Of. 1009/ C1428DNG Ciudad de Buenos Aires
Tel.Fax.: (011) 47819840
E-mail: consultas@sophenia.com.ar
Website: www.sophenia.com.ar
Capacidad: 0,47 millones de litros - Viña: 124 hectáreas

La moderna y tecnificada pero pequeña bodega de Roberto Luka, con sus hermosos viñedos al pie del Cordón de El Plata, vinifica 2 líneas de vinos: los *Altosur* (con un breve paso por barrica), elaborados por el enólogo Matías Michelini, y los *Finca Sophenia* de más prolongada crianza, donde se suma la consultoría de Michel Rolland.

Impactante vino el *Synthesis*, de tinta púrpura rayana en la negrura, que al olfato revela una expresiva e intensa complejidad de frutas rojas y negras maduras y/o en mermelada asociadas a mucha buena barrica nueva. Categórico en boca, es un vino explosivamente frutado e intensamente criado, suculentamente equilibrado y estructurado para deslumbrar. Muy bien logrado, su abundancia de roble debería matizarse con un tiempo largo de estiba para satisfacer a los paladares más conservadores.

Muy atractivo el *Altosur* Merlot, bien que su envío aromático es algo reticente al inicio, pero al dilatarse revela buena complejidad en un arco floral-frutal-especiado-torrefacto. El paladar lo percibe dulce, frutado y carnoso, con buena y aterciopelada urdimbre tánica, final cálido y recuerdo de las notas aromáticas. Un gran exponente de Merlot.

Algo menos proficuo el *Finca Sophenia* Merlot, vino joven de buena estructura y nítido registro de cereza negra y especias, al que le falta integrarse en botella.

Bastante parejos los Malbec: *Altosur* muy frutado y de buen ataque en boca donde es expresivo si bien cae entre el medio y el final; *Finca Sophenia* con notas frutadas y animales en nariz, es denso y concentrado en boca, pero no muy largo y con taninos marcados. Correcto el Chardonnay, con fruta y madera en nariz, y notas mantecosas que se repiten en boca, donde es sedoso y no muy largo, con un leve recuerdo ahumado.

Synthesis *assemblage* 2003	★★★★★
Altosur Merlot 2004	★★★★
Finca Sophenia Merlot 2004	★★★
Finca Sophenia Malbec 2004	★★★
Finca Sophenia Chardonnay 2005	★★★
Altosur Malbec 2005	★★★

Jacques & François Lurton

Ruta Provincial 94 km 21 / 5560 Tunuyán / Mendoza
Tel.: (0261) 4411100 - Fax.: (0261) 4248404
E-mail: bodegalurton@bodegalurton.com
Website: www.bodegalurton.com
Capacidad: 4,2 millones de litros
Viña: 220 hectáreas

No es fácil saber qué es lo que hace enorme a un determinado vino de una cosecha y mediano al mismo vino de la siguiente. *Chacayes* 2002 fue uno de los vinos Top de Sudamérica y por eso cuando vimos que estaba en vinoteca el 2003 (si bien el productor no nos lo envió) lo compramos a su precio por curiosidad profesional. El vino fue catado por 2 distintos paneles y el resultado fue unívoco: en nariz, además de notas frutadas, herbáceas, animales y de madera hay cierto *Brett* que no añade complejidad; en boca hallamos estructura y persistencia, pero en un vino algo plano donde los taninos están activos y secantes. Muy bueno pero no excelente ni extraordinario y por tanto, *overpriced*.

Excelente en cambio el Chardonnay *Reserva* 2005, dueño de un seductor cifrado aromático basado en una buena presencia de la barrica de roble francés acompañando a una fruta blanca y tropical. Aún más cautivante en su discurso gustativo que retoma los lineamientos de la nariz apoyándose en una materia de gran fluidez, refrescante acidez, largo y de muy grata memoria sensorial: un vino untuoso, de estilo *New Wave*, impecable.

Floral y frutado en nariz, el Pinot Gris recorre la boca con frescura y sencillez y mediana persistencia, sin aristas ni despertar grandes emociones.

La Bonarda, de mediana intensidad olfativa y gustativa, es frutal y fresca, de grata bebibilidad.

Fruta y notas de la madera de crianza en el *Reserva* Malbec, también con un ligero *Brett* que no fastidia la experiencia; en boca es de mediana intensidad con buena estructura, taninos dulces y maduros, media persistencia y no mucho más.

Simple y liviano el *Lurton* Malbec, con buena expresión de ciruelas maduras aunque no muy prolongado en boca. Franco y correcto el Cabernet Sauvignon, sin más. Con flores y fruta en nariz y buena acidez y armonía el *Flor de Torrontés*.

Lurton Reserva Chardonnay 2005	★★★★
Chacayes *assemblage* 2003	★★★
Lurton Bonarda 2005	★★★
Lurton Bonarda Rosé 2005	★★★
Lurton Cabernet Sauvignon 2005	★★★
Lurton Reserva Malbec 2004	★★★
Lurton Malbec 2005	★★★
Lurton Pinot Gris 2005	★★★
Flor de Torrontés 2005	★★
Chacayes *assemblage* 2002	🍇

Valle de Uco

Valle de Uco

FINCA LA LUZ (EX VIÑAS DE UCO)

La Luz s/n° / Villa Seca / 5560 Tunuyán / Mendoza
Tel.: (011) 1557131894
E-mail: info@fincalaluz.com.ar
Website: www.fincalaluz.com.ar
Capacidad: 1,8 millones de litros - Viña: 60 hectáreas

De la enología de Cristian Caccamo hallamos excelente a *Callejón del Crimen* Malbec, de grata nariz frutada (cerezas muy maduras) con nítido ramillete de violetas y un *sottofondo* de roble tostado; su personalidad fresca y jugosa se desenvuelve muy bien en boca, con cuerpo medio, óptima acidez, taninos casi confitados y largo y gustoso final. Frutada y herbácea la nariz del Merlot, de media intensidad en boca y algo breve, agradable pero no llamativo. Sutil en aroma y correcto en boca el Malbec *Viñas de Uco*, vino sin crianza pero que ofrece nota de madera. Flojo el Sangiovese y mal el Petit Verdot *Callejón del Crimen*.

Callejón del Crimen Malbec 2005	★★★★
Callejón del Crimen Merlot 2005	★★★
Viñas de Uco Malbec 2004	★★★
Viñas de Uco Sangiovese 2004	★★
Callejón del Crimen Petit Verdot 2005	★

SAN POLO

Granaderos 1.753 / 5500 Ciudad / Mendoza
Tel.: (0261) 4236009 - Fax: (0261) 4236009
E-mail: administración@sanpolo.com.ar
Website: www.sanpolo.com.ar
Capacidad: 4 millones de litros - Viña: 180 hectáreas

La bodega de la familia Giol Toso, con el enólogo Pablo Calderón elaboró los *Auka* que catamos este año. El Syrah, de media intensidad olfativa, con registros de laurel, cassis, comino, eucaliptus, cereza negra y piedra húmeda, resulta estructurado en boca pero con leve aguja carbónica y taninos secantes. El Malbec junto a la buena fruta libera una nota química que desorienta a la nariz; es expresivo y sabroso en boca, pero decae un poco a partir del medio. El Chardonnay, algo hermético en fase olfativa, es grato y elegante en boca si bien no conmovedor.

Auka Syrah 2004	★★★
Auka Malbec 2004	★★★
Auka Chardonnay 2005	★★★

SPERI ARGENTINA S.R.L.

Rodríguez 1185 / 5500 Mendoza Ciudad
Tel.Fax.: (0261) 4231082
E-mail: info@speri.com.ar - Website: www.speri.it
Capacidad: no posee - Viña: 7,5 hectáreas

Alessandro Speri y su mujer María Eugenia Rinaldi están trabajando desde hace ya 4 vendimias con pasión, honestidad y seriedad, primero con la enología de Héctor Durigutti, ahora con la de Olivier Ruhard y siempre con la asesoría informal de Attilio Pagli.

Sin vinos prontos para esta edición.

VAL DE FLORES

Perón 1509 9° / C1037ACB Ciudad de Buenos Aires
Tel.Fax.: (011) 43728792
E-mail: contact@val-de-flores.com
Website: www.val-de-flores.com
Capacidad: no posee
Viña: 10 hectáreas

En la pasada edición cometimos un error: en la página 222 olvidamos publicar el *Val de Flores* 2003 (que sí figura comentado en pág. 65) y que volvimos a recibir este año, motivo por el cual no debería aparecer en esta edición. Pero para reparar nuestro error, sin puntaje, comentamos a este formidable vino de Dany y Michel Rolland.

De un óptimo e intenso color violeta que se traduce en violetas también en nariz, acompañadas por registros de ciruela, cassis, grafito y chocolate con pasas. Tras este complejo concierto olfativo, cobra mucha presencia en boca, con fruta copiosa engarzada con recuerdos de la barrica de roble y una trama tánica copiosa y jugosa, levemente secante al final. Un vino que destaca por untuosidad, cuerpo y volumen, que quizá puede resultar algo *overoaked* para algunos paladares.

Val de Flores 2003 (ed. 2006)	★★★★

FREIXENET ARGENTINA S.A.

Av. Sucre 2074 of. 5 / 1642 San Isidro / Buenos Aires
Tel.: (011) 47197320
Fax.: (01) 4719-6127
E-mail: info@freixenet.com.ar
Website: : www.freixenet.com.ar
Capacidad: no posee - Viña: 317 hectáreas

Poco a poco el perfil de los vinos elaborados por el enólogo Sergio Traverso Rueda con la colaboración de Federico Isgro comienza a definirse: el primer vino de la casa en alcanzar nuestras ★★★★ fue *Viento Sur* Syrah, de muy buena presencia aromática con notas frutadas, especiadas, mentoladas, florales y minerales; ataca bien en boca y se expande al medio con redondez de registros de fruta negra, menta y cacao, apoyándose en taninos presentes y suaves, oportuna acidez y un final con recuerdos de fruta negra y chocolate: un vino joven y sin crianza para beber sin complicaciones y con el mayor gusto.

Correcto el Cabernet Sauvignon, si bien poco expresivo en nariz y en boca, con taninos secantes y mediana persistencia.

No nos convenció *Oroya*, un *"sushi wine"* muy mediano a nuestro olfato y gusto. Pero no lo probamos con *sushi* o *sashimi*.

Viento Sur Syrah 2004	★★★★
Viento Sur Cabernet Sauvignon 2004	★★★
Oroya	★

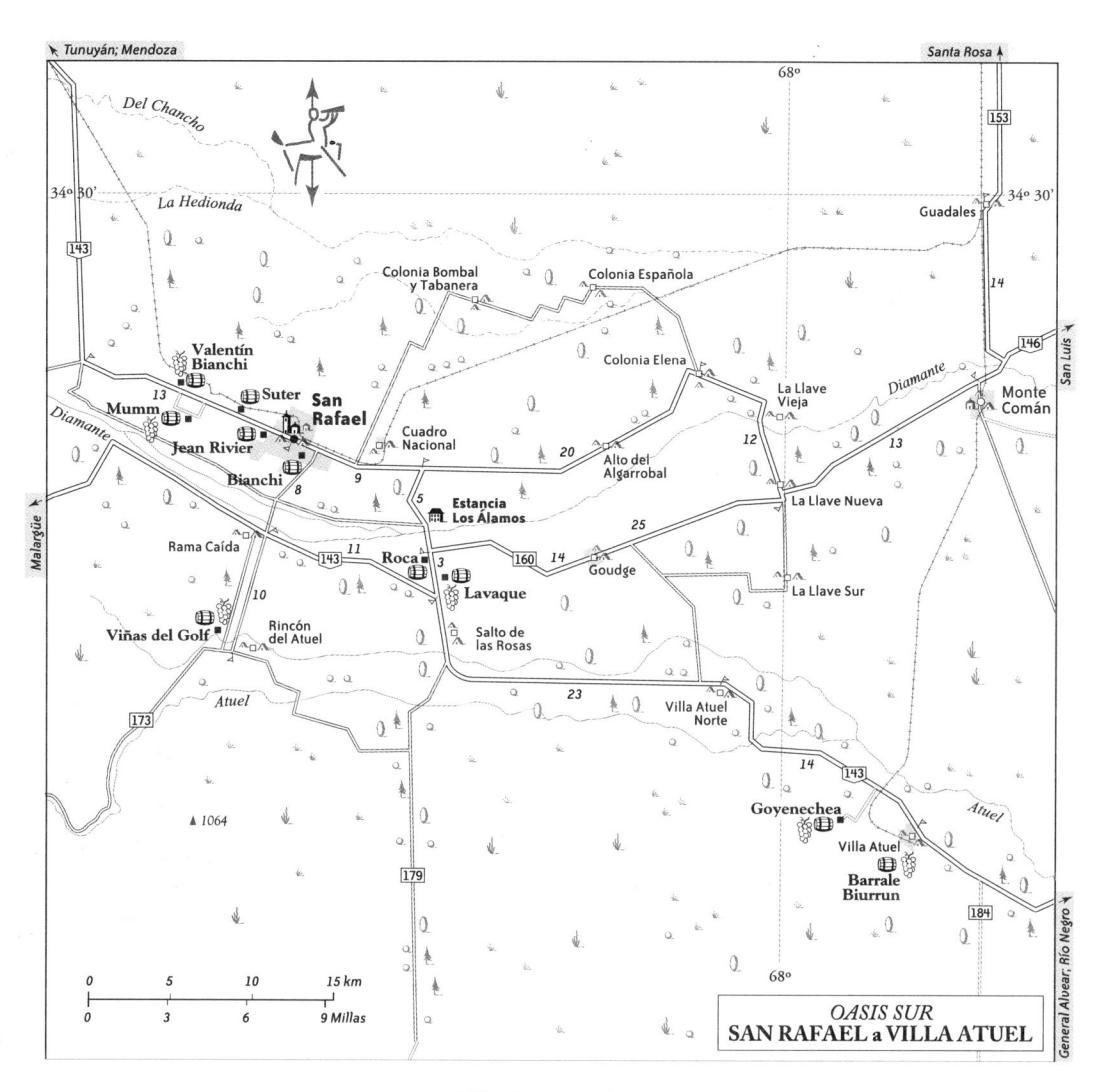

El Oasis Sur

A una hora y media de viaje desde el Valle de Uco a través de un desierto donde lo único digno de mención es un refugio de malla para automóviles en caso de tormentas de granizo, entre San Rafael y General Alvear se elonga de oeste a este el Oasis Sur. Irrigado por el río Diamante en el sector norte entre San Rafael y Monte Comán, y por el casi paralelo río Atuel en el sector sur entre Rincón del Atuel y General Alvear, el viñedo del Oasis Sur suma 22,2 mil hectáreas.

De éstas, más de la mitad son variedades de nulo interés para la enología de calidad: Criolla Grande, Moscatel Rosado, Cereza y Pedro Giménez. Las variedades de calidad enológica más difundidas son la Bonarda, con 2,3 mil hectáreas; el Cabernet Sauvignon, con 1,3 mil hectáreas; el Syrah y el Malbec, con 1,1 mil hectáreas cada uno. Hay también casi mil hectáreas de Chenin. Y cantidades apreciables de Merlot, Tempranillo, Fer, Torrontés Riojano, Chardonnay y Sangiovese.

El clima es similar al del Oasis Norte: el posible mayor frescor por la menor latitud se compensa con el mayor calor por la menor altitud, de 800 a 450 metros sobre el nivel del mar. La pluviosidad es la misma, pero se registra una mayor incidencia de tormentas de granizo.

Los suelos son también aluvionales, pero con materiales calcáreos generalmente ausentes en el Oasis Norte.

Y el paisaje humano del Oasis Sur es idéntico al del norte, con la única diferencia que ya no se ven los Andes en el horizonte.

En la ruta del vino del Oasis Sur

San Rafael es una pequeña ciudad o un pueblo grande sin mayor atractivo para el forastero que su manso y hospitalario carácter pueblerino, con un hermoso parque en la isla Diamante. Hay un sólo buen hotel *Tower* en el centro de la ciudad y una sola buena posada en las afueras, *Los Álamos*. En Mitre 895 está *Secretos del Monte*, que elabora *delikatessen* ahumadas de cerdo, jabalí, ciervo, ñandú, faisán y vacuno.

El hito vínico de San Rafael está a las puertas de la ciudad y es la bodega *Valentín Bianchi*, allí desde 1928, si bien la tecnológicamente impecable *Champañera* donde reciben al turismo es de construcción reciente y menos interesante, para el enófilo apasionado, que la *"Bodega Fundadora"* cerca del centro urbano, donde está la historia de este tradicional productor. *Enzo Bianchi* es quizá demasiado vino para muchos bolsillos y algunos paladares, pero es el mejor vino del Oasis Sur y también de los mejores del país. El Cabernet, el Malbec y el Merlot de la casa son sus especialidades, aunque también hacen vinos blancos.

Siguiendo hacia el centro por la Ruta Nacional 143 que luego deviene en avenida Hipólito Yrigoyen, ancho eje troncal de la ciudad, se verá *Suter*, bodega centenaria de origen suizo que fue una de las marcas más prestigiosas del país pero en las últimas décadas se desmoronó por sucesivos cambios de propiedad. Nunca hemos recibido muestras de esta bodega. Al otro lado de la avenida está la pequeña y familiar *Jean Rivier*, también de origen suizo, que se distingue por la calidad de sus blancos, en particular el Tocai Friulano. Reciben visitas con gusto.

A las puertas de San Rafael por el sur, cerca de Rincón del Atuel, está la pequeña *Viñas del Golf*, la única en Argentina que une la pasión por este deporte con el buen vino. También a las puertas pero por el oeste, se puede visitar la bodega familiar *Roca*, de aspecto tradicional y con sus viñedos en la campiña, muy consistente en sus Malbec. Poco más allá a un lado de la Ruta Nacional 165 está la bodega *Lavaque*, de aspecto hispano-neocolonial, con interesante variedad de vasijas vinarias y viñedo contiguo.

Dulcis in fundo, a alguna docena de kilómetros en Villa Atuel se aparta del mundo la bodega-pueblo *Goyenechea*, de un encanto todo particular gracias a sus viñedos contiguos, calles arboladas y sus nobles y sólidas construcciones de principios de siglo XX en ladrillo. Aquí también se pueden ver diversos recipientes vinarios y, como mejor vino de la casa, probar el Malbec *Quinta Generación*.

El país vínico de Cuyo culmina en Villa Atuel, poblado que nació a principios de siglo XX gracias a las formidables inversiones de la bodega *Arizu*, que cuando cerró dejó al pueblo casi librado a los fantasmas. Pero recientes inversiones españolas en olivicultura devolvieron la vida económica a la comarca.

Para volver a ver tierra de vides llevar, hay que viajar hacia el sur durante algunas largas horas a través de la monótona estepa patagónica.

ALFREDO ROCA

Presidente Alvear 530 / M5603XAG San Rafael / Mendoza
Tel.: (02627) 497194 - Fax.: (02627) 497250
E-mail: roca@rocawines.com
Website: www.rocawines.com
Capacidad: 1,6 millones de litros
Viña: 114 hectáreas

En su trigésimo cumpleaños, la bodega de la familia de Alfredo Roca hace honor a su apellido, afirmándose como rocafuerte de un buen vinificar en el oasis cuyano más sureño. Al igual que en 2001 y 2002, el *Alfredo Roca* Malbec 2003 que elaboran los enólogos Alejandro Roca y Mauro Nocenzo mantiene su vuelo nivelado en cotas muy elevadas, con óptimos resultados tanto en el examen olfativo (complejo, expresivo, amplio desde lo herbáceo y floral-frutado hasta lo enoblecido y animal) como en el gustativo (sabroso, virtuoso, suavemente tánico, expresivamente frutal, sabiamente criado). Este año nos sorprendieron por primera vez con un Merlot, el *Alfredo Roca*, de espectro olfativo copiosamente frutal y rojizo, amermelado, casi acaramelado con su toque de canela y alcohol. Muy Merlot en boca, bombásticamente frutado, bien maderado en crianza, carnoso pero no robusto, tanizado a la perfección, de no muy largo final.

Muy bien el *Alfredo Roca* Chardonnay, cómodo portador de una nariz intensa con fruta blanca y tropical que subtiende una menor intensidad en el paladar, franco y expresivo aunque de leve amargor final.
Por primera vez nos gustó bastante un Syrah de la casa, que tartamudeó en examen aromático acusando algún cerramiento y reducción pero se afirmó en el oral con intensidad, tanicidad, espesor y largo. Muy bien el Pinot Noir, de expresiva e interesante nariz, si bien presenta un cedimiento en boca, con ataque débil y excesiva fluidez.
Encontramos flexión en el *Alfredo Roca* Cabernet Sauvignon respecto a sus 2 añadas anteriores, con una nariz vegetal y reducida que penaliza de antemano a una boca mejor predispuesta.
Dramática la caída del Tocai Friulano del 2004 al 2005: demediado en estrellas a causa de oxidación, amargor y brevedad, en lo que parece un tropiezo más de bodega que de viñedo. Con el gran mérito de ser uno de los pocos Tocai friulano-argentinos, excelente un año antes.

Alfredo Roca Malbec 2003	★★★★
Alfredo Roca Merlot 2003	★★★★
Alfredo Roca Pinot Noir 2005	★★★
Alfredo Roca Syrah 2003	★★★
Alfredo Roca Chardonnay 2005	★★★
Alfredo Roca Cabernet Sauvignon 2003	★★★
Alfredo Roca Tocai Friuliano 2005	★★

BARALE + BIURRUN
BODEGAS Y VIÑEDOS

La Izuelina s/nº Casilla de Correo nº 10 / 5622 Villa Atuel / Mendoza
Tel.: (02625) 15664200
E-mail: ventas@baralebiurrun.com
Website: www.baralebiurrun.com
Capacidad: 0,6 millones de litros - Viña: 34 hectáreas

Esta es una casa de vinos familiar que a mediados de la década del '90, tras tres décadas de interrupción, retomó la bodega del fundador Ambrosio Biurrun en manos de los socios José María Barale y el bisnieto Ambrosio Biurrun. Su enólogo es Damián Vinci quien dirige 2 pequeñas viejas bodegas recicladas de pequeñas piletas de cemento/epoxy.

De sus propios viñedos, vinifican varietales sin crianza pero con *"ligero paso por madera francesa"*, que entendemos por duelas. *Finca Martha* Syrah 2004, edición de 10 mil botellas, es intenso y neto en nariz, con registro ahumado, frutado, especiado y lígneo pero que cede en boca, donde logra un equilibrio, si bien algo breve.

En la misma línea, el Merlot 2004 ofrece nariz de chocolate, arándano y especias con buen cuerpo en boca y cierta complejidad que se complica con un destello de acidez volátil, tanino algo astringente y media persistencia.

Bastante parejos los *Finca 878*: el Malbec 2005 es de nariz floral y frutal de buena intensidad y complejidad, bastante como para evocar también cacao, clavo y tostados. En boca discurre con corrección y franqueza pero sin despertar emociones fuertes. El *blend Clásico* 2005.

Nos gustó más en nariz que en boca, donde resultó bueno pero corto.

Otro muy buen vino es el Chardonnay *Finca 878*, de adecuada intensidad frutal y cierta sedosidad pero muy ácido y breve, con punto de amargor. La vinificación en blanco en medio de tanto tinto no es una obviedad.

Finca Martha Merlot 2004	★★★
Finca Martha Syrah 2004	★★★
Finca 878 Malbec 2005	★★★
Finca 878 Clásico Cab. Sauv.-Pinot Gris 2005	★★★
Finca 878 Chardonnay 2005	★★★

El Oasis Sur

Valentín Bianchi

Comandante Torres 500 / 5600 San Rafael / Mendoza
Tel.: (02627) 422046
Fax.: (02627) 430131
E-mail: informes@vbianchi.com

Website: www.vbianchi.com
Capacidad: 14,3 millones de litros
Viña: 350 hectáreas

La tradicional casa familiar de San Rafael reafirma otra vez más su envidiable liderazgo entre los productores argentinos de la más alta calidad. Siempre entre los mejores vinos del país el *Enzo Bianchi Gran Cru*, casi negro a la vista, deslumbra con una riqueza aromática que sería ocioso detallar. Grandilocuente en boca, a lo largo del interminable recorrido deja sin palabras pero inunda de sensaciones. Impresionante también el *Famiglia Bianchi* Cabernet, que captura al olfato con delicada y envolvente complejidad, ricamente ornado de notas primarias, secundarias y terciarias: magistral en toda su larga trayectoria gustativa que evoca adjetivos y sustantivos reservados a los mejores caldos. Otro gigante es el *Particular* Malbec, de intrigante complejidad aromática: flores, cuero, frutas, tabaco, madera, clavo, ciruelas. Guapo y robusto al paladar, expresa a la variedad en modo cálido, altivo y sensual: un vino alcohólico de mucha extracción, masculino y solar. Estupendo el *Particular* Merlot, de fraseo aromático complejo: frutas rojas, leve mentol-eucalipto y roble; amplio al gusto, elegante y estructurado, de agradable calidez alcohólica, algo astringente, con final de fruta roja madura y sutil tostado. No le vendría mal un año más de botella.

En un estilo Nuevo Mundo, muy impactante el *Génesis* Malbec, donde la crianza en barrica sublima a las fragancias florales y frutales del caldo con precisas notas avainilladas y tostadas; su excelente boca de bayas maduras posee gran volumen y taninos sensuales, con buen perfil para añejar en botella. Casi en el mismo nivel de intensidades el *Famiglia Bianchi* Malbec, muy particular y personal en su propuesta aromática de fruta madura y cocida, con notas de tomate que prosiguen en el paladar, matices herbáceos y recuerdos de crianza en barrica tostada. Amplio y frutoso en boca, bien concentrado, de buena y redonda estructura, tanicidad algo activa y un final de cerezas maduras: un Malbec de estilo distinto al habitual.

Excelente el *Particular* Cabernet, que seduce al olfato con placentera tipicidad varietal amalgamada a una crianza en barrica que aporta notas pimentadas al arándano. Amplio en boca, donde destaca su fruta algo dulce, acompañado por una tanicidad algo viva y larga persistencia. De la misma cepa, muy interesante el *Génesis*, donde según el catador la barrica está delante o detrás de su rica expresión frutal, con centro en los arándanos y el cassis y aportes florales. De ataque fresco y expresivo, luego cálido y redondo en el medio paladar con amable estructura que no complica la bebilidad, óptima acidez, suave trama tánica y final prolongado de fruta roja madura. Siempre entre los Cabernet, el *D.O.C.* propone una nariz juvenil de notas florales y frutadas con leves recuerdos de roble; muy expresivo en boca, de óptima frutosidad, con notas de piel de naranja y buen entramado tánico en un cuerpo medio bien balanceado, de largo final. Un vino elegante y armonioso, no corpulento sino atlético.

Para destacar también el *Bianchi* 1887, de grato registro frutal en nariz, con leves matices herbáceos; gana intensidad en boca, donde penetra dulce y se dilata con buena frutosidad y tanicidad a un medio de boca amplio, en logrado equilibrio. Entre los *Stradivarius* nos gustó mucho el dorado *L'Elisir d'amore*, fragancia aromática que entra algo dulzona en boca con acidez equilibrante y complejidad de sabores (cítricos, vainilla, miel): vino sutil, untuoso y prolongado, algo empalagoso al final. Muy correcto pero menos llamativo el desempeño de los otros vinos blancos de la casa.

Famiglia Bianchi Cabernet Sauvignon 2004	🍇	Bianchi DOC Chard.-Semillon 2005	★★★
Enzo Bianchi Gran Cru DOC 2003	★★★★★	Bianchi Extra Brut	★★★
Bianchi Particular Malbec 2003	★★★★★	Famiglia Bianchi Sauvignon Blanc 2005	★★★
Bianchi Particular Merlot 2003	★★★★★	Bianchi DOC Syrah 2004	★★★
Génesis Malbec 2004	★★★★	Famiglia Bianchi Chardonnay 2005	★★★
Famiglia Bianchi Malbec 2004	★★★★	Bianchi DOC Malbec 2005	★★★
Génesis Cabernet Sauvignon 2004	★★★★	Don Valentín Lacrado	★★★
Bianchi Particular Cabernet Sauvignon 2003	★★★★	New Age Bloody	★★★
Bianchi DOC Cabernet Sauvignon 2005	★★★★	New Age frizzante	★★★
Los Stradivarius de Bianchi L'Elisir d'Amore 2004	★★★★	Génesis Sauvignon Blanc 2005	★★
Bianchi 1887	★★★★	Enzo Bianchi Gran Cru *assemblage* 2002	🍇

BODEGA FINCAS ANDINAS S.A.

Hipólito Yrigoyen 5814 / 5600 San Rafael / Mendoza
Tel.Fax.: (02627) 430095 / 432655
E-mail: info@fincasandinas.com.ar / info@murville.com
Website: www.fincasandinas.com.ar
Capacidad: 4 millones de litros
Viña: 120 hectáreas

Fincas Andinas es una sociedad anónima que quiere serlo y no hay nada de malo en ello, sólo que nos gusta saber quiénes son los dueños de los viñedos y bodegas que hacen el vino que bebemos y tanto más cuando se llaman *Il Segreto* y ostentan en las etiquetas más grados que una logia masónica. Sabemos que dirige al emprendimiento Alejandro Héctor Salafia y que la enología es de Hugo Brandalice, con consultoría de Ricardo González.

Del amplio envío de muestras que recibimos lo que más nos gustó fue un espumante Demi Sec, *Il Segreto Orgánico 7°*, con una nariz bastante frutada y una boca sedosa y casi expresiva, muy correcta.

El Brut Nature *Murville* nos resultó frutado y fresco, sedoso y ligero, mediano en intensidades.

Igualmente mediano en sus intensidades aromáticas y gustativas el *frizzante* de Chardonnay *Il Segreto*, frutado y simple. Limpio y simple en su nariz herbácea y frutal, *Murville* Extra Brut es fresco, sedoso y ligero en boca.

Con notas de ciruela roja, pimiento y menta, *Il Segreto Roble* Malbec transcurre fresco, redondo, sedoso y ligero por boca, sin más. Sin mucha nariz pero con algo de frambuesas el Cabernet *Il Segreto Orgánico*, que adolece de taninos secantes y brevedad en su paso por boca. En el Extra Brut *Il Segreto Orgánico* percibimos ciertas notas jabonosas en una nariz otramente frutada y láctica, en tanto que en boca es demasiado espumoso, ligero y sencillo. El Moscatel-Chenin *Murville 75* retacea su poca fruta tropical a la nariz y es fresco, simple y breve en boca. El Torrontés-Chenin espumante *Murville 55* es de media intensidad aromática, con algo de duraznos y manzanas, fresco y corto en boca, con punta de amargor. *Il Segreto Roble* Cabernet es breve y dulce, no muy franco en algún punto, tomable. *Murville* Brut de Brut es flojo y demasiado defectuoso como para enumerar.

Il Segreto Orgánico 7° Demi Sec 2005 ★★★
Murville Brut Nature 2005 ★★★
Il Segreto Frizzante natural Chardonnay 2005 ★★★
Murville Extra Brut 2005 ★★★
Il Segreto Roble Malbec 2004 ★★★
Il Segreto Orgánico Cabernet Sauvignon 2004 ★★★
Il Segreto Orgánico Extra Brut 2005 ★★★
Murville 75 Moscatel-Chenin 2005 ★★★
Murville 55 Torrontés-Chenin 2005 ★★
Il Segreto Roble Cabernet Sauvignon 2005 ★★
Murville Brut de Brut 2005 ★

BOURNETT

Ruta 154 s/n° Cuadro Nacional / 5600 San Rafael / Mendoza
Tel.: (011) 44613423 / (02627) 442021
Fax.: (011) 46012677
E-mail: bbournet@rcc.com.ar
Website: www.bodegasbournett.com.ar
Capacidad: 0,1 millones de litros - Viña: 37 hectáreas

Esta casa sanrafaelina establecida en 2002 por Daniel Acebedo y Ana María Sigrand cuyo enólogo es Fabián Gardino el año pasado despertó nuestros comentarios con su excelente *Numerado* Malbec 2004, que obtuvo ★★★★. Este año nos pareció muy buen vino el *Bournett* Malbec 2004, una edición de 15 mil botellas con 3 meses de barrica de roble francés, de nariz no muy intensa pero frutada, con un cuerpo sedoso y redondo acompañado de taninos dulces y una persistencia media. Algo más nítido el desempeño del *Prestige Roble*, un *blend* de 40% de Merlot '02 y 35 % del '03 con 25 % de Malbec '04 con 6 meses de barrica francesa para sólo 3 mil botellas: su nariz, no eminente, es frutada-especiada-animal-lígnea; cobra intensidad en el paladar, donde transcurre sabroso y expresivo con taninos y acidez balanceada, pero se queda algo corto en el final y su armonía tiene un sesgo alcohólico.

Prestige Roble Merlot-Malbec 2003 ★★★
Bournett Malbec 2004 ★★★

PORTAL ANDINO

Ruta Nacional 188 km 775 / Bowen / 5620 General Alvear / Mendoza
Tel.: (02625) 423068
E-mail: agrícola@galvear.com.ar
Website: www.portalandino.com.ar
Capacidad: 1 millón de litros - Viña: 200 hectáreas

Nueva en estas páginas, esta bodega familiar de Bowen (General Alvear) pertenece a la familia Benini y cuenta con la agronomía del ingeniero Rodolfo Schmidt y la enología de Jorge Rubio, así como la consultoría del afamado *Istituto Agrario* de San Michele (Trento, Italia).

De los 4 *Portal Andino* que probamos, nos gustó el Cabernet Sauvignon de nariz algo licorosa y especiada, con buena estructura en boca si bien los taninos aprietan un poco. Frutado y algo láctico el Merlot, con cierta estructura pero taninos que secan un poco. Menos convincente la Bonarda, con inusual registro animal en su nariz, probablemente debido a Brettanomyces, que se repite en boca. Demasiado evolucionado para su materia simple el Malbec.

Portal Andino Cabernet Sauvignon 2003 ★★★
Portal Andino Merlot 2003 ★★★
Portal Andino Bonarda ★★
Portal Andino Malbec 2003 ★★

COEMIX S.A. - VINOS FITZ ROY

Adolfo P. Carranza 2888 / C1417HFL Ciudad de Buenos Aires
Tel.Fax.: (011) 45047704
E-mail: info@coemix.com
Website: www.fitzroywines.com
Capacidad: 2,2 millones de litros
Viña: no posee

Esta sociedad de viticultores de General Alvear, creada en 2002 con el objetivo de hacer vinos de exportación, elaboró unas 35 mil botellas en la última campaña, con la enología de Daniel Gardé.

De los vinos que nos enviaron, hallamos que la Bonarda *Fitz Roy Roble* con crianza en barrica de roble francés, pese a una nariz frutada y floral, presenta algún problema de franqueza en la esfera aromática, con ciertas notas medicinales o de caucho o témpera; en su tramo gustativo discurre con intensidad y franqueza, con taninos maduros y media persistencia: si bien le falta algo de alegría, deja un grato recuerdo.

Interesante el Chardonnay, bien frutado en nariz, si bien en boca resulta algo oxidado y maderoso, con cierta astringencia y alguna pretensión de elegancia que no desentona en el conjunto de un vino relativamente ágil y ligero.

Menos destacable el Cabernet, donde en nariz priman las notas herbáceas y piracínicas y la madera de roble se despega un poco, acompañado por olores medicinales; raro en boca, con notas de caramelo, se retira sin gran tardanza y sin terminar de convencer.

Con un acento químico o farmacéutico en nariz el Malbec, además de geranios y talco, en boca es simple y liviano, con regreso de los registros de nariz, simple y liviano, de media persistencia. Algo evidente la madera nueva en el Syrah, de paso aterciopelado por boca y no muy largo final. Discutible el Chenin *Lihuen*, donde la nariz floral se queda sola ya que en boca resulta insípido e inexpresivo, plano y alcohólico.

Problemático el *Lihuen* Tempranillo-Bonarda, muy flaco en nariz y en boca y además penalizado por una nota química, con problemas de franqueza.

Fitz Roy Chardonnay 2005	★★★
Fitz Roy Roble Bonarda 2004	★★★
Fitz Roy Cabernet Sauvignon 2004	★★★
Fitz Roy Syrah 2004	★★★
Fitz Roy Malbec 2005	★
Lihuen Chenin 2005	★
Lihuen Tempranillo-Bonarda 2005	★

COOPERATIVA VITIVINIFRUTÍCOLA GENERAL ALVEAR LTDA.

Calle K s/n° / Colonia Alvear Oeste / 5632 General Alvear / Mendoza
Tel.Fax.: (02625) 423088 / 422691
E-mail: coovital@poraire.net
Website: www.vinosgeneralalvear.com.ar
Capacidad: 7,2 millones de litros - Viña: 663 hectáreas

La *Cooperativa Vitivinifrutícola General Alvear* fue establecida en 1956 y su bodega se encuentra en Pueblo Luna, en tanto que sus viñedos pertenecen al Valle Sud del río Atuel y son de cepas tintas: Malbec, Cabernet Sauvignon, Syrah y Bonarda. La bodega es de piletas de mampostería con revestimiento epoxy y tanques de acero inox para los vinos de alta gama. La enología está a cargo de Francisco Alcaraz.

Catamos a ciegas entre otras cosas, para no dejarnos influenciar por marcas y etiquetas: no hay ningún noble ni monárquico en nuestro panel de cata y así un vino llamado *Duque de Osuna*, para colmo elaborado por una cooperativa, estaría penalizado ya antes de degustar. Y sería una pena, porque el Malbec (70%)-Merlot (30%) de ibérico título nobiliario y crianza en barrica para sus 10 mil botellas es un vino de nariz poco usual, con una llamativa dualidad entre fruta cocida y mentolado, con matices florales y cierto carácter etéreo; en boca entra dulce, se dilata al medio evocando los registros aromáticos con buena presencia de sabores y una tanicidad madura, que muerde un poco y puede aplacarse en botella: es un vino elegante y armónico, muy equilibrado

Probamos también un Malbec de aroma frutado y levemente especiado, con cuerpo ligero y fresco, taninos activos y breve persistencia.

El Cabernet Sauvignon no destaca en nariz, donde es muy vegetal, ni tampoco en boca, donde resulta ligero, liviano y corto, con algún amargor y taninos secantes.

Mal las cosas en el Syrah, donde la reducción aborta la experiencia olfativa y la boca carece de franqueza. Compendio de defectos el espumante, que parece gasificado, nulo en nariz y boca, dulce, con punta de amargor, acidez corregida y oportunamente corto.

Duque de Osuna Malbec-Merlot 2005	★★★★
Duque de Osuna Malbec 2005	★★★
Duque de Osuna Cabernet Sauvignon 2005	★★
Duque de Osuna Syrah 2005	★
Duque de Osuna Brut	★

GOYENECHEA

Adolfo Alsina 1974 / C1090AAD Ciudad de Buenos Aires
Tel.: (011) 49520269 - Fax.: (011) 49543997
E-mail: info@goyenechea.com
Website: www.goyenechea.com
Capacidad: 14 millones de litros
Viña: 130 hectáreas

Apreciamos mucho a la solitaria y única "bodega-pueblo" de la familia Goyenechea, que nos envía sus vinos más allá del resultado en nuestra cata a ciegas: prueba de señorío que no dan quienes se ofenden cuando sus vinos no son laureados.

Así, destacamos con felicidad a un *Quinta Generación* en la máxima calificación: el Malbec 2004 criado un año en barricas de roble francés. Aquí el enólogo Raúl Arroyo con las viñas de Soledad Goyenechea logró un nobilísimo varietal contenido en óptima crianza, que despliega un amplio arco olfativo desde la fruta roja madura pasando por leves ahumados y tostados hasta un *Brett* sutil que añade complejidad. En boca es goloso y redondo: caramelo de cereza en láminas de roble, con taninos afelpados y grato, prolongado final.

Muy bien el *Quinta Generación* Cabernet, estructurado, intenso y frutado, de leve nota animal, pero con taninos algo secantes.
Joven, frutado y sabroso el *Goyenechea* Merlot, que pide un tiempo más en botella.

Centenario Cabernet Sauvignon es complejo y personal, grueso y estructurado pero armónico, de tanicidad algo secante y un punto de *Brett*.

El *Clásico* Sauvignon Blanc es fresco, floral y aterciopelado, ágil y ligero, algo flaco en acidez.
De buena tipicidad, con taninos suaves e intensidades medias, el *Goyenechea* Syrah.
Refrescante y con leve aguja carbónica el Merlot rosado, vino fresco y sencillo de muy grata bebilidad.

Menos nítido el *Goyenechea Roble* Malbec con notas de evolución, acentos frutados, especiados y animales, de buena y madura tanicidad pero algo ligero y simple para una crianza.

Quinta Generación Malbec 2004	★★★★★
Quinta Generación Cabernet Sauvignon 2001	★★★
Goyenechea Merlot 2004	★★★
Centenario Cabernet Sauvignon 2001	★★★
Goyenechea Clásico Sauvignon Blanc 2005	★★★
Goyenechea Syrah 2004	★★★
Goyenechea Merlot Rosé 2005	★★★
Goyenechea Roble Malbec 2004	★★
Goyenechea Brut	★

HIGINIO FIGUEROA E HIJOS

Ruta 143 Sur s/n° / Poste de Hierro / 5620 General Alvear / Mendoza
Tel.Fax.: (02625) 422173
E-mail: figueroa@poraire.net
Website: www.bodegasfigueroa.com.ar
Capacidad: 5,1 millones de litros - Viña: 150 hectáreas

Da gusto descubrir nuevos productores en terruños marginales cuando demuestran con sus mejores productos cuánta Argentina hay para hacer buenos vinos, y más gusto da cuando se descubre tras la botella a un productor familiar, afincado en la tierra desde hace más de 60 años. La bodega que llevan adelante Neris, Pedro y Aldo Figueroa con el enólogo José María Grosso no es *fashion* ni está para ganar concursos de diseño de etiquetas...por eso catamos a ciegas sin agrupar a los vinos en rangos de precio: para alertar al amante del vino genuino sobre perlas de calidad inobjetable al precio de un vino para todos los días. Eso es *Solar del Atuel* Cabernet Sauvignon, de nariz franca y agradable, no muy intensa pero bien frutada y floral, con matices herbáceos y balsámicos; de gratificante recorrido por boca, sostenido por una estructura media pero algo untuosa y láctica, con taninos dulces y maduros y final no largo pero grato: un vino honesto, armónico y equilibrado, de placentera y lograda sencillez, bueno para descansar al paladar de los vinos caros y pretenciosos. Otrosí dígase del Syrah, agradable bien que medianamente intenso en expresión aromática, frutal y especiado con leves dejos minerales y empireumáticos; franco y dinámico en boca, con buena fruta y alguna especiería, bonita estructura y tanicidad copiosa y madura, deja un recuerdo muy agradable en la boca.
El *Don Higinio Roble* (3 mil botellas con 8 meses de barrica) es de media intensidad en ambas fases, sin la espontaneidad y soltura de los anteriores, trabado por una tanicidad secante.
El Chenin es de buena intensidad en nariz y boca, bien que no muy expresivo y algo simple y ligero.
Mezcla de 60% Bonarda con mitades de Syrah y Cabernet Sauvignon, *Solar del Atuel* no es muy claro en nariz ni en boca, sólo aceptable.
Figueroa Bonarda-Sangiovese no avanza en su inusual bivarietalidad más allá de una nariz simple y taninos muy verdes.
Y el Syrah Rosé, levemente oxidado, es una sangría donde quedó poco vino.

Solar del Atuel Cabernet Sauvignon 2004	★★★★
Solar del Atuel Syrah 2004	★★★★
Don Higinio Roble Cabernet Sauvignon 2003	★★★
Solar del Atuel Chenin 2005	★★★
Solar del Atuel *assemblage* tinto 2005	★★
Figueroa Bonarda-Sangiovese 2005	★★
Solar del Atuel Syrah Rosé 2005	★

El Oasis Sur

Jean Rivier

Hipólito Yrigoyen 2385 / M5602HCK San Rafael / Mendoza
Tel.: (02627) 432676 - Fax.: (02627) 432675
E-mail: bodega@jeanrivier.com
Website: www.jeanrivier.com
Capacidad: 1,25 millones de litros
Viña: 80 hectáreas

Esta casa de "viticultores criadores" comenzó con la actividad vitícola de Jean Rivier hace ya medio siglo y en 1971 sumó una bodega a la que en 1994 reequiparon con tecnología francesa para el prensado, la molienda y el fraccionamiento, además de barricas bordelesas de roble francés. Con 2 fincas, una en San Rafael y otra en San Carlos, Rivier sigue conduciendo a la empresa familiar junto a sus hijos Carlos y Marcelo y la enología de Gloria Prieto.

Este año nos impactaron con 2 blancos: ésta es la única bodega argentina que logra expresiones muy interesantes con las 2 cepas de marras. El *Jean Rivier* Chenin Blanc es de cierta sencillez aromática pero de registros definidos y agradables de manzana, pomelo rosado, hierbas e hinojo. Gana intensidad en boca, con ácida frescura y una evocación de fruta tropical, con media persistencia. Es "el Chenin" argentino, un vino con la sensualidad de su fresca simplicidad.

Óptimo también el Tocai Friulano, fragante y placentero, con buena complejidad aromática basada en fruta exótica, piedra húmeda, piel de naranja y especias. De muy buena entrada, cautiva al paladar con buen volumen y refrescante intensidad ácida y frutal (peras). Redondo y sedoso, de media persistencia, posee una complejidad y estructura que muchos tintillos envidiarían.

Muy bien el *Reserva* Malbec, de intensa nariz frutada y especiada con recuerdos de la barrica, grato y sabroso en boca pero sin deslumbrar. En el mismo nivel el *Assemblage Rouge*, con notas de pimiento, geranio, té, anís y ciruelas en su nariz de buena intensidad; estructurado en boca si bien no muy largo. Algo reducido en nariz el Cabernet Sauvignon *Reserva*, con registros de fruta roja y tostados; en boca es sedoso y algo *oaky* pero de buen beber. Encontramos una rica nariz frutada y especiada, con leve caramelo, en el *Rosé*, un vino ágil, sabroso, expresivo y de cierta elegancia en boca, aunque breve. En cambio nos pareció demasiado sutil y fluido el *Assemblage Blanc*, de aroma floral y frutado, media persistencia y acidez algo escasa.

Jean Rivier Chenin Blanc 2005	★★★★
Jean Rivier Tocai Friulano 2005	★★★★
Jean Rivier Reserva Malbec 2003	★★★
Jean Rivier *assemblage* Rouge 2004	★★★
Jean Rivier Rosé 2005	★★★
Jean Rivier Reserva Cabernet Sauvignon 2002	★★★
Jean Rivier *assemblage* Blanc 2005	★★

El Rosal

Callao 1950 / 5600 San Rafael / Mendoza
Tel.Fax.: (02627) 439997
E-mail: info@bodegaelrosal.com.ar
Website: www.bodegaelrosal.com.ar
Capacidad: 1,2 millones de litros
Viña: no posee

La bodega *El Rosal*, de principios de siglo XX, fue reciclada en 2004 por una sociedad de "*amantes de los buenos vinos*". No los conocemos aun ni tampoco a su bodega pero sí a su enólogo, el sanrafaelino Edgardo Ibarra, padre del Syrah catamarqueño. Así se explica el fenómeno de *El Rosal* Cabernet Sauvignon, que con discreta intensidad huele primero a yoghurt de frutilla (fresa) y se acompleja progresivamente con matices vegetales y especiados. En boca retoma la nariz, con una muy pulida e interesante estructura apoyada en un cuerpo medio pero de buen largo de boca: un vino elegante, pleno, logrado con crianza en barrica de sólo 1/4 del caldo y casi sin tecnología.

El Syrah no es elocuente en su nariz especiada, pero más discursivo en su simple y sedosa boca, que no cautiva pero gusta bien.

Menos expresivo el Malbec, vino armónico y sedoso, sin más.

El Rosal Cabernet Sauvignon 2003	🍇
El Rosal Syrah 2004	★★★
El Rosal Malbec 2004	★★

Finca Intimayu

Los Sauces 3135 / Las Paredes / 5600 San Rafael / Mendoza
Tel.Fax.: (02627) 436895
E-mail: fincaintimayu@infovia.com.ar
Website: www.fincaintimayu.com
Capacidad: 1,5 millones de litros
Viña: 7 hectáreas

Nueva en nuestras páginas, esta empresa de la familia Radivoj-Mauri reacondicionó una bodega de la década de 1930 con pequeñas piletas de mampostería. A su antiguo viñedo de Cabernet Sauvignon se sumaron cultivos de la misma cepa, además de Malbec, Merlot y Syrah. Por el momento, reciben visitas sólo con arreglos previos. Catamos 2 vinos, elaborados por el enólogo Hugo Brandalise: el *Finca Intimayu Oro* Malbec-Syrah, de amable intensidad aromática floral y frutada con algún registro empireumático, con buena estructura y cierta elegancia, que se ve afectada por los taninos algo secantes al final.

Muy correcto el *Finca Intimayu* Malbec, de nariz frutada y boca fresca, con cuerpo medio y mediana persistencia.

Finca Intimayu Oro Malbec-Syrah 2005	★★★
Finca Intimayu Malbec 2003	★★★

MUMM

Jensen y Sarmiento / Las Paredes / 5601 San Rafael / Mendoza
Tel.Fax.: (02627) 430027/ 420001
E-mail: angel.riva@pernod-ricard-argentina.com
Capacidad: 7,5 millones de litros
Viña: 50 hectáreas

La bodega que estableció Juan Balbi en 1929 y que desde 1992 su nuevo propietario *Allied Domecq* orientó a la elaboración de espumantes y vinos de calidad pertenece desde el año pasado a *Pernod Ricard* de Argentina. De vocación exportadora, la empresa despacha a ultramar el 40% de sus espumantes y el 75% de sus vinos tranquilos, con una producción total en 2005 de 351 mil cajas de 12 botellas. Su enólogo y director es Ángel Riva. Poseen viñedos propios de Malbec, Cabernet Sauvignon, Merlot, Syrah y Chardonnay, plantados en 2001 junto a la bodega.

De su producción catada este año nos gustó mucho el *Mumm* Demi Sec (70% Chardonnay, 30 % Pinot Noir), de un color amarillo pajizo con tonos verdosos y fina corona, que en su nariz de buena calidad despliega placentera amalgama de frutas, flores y miel en tanto que en boca resulta expresivo, ligeramente goloso, de buen volumen de espuma y agradable paladar medio, con delicada estructura y un final algo breve y no muy marcado, pero agradable.

En un muy buen nivel y muy parejos el *Mumm* Rosado, que podría aspirar a más si no fuera por un dejo astringente y un punto de amargor final y ambos *Petigny* elaborados a base de Chenin: el Demi Sec, con frutado de manzana verde bañada en miel, buena acidez y estructura y no excesivo dulzor, sedoso pero algo corto; y el Extra Brut, que a la manzana añade un toque mineral y un apenas de piel de limón, de buena acidez pero algo corto y amargo al final. Muy grato y bebible el Extra Brut *Cuvée Spéciale* de Chardonnay y Pinot, cítrico e intenso, con ligera mineralidad en un nariz discreta; más intenso en boca, con recorrido grato y un final más que decente, si bien es algo unidimensional.

También probamos *Wish*, un ligero y frutado aperitivo burbujeante de Chenin, Sauvignon y Torrontés, de estilo fluido y franco, adecuado para las ocasiones calurosas y leves.

Mumm Cuvée Spéciale Demi Sec	★★★★
Mumm Cuvée Spéciale Rosado	★★★
Mumm Cuvée Spéciale Extra Brut	★★★
Petigny Extra Brut	★★★
Petigny Demi Sec	★★★
Wish	★★

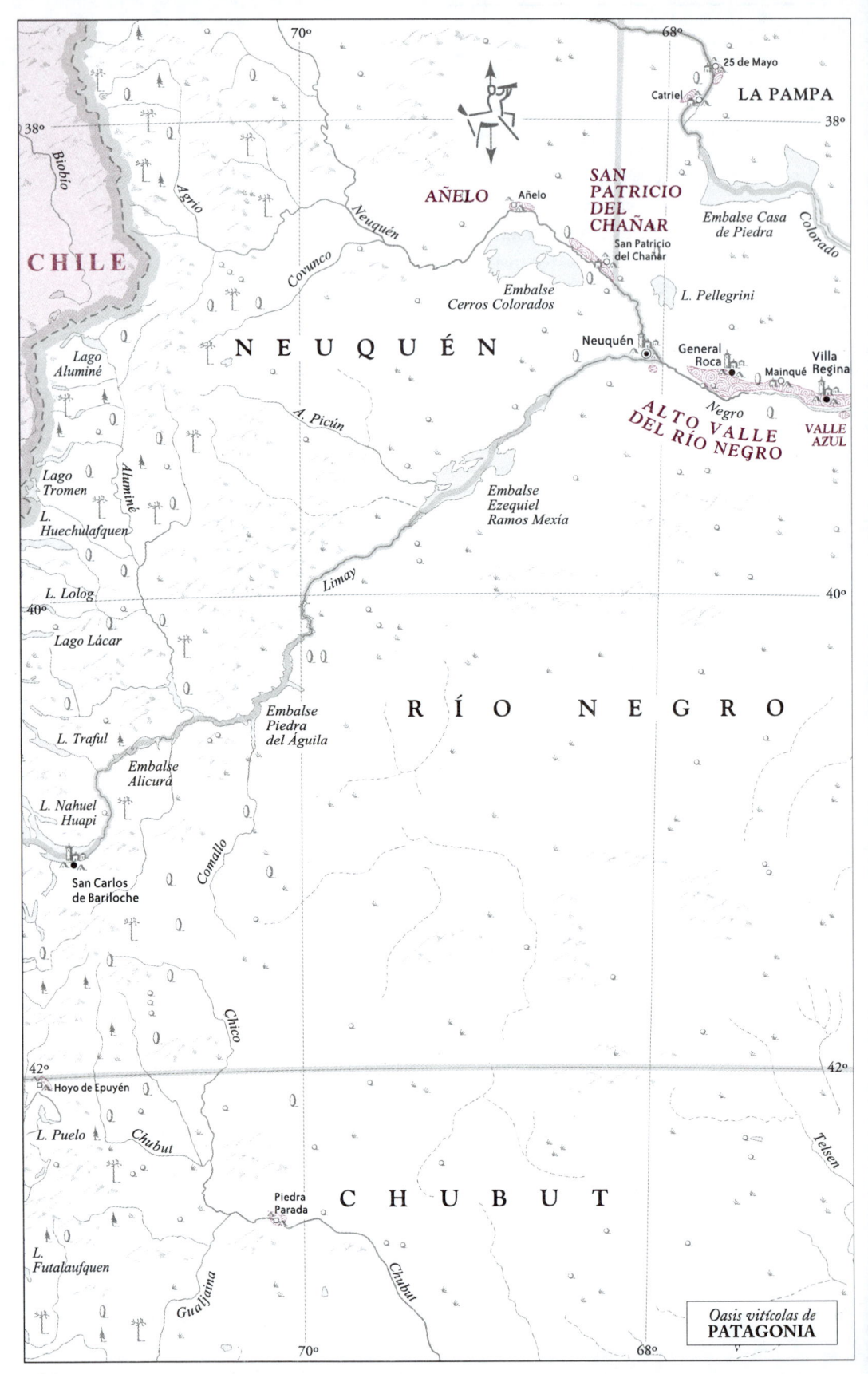

Patagonia

CHILE

Biobío

Agrio

Neuquén

Covunco

Lago Aluminé

Aluminé

Lago Tromen

L. Huechulafquen

L. Lolog

Lago Lácar

L. Traful

Embalse Alicurá

L. Nahuel Huapi

San Carlos de Bariloche

Comallo

Chico

Hoyo de Epuyén

L. Puelo

Chubut

L. Futalaufquen

Gualjaina

Chubut

NEUQUÉN

AÑELO Añelo

SAN PATRICIO DEL CHAÑAR San Patricio del Chañar

Embalse Cerros Colorados

L. Pellegrini

Neuquén General Roca Mainqué Villa Regina

ALTO VALLE DEL RÍO NEGRO VALLE AZUL

Negro

A. Picún

Embalse Ezequiel Ramos Mexía

Limay

RÍO NEGRO

Piedra Parada

CHUBUT

25 de Mayo
Catriel

LA PAMPA

Embalse Casa de Piedra

Colorado

Teisen

Oasis vitícolas de **PATAGONIA**

152

BODEGAS
Y VINOS DE

Patagonia

Hay una vitivinicultura patagónica tradicional que conoció épocas mejores en el Valle del río Negro y en particular en el Alto Valle, y otra vitivinicultura recién nacida al impulso de grandes inversiones en el Bajo Valle del río Neuquén, entre San Patricio del Chañar y Añelo. El contraste entre ambas vitiviniculturas tan vecinas y disímiles torna de lo más interesante la comparación de sus vinos y el viaje por sus terruños. De un lado, viñas y bodegas viejas más o menos modernizadas y del otro, viñedos jóvenes y flamantes bodegas inoxidables. Para más, existe una inveterada rivalidad entre 2 jóvenes provincias contiguas que fueron territorios nacionales de frontera administrados por los militares hasta hace medio siglo: Neuquén es gobernada por un hegemónico partido provincial de origen peronista pero bien autónomo de Buenos Aires gracias a las regalías gasíferas y petrolíferas, y descolla en sus obras de infraestructura pública; Río Negro desde hace un cuarto de siglo es gobernada por radicales que desatienden las obras públicas pero atienden bien el gasto o clientelismo social. Neuquén es petrolera y mapuche; Rio Negro frutícola e italiana. Neuquén contiene a una sola y próspera ciudad capital, en tanto que Río Negro es bicéfala con su frustrada Capital Federal de la República en Viedma, en eterna rivalidad con la más dinámica e interesante Bariloche. Las 2 provincias comparten el lago y el Parque Nacional Nahuel Huapi, pero con fronteras en litigio como si fueran países distintos.

Los viñedos rionegrinos son viejos y sus uvas premium contribuyen generosamente a los jóvenes vinos neuquinos mientras sus viñedos alcanzan la madurez. En Río Negro se trabaja en viejas bodegas de piletas de mampostería y en Neuquén, en tanques de acero inoxidable. Sobre la base de la ya larga experiencia rionegrina, ambos terruños apuestan a las mismas cepas tintas (Merlot, Pinot Noir, Malbec) y blancas (Sauvignon Blanc y Chardonnay) para cimentar en Argentina y ultramar la fama de los vinos patagónicos. Así las cosas, una apasionante competencia está esbozándose entre los vinos del bajo Neuquén y del alto Río Negro que, si hacen bien las cosas, redundará en beneficios para toda la región.

"Los vinos de las zonas frías" (término acuñado por Guillermo Barzi Canale) y "los vinos del viento" (neologismo acuñado por nosotros) hacen juntos la segura fama de los vinos patagónicos en el siglo XXI.

El Alto Valle

En el Valle del río Negro la viticultura se practica desde que a fines del siglo XIX el enólogo sanjuanino Hilarión Fourque trajo de Cuyo cepas de Criolla, Malbec, Cabernet Sauvignon y Semillon. El crecimiento del sector llegó en la década de 1920, cuando inversores y colonos construyeron bodegas y plantaron viñedos con clones importados de Francia. En *Panorama de la Vitivinicultura en la Patagonia Norte* publicado en el sitio web del INTA, el doctor Alcides Llorente menciona algunos de los grandes emprendimientos de la época: *La Mayorina* en Cipolletti, *Los Canales* en Plottier, *Barón de Río Negro* en Allen, *Canale* en General Roca, *La Esmeralda* en Luis Beltrán, *Nazar Anchorena* en Río Colorado, todos orientados a elaborar vinos de calidad y de los que hoy sólo existe el *Establecimiento Humberto Canale*.

A esta vitivinicultura de calidad se superpuso desde fines de la década de 1950 otra de cantidad, que cometió el error estratégico de competir con San Juan y Mendoza en los vinos de mesa comunes para obtener su tajada de la creciente demanda de vinos en el mercado interno. Así se plantaron cepas de mayor rendimiento y menor calidad enológica, en parrales. Por ello todavía hoy Pedro Giménez y Torrontés Mendocino figuran entre las variedades más cultivadas en la región. Pero incluso en Río Negro los vinos comunes y baratos de San Juan y Mendoza, más dulces y menos ácidos, desplazaban a los vinos locales. A partir de la crisis de los '70, en 15 años se arrancaron 14 mil hectáreas de viñedo. Cultivar peras y manzanas era mucho más rentable. En su máxima expansión, el viñedo rionegrino cubría unas 17 mil hectáreas y había unas 250 bodegas que procesaban 130 millones de kilos de uvas. Hoy existen unas 20 bodegas en la provincia, que elaboran unos 12 millones de litros de vino, de los que sólo la tercera parte son vinos de calidad.

La viticultura de calidad se consolidó en el Alto Valle, entre General Roca, Allen, General Fernández Oro y Mainque, entre 240 y 270 metros de altura sobre el nivel del mar. Pero también hay algunas bodegas, ninguna de alta calidad, en las afueras de Viedma, en la isla Choele-Choel y en Villa Regina, donde es importante la producción de sidra.

Río Negro cuenta 2,9 mil hectáreas de viña distribuida en 440 viñedos, con una superficie promedio de 6,6 hectáreas por viñedo. La variedad vinífera más plantada es Merlot (363 hectáreas) seguida por Torrontés Mendocino (340), Malbec (330), Pedro Giménez (222), Cabernet Sauvignon (170), Syrah (146), Pinot Noir (86), Semillon (86), Bastardo (61), Tempranillo (49), Chardonnay (45) y Sauvignon Blanc (41). Hay cantidades menores de Bonarda, Chardonnay y Chenin.

El clima y los suelos

El clima es templado, continental y desértico, con máximas medias de 22°C, mínimas medias de 6°C y un promedio anual de 15°C. Las lluvias van de unos 200 milímetros anuales en el Alto Valle a 400 milímetros en el Bajo Valle, con escasa humedad atmosférica.

Los vientos son frecuentes e intensos y obligan a proteger los cultivos con cortinas forestales de álamos como los que se plantaron hace un siglo en el Alto Valle o hace pocos años en San Patricio del Chañar, protegidos con redes de plástico hasta la mayoría de edad.

El viento*, por la deshidratación que provoca, es un valioso auxiliar preventivo de las enfermedades criptogámicas. La mayor amenaza natural a las vides son las heladas tardías en primavera cuando las plantas brotan y las heladas tempranas en otoño cuando todavía no se cosechó. El granizo es raro y no constituye un problema.

Los veranos secos con días calurosos y noches frescas y los otoños de gran heliofanía son muy favorables a la maduración lenta y prolongada de las bayas, con buen equilibrio entre azúcares y acidez, maduración polifenólica (taninos) y acumulación de antocianos (color en las uvas tintas), además de aromas y sabores. Este efecto es particularmente apreciable en las variedades tintas de cosecha temprana, como el Pinot Noir y el Merlot, aunque también el algo más tardío Malbec se beneficia mucho con la marcada amplitud térmica del Valle.

Los suelos son en general aluvionales, grises, formados por materiales aluvionales heterogéneos (piedras, arena, etc). En las zonas de la meseta donde se implantan viñedos con riego por goteo, los suelos son arenosos y de cantos rodados, pobres en materia orgánica. En algunas zonas puede haber problemas de salinidad y drenaje.

Las primeras uvas blancas para espumantes se suelen cosechar a mediados de febrero (un mes más tarde que en Cuyo), y poco después el Pinot Noir y el Merlot, si bien en los últimos años éstos se cosecharon más tarde que lo habitual, casi junto al Malbec que suele levantarse a mediados de marzo. El Cabernet Sauvignon se vendimia en la segunda quincena de abril. A fines de abril, salvo alguna rara cosecha tardía, ya no quedan uvas en las cepas.

En la ruta del vino del Alto Valle

Las bodegas del Alto Valle que merecen una visita están entre Villa Regina y General Fernández Oro, a lo largo de unos 80 kilómetros de la Ruta Nacional 22 que, por el tráfico de camiones que soporta en época de cosecha de frutas y uvas, debería ser una autopista pero es una angosta ruta sin banquinas que atraviesa centros urbanos. Las pequeñas ciudades del Alto Valle son todas modernas y sin atractivos turísticos ni buena hotelería o gastronomía, correctas para viajantes de comercio pero escasas para los enófilos. No hay otras posibilidades de alojamiento, por lo que el recorrido debería hacerse en un día para pernoctar en Neuquén, donde están los pocos buenos hoteles y restaurantes de la región.

La pequeña, solitaria bodega garage *Noemìa de Patagonia* en Valle Azul, al sur del río Negro y al pie de la árida meseta, no recibe visitantes pues su escala no lo permite: produce poquísimas botellas de alto precio, todas basadas en Malbec pero de un viñedo que no está allí sino en Mainqué, a una veintena de kilómetros río arriba. Su viñedo contiguo a la bodega (5 hectáreas de Malbec) todavía no produce. Pero vale la pena cruzar el Negro para vislumbrar la belleza de las orillas y fincas aledañas, imperceptible desde la ruta troncal del Valle. Villa Regina es renombrada por su producción de sidra, si bien las sidras premium están todavía por hacerse: la sidra fue muy bastardeada por la producción masiva y de baja calidad. Gracias a los viñedos de *Noemìa* y el emprendimiento del hermano de su propietaria con Pinot Noir y una pequeña bodega de 70 mil litros (con un paño de Pinot septuagenario), Mainqué está destinada a comenzar a figurar en la cartografía vínica patagónica.

La bodega más interesante para visitar es *Humberto Canale*, poco más allá de General Roca, donde además de 145 hectáreas de viña hay cultivos de frutales. Ya centenario, el *Establecimiento* tiene añosas arboledas y plantaciones, con varios paños de vid de más de medio siglo, algunos puestos en "encepado rionegrino" (espaldero bajo que alterna 2 hileras de Semillon con 2 de Petit Verdot, Merlot, Pinot Noir y Cabernet Sauvignon). Prácticamente todo el Cabernet Franc de la Patagonia es de la casa, que hace un singular *Marcus Gran Reserva*. Esta línea *top* cuenta a las mejores expresiones varietales del Merlot y el Pinot Noir en la Patagonia, pero la familia Barzi

---

* Experimentamos el brutal viento oeste en una primavera, bajando de los Andes hacia San Patricio del Chañar. Por momentos, las ráfagas al través por babor hacían del manejar en la ruta desierta algo más parecido al *yachting* que al conducir un auto, entre nubarrones de polvo. En los viñedos, daba lástima ser vid y tener hojas y flores al viento. En los tobillos, un polvo abrasivo limaba las ganas de caminar. Claro que también ser hormiga, hongo criptogámico o pájaro frugívoro es un incordio con semejante ventarrón fijo e interminable.

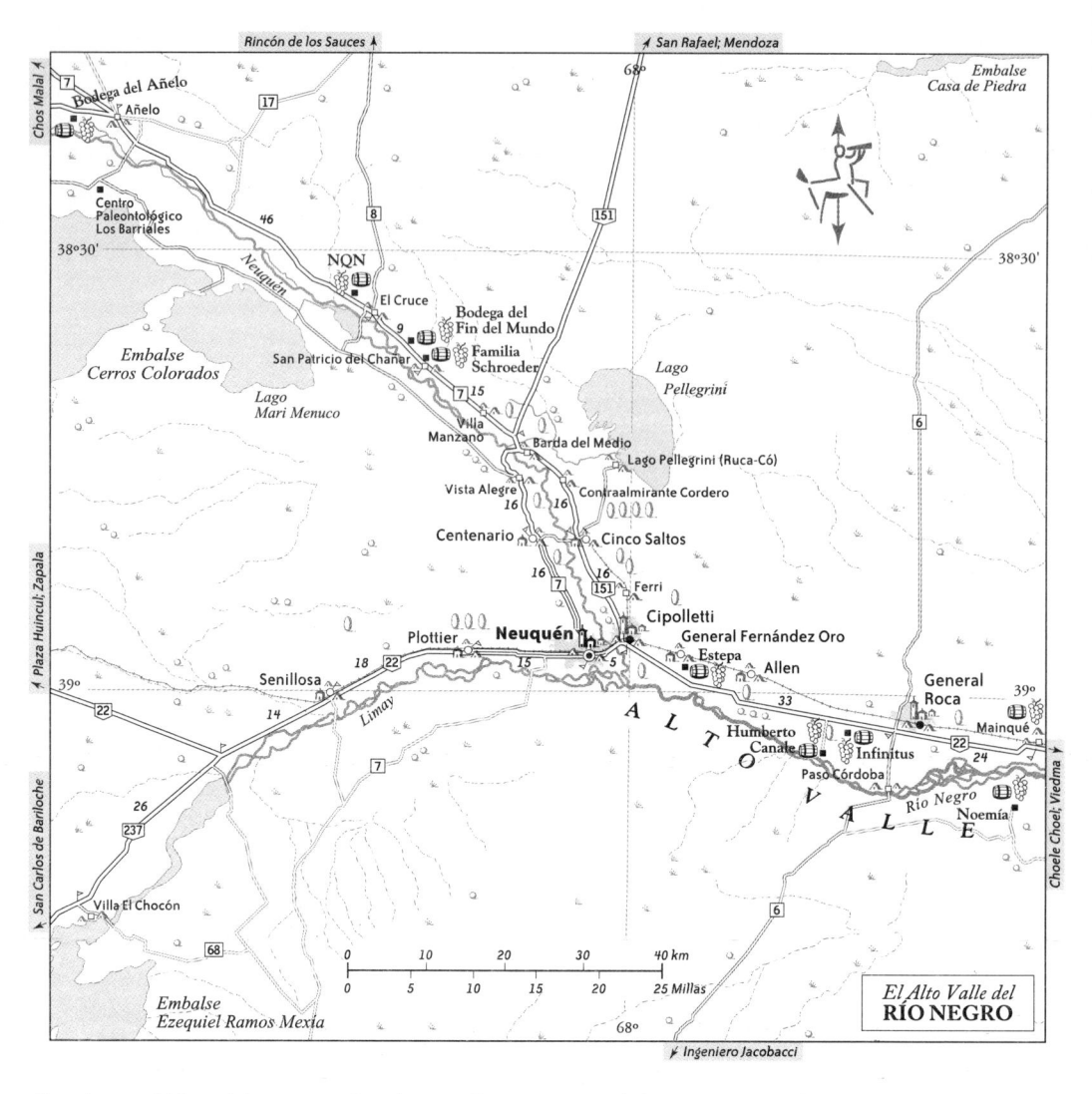

Canale también elabora un Sauvignon Blanc espectacular y "el" Semillón patagónico. La bodega reúne viejos toneles de roble, piletas de mampostería, tanques de acero inox y barricas bordelesas en un conjunto ecléctico y por eso mismo de lo más interesante: todas las demás bodegas patagónicas o son de piletas de mampostería o son de acero inox. Hay además un pequeño museo.

Frente a la ruta 22, cerca del acceso a *Humberto Canale*, está la bodega *Infinitus* que no recibe visitas pues los vinos no se crían aquí sino en la casa madre, *Fabre-Montmayou*, en Luján de Cuyo. La bodega *Estepa* está equipando y reciclando una vieja bodega de piletas de mampostería en Fernández Oro con vistas también al turismo. Los enófilos apasionados en viticultura deberían conocer su finca La Agreste, a algunos kilómetros de allí, frente a Neuquén, en la otra orilla del río. Estos pocos millares de cepas viníferas son la iniciativa más audaz de la viticultura patagónica y quizá argentina y sudamericana: es una plantación en medio del desierto virgen, al reparo en las hondonadas entre los médanos y el chaparral nativo. Las vides crecen en arbolito o Gobelet, es decir sin postes ni alambres y se las riega a mano, una por una. Todavía en sus primeros verdes, este viñedo experimental comenzará a expresarse en los próximos años.

San Patricio del Chañar y Añelo

En Neuquén, a mediados de siglo XX, había unas 450 hectáreas de viñedo pero los vinos del territorio nunca fueron más allá de una dimensión local hasta que en el último año del siglo comenzaron, en escala rara en el globo vináqueo, los trabajos de plantación del consorcio *La Inversora*. Todo se hizo con el apoyo financiero del banco provincial neuquino, en una política de largo plazo para generar emprendimientos productivos que sustituyan al gas y el petróleo (que son la principal riqueza del Neuquén) cuando éstos se agoten. En un esfuerzo colosal por la dimensión y el carácter virgen y extremo del terruño, en pocos años se construyeron, además de ya casi media docena de bodegas de vanguardia tecnológica, docenas de kilómetros de canales, cientos de kilómetros tuberías, plantas de bombeo y miles de kilómetros de mangueras de riego por goteo; se plantaron millares de árboles en barreras cortaviento, protegidos con kilómetros de redes plásticas. Se desbrozaron con topadoras más de mil hectáreas de chaparral estepario y se mejoraron los suelos más salinos con varias toneladas por hectárea de yeso y guano. Y se plantaron casi todas las 1,4 mil hectáreas de viña que hay en Neuquén, donde hay 56 viñedos con el promedio de superficie más alto del país: 24,5 hectáreas, buen índice de la modernidad y potencial rentabilidad del viñedo en esta provincia.

Las variedades son pocas y bien elegidas con la experiencia previa del Alto Valle: hay 446 hectáreas de Malbec, 265 de Merlot, 246 de Cabernet Sauvignon, 153 de Pinot Noir y 62 de Sauvignon Blanc. Las plantaciones, en su quinto verde, ya dan muy buena fruta y sustituyen progresivamente año a año a las uvas compradas en el Alto Valle del río Negro, de modo que la personalidad de los viños del terruño recién está comenzando a aflorar y aun es temprano para atribuirles un carácter propio y distintivo. Todos los vinos superpremium de las flamantes bodegas de San Patricio del Chañar se elaboran y se elaborarán por algunas cosechas más con uvas compradas del Alto Valle, ya que las jóvenes plantaciones todavía no producen fruta de "calidad A". El carácter de los vinos neuquinos recién comenzará a apreciarse con nitidez dentro de un lustro, cuando las cepas tengan entre 7 y 10 años. La similitud del clima y los suelos, apenas un centenar de metros más alto, hacen pensar que serán muy similares a los vinos del Alto Valle, pero en suelos vírgenes y en una comarca más barrida por el impresionante viento del oeste, que baja de los Andes con días de sostenida furia.

El enólogo Héctor Durigutti, que está asesorando a la flamante bodega *Valle Perdido*, pondera los colores de las uvas tintas cultivadas al viento del oeste en Añelo y San Patricio del Chañar. Este viento mapuche provoca que el hollejo se engrose para resistir a su acción deshidratante y abrasiva y así las uvas tienen más materia sólida y colorante: los análisis de pulpa-hollejo dan un 15% más de hollejo aquí que en Mendoza. Y la aireación algo forzada de estos viñedos favorece su cultivo orgánico fastidiando a los hongos que necesitan sol, humedad y aire quieto para prosperar en las vides. La promesa de alta calidad enológica en estos terruños de frontera quedaría demostrada con las inversiones en viñedo y bodega de *La Rural* y *Catena Zapata*, en Añelo.

En la ruta del vino de Neuquén

A unos 50 kilómetros al noreste de la ciudad de Neuquén, siguiendo el cauce del río Neuquén por la Ruta Nacional 151 o la Provincial 7 al otro lado del río, está el más flamante terruño de Argentina, San Patricio del Chañar. De un lado de la ruta están las ya maduras fincas de frutales y del otro, a lo largo de varios kilómetros, los jóvenes viñedos del oasis.

El núcleo "histórico" de las bodegas de San Patricio del Chañar es la fundacional y funcional *Bodega del Fin del Mundo*, propiedad de Julio Viola, empresario de la construcción uruguayo naturalizado neuquino, que construyó buena parte de los edificios más modernos de la ciudad de Neuquén y *alma mater* del emprendimiento que entregó "llaves en mano" los viñedos a las bodegas *Familia Schroeder* (propietarios del diario y la radio más importantes del Neuquén) y *NQN*, también de inversores neuquinos. La cuarta y última bodega construida es *Valle Perdido*, propiedad del abogado porteño Fernando Muñoz de Toro, que en 2006 hizo su primera elaboración en una bodega de 1,7 millones de litros de capacidad, en base a uvas de sus 140 hectáreras en producción donde el 80% son tintas del catálogo común a los productores del Chañar. Están construyendo un *wine-resort* y *spa* de unas 20 habitaciones, con restaurant.

Bodega del Fin del Mundo es de interesante visita para conocer una bodega de importante capacidad de producción formulada según criterios de ingeniería más que de arquitectura, con toda la enotecnología actual. El *Special Blend Reserva*, y los *Del Fin del Mundo Reserva* Malbec, Pinot Noir y Chardonnay son los mejores recuerdos de una visita a la bodega de aspecto más industrial en esta ruta.

En *Familia Schroeder* (casi 3 veces más chica que la anterior), bajo un elegante techo de madera que recuerda al de las bodegas chilenas más modernas, hay arquitectura acompañando a la ingeniería de una bodega que se apoya contra la módica barda que separa al valle de la meseta para funcionar por gravedad en 5 escalones: recepción de uvas, prensado, fermentación y conservación (en tanques de acero inox) y crianza en 2 bonitas cavas con capacidad para 900 barricas bordelesas, pues la casa se precia de dar un paso por roble europeo y americano a todos sus vinos, incluido el Sauvignon Blanc. La bodega balconea con su acristalado *wine-bar* y restaurant de 80 cubiertos con gran asador de piedra y terraza de madera sobre el parque y la viña. Está abierto al mediodía y recomiendan reservas previas. El espacio está decorado con colecciones de puntas de flecha y objetos mapuches. Exhibida con buen criterio museológico donde se la halló al excavar, se verá la osamenta fósil del saurio de Gondwana más que de la Patagonia que da nombre y leyenda a los mejores vinos de la casa. Un atractivo suplementario de *Familia Schoeder* es que es la única bodega de la comarca que está haciendo espumantes, buena ocasión para comparar método Charmat y método tradicional o *champenoise*: el *Saurus* Extra Brut es el mejor espumante de la Patagonia. El Pinot Noir de la casa está afirmando su personalidad, al igual que el Malbec y el Merlot. Aunque muy americana y modernísima, ésta es la más "Viejo Mundo" de las bodegas del Chañar: cría en barrica y hace su espumante.

NQN se entierra contra la barda frente a su viñedo con sobriedad arquitectónica y una construcción basada en el hormigón pretensado y las estructuras metálicas. El frente es abierto al paisaje y de función turística, con un ala dedicada al restaurant *Malma*, de 70 cubiertos, donde está en desarrollo la primera cocina de chef del Chañar, con exploración de texturas y sabores de la tierra. Por detrás, la bodega es funcional con el área de recepción de uvas en la parte más alta, lo que permite trabajar por gravedad también aquí, en tanques de acero inox. El Pinot Noir *Malma* es de lo mejor en Patagonia y están destacando también con sus Cabernet Sauvignon. En una bonita cava de hormigón custodian algunas docenas de bordelesas pero el estilo de la casa es más "Nuevo Mundo" que en la anterior bodega; aquí se inclinan por el uso de duelas de roble que dan vinos más abiertos y seductores.

Las bodegas del Chañar, cuyos propietarios se conocen y comparten un esfuerzo fundacional inédito, por volumen y calidad están destinadas a asombrar a la Argentina y al mundo en los próximos años. Tanto en enoturismo como en viti y vinicultura, con inversiones de varias docenas de millones de dólares, Neuquén saltó de la prehistoria a la vanguardia en el país.

A 40 kilómetros de allí, tras un poco de ruta en el desierto, aparece la *Bodega del Añelo*, que al tiempo de nuestra visita no estaba muy abierta al visitante, así que no es mucho lo que podemos decir de ella.

El resto de la Patagonia

A poco más de 42° de latitud sur, en el Hoyo de Epuyén (provincia de Chubut) el bodeguero brasilero arraigado en Mendoza Bernardo Weinert plantó 20 hectáreas de Pinot Noir, Merlot, Chardonnay, Riesling y Gewürztraminer en unas hermosas colinas rodeadas por bosque nativo, en suelos que si bien tienen alguna piedra, nos parecieron bastante sueltos y fértiles cuando los caminamos: nunca vimos hojas de Merlot más grandes y hermosas que allí. Tras algunas vinificaciones experimentales en la bodega mendocina, en 2006 estas cepas dieron su primera cosecha vinificada en la nueva bodega de piletas y tanques de acero inox que *Patagonian Wines* inaugurará en el verano de 2007, cuando estos vinos estén prontos.

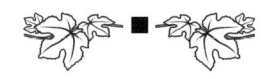

Bodega del Añelo

Ruta provincial 7 km 96 /8305 Añelo / Neuquén
Tel.Fax.: (0299) 4904242
E-mail: info@bodegadelanielo.com
Website: www.bodegadelanielo.com
Capacidad: 0,1 millones de litros - Viña: 10 hectáreas

La bodega de Carlos Vidal elaboró en 2005 unas 300 mil botellas de vino, con la enología de Ricardo González. De los *Finca Roja*, el que más nos gustó fue el Chardonnay, un vino de medianas intensidades, ligero y simple, de cierto carácter untuoso y sedoso. Bastante intenso en ambas fases el Pinot Noir, redondo y elegante aunque con taninos que aprietan un poco. Intenso y expresivo el Merlot, bien que con taninos secantes. Hay fruta y estructura en el Malbec, pero también rebeldía de taninos y amargores. Fresco y frutado, ligero y sin vueltas el *Rosado Joven*. Nariz rica de fruta, herbáceo, vegetal, especiado y empireumático en el Cabernet, pero en boca tropieza con taninos secantes. De nariz pobre y boca simple el Sauvignon Blanc. Discutible el *blend dulce natural Cruz Diablo*: fresco, simple, regular.

Finca Roja Chardonnay 2005	★★★
Finca Roja Merlot 2004	★★★
Finca Roja Malbec 2004	★★★
Finca Roja Pinot Noir 2004	★★★
Finca Roja Cabernet Sauvignon 2004	★★★
Finca Roja Rosado	★★★
Finca Roja Sauvignon Blanc 2005	★★
Cruzdiablo *assemblage*	★★

Bodegas y Viñedos Estepa

Colón n° 50 / 8300 Neuquén
Tel.Fax.: (0299) 4483127
E-mail: info@bodegasestepa.com
Website: www.bodegasestepa.com
Capacidad: 0,6 millones de litros - Viña: 56 hectáreas

De la bodega de Juan Alvarez y Michael Lean Cole, con enología de Juan Carlos Rodríguez Vila y Alfredo Nieto, *Estepa Tierra* elaborado en 50 mil botellas con 6 meses de crianza en barrica para la mitad del vino, es un Malbec de agradable nariz con buena tipicidad varietal (ciruela) y matices herbáceos, especiados y terrosos; amplio en boca, bien frutado, de taninos gordos y redondos, aterciopelado y sedoso, de final medio largo. El Merlot es un vino frutado (cerezas negras) con algún matiz floral y notas lácticas (dulce de leche en boca), buena dosis de taninos maduros, sedoso en boca, con buen balance y un ligero recuerdo de roble. Interesante el Trousseau (también llamado Pinot Gris de la Patagonia), por su rareza, pero el vino no expresa una nariz muy definida; es sedoso y ligero en boca, con cierto amargor final y leve oxidación.

Estepa Tierra Malbec 2004	★★★★
Estepa Tierra Merlot 2004	★★★
Este Tierras Blanc de Noir Trousseau 2005	★★★

Bodega NQN

Ruta Prov. 7 Picada 15 Q8305 San Patricio del Chañar / Neuquén
Tel.: (0299) 4432696 / 4434854 - Fax.: (0299) 155887801
E-mail: bodeganqn@bodeganqn.com.ar
Website: www.bodeganqn.com.ar
Capacidad: 1,8 millones de litros - Viña: 126 hectáreas

La tecnificada bodega de Luis María Focaccia y Lucas Nemesio, donde la enología es de Gustavo Agostini con la consultoría de Santiago Mayorga está alcanzando rápidamente cotas de sorprendente calidad, si bien curiosamente nos gustaron más los vinos "normales" que los "reserva" y nos parece que los primeros tienen un roble demasiado marcado para haber pasado sólo en un 20% por barricas (¿duelas?). *Malma* Pinot Noir es un magnífico ejemplo del potencial de esta cepa en Patagonia: un vino con personalidad, que en su frase aromática enuncia tipicidad, con registros de bayas rojas, regaliz y cierta terrosidad; gana expresividad en el paladar, ensamblando frutosidad juvenil, buena acidez y taninos gentiles con un uso ponderado del roble, y un final de buena longitud. Muy parejos los 2 Cabernet Sauvignon de la casa: el *Reserva* ofrece un perfil aromático de media intensidad pero muy agradable, signado por arándanos, roble, dulce de higos, pimiento cocido y tabaco; se expresa más intensamente en boca, con buen volumen, una trama tánica dulce y suave y un prolongado final, que se inclina hacia recuerdos de tabaco. Para tomar ya. Y el *Malma* posee una típica nariz de Cab contemporáneo, con mucha vainilla interactuando con una fruta no muy discernible; discurre muy bien en todo el recorrido gustativo, redondo en taninos, equilibradamente ácido, con un largo y agradable recuerdo de té negro: quizá algo *overoaked* pero muy bien logrado. Destacable también el Merlot, que en nariz evoca cerezas, cola, caramelo, coco y roble tostado, para repetir los registros aromáticos con acento marcado de roble y un final de chocolate dulceamargo: todavía algo salvaje, agradecerá tiempo en botella. No muy límpido en nariz y con taninos secantes el Malbec *Malma Reserva*. De mejor desempeño el Malbec *Malma*, con una nariz personal y algo herbácea y buena boca. Elegante y muy herbáceo en nariz el Sauvignon Blanc, que pierde intensidad en boca. No muy logrado el *Reserva* Merlot, de nariz frutada pero maderoso y de amargo final.

Malma Pinot Noir 2005	★★★★★
Malma Reserva Cabernet Sauvignon 2004	★★★★
Malma Cabernet Sauvignon 2004	★★★★
Malma Merlot 2004	★★★★
Malma Malbec 2004	★★★
Malma Reserva Malbec 2004	★★★
Malma Sauvignon Blanc 2005	★★★
Malma Reserva Merlot 2004	★★

Bodega del Fin del Mundo

Ruta Provincial 8 km 9/ CPQ8306ADA San Patricio del Chañar / Neuquén
Tel.: (0299) 4855083 - Fax.: (0299) 4855004
E-mail: info@bdfm.com.ar
Website: www.bodegadelfindelmundo.com
Capacidad: 4 millones de litros - Viña: 580 hectáreas

De esta casa pionera, este año hallamos excelentes al *Special Blend Reserva*, vino de mucha energía y personalidad aromática floral, frutada y especiada; muy cálido, potente y estructurado en boca, con sabores frutados y especiados y una tanicidad firme y aun secante, que demanda al menos un año de guarda. Y al *Del Fin del Mundo Reserva* Chardonnay, muy bien logrado pero *overoaked*: en nariz sobra roble y escasea la fruta; en boca es envolvente y pleno, casi cremoso por la oleosidad del roble y la fermentación maloláctica, con acertada acidez y un final largo y agradable aunque todo crianza. Floral-frutado, algo especiado y balsámico en nariz el Malbec *Postales*, de buen ataque y grueso, con estructura aunque sin armonía en acidez y taninos, quizá por falta de tiempo en botella. Muy bien el Pinot Noir *Del Fin del Mundo*, algo hermético en su nariz de cierta complejidad, elegante en boca aunque con mucha presencia de la barrica y cierto amargor final. Bien frutado e intenso en nariz el Pinot *Newen*, con matices balsámicos, animales y minerales; sedoso en boca, con taninos maduros y media persistencia. En Merlot nos gustó bien *Del Fin del Mundo*, con su fruta acaramelada y láctica, de buen ataque en boca, fresco y sedoso, tánico y largo, demandante de más botella. Menos intenso pero gustoso el *Newen*, de olfato floral-frutado y buena materia en boca aunque con taninos que aprietan. No nos gustó el *Postales*, mal de nariz y boca. En Cabernet Sauvignon, hay muy buen vino de aroma intenso y frutado en *Del Fin del Mundo*; en boca, sin dejar ser grato y bebible, pierde intensidad salvo en taninos. Simple y correcto el Cabernet *Newen*, etiqueta más interesante en el Syrah de buena frutosidad aromática, aterciopelado y sedoso en boca, de beber ligero y placentero. Con una buena nariz frutada y láctica, el *Postales* Cabernet-Malbec no termina de aclararse en boca.

Del Fin del Mundo Special Blend Reserva 2004	★★★★
Del Fin del Mundo Reserva Chardonnay 2004	★★★★
Postales del Fin del Mundo Cab.Sauv.-Malbec 2005	★★★
Postales del Fin del Mundo Malbec 2005	★★★
Newen Pinot Noir 2005	★★★
Del Fin del Mundo Reserva Pinot Noir 2004	★★★
Del Fin del Mundo Reserva Merlot 2004	★★★
Newen Merlot 2004	★★★
Newen Syrah 2005	★★★
Del Fin del Mundo Reserva Cab. Sauvignon 2004	★★★
Newen Sauvignon Blanc 2004	★★★
Newen Cabernet Sauvignon 2005	★★
Postales del Fin del Mundo Merlot 2004	★

Familia Schroeder

Calle n°7 Norte / 8305 San Patricio del Chañar / Neuquén
Tel.: (0299) 5086767 - Fax.: (0299) 5880359
E-mail: info@familiaschroeder.com
Website: www.familiaschroeder.com
Capacidad: 2,1 millones de litros
Viña: 110 hectáreas

La flamante y tecnificada bodega de la familia de Herman Schroeder que dirige Roberto Schroeder con la enología de Leonardo Puppato y la consultoría de Juan Carlos "Pulqui" Rodríguez Vila realizó su primera vinificación en 2004 pero cada año está haciéndolo mejor. Albricias, porque estamos asistiendo al nacimiento de una nueva estirpe: la de los buenos espumantes patagónicos. El Extra Brut *Saurus Patagonia*, del que hicieron 20 mil botellas (60% Chardonnay, 40% Pinot Noir) es de un bello amarillo pálido con tinte cobrizo y produce sensación olfativa grata y refrescante, teñida por una fruta roja del Pinot Noir y un subyacente perfume a banana madura. En boca su dulzor está al límite del Extra Brut, pero la acidez lo equilibra y favorece la armonía: un espumante intenso, de interesante estructura, fresco y agradable, con largo final y gran predisposición para acompañar frutos de mar. Un nítido paso adelante respecto a su cosecha anterior en el *Select* Malbec, de tinta violeta casi negra, que al olfato resulta limpio, complejo y concentrado, no excesivamente intenso pero rico en registros lácticos, frutados, florales, minerales y de crianza. Es muchísimo Malbec en boca, corpulento, estructurado, masticable...para algunos paladares extrafinos quizá sobre extraído al exceso, hasta perder elegancia. Su tanicidad activa hace presumir que tiene potencial de crecimiento en botella.

No muy intenso en su registro floral y empireumático, el *Saurus* Pinot Noir discurre sedoso y ligero en boca, algo breve y para algún paladar, con ligero amargor final. Muy bebible el Cabernet Sauvignon, bien que de mediana expresión aromática vegetal y frutada, fresco y elegante, sin emocionar. Correcto también el Malbec, de aroma frutado y boca sedosa, quizá algo ácido y con taninos un punto secantes. Frutado y con recuerdos de crianza el Pinot, que presenta cierta aguja carbónica en boca, con recorrido sedoso y media persistencia. Mediano en sus intensidades pero fresco, con buena frutosidad aromática y no muy largo el Chardonnay.

Saurus Patagonia Extra Brut	★★★★
Saurus Patagonia Select Malbec 2004	★★★★
Saurus Patagonia Select Pinot Noir 2004	★★★
Saurus Pinot Noir 2004	★★★
Saurus Malbec 2004	★★★
Saurus Cabernet Sauvignon 2004	★★★
Saurus Patagonia Select Chardonnay 2005	★★★

HUMBERTO CANALE

Chacra nº 186 / 8332 General Roca / Río Negro
Tel.: (02941) 430415/ 430882
Fax.: (02941) 499024
E-mail: info@bodegahcanale.com
Website: www.bodegahcanale.com
Capacidad: 3,2 millones de litros - Viña: 145 hectáreas

La ya casi centenaria bodega familiar de Guillermo Barzi Canale, con enología de Baltasar Horacio Bibiloni, consultoría de Hans Vinding Diers y agronomía de Juan Martín Vidiri es la primera de la Patagonia. Suyo es el mejor Sauvignon Blanc patagónico, que al examen olfativo responde con gran tipicidad varietal –hierba seca, cítrico, ruda, ligero *pipí de chat*–. En boca es de impactante franqueza, pleno y estructurado, fluido y fresco, ágil y expresivo, con final sedoso. Suyo también un gran Merlot, el *Marcus Gran Reserva* de tal riqueza aromática (especiería, tabaco de pipa, ciruela negra...) que crea excesiva expectativa en boca, donde es algo menos intenso pero muy elegante, con profundidad y largo de paladar, si bien los taninos aprietan un poco; posee sobrada estructura para mejorar en botella. Otro clásico de la casa es *Marcus Gran Reserva* Pinot Noir, impactante en anteriores añadas pero menos en 2004 a causa de una tanicidad secante, sin dejar de ser estructurado y de muy buena crianza.

De limpio y fresco envío aromático frutado con leves matices especiados y balsámicos el *Humberto Canale* Malbec, sedoso y aterciopelado en boca, con tanicidad dulce y madura, y mediana persistencia. Casi al mismo nivel el Malbec *Marcus Gran Reserva*, que en nariz denota una madera tostada que retorna en boca, sin que la crianza conduzca al vino a una dimensión superior. Floral y frutado, con matices herbáceos el *Humberto Canale* Merlot, sabroso, franco y sedoso al paladar. Fresco y con notas de fruta blanca el Viognier, de buena y armónica boca, ágil y grata. Fastidiado por *Brett* en nariz y boca el Cabernet-Merlot, con taninos algo secantes. Herbáceo, algo ligero y simple el Semillon. No del todo convincente el Pinot *Humberto Canale*, de buena nariz pero con taninos secantes y punto de amargor en boca. Corto y con notas azufradas el Torrontés.

Humberto Canale Sauvignon Blanc 2005	★★★★
Marcus Gran Reserva Merlot 2004	★★★★
Marcus Gran Reserva Pinot Noir 2004	★★★
Humberto Canale Malbec 2004	★★★
Marcus Gran Reserva Malbec 2004	★★★
Humberto Canale Merlot 2004	★★★
Humberto Canale Viognier 2005	★★★
Humberto Canale Semillon 2005	★★★
Humberto Canale Cab.Sauv.-Merlot 2004	★★
Humberto Canale Pinot Noir 2005	★★
Humberto Canale Torrontés 2005	★★

NOEMÌA DE PATAGONIA

Avenida Roca 1945 / 8332 General Roca / Río Negro
Tel.: (02941) 15530400
Fax.: (02941) 15530412
E-mail: bodeganoemia@anylink.com.ar
Website: www.bodeganoemia.com
Capacidad: 0,05 millones de litros - Viña: 13 hectáreas

Nada es lineal ni está garantizado en el aleatorio mundo del vino y mucho menos el clima, tanto más en una región extrema como Patagonia. Una helada anormalmente temprana el 22 de marzo de 2005 encontró a las uvas de Noemi Marone Cinzano y Hans Vinding Diers que atiende el enólogo Oscar Ferrari en fase de maduración y, si bien fueron cosechadas, no lograron una madurez polifenólica satisfactoria. Por este motivo decidieron no lanzar al mercado el *Noemìa* 2005 a pesar de que hizo su fermentación maloláctica en barrica y aunque *"era muy bueno, no demostraba su mejor potencial como para ser un Bodega Noemìa"* en palabras de Ferrari. Sin embargo, el *J. Alberto* 2005 llegó hasta donde llegó en nuestras catas, lo que demuestra el nivel de autoexigencia que reina en esta pequeña bodega casi garage perdida a orillas del desierto, en la margen sur del río Negro, en Valle Azul. Con 95% de Malbec del viñedo Mainque (de su propiedad, a 25 km de General Roca) plantado en espaldero bajo en 1955 y con rendimientos que no llegan a 6 toneladas por hectárea, más un 5% de Merlot del mismo viñedo, este vino criado por un año en barricas de roble francés de segundo uso manifiesta gran personalidad aromática en su envío pleno de fruta, signado por buena crianza y perfumado de flores (rosas, geranios, malvones, violetas...). Su intensidad crece mucho en boca, donde es pastoso, muy estructurado y concentrado pero amplio y goloso, si bien su urdimbre tánica densa y activa necesita distenderse con un par de años de botella. La flexión aparece en cambio en *A Lisa* (90% Malbec y 10% Merlot, con 12 meses de barrica de tercer uso) de medianas intensidades olfato-gustativas, ligero en boca, con punta de acidez y taninos verdes y secantes, de corta persistencia. Curiosamente, registramos una flexión también en *Noemìa* 2004 (100% Malbec, 24 meses de barrica nueva), un vino de mucha bondad en nariz y en boca, con bellos taninos maduros, elegante y sedoso mas un paso atrás respecto a la grandeza excelsa de la cosecha anterior. Un tropezón no es caída, y es seguro que la pequeña y solitaria bodega de Valle Azul volverá pronto a deslumbrarnos.

J. Alberto Malbec 2005	🍇
Noemìa Malbec 2004	★★★
A Lisa Malbec 2005	★★★
J.Alberto Malbec 2004	🍇
Noemìa Malbec 2003	🍇

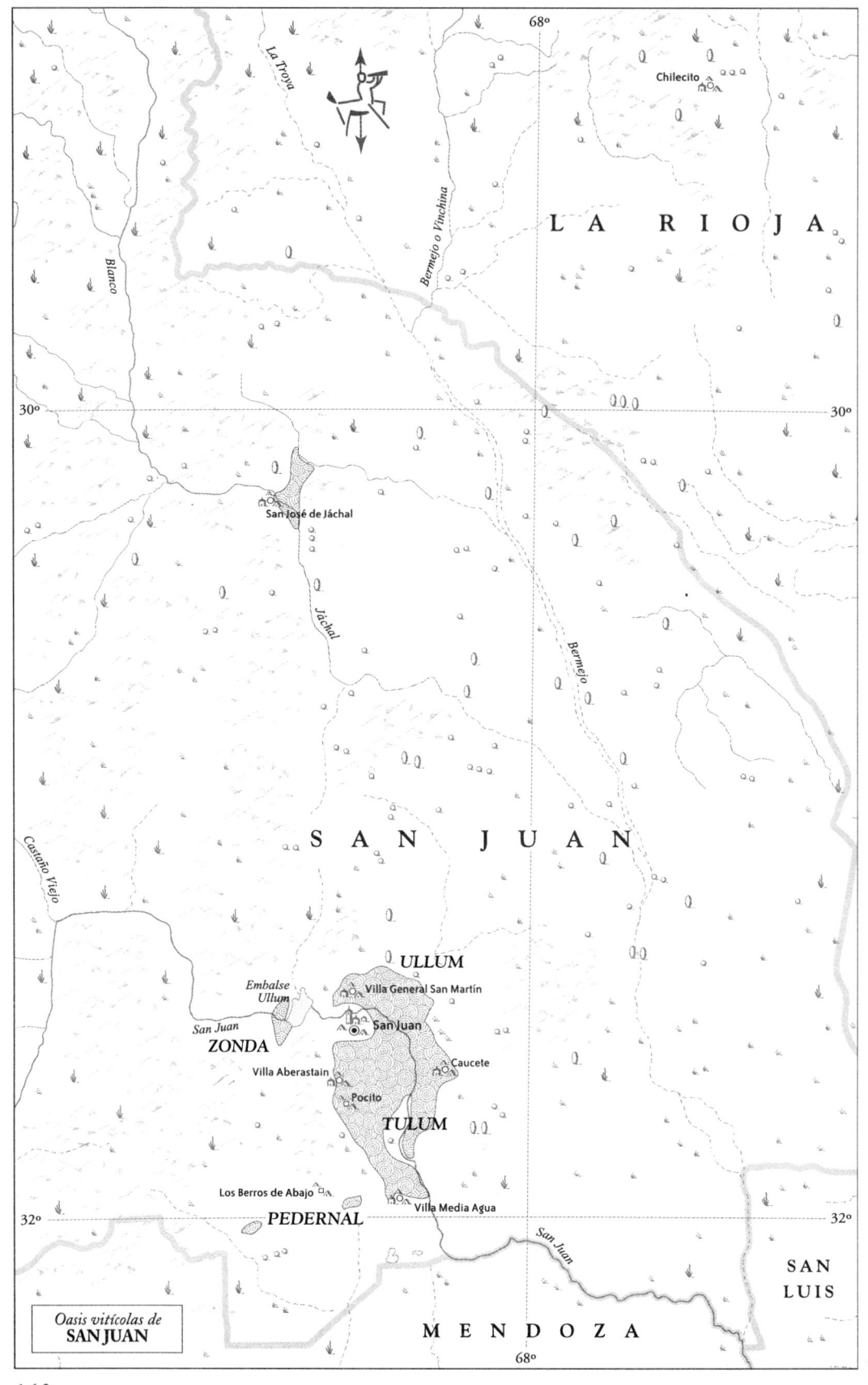

Los Valles de San Juan

Oasis vitícolas de
SAN JUAN

BODEGAS Y VINOS DE

Los Valles de San Juan

Los conocedores ya saben que el Syrah, el Petit Verdot, la Bonarda, el Cabernet Franc y también el Malbec, así como el Chardonnay y el Viognier, en San Juan tienen expresiones que pueden incluso superar a sus homólogas mendocinas. Terruños hasta no hace mucho desconocidos están cobrando fama propia por la calidad de su fruta, como los valles del Pedernal y del Zonda. Nuevas inversiones en viñedos y bodegas crearon terruños *ex nihilo*, como en Huanacache. Las bodegas sanjuaninas viejas y nuevas, grandes y pequeñas, se equiparon con todos los instrumentos de la enología contemporánea —incluyendo el *know-how* de los más afamados *flying winemakers*— que permiten salir al mundo con vinos de estilo moderno, ricos de fruta fresca y madera nueva y pobres de aquella fruta cocida y madera vieja que penalizaba a los oxidados vinos de antaño. Algunos productores sanjuaninos están conmocionando al mercado argentino con vinos de formidable relación calidad-precio. Si en algo todavía San Juan está a la zaga de Mendoza es en el desarrollo del turismo del vino.

Los Valles de San Juan

Los terruños vínicos sanjuaninos son 4 y todos ellos reciben el nombre de valles, si bien el más vasto (el Valle de Tulum) es más una llanura aluvional que un valle, recorrida por el río San Juan: Tulum se extiende desde los suburbios de la capital hacia el este hasta Caucete, limitado al noreste por la imponente aridez de la anfractuosa Sierra Pie de Palo y luego, siguiendo al río San Juan que vira hacia el sur, hasta Villa Media Agua y a lo largo de la precordillera en las localidades de Villa Aberastain, Pocito, La Rinconada y Carpintería. Su altura media ronda los 600 metros sobre el nivel del mar. Al noreste de la capital y al norte del río San Juan, en torno a Villa General San Martín se encuentra el Valle de Ullum, que es poco más que un apéndice del anterior, de similar altitud y clima. Más determinado topográficamente es el Valle del Zonda, que se encuentra al oeste de la capital y al sur del embalse de Ullum, detrás de las primeras estribaciones precordilleranas. Un apéndice de este valle es la Quebrada de Maradona (*), sitio peculiar para la viticultura ya que allí las uvas tintas como el Malbec pueden madurar ya en diciembre, hasta 4 meses antes que en otras partes de Cuyo. Los suelos de estos 3 valles son de tipo aluvional, en partes pedregosos, franco arcillosos y arenosos. Las lluvias no suelen superar los 200 milímetros anuales. El granizo es bastante raro aunque ocasionalmente puede causar problemas. Más dañino es el viento Zonda, un föehn o viento adiabático que en primavera puede causar destrozos a las plantaciones y correduras a los racimos en flor.

El cuarto valle sanjuanino —y el que más se parece a un valle clásico— es el del Pedernal, que también es el de más reciente plantación. Todo comenzó allí en 1994 en la inmensa *Estancia El Durazno*, donde además de 200 hectáreas de nogales se plantaron 300 hectáreas de viñedo en una ladera orientada al oeste, entre 1,3 y 1,4 mil metros de altura. Aquí los suelos son pedregosos, franco limosos y calcáreos.

También hay unas pocas docenas de viñedo en el valle precordillerano de Jáchal, a 1,4 mil metros de altura, donde se cultivan Chardonnay, Sauvignon Blanc y Cabernet Sauvignon. El factor limitante de la viticultura en los valles precordilleranos más altos son las heladas.

El viñedo sanjuanino

La mayor parte de los viñedos anticuados e ineficientes del país están en el oasis mayor de San Juan, el Valle de Tulum: la mitad del viñedo sanjuanino no interesa a la vitivinicultura de calidad. De las 48 mil hectáreas de vid que hay en la provincia (divididas en 5,5 mil viñedos, con una superficie promedio de casi 9 hectáreas por viñedo) la uva Cereza es la cepa más difundida, con 11,5 mil hectáreas. Las otras variedades de mesa que no interesan al vino (variedades de mesa sin semilla, Sultanina Blanca, Criolla Chica y Grande, Pedro Giménez e Italia) suman otras 12 mil hectáreas. Conducidos en parrales, estos viñedos atienden a la producción en cantidad para uva de mesa, uva pasa y mostos.

En uvas viníferas, la más difundida es el Moscatel de Alejandría (3,7 mil hectáreas) seguido por Syrah (3,3), Torrontés Sanjuanino (2,3), Cabernet Sauvignon (2,2), Bonarda (2,2), Malbec (1,9), Torrontés Riojano (1,1) Chardonnay (0,8) y Ugni Blanc, con 0,6 mil hectáreas. Una cepa típicamente sanjuanina que no se encuentra en ninguna otra provincia (hay muy poco en La Rioja y casi nada en Mendoza) es la blanca Greco Nero, que suma 420 hectáreas. El viñedo sanjuanino incluye también cantidades menores de Sauvignon Blanc, Tannat, Tempranillo, Petit Verdot, Pinot Gris, Saint Jeannet, Lambrusco Maestri, Malvasia Nera, Sangiovese, Semillon, Rieslina, Raboso y Pinot Noir.

En la ruta del vino sanjuanino

La ciudad de San Juan, reconstruida por completo tras el terremoto de 1944, carece de atractivos particulares que justifiquen una visita, pero contiene las únicas opciones de alojamiento confortable en la comarca, si se excluye el complejo turístico *Las Tablas* a orillas del embalse de Ullum.

La bodega líder sanjuanina es, por volumen y tradición, *Santiago Graffigna*, que se encuentra

---

* Maradona es uno de los apellidos tradicionales sanjuaninos. El famoso futbolista posiblemente descienda de una familia de esclavos libertos que, como era costumbre de la época, podían adoptar el apellido de sus antiguos patrones.

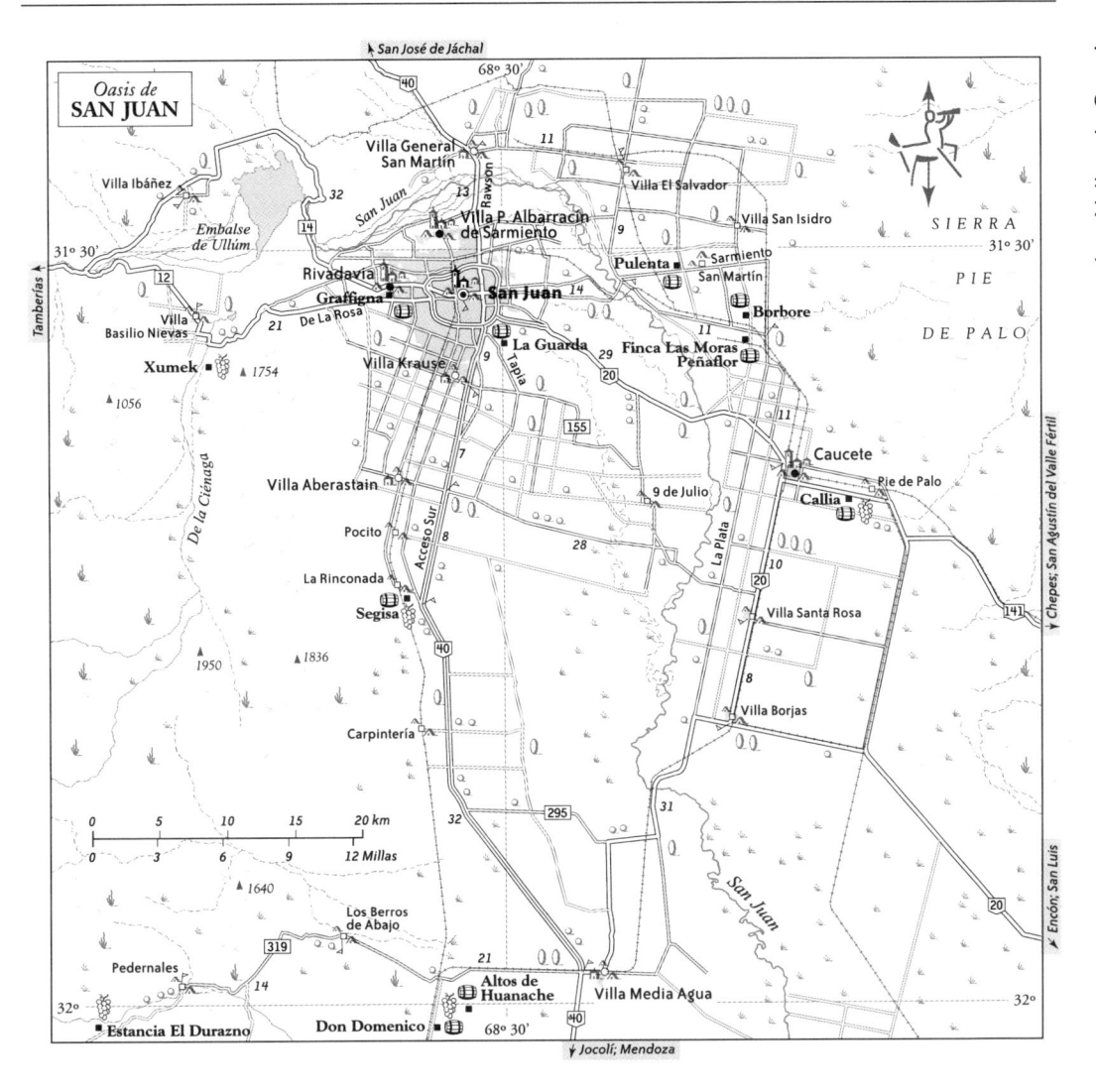

apenas fuera de la circumvalación capitalina, casi contigua a su *shopping mall* más importante y adyacente al campo del *Colón Football-Club* que una vez fue de sus empleados y presta nombre a una vasta y popular línea de vinos de la casa. Con las inversiones de los últimos años y más recientes propietarios (hoy el grupo *Pernod-Ricard*), esta bodega urbana fundada por un emprendedor inmigrante italiano (ver el video) ofrece al visitante un moderno e interesante museo, un *wine-bar* y un panorama de todos los recipientes vinarios utilizados en el siglo XX.

Si no fuera que se los encuentra en todo el país, los mejores recuerdos de una visita serían el Pinot Gris o los Syrah y Malbec de la serie *G* de la casa. Saliendo de la ciudad, el enoviajero independiente debería estar dispuesto a errar a voluntad por los estupendos callejones arbolados del oasis de Tulum sin mucha prisa de llegar a destino, porque así visionará los parrales y los adobes que componen al paisaje vínico más auténtico de la provincia. Al otro lado de la ciudad y al borde del desierto en Caucete camino al insólito sitio de culto popular a la Difunta Correa, al pie del algo ominoso y enigmático macizo de la Sierra Pie de Palo, está *Callia,* una de las 3 bodegas establecidas en Argentina por el empresario holandés Minjder Pons, quien aquí no plantó ni construyó *ex nihilo* sino que compró un viñedo de Syrah ya maduro plantado por Antonio Pulenta y una pequeña bodega de piletas de mampostería que, al modo de los templos romanos y románicos dentro de las catedrales góticas del Viejo Mundo, quedó englobada dentro de una racional bodega *high-tech* de tanques de acero inox capaz de elaborar los Syrah y Tannat de más gratificante relación calidad-precio en Argentina. El viñedo de Syrah contiguo al gran estanque bordeado de árboles es un magnífico ejemplo de cuántos terruños insospechados contiene el país del vino argentino. *Callia Magna* Syrah es lo mejor de la casa, pero el Tannat tampoco bromea.

La grande e industrial bodega *Bórbore*, en San Martín, al norte de San Juan y también al pie de la Sierra Pie de Palo, es de interesante visita para visionar lo que fue la época de los grandes volúmenes en San Juan, cuando el ferrocarril podía tener ramales que entraban a las bodegas para cargar vino a granel en vagones-cisterna que viajaban hasta estación Pacífico, en Buenos Aires, donde se fraccionaban. Toneles hoy de Mistela y Jerez, tanques de hierro de hasta 800 mil litros a cielo abierto hoy usados para guarda de mostos sulfitados, piletas de mampostería y tanques de acero inox abarcan todas las épocas enológicas del siglo XX y los vinos de la casa, hasta no hace mucho de dimensión regional y provincial, están afirmándose en calidad. Véase por ejemplo el *Avanti* Chardonnay.

No muy lejos de allí y en una escala similar o superior en volúmenes está la planta vinificatoria de *Peñaflor*, también servida otrora por el ferrocarril, que produce algunos de los vinos de mesa más populares del país. Bodega dentro de la bodega hasta que no inauguren la suya propia, *Finca Las Moras* no está preparada para recibir visitas pero sí para elaborar uno de los mejores vinos sanjuaninos, el *blend* Malbec-Bonarda *Mora Negra*, además de una serie de varietales que apuntalan la fama de gran relación calidad-precio de los vinos sanjuaninos.

En una escala menor, tampoco la bonita bodega antigua y reciclada *Augusto Pulenta* (que también está en el vecindario de San Martín) está equipada para recibir visitantes, si bien los más enófilos no deberían dejar de interesarse por probar su Bonarda *Reserva*, que hace de la casa un líder en esta variedad.

Saliendo de San Juan hacia Mendoza, a las puertas de la ciudad está *La Guarda*, que recicló una bodega de la década de 1950 y está haciendo algún Syrah con crianza observable con atención, y más a las afueras, en Pocito, *Viñas de Segisa* es una vieja bodega de adobe reciclada que, sin muchos capitales ni tecnología, trata de hacer algunos buenos vinos y es muy receptiva de los visitantes.

Al sur de la provincia, hay un terruño vínico flamante en Huanacache, donde la bodega *Don Doménico* elabora uno de los mejores vinos sanjuaninos, *Martina Chapanay*, y unos Cabernet, Tempranillo y Bonarda de todo respeto. En la zona también está la bodega *Altos de Huanache*. Detrás de los cerros se encuentra el Valle del Pedernal, con los viñedos más interesantes de San Juan, todos propiedad de la estancia *El Durazno*, que no posee bodega allí. Entre 1,3 y 1,4 mil metros de altitud, hay 300 hectáreas tintas y blancas que participan de los mejores vinos sanjuaninos y varios mendocinos. Pero desde el punto de vista turístico, la infraestructura es nula.

Otro valle sanjuanino cuyas uvas están revelando una personalidad interesante es Zonda, donde *Xumek* (que todavía no construyó bodega) recibe visitantes con arreglos previos para probar las aceitunas de sus olivares y los vinos de los viñedos, entre los que destaca el Malbec *Xumek Roble*.

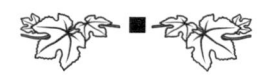

ALTOS DE HUANACACHE

Intersección Calles Moyano y Mendoza / 5400 Huanacache / San Juan
Tel.: (0264) 4911032 - Fax.: (0264) 4911033
E-mail: info@altosdehuanacache.com.ar
Website: www.altosdehuanacache.com.ar
Capacidad: 1,5 millones de litros - Viña: 180 hectáreas

De los viñedos y bodega de la familia Cartellone en el nuevo terruño de Huanacache, vinificados por el enólogo Pedro Pellegrina con la consultoría de Ángel Mendoza, catamos este año 5 *Finca Santa María*: un Chardonnay de nariz frutada con notas de miel y paso fresco y ligero en boca; un Tempranillo de buena materia frutal disminuido por taninos que aprietan un poco; un Syrah de nariz frutal con dejos terrosos pero algo flaco y corto; un Malbec de aroma frutado y dulzón que se bebe fácilmente con taninos maduros y buena acidez, redondo si bien algo delgado y un Cabernet de buena tipicidad, suaves taninos y buena armonía. Un repertorio muy correcto y parejo, que no está nada mal para una casa que comenzó a vinificar hace sólo 2 vendimias.

Finca Santa María Chardonnay 2005	★★★
Finca Santa María Tempranillo 2005	★★★
Finca Santa María Syrah 2005	★★★
Finca Santa María Malbec 2005	★★★
Finca Santa María Cabernet Sauvignon 2005	★★★

BODEGAS LA GUARDA

Abraham Tapia 1380 (Sur) / 5400 San Juan
Tel.Fax.: (011) 48079000
E-mail: bodegaslaguarda@bodegaslaguarda.com.ar
Website: www.bodegaslaguarda.com.ar
Capacidad: 2,2 millones de litros
Viña: 40 hectáreas

Establecida en 2001, la bodega de Laura y Fernando Ciácera con el enólogo Fabricio Ferrandiz nos envió 3 producciones limitadas con crianza en barrica. El que más nos impactó fue *El Guardado* Syrah, de nariz expresiva y frutada con notas de caramelo, mermelada y especias, que ataca bien en boca, con buena untuosidad al medio, bastante estructurado pero algo corto en su final; es un vino que puede ganar con un tiempo más en botella. Muy buena la Bonarda *Sangre de Viña*, de aromas frutados con notas lácticas y de crianza, grata y expresiva en boca con buen medio de boca, bastante fruta y marcado recuerdo de la barrica (vainilla) pero con taninos secantes y media persistencia. En la misma línea, nos resultó menor el Malbec, con matices de evolución, mediana intensidad aromática y recuerdo de madera antigua, correcto pero sin distinción.

El Guardado Syrah 2003	★★★★
Sangre de Viña Bonarda 2005	★★★
Sangre de Viña Malbec 2005	★★★

BODEGA AUGUSTO PULENTA

General Acha 988 (Sur) / 5400 San Juan
Tel.Fax.: (0264) 4202553/ 4202707
E-mail: info@augustopulenta.com
Website. www.augustopulenta.com
Capacidad: 2 millones de litros
Viña: 200 hectáreas

Esta bonita bodega de adobe y piletas de cemento (que sobrevivió a los 2 devastadores terremotos que afectaron a la comarca en 1944 y 1978) fue reciclada por Mario y Ernesto Pulenta y, con la enología de Hugo Torres, vinifica uvas propias de sus fincas de 9 de Julio, a 30 kilómetros de la casa, donde cultivan Cabernet Sauvignon, Malbec, Syrah, Bonarda, Petit Verdot y Chardonnay. Este año nos reenviaron dos formidables vinos que ya habíamos catado con gran satisfacción en nuestra anterior edición: la Bonarda *Valbona Reserva* y el *Reserva* Malbec. Muy bueno el *Augusto P.* Cabernet, cuya presencia aromática es evolucionada y compleja si bien no muy intensa, con registros de caramelo, tabaco, jalea de fruta roja, menta y anís; es un vino de buena complejidad en el paladar, con una trama de taninos dulces y una madera de la barrica de roble bien integrada al conjunto; recorre bien la boca y concluye placentero, con media persistencia.

Muy frutado en el envío olfativo pero algo rústico en boca a causa de su tanicidad algo despierta el *Valbona* Syrah, que permanece un vino de buena bebibilidad.

La Bonarda sin crianza en barrica es floral y frutada en el examen olfativo y expresiva y ligera en su redonda boca, de grato beber.

En la misma línea, el Cabernet Sauvignon discurre correcto pero sin gran distinción, al igual que el *Reserva* de la misma cepa, que nos resultó algo breve y falto de intensidad. El *Valbona* Malbec, muy bueno por lo demás, adolece de una tanicidad secante y una acidez disparada. El Chardonnay sin crianza, no muy expresivo, se deja beber sin exclamaciones pero a nuestro gusto supera al *Reserva*, cuyo tiempo ya pasó. Empalagoso a causa del azúcar residual pero al mismo tiempo con final amargo el Syrah Rosé. Problemático el Torrontés Sanjuanino, que por otra parte podría ser una interesante contrapropuesta al monopolio de su homólogo riojano.

Augusto P. Cabernet Sauvignon 2002	★★★
Valbona Syrah 2004	★★★
Valbona Cabernet Sauvignon 2004	★★★
Valbona Reserva Cabernet Sauvignon 2003	★★★
Valbona Bonarda 2004	★★★
Valbona Malbec 2004	★★★
Valbona Chardonnay 2005	★★★
Valbona Syrah Rosé 2005	★★
Valbona Reserva Chardonnay 2004	★★
Valbona Torrontés 2004	★

BODEGAS BÓRBORE

Colon s/nº / 5439 San Martin / San Juan
Tel.Fax.: (0264) 4971482/ 4971180
E-mail: info@bodegasborbore.com
Website: www.bodegasborbore.com
Capacidad: 16 millones de litros
Viña: 335 hectáreas

Hace pocos años, la familia sanjuanina Berzenkovich compró esta gran bodega industrial de la época de los grandes volúmenes, que tenía un ramal de ferrocarril para cargar los vinos que, tras un largo y lento viaje sin refrigeración, se fraccionaban en Buenos Aires. Con sus variadas instalaciones en las que se alternan los tanques a cielo abierto, las piletas de hormigón y los viejos grandes toneles de roble (hoy llenos de Mistela, Moscato y Jerez) *Bórbore* es una bodega que no carece de encanto, como todo aquello que recuerda a una época pasada. Con uvas propias de sus 4 fincas donde cultivan todas las variedades habituales blancas y tintas, y con los enólogos Gustavo Vera y Marcelo Onofri, además de las necesarias inversiones en su reequipamiento, los vinos de la casa ya comienzan a mostrar los resultados de esta apuesta a la calidad.

Nos resultó excelente el *Avanti* Chardonnay, de buena y grata intensidad floral y frutada en nariz, con registros de miel, choclo (maíz fresco) y herbáceos; al paladar es algo untuoso, de buena acidez y recorrido pleno con final placentero. Algo raro el *Bórbore* Cabernet, cuya nariz es vegetal y especiada al mismo tiempo, quizá con algo de *Brett*; en boca es jugoso, aterciopelado, de buena tanicidad: un vino elegante que estuvo próximo a clasificar más alto. Muy bueno el *Avanti* Syrah, de media intensidad en nariz y en boca pero frutado y especiado, con taninos activos y media persistencia. Menos claro el *Bórbore* Syrah, algo apagado y mediano. Correctos los bivarietales *Martín Fierro*: el Syrah-Cabernet algo escaso en ambas fases, es un vino sencillo y breve; el blanco es frutado y fresco, ligero y de mediana persistencia. Un poco más floja la Bonarda-Malbec, liviana y carente de intensidades. No nos emocionaron los Malbec: el *Bórbore* resultó más nítido que el *Avanti*, ambos correctos pero de menor energía aromática y gustativa.

Avanti Chardonnay 2004	★★★★
Bórbore Cabernet Sauvignon 2005	★★★
Avanti Syrah 2004	★★★
Martín Fierro Syrah-Cab.Sauv. 2005	★★★
Martín Fierro Chard.-Chenin 2005	★★★
Bórbore Malbec 2005	★★★
Bórbore Syrah 2005	★★
Avanti Malbec 2004	★★
Martín Fierro Bonarda-Malbec 2005	★★

BODEGAS CALLIA

Av. de los Ríos y San Lorenzo / Pozo de los Algarrobos / 5442
Caucete / San Juan
Tel.Fax.: (0264) 496 1940
E-mail: info@bodegascallia.com
Website: www.bodegascallia.com
Capacidad: 4,36 millones de litros - Viña: 241 hectáreas

La solitaria y tecnificada bodega de Caucete, de abrumadora relación calidad-precio en sus entregas, sigue sumando lauros con su enólogo Oscar Biondolillo, quien desde 2006 cuenta con la consultoría de Alberto Antonini. Un vinazo de antología el *Magna* Syrah, en cuya nariz pesa la madera tostada pero sin ocluir una cornucopia de descriptores: ciruela cocida, moras, arándanos, pimientos, carne, cuero, piedra húmeda, algo floral y especiado. También en boca el tostado es prominente pero no absolutista, en una dinámica sin tropiezos desde el ataque dulce al medio amplio, de taninos copiosos y maduros, con final largo que parece breve por la intensidad que lo precede. Estupendo también el *Magna* Tannat, que captura al olfato con su cifrado intenso y complejo: arándano, menta, violetas, tierra y roble; es un vino que trota en nariz y galopa en la boca con una lograda crianza que viste sin ocultar a estas formidables uvas de Tannat sanjuanino, de taninos firmes pero gentiles, gran acidez, fruta madura. Intenso en su nariz entre floral y especiada el *Callia Alta* Syrah-Bonarda, con sándalo y regaliz, chocolate y geranio, café torrado y madera tostada; en boca es expresivo desde el ataque, franco y sin complicaciones, con regustos ahumados y de dulce de leche que preludian a un final correcto y de media duración, donde prima la crianza junto a un dejo mineral. Fresco, frutado y grato el *Magna* Viognier, correcto sin mucho más. *Magna* Malbec-Merlot es cierta complejidad aromática, con acentos ahumados y acaramelados acompañando a la fruta; expresivo y sabroso en el paladar, discurre sin complicaciones hasta un final no muy prolongado. En la línea *Callia Alta*, bien frutada y especiada la nariz del Syrah-Malbec, que resulta algo menor y corto en boca. De mediana intensidad aromática, el Syrah-Cabernet es fácil y expresivo en boca. Algo reducida la nariz del Syrah, con fruta y nota de cuero, redondo y ligero en boca. Oxidada la nariz del Syrah Rosé, con azúcar residual, punto de amargor y alcohol algo despegado.

Callia Magna Syrah 2004	🍇
Callia Magna Tannat 2004	🍇
Callia Alta Syrah-Bonarda 2005	★★★★
Callia Magna Malbec-Merlot 2004	★★★
Callia Alta Syrah-Malbec 2005	★★★
Callia Alta Syrah-Cab. Sauv. 2005	★★★
Callia Magna Viognier 2005	★★★
Callia Alta Syrah 2005	★★★
Callia Alta Syrah Rosé 2005	★★

BODEGAS Y VIÑEDOS SANTIAGO GRAFFIGNA

Colón Norte 1342 / J5400XAA Desamparados / San Juan
Tel.: (0264) 4214227 / 4905
Fax.: (0264) 4210669

E-mail: perric@pernod-ricard-argentina.com
Website: www.graffignawines.com
Capacidad: 18 millones de litros
Viña: 200 hectareas

Esta es la bodega sanjuanina más tradicional, trayectoria centenaria que llena bien al museo de la casa, relanzada en los últimos años por sus anteriores dueños y que prosigue su camino ascendente con *Pernod Ricard* y un *staff* de enólogos con Víctor Marcantoni y Guillermo Mercado por los nuevos propietarios y a Gerardo Danitz como continuidad de la experiencia *Graffigna*. El vino que más nos sorprendió de su amplio envío de muestras fue el Syrah *Centenario* (100 mil botellas con 1 año de barrica), de intensa complejidad olfativa que va de la fruta a la panificación, de la tonelería a la tierra. En el paladar, tras entrar dulce, se propone masculino, cálido y carnoso, bien arquitecturado en sus partes sin que eso complique una óptima bebilidad y persistente recuerdo: un Syrah del Pedernal que crecerá en la guarda. También nos encantó el *G* Malbec (50 mil botellas con 1 año de barrica), al igual que el anterior de uvas del valle más alto de San Juan, de buena y grata intensidad frutal (maraschino, vainilla y balsámicos); sabroso y jugoso al paladar, con espléndido medio de boca, tanicidad imperfectible, estructurado pero ágil y de gustoso final.

Y siempre en Syrah de Pedernal, *G* es austero en su envío aromático frutado, animal y tostado, pero es gananciosos en boca, donde ofrece buena corposidad con un punteado tánico firme que al final es secante. Hoy está medio intratable sin un cordero a la llama, pero interesante para cajonearlo un tiempo a ver qué pasa. Es una pena o una suerte, según se mire, que el *Graffigna* Syrah (70%)-Cabernet (30%) (sin cosecha, aunque es 2005) sea todo para exportación, pues dentro de esas 200 mil botellas se despacha a beberes de ultramar un vino de grata e intensa nariz de frutillas (fresas) con un matiz láctico y especiado; de boca bastante amplia y potente aunque simple y nada pretenciosa, con buena fruta y acidez, taninos secos y final algo breve: el más destacado de los bivarietales. *Colón* Chardonnay posee una sutil expresión aromática de mango, durazno, manzana y tostado; discurre ligero, fluido y elegante por el paladar, evocando a sus aromas además de menta y jengibre, calibrado en acidez, suficiente en largo de boca, grande en bebilidad, espectacular en relación calidad-precio. Frutado y algo floral en nariz y goloso en boca el *Clásico* Syrah, expresivo y de buena estructura. Siempre en la línea *Clásico*, el Malbec es de buenas intensidades pero sin mucha personalidad, en tanto que el Cabernet Sauvignon además de fruta ofrece notas balsámicas y de madera, con taninos maduros. Redondo y muy grato de beber el Malbec-Syrah, con mediana intensidad y taninos que aprietan un poco. Con la fruta superada por los tostados de roble el *135° Aniversario*, *assemblage* de Cabernet, Malbec y Syrah que discurre con corrección pero sin entusiasmo en boca.

En la línea *Centenario*, el Malbec no va con quienes no gustan del *Brett*, muy presente en nariz junto a la fruta; bastante aterciopelado y de taninos maduros en boca, sedoso y de cierta elegancia. Con notas de eucaliptus, caramelo y madera la nariz del Cabernet Sauvignon, grato y sabroso en boca, algo herbáceo y de media persistencia. Fresco, raro, personal y con frutosidad madura el Pinot Gris, algo ligero y simple en boca, pero grato de beber.

En la etiqueta *Colón*, muy correctos y muy parejos el Malbec, frutado y sedoso, de recuerdo láctico; el Syrah, con alguna nota especiada y de madera acompañando a la fruta, ágil y fluido en boca; y el Tempranillo, también de buena frutosidad, sabroso y expresivo. Más simple y ligero el Cabernet, con taninos dulces y media persistencia.

Graffigna G Malbec 2003	★★★★
Graffigna Centenario Syrah 2004	★★★★
Graffigna G Syrah 2003	★★★★
Graffigna Syrah-Cab.Sauv.	★★★★
Colón Chardonnay 2005	★★★★
Colón Sauvignon Blanc 2005	★★★
Colón Tempranillo 2004	★★★
Colón Syrah 2005	★★★
Graffigna Bivarietales Chard.-Sauv.Blanc	★★★
Graffigna Clásico Syrah 2005	★★★
Graffigna Clásico Cabernet Sauvignon 2005	★★★
Graffigna Centenario Cabernet Sauvignon 2004	★★★
Graffigna Clásico Chardonnay 2005	★★★
Graffigna Clásico Chard.-Sauv.Blanc 2005	★★★
Graffigna Syrah - Viognier	★★★
Colón Malbec 2005	★★★
Graffigna Cab. Sauv.-Merlot	★★★
135° Aniversario 2003	★★★
Colón Cabernet Sauvignon 2005	★★★
Graffigna Clásico Syrah-Cab.Sauv. 2005	★★★
Graffigna Malbec-Syrah	★★★
Graffigna Centenario Pinot Grigio 2005	★★★
Graffigna Centenario Malbec 2004	★★★
Graffigna Clásico Malbec 2005	★★★
Santa Silvia Rosado Fresco	★★★
Santa Silvia Blanco Dulce	★★
Graffigna Centenario Chardonnay 2004	★★
Graffigna Clásico Pinot Grigio 2005	★★

Casa Montes Bodega y Viñedos

Av. Libertador San Martìn 2399 (Oeste) / 5400 San Juan
Tel.Fax.: (0264) 4236632
E-mail: info@casamontes.com.ar
Website: www.casamontes.com.ar
Capacidad: 1,8 millones de litros
Viña: 160 hectáreas

De la tecnificada bodega de la familia Montes, con la enología de Gustavo Bauza, este año destacó el *Alzamora Gran Reserve* Merlot, caldo con 12 meses de barrica e indicios de evolución, de gran personalidad aromática con registros de fruta tropical, crianza y los primeros vestigios de *bouquet*. Su temperamento se prolonga en el paladar, donde es sabroso, recorrido por una original nota de papaya (mamón) junto a fruta roja y especias, con taninos un punto verdes pero que no descompensan y un final muy placentero.

En la línea *Ampakama*, de buena intensidad aromática frutada y especiada el Malbec-Merlot, con media persistencia en boca.

Frutado y especiado en nariz el Syrah-Cabernet, con buena carga tánica pero algo carente de personalidad.

De olfato floral y frutado con acento mineral el Cabernet, algo desequilibrado en boca por la acidez y el alcohol.

De nariz bien frutada el Syrah, con aceptable estructura, sedoso y de taninos maduros.

Menos nítido el Syrah rosado, vino ligero y corto.

Ligero el *Don Baltazar* Cabernet Franc, de media persistencia y con taninos secantes.

Problemático el Syrah *Alzamora Gran Reserve*, con algo artificial en nariz y en boca que lo penalizó.

Hay buena fruta en el *Ampakama* Chardonnay, muy fresco en boca, con mediana persistencia.

No muy intenso y algo metálico el Viognier de la misma línea.

En los *Don Baltazar*, el Petit Verdot es frutado y vegetal con leve recuerdo de crianza; elegante, estructurado, con taninos apenas secantes.

Alzamora Gran Reserve Merlot 2003	★★★★
Don Baltazar Petit Verdot 2004	★★★
Ampakama Malbec-Merlot 2005	★★★
Ampakama Syrah-Cab. Sauv. 2004	★★★
Ampakama Chardonnay 2005	★★★
Ampakama Viognier 2005	★★★
Ampakama Cabernet Sauvignon 2005	★★★
Ampakama Syrah 2005	★★★
Don Baltazar Cabernet Franc 2004	★★
Ampakama Syrah Rosado 2005	★
Alzamora Grand Reserve Syrah 2003	★

Don Doménico

Ruta 318 km 9/ Huanacache / 5400 Sarmiento / San Juan
Tel.Fax.: (0264) 49414444
E-mail: smv@dondomenico.com.ar
Website: www.dondomenico.com.ar
Capacidad: 0,9 millones de litros
Viña: 97 hectáreas

Esta es una reciente y tecnificada bodega instalada junto a sus jóvenes viñedos en el nuevo terruño de Huanacache cuyos vinos elaborados por Jorge Pérez Staib ya alcanzaron, en nuestra pasada edición y en la personalidad vínica de *Martina Chapanay*, el máximo nivel posible en estas páginas.

Este año nos llamaron la atención 2 de los 8 vinos que catamos: el Cabernet *Finca Don Doménico de Huanacache*, de perfil aromático intenso para unos y menos para otros, con destellos de cassis, menta y piedra húmeda. Más unánime en boca, con personalidad franca, cuerpo medio, buena especiería y frutosidad, taninos dulzones, acidez al tono. Un vino logrado pero algo corto.

Interesante *El Escondido* Tempranillo, que agrada mucho en nariz con delicadas pero nítidas notas florales que planean sobre la fruta roja y la crianza, en una propuesta inusual y "nuevo estilo". Más clásico y "viejo estilo" en boca, donde la fruta madura predomina sobre los tostados de crianza, con cierta escasez de acidez que no prolonga su vuelo. Un vino muy correcto que recuerda a los Rioja más actuales.

Frutado y especiado, redondo y medianamente intenso *El Escondido* Cabernet.

Algo herbáceo y vegetal además de frutado y mineral el Cabernet-Syrah *Finca Las Casuarinas*, al que le falta botella.

De las 2 Bonardas, buena carga aromática y de sabores, a un paso de la excelencia la *Finca Don Doménico*, menos convincente *El Escondido*, carente de acidez y de final amargo.

Buena nariz la del Merlot, largo y sabroso en boca pero con amargor final.

Aceptable en nariz, tropieza al final de boca con amargura el Chardonnay.

F. Don Doménico de Huanacache Cab. Sauv. 2004	★★★★
El Escondido de Don Doménico Tempranillo 2004	★★★★
F. Don Doménico de Huanacache Bonarda 2004	★★★
F. Las Casuarinas Cab.Sauv.-Syrah 2005	★★★
El Escondido de Don Doménico Cab. Sauv. 2004	★★★
F. Don Doménico de Huanacache Merlot 2004	★★★
F. Las Casuarinas 2005	★★★
El Escondido de Don Doménico Bonarda 2004	★★
Martina Chapanay *assemblage* 2003	🍇

Finca Las Moras

Rawson s/n° / 5439 San Martín / San Juan
Tel.Fax.: (011) 4717900
E-mail: info@fincalasmoras.com
Website: www.fincalasmoras.com.ar
Capacidad: 4,5 millones de litros
Viña: 330 hectáreas

Hay escala industrial y vocación comercial detrás de esta firma perteneciente al universo *Trapiche/Peñaflor* que de hecho es una moderna bodega de alta calidad dentro de la vieja bodega de grandes cantidades que *Peñaflor* posee en San Juan. Establecida por los enólogos Daniel Pi y Daniel Ekkert y comandada por éste, *Finca Las Moras* es la punta de lanza de un modo *Trapiche* de hacer los vinos aquí orientado a extraer de las uvas sanjuaninas vinos de los más contemporáneos y competitivos.

Otra vez nos deleitaron con *Mora Negra*, cuyo color oscuro profundo y brillante a simple viste despierta respeto. En nariz discurre con rico vocabulario que incluye todos los registros innatos de Malbec y Bonarda acrecentados por una justa crianza en roble. Al paladar revela sabrosa intensidad frutal y especiada, con óptima urdimbre de taninos, acidez y crianza calibrados con maestría y final no bastante largo para tanto vino. Se puede guardar unos años, pero es difícil no beberlo ya. En la línea *Finca Las Moras*, excelente la Bonarda de mucha expresividad en su tipicidad aromática, con paquete de fruta roja (frutillas o fresas, frambuesas, cerezas, guindas) apoyada en tostado de roble y especias. Joven y moderno en boca, sin excesos de estructura que compliquen la bebilidad, equilibrado y listo para ser bebido sin intelectualismos vínicos, en una buena mesa. Un gran exponente de la cepa en San Juan es el Viognier, de mediana intensidad olfativa, con aromas de frutas de carozo, ananá y flores blancas; más intenso y muy sabroso en boca, con vivaz acidez, buena estructura y bastante largo final. Muy correcto el Cabernet-Syrah, de nariz frutada y animal y taninos algo activos. De buena nariz el Cabernet, con registros de pimiento morrón que retornan en boca, donde es vibrante aunque no muy profundo. Bien en nariz el Syrah, que en boca presenta taninos suaves y maduros pero decae un poco. Algo tímida la nariz del Malbec, de taninos maduros y sedoso recorrido en boca.

Mora Negra Malbec-Bonarda 2003   🍇
Finca Las Moras Bonarda 2004   ★★★★
Finca Las Moras Viognier 2005   ★★★★
Finca Las Moras Reserva Cab.Sauv.-Syrah 2003   ★★★
Finca Las Moras Cabernet Sauvignon 2005   ★★★
Finca Las Moras Malbec 2005   ★★★
Finca Las Moras Syrah 2005   ★★★

Estancia El Durazno

Montevideo 127 3° 7 / 5500 Mendoza Ciudad
Tel.Fax.: (0261) 4380237
E-mail: jartigas@elasanet.com.ar
Capacidad: no posee
Viña: 300 hectáreas

Dueña del bello e interesantísimo terruño Valle del Pedernal, *Estancia El Durazno* parece sondear con prudencia el mundo de la vinificación, sin bodega propia, con el enólogo Miguel Perulán. *Teorema* Cabernet Sauvignon (del que hicieron 5 mil botellas con 10 meses de barrica) es medianamente intenso en nariz con vectores frutados, especiados y balsámicos y boca algo escasa de taninos para la variedad, pero sobre todo fastidiada por una aguja carbónica. Correcto también el Tempranillo (4 mil botellas, sin madera), de espectro aromático medianamente intenso con matices florales y frutados y una boca más presente pero signada por taninos secantes. Poco convincente el Malbec (3 mil botellas con 12 meses de roble) donde una buena nariz frutada y con vainilla del roble tropieza luego en boca con un problema de aguja carbónica.

Teorema Cabernet Sauvignon 2003   ★★★
Teorema Tempranillo 2005   ★★★
Teorema Malbec 2003   ★★

Viñas Don Benjamín

Primera Junta 525 / 1878 Quilmes / Buenos Aires
Tel.: (011) 42242140
Fax.: (011) 42245004
E-mail: info@vinosdonbenjamin.com.ar
Capacidad: 1 millón de litros - Viña: 90 hectáreas

Nueva en estas páginas, la bodega fue fundada por Bernardo Abramovich en 1996 y sus viñedos, de unos 6 años de edad, se encuentran en Pocitos y consisten en cepas de Malbec, Syrah, Cabernet Sauvignon y Chardonnay todo en espaldero alto y con manejo orgánico. La vinificación está a cargo del enólogo Federico Muñoz.

Muy parejos los 4 vinos que probamos. El *Don Benjamín* Malbec es vino no muy pronunciado en nariz, donde es frutado y floral, o en boca, donde resulta estructurado pero no muy persistente y de taninos secantes. Demasiado evolucionado el Syrah, que al olfato tiene algo de Porto y en boca resulta casi abocado y algo pesado, aunque bien estructurado y redondo. En su categoría, buena nariz la del Syrah Rosé, luego simple y ligero en boca. Correcto el *Extra Brut* de Chardonnay, con cierta expresividad aromática y gustativa que no llega a entusiasmar.

Don Benjamín Malbec 2004   ★★★
Don Benjamín Reserva Syrah 2002   ★★★
Don Benjamín Rosé 2004   ★★★
Don Benjamín Extra Brut   ★★★

Hermanos Millás

Avda Argentina 160 (Norte) / 5400 San Juan
Tel.: (0264) 4214685 / 4222955
Fax.: (0264) 4202283
E-mail: administracion@bodegasmillashnos.com.ar
Website: www.bodegasmillashnos.com.ar
Capacidad: 2 millones de litros - Viña: 150 hectáreas

Ponemos un especial cuidado en mencionar al enólogo de cada vino y a los ingenieros agrónomos que cuidan el viñedo, y nos desorienta recibir 3 muestras para la cata donde ni la ficha de bodega ni la de vinos menciona al autor. No hay vino sin enólogo, aunque sea un *winemaker dilettante*. Sólo sabemos que dirige a esta bodega familiar Analía Millas. Catamos 3 *Cuesta del Viento*: una Bonarda muy interesante, concentrada en aromas de cassis, guinda, sangre y madera ahumada, con mucho tanino algo mordiente, joven y briosa, con personalidad. Un Merlot con fruta y algo empireumático-especiado en nariz, fresco y con ganas de ser expresivo, pero con taninos que secan un poco. Y un Syrah-Tannat sin mucha nariz y una boca donde el tanino verdea y aprieta y se percibe una madera vieja.

Cuesta del Viento Bonarda 2005 ★★★
Cuesta del Viento Merlot 2005 ★★★
Cuesta del Viento Syrah-Tannat 2005 ★★

Bodega Putruele

Rodríguez esq. Florida / 5439 San Martín / San Juan
Tel.Fax.: (0264) 4229910 / 4229980
E-mail: bodega@putruele.com.ar
Website: www.bodegaputruele.com
Capacidad: 7 millones de litros
Viña: 150 hectáreas

Esta bodega familiar establecida en 1958 por Carlos Putruele cuenta con varios viñedos en el oasis sanjuanino y buena paleta de variedades, de la que el año pasado destacó el Chardonnay y este año el Syrah *Nocheterna*, bien que no en forma de vino seco: su flamígera etiqueta y nombre tenebroso encubren a un vino cuyo grato aroma evoca al bizcocho de chocolate con confituras, frutas secas y pasas de ciruelas. Al paladar resulta muy dulce y untuoso, con retorno de la nariz y una tanicidad madura y dulce, acompañada por acidez adecuada y alcohol elevado. Bastante largo, se deja beber con gusto aunque sin deslumbrar. Un vino generoso original, rico y muy bien hecho.
Con media intensidad aromática floral y frutada, el Merlot *Finca Natalina* entra bien en boca y se desempeña aterciopelado, redondo, sedoso y expresivo: es un muy buen vino que atisba la excelencia pero queda a un paso de alcanzarla.

Nocheterna Syrah 2005 ★★★★
Finca Natalina Merlot 2004 ★★★

Viña Ona

Humberto Primo 2877 / C1231ACE Ciudad de Buenos Aires
Tel.Fax.: (011) 49411234/ 6598
E-mail: vinaona@vinaona.com.ar
Website: www.vinaona.com.ar
Capacidad: 0,35 millones de litros
Viña: 29 hectáreas

First things first, salvamos un error de la pasada edición: desde 2005 Benjamín Vincent no está más en la sociedad que conducen Antoine Dumazer y Mariano Monrad, con enología de Dumazer y consultoría de Daniel Ekkert y Hugo Angel Torres.
Luego, felicitamos a esta empresa por su originalidad en varios frentes: en la distribución, ya que sus vinos no se venden en supermercados sino sólo en restaurantes y vinotecas y, en Capital Federal, con un servicio de entrega a domicilio. También, por ser adalides del *Bag-in-Box*, que hace un cuarto de siglo que se usa en Sudáfrica y Australia pero en Argentina todavía no desplazó a las anacrónicas damajuanas: suyo es el primer vino premium envasado de esta guisa en el país. También son los primeros en haber hecho un Torrontés con crianza, aunque de ello hablamos más abajo. Finalmente, cabe congratularse por el salto cualitativo de su Cabernet Sauvignon *Selk'nam Roble*: de singular personalidad aromática, despliega un abanico de notas piracínicas (pimiento morrón), tabaco, eucaliptus, fruta roja y madera de crianza. Y en boca, sin acudir al recurso fácil de la sobreconcentración, con cuerpo medio, despliega otra tanta personalidad, con urdimbre tánica de gran calidad y tipicidad: un vino atrapante, sabroso y singular, del que hicieron 11 mil botellas. De buena nariz, no muy intensa pero frutada y algo especiada el Cabernet Franc *Viña Ona*, estructurado en boca pero fastidiado por taninos secantes. No nos convenció el Chardonnay *Selk'nam*, donde la nariz además de fruta y miel da notas de vegetales cocidos; en boca, bien que no muy intenso, es grato y untuoso. El Cabernet en *Bag-in-Box* resultó de mediana intensidad, liviano, simple y breve: un vino muy correcto para llevar de campamento o de picnic. Finalmente, el primer tentativo de hacer un Torrontés Sanjuanino con crianza en roble nos parece loable como toda innovación, si bien los resultados todavía no aparecen: al olfato y al gusto resulta intenso y expresivo, pero de una intensidad que sólo expresa roble y tapa toda noción de flor y de fruta, de las que hay apenas un sutil vestigio.

Selk'nam Roble Cabernet Sauvignon 2003 ★★★★★
Viña Ona Cabernet Franc 2003 ★★★
Selk'nam Chardonnay 2004 ★★
Selk'nam Cab. Sauv. Bag-in-Box 5 l. 2004 ★★
Viña Ona Torrontés Sanjuanino 2004 ★★

XUMEK

Cerrito 740 Piso 1° / C1010AAP / Ciudad de Buenos Aires
Tel.: (011) 43823044 Int. 376
Fax.: (011) 43823044 Int. 301
E-mail: info@xumek.com.ar
Website: www.xumek.com
Capacidad: no posee - Viña: 105 hectáreas

Un singular salto de calidad en la tercera cosecha de esta nuevo emprendimiento sanjuanino liderado por Ezequiel Eskenazi Storey, con la enología de Gustavo Vera y asesoramiento del equipo *EnoRolland*. Los viñedos del Valle del Zonda están comenzando a mostrar un potencial muy interesante, como se verifica en el *Xumek Roble* Malbec, riado por 8 meses en barricas de roble francés y con una producción limitada a 2,5 mil botellas: la nariz ha de inspeccionarlo varias veces para cerciorarse de su complejidad e intensidad, una cornucopia de descriptores. Igualmente complejo e intenso en su tránsito gustativo, cargado de violetas y ciruelas, con marcada acidez (algo desbalanceada para algún catador), taninos jugosos y buena crianza, quizá algo *overoaked*. Vino de mucha personalidad, que necesita tiempo en botella para terminar de afinarse.

Muy bueno el Malbec sin crianza, del que hicieron 24 mil botellas, de nariz muy frutal y varietal, muy jugoso y expresivo en boca, de buena estructura y largo final.

Xumek Malbec Roble 2004 ★★★★★
Xumek Malbec 2004 ★★★

FINCA LOS ANGACOS

Av. Alem 157 Norte / 5400 San Juan
Tel.: (0264) 4059722
E-mail: oscar@fincalosangacos.com.ar
Capacidad: 0,08 millones de litros
Viña: 9 hectáreas

Sorprendente en la anterior edición con las cosechas 2003 de estos mismos vinos, este año la pequeña bodega de la familia Gambetta con la enología de Gino Santinon registra una sensible flexión.

El Petit Verdot con su nariz floral-frutada y algo especiada no desagrada, pero tampoco conmueve y resulta un vino fresco, redondo y ligero, sin más.

Sin mucha expresión aromática el Cabernet Franc, mejor en boca pero con una punta de acidez verde y taninos que secan un poco.

Finca Los Angacos Petit Verdot 2004 ★★★
Finca Los Angacos Cabernet Franc 2004 ★★★

Los Valles de San Juan

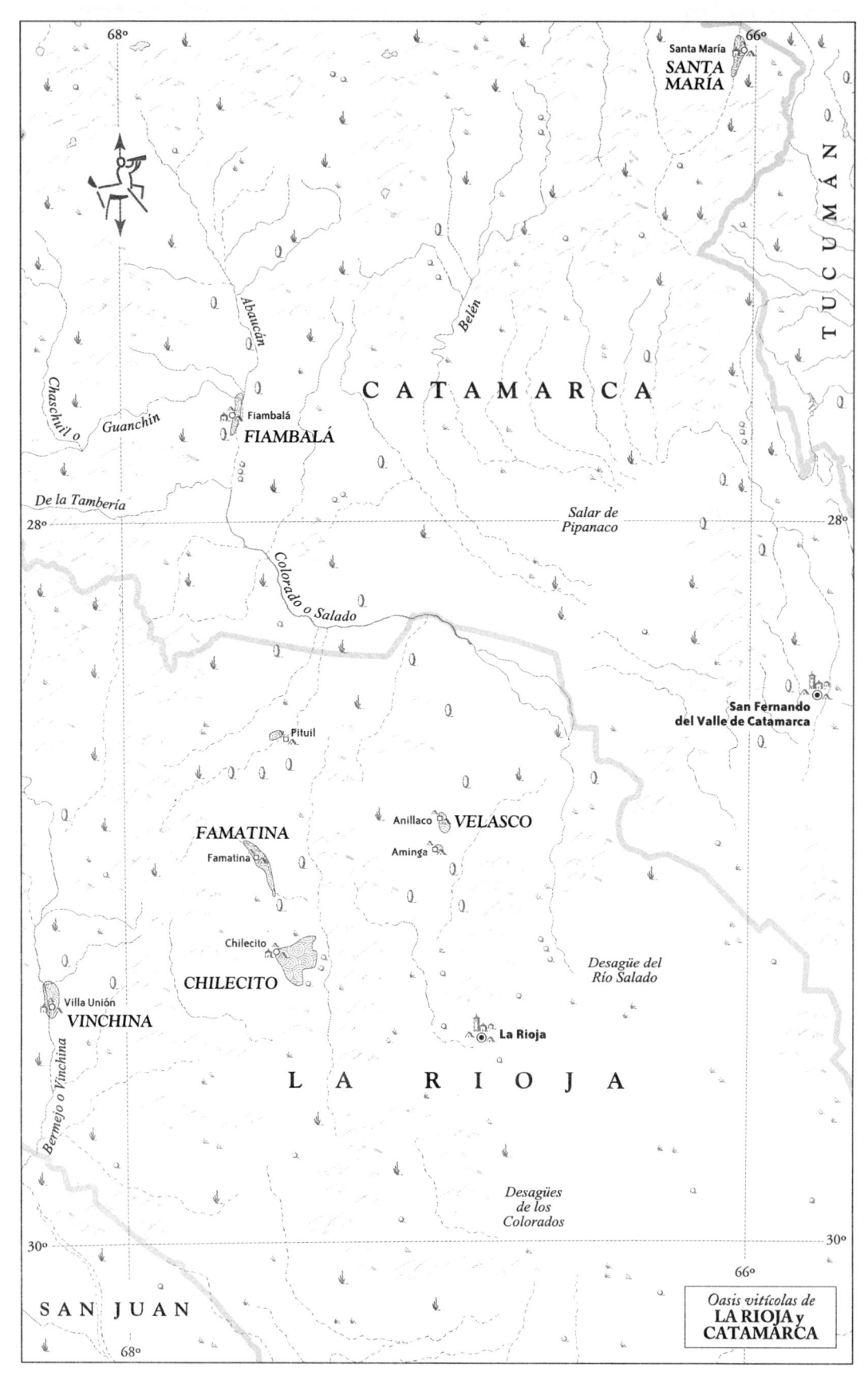

Los Valles de La Rioja y Catamarca

Oasis vitícolas de
LA RIOJA y CATAMARCA

BODEGAS
Y VINOS DE

Los Valles de La Rioja y Catamarca

En La Rioja hay 3 comarcas vitivinícolas. La más oriental es la Costa de Velazco, al pie de la sierra del mismo nombre: entre Aminga y Anillaco, a unos 1,4 mil metros de altitud, hay unas 200 hectáreas de viña en espaldero y con riego tecnificado. Al otro lado de la montaña, el Valle de Famatina al pie del macizo del mismo nombre es el corazón de la vitivinicultura riojana: casi el 80% de los viñedos de la provincia están en el departamento Chilecito. En el valle más occidental, recorrido por el río Vinchina, hay viñedos pero no hay bodegas.

Las lluvias no superan en La Rioja los 300 milímetros anuales, siempre concentradas en el verano. Los suelos son aluvionales, profundos, sueltos, permeables, francos a franco arenosos o franco limosos, de buena fertilidad. El granizo y el viento Zonda son las principales amenazas naturales a la viticultura.

El viñedo riojano cubre 8,4 mil hectáreas dividido en 1,4 mil viñedos, con una extensión media de 6 hectáreas por viñedo. La variedad característica de los valles riojanos es el Torrontés Riojano, con 2,7 mil hectáreas plantadas. El Cabernet Sauvignon cubre casi mil hectáreras; hay además 639 hectáreas de Syrah, 612 de Bonarda, 497 de Malbec, 472 de Moscatel de Alejandría, 167 de Barbera, 152 de Merlot y 110 de Chardonnay. Se cultivan también superficies menores de Pedro Giménez, Pinot Gris, Alicante Bouschet, Aspirant Bouschet, Cabernet Franc, Chenin, Ferral, Greco Nero, Sangiovese, Sauvignon Blanc y Tempranillo.

También se cuentan entre las variedades viníferas un centenar de hectáreas de Criolla Chica y Criolla Grande empleadas para consumo en fresco, jugos y pasas de uva. A este fin se cultivan también unas mil hectáreas de Cereza y Sultanina Blanca y otro centenar de hectáreas de Ruby Seedless, Red Globe y Superior Seedless. El sistema de conducción predominante es el parral.

Tinogasta y Fiambalá

La vitivinicultura catamarqueña se concentra en los valles más altos, frescos y secos, entre Tinogasta y Fiambalá. En Tinogasta está el 70% del viñedo catamarqueño, pero ninguno de los vinos de la comarca trasciende una dimensión regional, si bien hay algunos nuevos emprendimientos, como la pequeña bodega *La Sala* (que vinifica en Fiambalá) que están comenzando a hacer un Syrah interesante.

En Catamarca los suelos son profundos, francos o limo arenosos, calcáreos y pobres en materia orgánica. El clima es de veranos calurosos, con lluvias inferiores a 200 milímetros en Tinogasta y aun menos en Fiambalá, siempre concentradas en el verano. El grueso de la producción local son las uvas de mesa, los vinos regionales y las pasas de uva, que pueden verse secar al aire libre directamente sobre el suelo arenoso.

En toda la provincia hay 1,1 mil viñedos con 2,4 mil hectáreas plantadas: la superficie promedio del viñedo catamarqueño es la más pequeña del país, apenas 2 hectáreas, lo que habla de una producción doméstica y rudimentaria. Casi la mitad de la superficie puesta a viña es la no vinífera uva Cereza, con 1,1 mil hectáreas. Hay 284 hectáreas de Cabernet Sauvignon, 282 de Torrontés Riojano, 191 de Syrah, 129 de Malbec, 64 de Bonarda y 58 de Merlot. Una variedad característica de la provincia es la Tinogasteña, de la que hay 99 hectáreas plantadas y que sólo se encuentra en menor cantidad en San Juan: la Tinogasteña se destina a pasas de uva. Se cultivan también Sultanina, Dattier de Beyrouth, Moscatel de Alejandría y pequeñas parcelas de Pinot Noir, Tempranillo, Tannat, Raboso, Alicante Bouschet y Barbera. El sistema de conducción predominante es el parral.

En la ruta del vino de La Rioja y Catamarca

El principal factor limitante en el viaje por estos terruños es la falta de buena infraestructura hotelera y gastronómica. En las poblaciones más importantes suele haber una hostería provincial de turismo, generalmente bastante rudimentarias y tristes. Asimismo la gastronomía es sencilla y aunque resulte inverosímil, no es fácil dar con los sabores de la tierra y es muy probable es tener que replegarse más de una vez en la milanesa con papas fritas.

Los viñedos de Aminga pertenecen a *San Huberto*, cuya bodega de Anillaco fue fundada por el padre del ex presidente Carlos Menem y elaboraba vinos regionales hasta que sus nuevos propietarios la relanzaron en los vinos de calidad. El Cabernet y el Chardonnay *San Huberto Crianza* suelen ser muy consistentes y en alguna añada, el Petit Verdot *Nina* nos resultó excepcional. En Anillaco hay 2 hosterías, que es toda la infraestructura turística de la comarca si se descuenta una formidable pista de aterrizaje sin ninguna otra obra complementaria. En el Valle de Famatina, la agradable y pequeña ciudad de Chilecito tiene hotelería y gastronomía sencilla y alberga en su tejido urbano a la bodega de la *Cooperativa La Riojana*, de interesante visita por lo ecléctico de su capacidad vinaria, que incluye todos recipientes en uso para la vinificación. Sus viñedos se extienden por todos los valles de la provincia y algunos de los que mejores resultados están dando se encuentran en la vecina Famatina, de donde salen las uvas de Syrah y Malbec para los 2 vinos premium de la casa, *Raza Argentina*. *La Riojana* goza de merecida reputación también por sus Torrontés, que elaboran seco, de cosecha tardía, espumante natural y gasificado. El enólogo de la casa, Rodolfo Griguol, hizo su tesis doctoral sobre una levadura específica para el Torrontés Riojano.

Más allá del macizo de Famatina, en el Valle del río Vinchina, hay más viñedos pero ninguna bodega. En Famatina están también los viñedos de *Finca Liberman*, que consisten de Syrah, Tempranillo, Petit Verdot, Malbec y Cabernet Sauvignon, donde las 3 primeras variedades son los que parecen tener mayor potencial. Sus vinos, que se vinifican en Mendoza, todavía no se fraccionan: deberían salir al mercado en 2007.

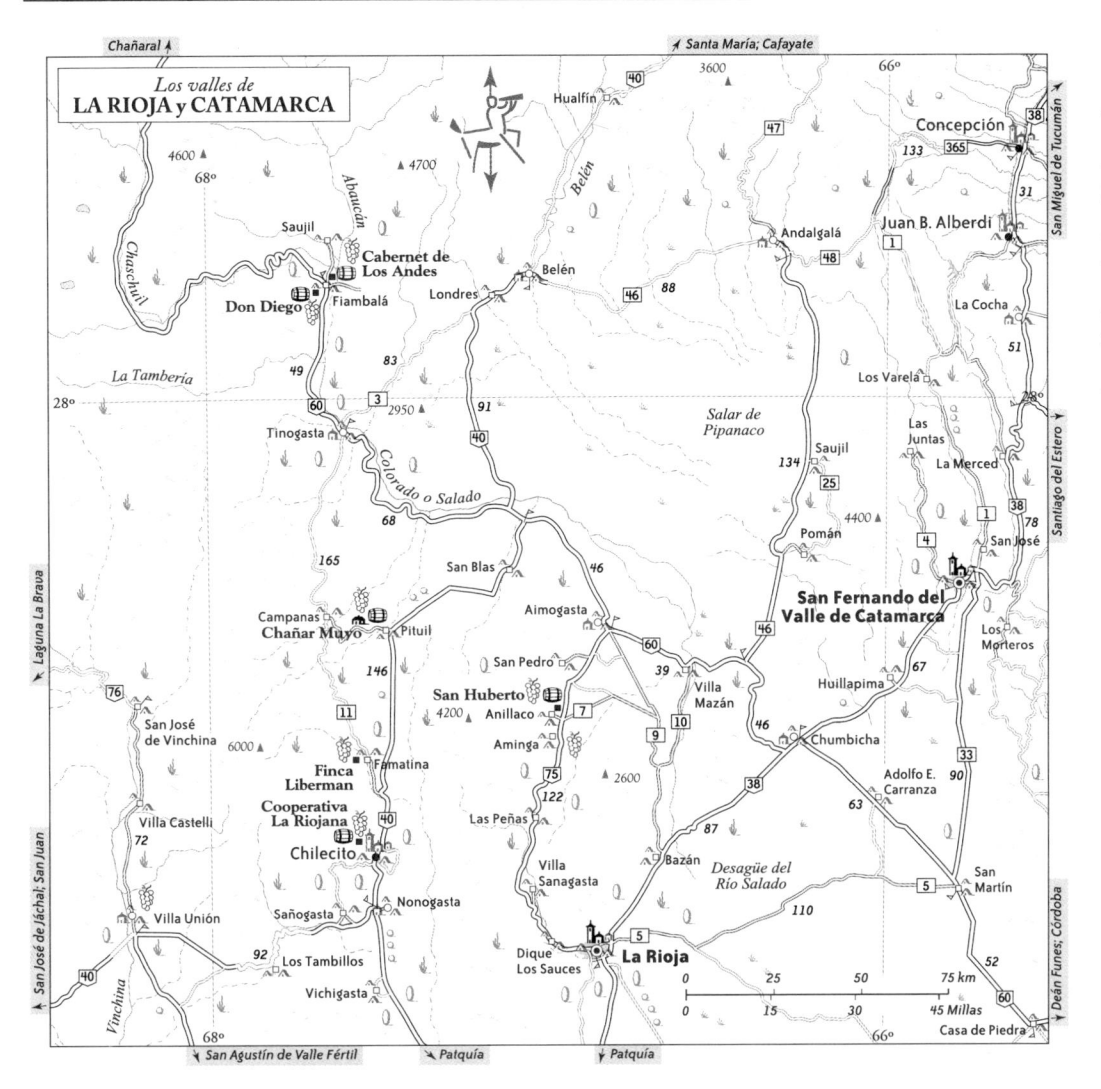

Hacia el norte, hay una nueva bodega con sus propios viñedos en Chañar Muyo, con 100 hectáreas de ambos Cabernet, Tannat, Syrah, Malbec, Viognier y Sauvignon Blanc. Ignoramos si recibe visitantes. Desde aquí, por Campanas, hay un sinuoso y hermoso camino de ripio que conduce hasta Tinogasta, que es el corazón de la vitinicultura catamarqueña.

Aquí hay bodegas de vinos regionales y algunos nuevos emprendimientos orientados a los vinos de calidad. Pero la infraestructura hotelera y gastronómica es muy sencilla.

Los mejores vinos catamarqueños provienen de 2 bodegas en Fiambalá: a las puertas del pueblo y junto a la hermosa capilla de adobe colonial, está *Don Diego*, con una pequeña y moderna bodega de adobe y sus viñedos de Syrah y Cabernet Sauvignon: su Syrah *Roble* es de lo mejor de la casa. En *Don Diego* tienen proyecto de construir una posada, para suplir la falta de buen alojamiento en la comarca, donde hay sólo una triste hostería provincial. Al otro lado del pueblo, pero no recibe visitas, está *Cabernet de los Andes*, que elabora los vinos *Tizac*, entre los que destaca la Bonarda y las producciones limitadas *Plenilunio*.

En rigor, a algunas horas de viaje hacia el norte, en el extremo sur del Valle de Santa María, hay otro terruño catamarqueño de vinos de calidad, la bodega *La Rosa*.

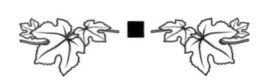

La Riojana Cooperativa Vitivinifrutícola de La Rioja Ltda.

La Plata 646 / 5360 Chilecito / La Rioja
Tel.: (03825) 423150
Fax: (03825) 423299
E-mail: lariojana@lariojana.com.ar

Website: www.lariojana.com.ar
Capacidad: 58,7 millones de litros
Viña: 3.682 hectáreas

Generoso el envío de la tradicional cooperativa de Chilecito que dirige Roberto Mantovani y en lo enológico, el doctor Rodolfo Griguol con un nutrido equipo de consultores a cargo de una producción que en 2005 totalizó 46 millones de botellas.

Muy interesante Syrah del Famatina el contenido en la pesada botella de *Raza Argentina*, criado por 18 meses en barricas de roble francés, en cuya fracción aromática prima el registro terciario, con chocolate y roble por encima de las bayas rojas y sus confituras; en el paladar renueva su perfil olfativo con insistencia en la crianza, taninos redondos en equilibrio con la acidez, y suficiente largo de boca: bien hecho y de grata bebidilidad, estilo Nuevo Mundo.

No menos interesante el *Raza Argentina* Malbec (de crianza similar al anterior) cuya nariz no se apura en manifestarse, con excelente registros florales, frutados y leve *Brett* (betún) que no molesta sino que agranda al vino; en boca es grato e intenso, copiosamente frutado, bien pertrechado en acidez y taninos maduros, largo y positivo hasta el retrogusto: un Famatina sin nada de aquellos viejos Malbec recocidos por el sol riojano.

El Cabernet Sauvignon *Santa Florentina* para su precio es de nariz es enorme, con fruta roja fresca, especias y pimiento morrón; en boca es ágil y placentero, bien de fruta, acidez y taninos, con final bastante largo y grato: un vino sin pretensiones que hace de ello virtud, ideal para la mesa de todos los días.

Muy acertado y original el *Tardío Otoñal* de Torrontés, ricamente ornado al olfato con cítricos, jazmín, ananá o piña bien madura, miel y frutas secas; discurre lento en boca gracias a su dulce densidad, limpio, untuoso y muy frutado, pero termina algo breve y la acidez podría ser más acentuada.

Excepcional en calidad-precio la Bonarda *Viñas Riojanas*, de muchísima nariz para su gama y juventud, gratísima en boca, elegante en su sencillez, un campeón para la mesa de todos los días, o para el mediodía por su bajo tenor alcohólico. Vinísimo vinito.

Medianamente intenso en nariz el Pinot Gris, que evoca frutas blancas (pera, manzana) y tropical (ananá o piña) y algún matiz floral; más nítido en boca, de una materia sabrosa y refrescante con acidez filosa y un final de cierta persistencia: vino sencillo pero de buena bebidilidad y afable relación calidad-precio.

Expresivo y sabroso con jazmines y ananá o piña y algo cítrico el espumante de Torrontés, único en su categoría.

Frutado, sabroso y sedoso el Merlot *Santa Florentina*, para un beber sin intelectualismos.

Algo dulzón y no muy frutal el Malbec-Syrah, fácil de beber.

Ágil y grato, sin aristas ni grandes virtudes el Torrontés-Chardonnay.

Con un acento mineral o metálico junto a su frutado y especiado, el Syrah *Santa Florentina* es vino bueno y simple, sin mucho carácter varietal.

En la misma línea, el Torrontés es de medianas virtudes e intensidades.

En el Malbec se aprecia fruta cocida y matiz láctico (yoghurt) en un conjunto franco y algo corto, grato sin más.

Sabroso, ligero y fresco, sin mucho tanino ni mucho más que expresar el original *Corte X*.

Con algo de fruta y mineral, el dulzón *Neo* gasificado es bueno y breve, casi dos veces bueno. Más gustoso y original el *Neo* Syrah, de buena fruta.

El Chardonnay expresa alguna fruta tropical en nariz pero es escaso en boca.

Con reducción y algo de sulfuroso la nariz del espumante Torrontés, cuyo carácter no aparece en el vino, de boca pobre pero sin aristas.

En la misma variedad, problemático el *Viñas Riojanas*, carente de franqueza en ambos sentidos.

Raza Argentina Syrah 2003	★★★★
Santa Florentina Cabernet Sauvignon 2005	★★★★
Raza Argentina Malbec 2003	★★★★
Sta. Florentina Tardío Otoñal Torr. Riojano 2004	★★★★
Viñas Riojanas Bonarda 2005	★★★★
Santa Florentina Pinot Gris 2005	★★★★
Santa Florentina Brut de Torrontés 2005	★★★
Santa Florentina Merlot 2005	★★★
Santa Florentina Malbec-Syrah 2005	★★★
Santa Florentina Torrontés-Chardonnay 2005	★★★
Santa Florentina Syrah 2005	★★★
Santa Florentina Torrontés 2005	★★★
Santa Florentina Malbec 2005	★★★
Santa Florentina Corte X Syrah-Torrontés 2005	★★★
Neo Syrah frizzante 2005	★★★
Neo Torrontés frizzante 2005	★★
Santa Florentina Chardonnay 2005	★★
Santa Florentina Torrontés espumante 2005	★★
Viñas Riojanas Torrontés 2005	★

Bodega y Viñedos La Rosa

Ruta Nacional 40 y Ruta Provincial 68 / Chañar Punco /
K4139XAA Santa María / Catamarca
Tel.: (011) 47719113 - Fax.: (011) 47719733
E-mail: info@lavaque.com
Capacidad: 5,3 millones de litros
Viña: 89 hectáreas

La solitaria y tecnificada bodega de la familia Lavaque (en sociedad con la cafayatense *El Esteco*) situada en Chañar Punco, en las afueras de Santa María, con la enología de José Luis Mounier, sigue descollando en la descubierta de un nuevo terruño que revela tintos de mucha personalidad, fruto de sus viñedos de Syrah, Cabernet Sauvignon, Malbec, Tannat, Merlot y Pinot Noir, cuya primera cosecha fue en 2001.

Lo interesante de esta experiencia a más de 2 mil metros de altitud en el extremo sur y catamarqueño de los Valles Calchaquíes es que hasta entonces, en esta comarca sólo se cultivaba el tradicional Torrontés para vinos pateros domésticos. Esta es la primera bodega que vinifica, con tecnología contemporánea, vinos de uvas tintas.

El Tannat en los viñedos calchaquíes es una cepa tradicional, pero sin muchos antecedentes de vinificación en monovarietal. Un excelente ejemplo de su potencial expresivo es el *Inca*, de tinta rojo púrpura casi negra y algo hermético en la entrega aromática (como suele ocurrir con esta cepa) pero de buena calidad, con notas de arándanos y nuez moscada y algún acento mineral. En boca se explaya más a gusto, con ligero ataque dulce, fresca acidez, una urdimbre de taninos copiosos pero suaves y madera de crianza bien integrada. Un vino de gran volumen, sabroso, equilibrado, armónico y de mucha tipicidad varietal.

Muy interesante también el Cabernet-Malbec, de nariz no excesivamente sociable aunque placentera, con notas de grosella y pimiento morrón asado más un cierto tostado de la madera. Más vívido en boca, manifiesta cierta carnosidad y una frutosidad bien integrada con el trabajo de crianza y taninos abundantes pero suaves, que dejan sensación aterciopelada, para concluir en un notable y prolongado final donde la fruta crece en vez de disiparse. Fresco, floral y frutado el Torrontés-Chardonnay, con sedoso paso por boca y gustoso final.

De acento terroso en su nariz frutal el Merlot-Bonarda, sabroso y aterciopelado en boca si bien algo corto.

Inca Tannat 2004	★★★★
Inca Cab.Sauv.-Malbec 2004	★★★★
Inca Merlot-Bonarda 2004	★★★
Inca Torrontés-Chard. 2005	★★★

Cabernet de los Andes

Caseros 650 / K4751XAK San Fernando del Valle de Catamarca / Catamarca
Tel.: (03833) 439060
E-mail: tizacwine@yahoo.com
Website: www.tizac-vicien.com
Capacidad: 0,26 millones de litros - Viña: 50 hectáreas

En Fiambalá, último valle catamarqueño antes del Ande, esta bodega construida en 2001 es pionera de una "nueva vitivinicultura catamarqueña" de la mano del visionario Carlos Arizu con su socio Pedro Vicien. Desde la cosecha 2005 Carlos se ocupa de los vinos con consultoría del italiano Loris Tartaglia en el lugar de Edgardo Ibarra, quien vinificó hasta 2004. *Tizac* Bonarda 2003 (en la edición pasada recibimos y catamos la añada posterior, 2004) es de olfato láctico en primera instancia y luego frutado y herbáceo, con variadas notas complementarias; de entrada untuosa en boca, avanza cálido y sedoso apoyándose en su madurez y dulzura tánica, hasta un final no largo pero agradable. Le falta acidez o le sobra dulzor, lo que lo achata un poco pero sin restarle bebidad. Sorprendente el Merlot *Plenilunio*, cálido, sugerente, con mucha pero bien puesta madera de roble, elegante, redondo, sedoso. Intenso y rico de fruta, especies y roble el *Plenilunio* Malbec, maduro y dulcíneo en sus taninos pero no muy largo y algo alicaído en el final.

El Cabernet Sauvignon (¿cómo hacen para cosechar del Merlot al Cab con luna llena?) es el menos preciso de esta serie de 5 barricas de cada vino, con notas de uva cocida y algo dulzón. Ni intenso ni complejo en nariz el Cabernet Sauvignon *Reserva* pero agradable, con fruta y vainilla de roble y paladar franco, algo expresivo y maderoso, ágil, de media persistencia, buenamente armónico. También de nariz pequeña el Syrah, con fruta, especias y animal; en boca es sedoso y ágil, bastante sabroso y expresivo, sin aristas...nos gustó más que el Syrah *Reserva*, donde hay fruta y algún eucaliptus pero el roble no aparece y en boca es alcohólico y ligero.

Sencilla la propuesta aromática del Malbec *Reserva*, con dulce de frutillas o fresas, cuero, roble y un matiz vegetal; en boca es franco y bueno, sabroso y sedoso, medianamente largo. Algo problemático el Cabernet Sauvignon.

Tizac Bonarda 2003	★★★★
Plenilunio Merlot 2005	★★★★
Tizac Reserva Cabernet Sauvignon 2004	★★★
Plenilunio Malbec 2005	★★★
Tizac Syrah 2004	★★★
Plenilunio Cabernet Sauvignon 2005	★★★
Tizac Reserva Malbec 2004	★★★
Tizac Reserva Syrah 2004	★★★
Tizac Reserva Cabernet Sauvignon 2004	★★

Finca Don Diego

Mate de Luna 408 / K4700CBI San Fernando del Valle de Catamarca / Catamarca
Tel.: (03833) 437026
E-mail: info@fincadondiego.com
Website: www.fincadondiego.com
Capacidad. 0,11 millones de litros - Viña: 42 hectáreas

Esta pequeña bodega de adobe moderno y piedra en las afueras de la remota Fiambalá, rodeada por sus propios viñedos, está logrando desde sus primeras cosechas una expresión muy vívida de Syrah de clima desértico de altura. El *winemaker* Elvio Centurión, con la enología de Edgardo Ibarra y la agronomía de Marcelo Casazza están haciendo excelentes vinos allí donde, hasta el día en que se establecieron junto a la vecina *Tizac*, sólo se hacían vinitos pateros artesanales.

El Syrah *Finca Don Diego Roble* (6 meses de barrica, mitad roble americano y mitad francés) es de nariz no muy intensa pero sí compleja, con amalgama sensaciones frutadas, confitadas, de tostados de la madera y una nota de sudor animal; ataca casi dulce en boca, desplegando buen volumen y una estructura media, con taninos redondos, acidez equilibrada y armónica, para concluir en un final bastante largo con retrogusto de eucaliptus. Sólo le falta un poco de personalidad en boca para terminar de encantar, el vino está como enfunfurruñado o quiere más botella.

Siempre Syrah, el *Finca Don Diego Reserva* (que fue criado 8 meses en barricas, mitad de roble americano y mitad francés) tiene profundidad aromática, con fruta roja en primer plano, un segundo plano de matices florales, confitados y vegetales y un trasfondo especiado y tostado; es muy franco y sabroso desde su entrada en boca, con una trama de taninos abundantes y activos que secan un poco pero sin fastidiar la experiencia, pues son jugosos en su astringencia y el vino es redondo y armónico: de lo mejor de Catamarca este año.

El Syrah-Cabernet Sauvignon es de nariz frutada y especiada de buena intensidad y calidad, pero en boca se aflige por cierto azúcar residual y taninos que aprietan un poco, dentro de un vino algo corto y plano.

Y el Syrah *Don Diego*, empañado en su nariz frutada por una ligera reducción, en boca adolece de taninos secantes y verdes, con media persistencia y una sencilla redondez.

Finca Don Diego Syrah Roble 2005 ★★★★
Finca Don Diego Syrah Reserva 2005 ★★★★
Finca Don Diego Syrah-Cabernet Sauvignon 2005 ★★★
Finca Don Diego Syrah 2005 ★★★

Finca La Sala

La Puntilla de San José de las Peñas Blancas / 5340 Tinogasta / Catamarca
Tel.: (03833) 454873 / 15597509
E-mail: vinos_lasala@hotmail.com
Capacidad: no posee
Viña: s/d

El doctor Osmar Jacinto Saldaño posee una antigua finca llamada La Sala o La Casa Grande en la Puntilla, a 10 km de Tinogasta, entre los cerros y el río Colorado, donde cultiva Syrah, Bonarda y Torrontés, a 1,2 mil metros de altitud sobre el nivel del mar. Sin mucha más información, nos enviaron un Syrah de 13,8 de alcohol que fue vinificado en *Cabernet de los Andes* en Fiambalá.

Se trata de un vino de nariz limpia y expresiva, que ofrece registros de tomate y hojas secas, mermelada de frutilla (fresas), comino, hierbas, café y algo floral y animal. En boca es intenso y grato, sabroso y frutado, seco, masculino, con buen final. Un vino genuino y portador de un carácter propio que será interesante ver cómo se desarrolla en sucesivas añadas. Por lo pronto es entusiasmante que pequeñas producciones enriquezcan el acervo vínico de una tierra tan bella como Catamarca y su "Ruta del Adobe".

La Sala Syrah 2004 ★★★

Avatares de la vitivinicultura en terruños marginales

En Cuyo es fácil comprar viñedo ya plantado, bodega llaves en mano, obtener riego público a tasa irrisoria, contar con asesoramiento agronómico y enológico y servicio técnico para el *hardware* de la enología moderna...algo crítico en vendimia cuando un cortocircuito puede arruinar el trabajo del año. Por no hablar de un hotel confortable cercano donde acomodar al consultor, proveedor, distribuidor, cliente o visitante y algún buen lugar donde ir a comer. Por eso los vitivinicultores, igual que los hoteleros, casi nunca se afincan donde no hay ninguna viña ni bodega sino donde hay muchas. Hay que ser algo inconsciente, o audaz con perseverancia a largo plazo y anchas espaldas para proliferar como viñador-vinifactor donde nadie hace vino. Hay paños viejos de vid en muchos oasis del noroeste, pero es Criolla o Cereza que no sirve para mucha cosa vínica: se pueden aprovechar sus añosos sistemas radiculares, que en un desierto dependiente del riego no es poco. Pero hay que injertar sobre cada pie antiguo una nueva cepa vinífera y en el vecindario no hay viñedos ni viveros donde obtener estacas ni manos expertas en injertos. Luego hay que esperar algunos años para ver los resultados. El viejo viñedo del Noroeste, cuando es de vides más viníferas que la Criolla, es un mezclún de variedades incógnitas conducidas en forma rudimentaria: disciplinar a una viña asilvestrada también es una tarea de años de poda. Hay parrales viejos de Torrontés que lucen muy bellos y arbóreos pero con frecuencia son clones mediocres habituados a la superproducción. El viñedo necesita un riego que en los oasis norteños es de arroyos sin las obras y servicios públicos de irrigación de los oasis cuyanos. El agua, ya escasa, se derrocha en un riego primitivo adecuado para huertas de papas y maíz pero no para cepas de buen vino. La alternativa es (como en los viñedos de Aminga y en los olivares de los *swinging '90's* en La Rioja y Catamarca) perforar hasta 300 metros a más de 300 dólares el metro, instalar equipos de bombeo y construir una represa para alimentar redes de riego por goteo. Cuando la tierra es casi regalada y la provincia apoya al provinciano bien enchufado con linda empatía bancaria, no es tan oneroso ni riesgoso. También, las bombas de agua y otros equipos de bodega moderna necesitan una energía eléctrica que no abunda en todos los rincones perdidos del Noroeste. Según la escala del emprendimiento, es oportuno "tener llegada" al Concejal, al Intendente, al Gobernador o al Aeroparque Metropolitano.

Cada año la vid requiere una poda cuidadosa y por eso las manos podadoras ideales son las del viñador, que conoce a sus cepas y sabe lo que quiere o puede obtener de ellas. En los oasis vitivínicolas tradicionales hay mano de obra entrenada para ayudar al viñador, pero en los oasis marginales hay que encontrarla o educarla. Las otras labores agrícolas, desde arrancar chupones y feminelas al raleo en verde y la cosecha también requieren de una mano de obra conocedora de la vid y las uvas, para progresar hacia los grandes vinos. Un mono con tijeras suelto en un viñedo puede causar en una hora daños que puede costar algunos años subsanar.

Los viñedos de clima desértico de altura son muy salubres: es pésimo clima para los hongos que son las más frecuentes enfermedades de la vid. Pero hay que mantener a raya de alguna forma a la hormiga negra y cuando la uva madura, a pájaros, zorros y otros bichos que gustan del azúcar. El sol obliga a manejar la canopia para no cocinar racimos en la planta y que azúcares, taninos y colores maduren con óptimo. La acidez casi siempre se pierde en demasía en las uvas norteñas. Todo ello puede haberse resuelto en el mejor de los modos y una uva excepcional está casi a punto de cosecha cuando un cúmulo nimbo granicero asoma tras la montaña y en minutos (si no hay mallas antigranizo o cañones lanzacohetes de yoduro de plata, buena puntería y buena suerte) echa a perder todo el trabajo de un año si daña sólo a las uvas, o de más años si también daña a las cepas.

Tras la vendimia, hay que hacer el vino. Cuidarlo y criarlo. Envasarlo y transportarlo. Distribuirlo, comunicarlo y venderlo en el mercado interno o exportarlo. Todo ello es mucho más sencillo en la octava Gran Capital Mundial del Vino que en Tinogasta o Fiambalá.

Por eso los nuevos vinos de estos terruños marginales tienen un mérito suplementario. No es vino hecho cuesta abajo, sino cuesta arriba.

181

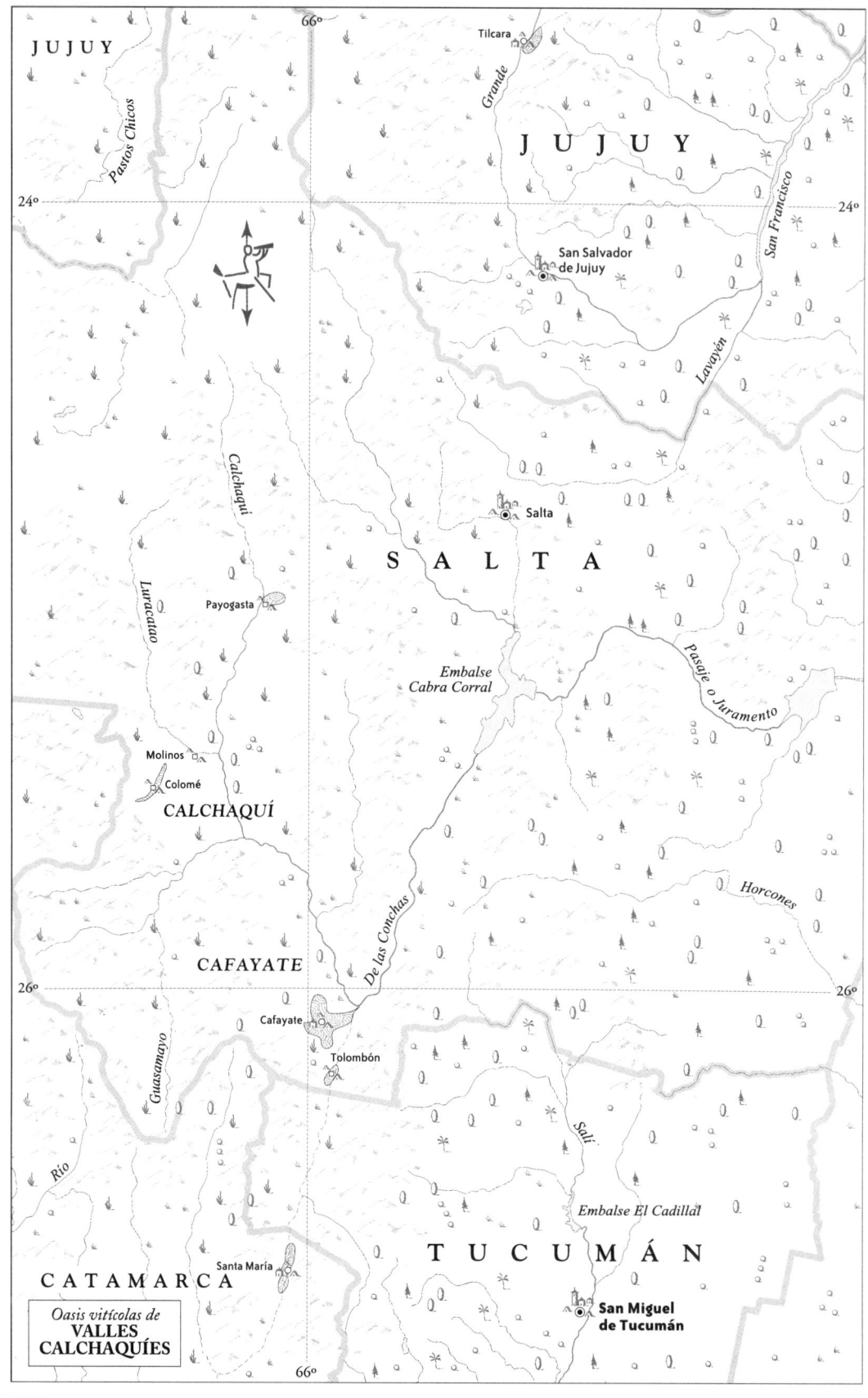

Los Valles Calchaquíes

JUJUY

Pastos Chicos

24°

JUJUY

Tilcara

Grande

San Salvador de Jujuy

San Francisco

Lavayén

Calchaquí

Luracatao

Salta

SALTA

Payogasta

Embalse Cabra Corral

Pasaje o Juramento

Molinos
Colomé

CALCHAQUÍ

Horcones

De las Conchas

CAFAYATE

26°

Cafayate
Tolombón

Guasamayo

Río

Salí

Embalse El Cadillal

TUCUMÁN

CATAMARCA

Santa María

San Miguel de Tucumán

Oasis vitícolas de
VALLES CALCHAQUÍES

66°

182

BODEGAS Y VINOS DE

LOS VALLES CALCHAQUÍES

En términos paisajísticos, en los Valles Calchaquíes están los terruños vitícolas más dramáticos de Argentina. Acorde, los vinos calchaquíes también son dramáticos, extremos, intensos: algunos de los caldos más alcohólicos, oscuros, densos y frutados del planeta se elaboran aquí, cerca o por encima de los 2 mil metros de altitud sobre el nivel del mar, en un perihelio que orbita en modo permanente mil metros más cerca del sol que la mayor parte de los viñedos de San Juan y Mendoza. Los terruños calchaquíes no están consagrados a las cepas femeninas y delicadas e incluso su vino blanco característico, el Torrontés Riojano (la mitad de los viñedos salteños) es de una tal intensidad aromática y de sabores que, pese a ser un blanco, difícilmente evoca lo femenino —a menos que se piense en el carácter fuerte de las mujeres calchaquíes.

Casi todos los Valles Calchaquíes están en Salta, pero hay una porción tucumana (donde están las ruinas de Quilmes) con 43 hectáreas de viñedos y ninguna bodega conocida en Colalao y Amaichá del Valle. El sur de los valles, a lo largo del reseco cauce del río Santa María y la pequeña ciudad del mismo nombre son provincia de Catamarca. Aquí hay pequeños viñedos rústicos para vinos pateros y una sola bodega moderna, *La Rosa* (ver Catamarca), que en Chañar Punco, en las afueras de Santa María, cultiva un centenar de hectáreas y hace vinos aunque no los cría.

En 2006, en Salta hay 2 mil hectáreas puestas a viña en 254 viñedos, con una superficie promedio de 7,7 hectáreas por viñedo. Casi la mitad (817 hectáreas) es Torrontés Riojano, y luego se cultivan 393 hectáreas de Cabernet Sauvignon, 378 de Malbec, 68 de Tannat (proporcionalmente, es la provincia donde más Tannat se cultiva), 54 de Merlot, 36 de Bonarda, 29 de Syrah, 26 de Chardonnay y pequeños paños de Barbera, Chenin, Moscatel de Alejandría y Moscatel Rosado, Tempranillo y Cabernet Franc. La Criolla Grande, característica de Mendoza y predominante también en San Juan, curiosamente no existe en Salta, donde hay 61 hectáreas de Criolla Chica que a veces llega a tener el más noble de los usos vínicos cuando, por ser menos alcohólica que el Malbec y el Cabernet, se usa para ablandar un poco a los más densos y nobles caldos de altura.

Los suelos en la región son generalmente francos, pedregosos y franco-arenosos. Las lluvias, entre 150 y 400 milímetros auales, se concentran en los meses estivales.

En Salta, la pinta o envero de las uvas, con variaciones según la altura del viñedo, ocurre entre la última semana de diciembre y el 15 de enero. Las grandes bodegas, que tienen mucha cosecha de Torrontés para levantar, comienzan a vendimiar a principios de febrero con poco grado alcohólico, pues la madurez adecuada ocurre en la segunda quincena de febrero o la primera de marzo. En las tintas, el Malbec se cosecha en la primera semana de marzo, el Cabernet Sauvignon y el Syrah en la segunda quincena de marzo, y el Tannat por último, en abril.

Un poco de historia de los terruños vallistos

Los Valles Calchaquíes fueron un tardío bastión de feudalismo terrateniente y latifundista hasta bien entrado el siglo XX: los grandes propietarios eran en algunos casos descendientes directos de los encomenderos españoles. Hasta entonces, en las inmensas propiedades de los valles la mano de obra aborigen gozaba de pocos más derechos que en tiempos de la tardía y violenta conquista española de los valles: era el paisaje socioeconómico más retrógrado de la Argentina.

Las enormes fincas eran autosuficientes y también hacían su vino, desde época colonial: los collas cosechaban y pisaban las uvas del patrón en lagares de cuero y los mostos fermentaban en tinajas de adobe (no existió tonelería hasta fines de siglo XIX) entre paredes de adobe y techos de torta de barro. El aislamiento de los valles y la economía rústica y autárquica crearon prácticas feudales entre patrones blancos y peones aborígenes perceptibles aun hoy. En las primeras décadas del siglo XX, un puñado de familias eran dueñas de toda la región, con propiedades de docenas o cientos de miles de hectáreas: todos los valles fértiles pero también las montañas y los páramos en el altiplano tenían su señorío. En Cafayate, los hermanos Chavarría poseían las fincas, haciendas y bodegas La Rosa, Mercedes y La Banda; la señora Carmen Frías era dueña de Lorohuasi, los hermanos Antonio y Rafael Lovaglio, nostálgicos inmigrantes, de Roma y La Italia; Gabriela Torino de Michel era propietaria de La Arboleda y San Miguel, y Mercedes Peñalva era señora de El Tolombón, Santiago Figueroa poseía finca La Armonía, José Plaza era dueño de las fincas Florida y Merced y Félix Usandivaras, de El Tránsito y San Isidro. En Cachi, los hacendados y finqueros Félix y José Saravia poseían las fincas Puil y Río Blanco; Benjamín Zorrilla era dueño de Palermo y Samuel y Santos Plaza, de San José. Ricardo Dávalos era señor de La Banda Grande y Salomón Michel, de las tierras y pueblo de Seclantás.

El hacendado José Dávalos Isasmendi poseía todo el valle de Molinos, con las inmensas fincas Colomé y Tacuil, lindando tras las montañas con el vasto Valle de Luracatao que también era propiedad de la familia Isasmendi. Todos ellos descendientes de Nicolás Severo de Isasi Isasmendi y Echalar, un vasco que casó con la viuda del encomendero local y armó tropas propias para sofrenar a los ecos vallistos de la lejana rebelión de Túpac Amaru en Perú. Fue el último gobernador realista de Salta: sólo un año, pues lo destituyó la Revolución de Mayo y don Nicolás Severo se refugió en la finca de Luracatao donde se dedicó sin éxito a la resistencia contrarrevolucionaria: fue preso y embargado por la Revolución aunque sólo un tiempo. Poco más luego el gatopardismo salteño le devolvió sus propiedades, en las que vivió tranquilo hasta su muerte.

Pese a que a fines del siglo XIX llegaron a Cafayate algunos emprendedores inmigrantes mediterráneos, desde italianos hasta libaneses, que trajeron consigo nuevas costumbres y modos de trabajar, la expansión de la vitivinicultura cafayateña era imposible a causa de los malos caminos hasta la capital salteña y los mercados de las tierras bajas. La única salida del valle era por la Quebrada del río Las Conchas, pero el ferrocarril desde Salta llegaba hasta Alemania, a 88 kilómetros de Cafayate: el vino se transportaba en carros hasta allí. En tales condiciones los vinos salteños no podían competir con los cuyanos. En la ciudad y provincia de Salta se consumían millones de litros de vino sanjuanino mientras los productores vallistos no lograban vaciar sus bodegas. Así, a principios de siglo XX el gobierno provincial intentó corregir el desbalance otorgando premios de 500 mil pesos por año a los productores. Pero este privilegio a ya grandes propietarios no cayó bien en la mayor parte de la población, sumida en la pobreza.

Todo pareció cambiar en la década del '40, cuando el régimen del general Juan Domingo Perón impuso autocráticamente en los valles una experiencia única e inédita en Argentina (salvo en otros latifundios de la Puna) de reforma agraria. Enormes propiedades fueron expropiadas y las tierras entregadas a los peones, campesinos y pastores aborígenes. La reforma agraria peronista sólo a medias hizo justicia, porque libró a los beneficiados a la miserable existencia del minifundista sin ningún apoyo, reducido por generaciones a vivir del pastoreo de cabras y el fácil cultivo de ají. Los terratenientes vallistos (mucha tierra quedó en manos de los antiguos dueños) aun se lamentan de las hermosas fincas y viñedos que desaparecieron porque el gobernador salteño conservador Robustiano Patrón Costas no pudo derrotar al coronel Perón en las elecciones de 1946, pese a que lo apoyaban todos los partidos políticos menos el recién nacido justicialismo, que entonces se llamaba laborismo.

De los vinos que se hacían en estas grandes fincas salteñas perduró hasta fines de siglo XX un buen ejemplo en los vinos que hacía Raúl Dávalos en su bodeguita de adobe de Colomé, con un maestro de bodega colla por toda enología, que además era maestre de viñedo. Las uvas de cepas ya arbóreas por la edad, sin manejo agronómico, fermentaban en unas pocas piletas de mampostería tartarizadas por décadas de uso mejor que el mejor epoxy, donde el maestre colla compensaba la merma que se creaba en las piletas al extraer vino con el expediente de arrojar grandes piedras bola tomadas del arroyo cercano para así conservar a la pileta llena, sin aire. El maestre sabía que no todas las piedras bola eran iguales para el vino: las de algún tipo podían perjudicarlo. Los consistentes y rudimentarios vinos de Raúl Dávalos gozaban de buena reputación en Salta donde los salteños, bien aferrados a su tierra, podían preferirlos a los invadientes vinos sanjuaninos y mendocinos. Los pocos miles de litros de vino que Dávalos hacía cada año en Colomé con las cepas más viejas y más altas del planeta y cero enología comenzaban a crearse una aureola de *cult wine* en Buenos Aires, Mendoza y Londres (con cero *marketing*) cuando apareció a fines de siglo XX el matrimonio de Donald y Úrsula Hess: probaron el vino, conocieron el lugar, lo compraron e introdujeron la modernidad en el Valle de Molinos en pocos años, no sólo en sentido vitivinícola. El camino de acceso, el agua, la luz y el teléfono, una iglesia, espacios comunitarios y empleos llovieron del cielo porque un día un ángel o la casualidad guiaron a un multimillonario helvético hasta aquí y lo flecharon en el alma con el paisaje, el vino y la gente. El nuevo señor del Valle de Molinos hizo de los vinos de altura de Colomé un fenómeno de resonancia mundial. La biodinámica espontánea del maestre colla se transformó en rigurosa biodinámica antroposófica. Se construyó una bodega *high-tech*. Vinieron enólogos de California primero y ahora de Francia. *Colomé*, con su pequeña hostería y su restaurant, atrae a un flujo constante de personas interesadas por conocer el lugar de origen de vinos tan singulares.

La pequeña epopeya del Valle de Molinos no es el único ejemplo de una modernidad globalizante, donde poderosos vectores están conectando al país calchaquí con el mundo a través de sus vinos de altura. Con un gran fondo de inversión americano-helvético a las espaldas, la bodega *El Esteco* del grupo *Trapiche/Peñaflor* está apostando fuerte al potencial de los vinos de esta tierra y junto a *Starwood Luxury Hotels*, al enoturismo. El coloso de los vinos y bebidas alcóholicas *Pernod-Ricard* también lleva algunos años haciendo en su tradicional bodega cafayateña *Etchart* una de sus producciones más interesantes del Nuevo Mundo. Inversiones más recientes, como las tierras que compró la francesa y mendocina *Alta Vista*, confirman que en su propia escala, respectivamente 80 y 25 veces menor en superficie de viñedos, Salta sigue el camino que Mendoza y San Juan.

La ecología de los valles

Hace algunos siglos, buena parte de los Valles Calchaquíes estaba cubierta por bosques de algarrobo (*Prosopis alba* y otras especies de *Prosopis*) y otros árboles nativos. La deforestación alteró y resecó el clima de los valles. Hubo una degradación de la cubierta vegetal, por la tala salvaje sin reposición. Los lugareños talan para obtener madera para quemar, que es su único combustible, y sobrepastorean con sus cabras y ovejas. Los emprendimientos forasteros entran sin problema ni regulación con una topadora al bosque nativo. Los incendios aportan lo suyo. Además de los algarrobos, hay otras plantas en extinción: la nencia, el incayuyo, la yerba del ciervo, el palo azul y los retamos. También se extinguen las perdices, corzuelas y tarucas, el avestruz, el chancho del monte y el gato montés. Y hay más pumas, zorros y cóndores.

Una vez que desaparecen los árboles y la cubierta vegetal, los suelos francos y franco-arenosos más frecuentes en los valles son presa de la erosión eólica y cuando llueve lo poco que llueve, en verano, las fuertes pendientes forman torrentes erosivos que excavan cárcavas (*badlands* o huayquerías) y deponen conos de sedimentos que arruinan a los cultivos. A ello se suma la salinización progresiva de los suelos por el riego primitivo. Finalmente Cafayate y sus curtiembres y bodegas, por falta de adecuados sistemas de tratamiento, contaminan a las napas freáticas de las que se toma agua para beber e irrigar.

En la ruta del vino salteño

Hay casi una decena de bodegas que merecen hilvanarse en un recorrido por los terruños del vino salteño. En un viaje ideal, se debería llegar en avión a Salta y partir en avión desde Tucumán (o viceversa) alquilando un auto en una u otra ciudad: tanto por la Cuesta del Obispo y el Parque Nacional Los Cardones como por Tafí del Valle y el Abra del Infiernillo la entrada a los Valles es espectacular, mucho más que por la ruta habitual de la Quebrada del río Las Conchas.

En Cafayate, pequeña ciudad de unos 12 mil habitantes situada a 1,8 mil metros de altitud, hay una discreta variedad de posibilidades para alojarse, desde posadas y hoteles sencillos y económicos hasta el exclusivo *Patios de Cafayate Hotel & Wine Spa*, en la bodega *El Esteco*, con un pequeño restaurant. Ésta (que no conocimos personalmente) es una de las propuestas más sofisticadas de la región. Pero no se debería perder de vista, en el extremo opuesto, la peregrinación pedestre por los comendores más sencillos y populares de Cafayate, probando empanadas salteñas del horno de leña con un vaso (no una copa) de Torrontés, alternando con la visita a las tiendas y talleres de artesanías en cerámica, textiles, madera y platería. En la mesa, la culminación del viaje calchaquí es el chivito o cabrito asado a las brasas, acompañado por alguno de los mejores tintos del terruño posiblemente al aire libre, mientras algún lugareño entona folklore acompañándose a la guitarra y postreando con quesillos de cabra, dulce artesanal y un Torrontés Tardío. No hay forma mejor para llegar al corazón de las cosas de esta tierra.

En los Valles Calchaquíes, no existe todavía un consorcio de los productores orientado al turismo del vino y así cada uno trabaja por su cuenta. No hay horarios de visita homogéneos, señalización estandarizada, mapas o folletos de buen criterio enoturístico. Las bodegas no trabajan en conjunto para enriquecer al territorio con propuestas culturales y gastronómicas y un servicio de información y acogida de los viajeros del vino, que deben arreglárselas por su cuenta o con los servicios turísticos generales. Hay enconos entre productores que parecen obstáculos insalvables. La *Fiesta del Torrontés*, que empezó a celebrarse hace pocos años en la plaza de Cafayate en octubre, no llegó a tomar vuelo.

Hay 2 grandes bodegas ineludibles en un recorrido vínico. Una es *El Esteco*, que los argentinos conocieron por algunas generaciones como *Michel Torino*, con una imponente capacidad de vasija repartida entre tanques de acero inox, piletas de mampostería y otros recipientes vinarios de distintas épocas, además de varios centenares de barricas y equipamientos de los más modernos, con viñedos estupendos en ésta y otras fincas. La casona italianizante que construyó la familia Michel Torino en su fundo es un ejemplo solitario de la prosperidad de la agricultura y la vitivinicultura en los valles a fines del siglo XIX. *Altimvs* es lo que habría que probar o comprar si uno quiere llevarse, en el cuerpo o en el equipaje, lo mejor de la casa. El impresionante Torrontés *Origen* de *Trapiche* nace aquí.

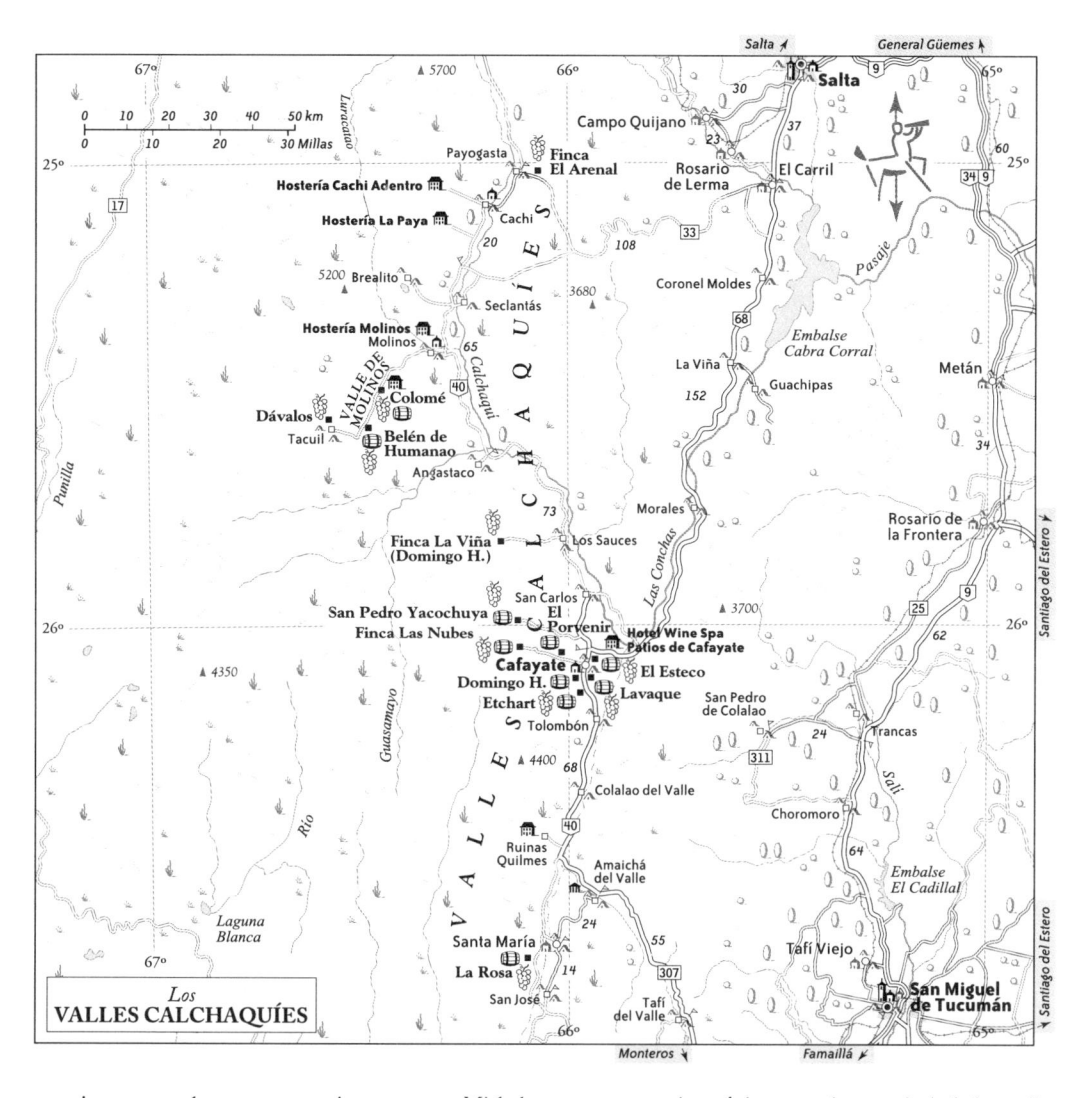

La otra gran bodega cafayateña es *Etchart*, que pertenece al grupo *Pernod-Ricard* y también cuenta con la máxima escala y variedad de vasijas vinarias, desde viejos toneles de algarrobo hasta tanques de cemento a cielo abierto pasando por tanques de acero inox, con cientos de barricas. Hay una buena tienda de vinos y también espléndidos viñedos con algunos paños de cepas venerables. Su *Torrontés Tardío* y varios otros Torrontés secos de la primera línea de la casa son suficiente excusa para conocer esta bodega y también lo es *Arnaldo B.*, el primer vino que hizo Michel Rolland en Sudamérica.

En una escala vínicamente más humilde pero rica de historia, la bodega *La Banda* es interesante por su arquitectura tradicional y su museo de implementos vínicos vallistos; de sus vinos, este año nos gustó mucho el *Cabernet Lacrado*.

La bodega *Domingo Hermanos* es ecléctica y como

todos los grandes productores de la comarca reposa a sus vinos comunes en tanques a cielo abierto. Su Cabernet *Domingo Molina* está muy bien y el Malbec no está nada mal. En lo posible, el enoviajero debería procurar la excursión a los viñedos de la familia Domingo en finca La Viña, con empanadas y chivito incluído; también puede ser una experiencia curiosa la visita al moderno "Pueblo Antiguo" que Osvaldo "·Palo" Domingo construyó en Yacochuya, con algún viñedo próximo.

Al otro lado de la Quebrada de Yacochuya está la pequeña bodega *San Pedro de Yacochuya* de Arnaldo Etchart, con sus hijos Arnaldo y Marcos, y Michel Rolland. Aquí las visitas se filtran y dosifican, porque la escala bodeguera es *boutique* y los vinos son ultrapremium.

Una pequeña bodega que abre con gusto sus puertas a los visitantes (que pueden participar de la cosecha) es *Finca Las Nubes* de la familia de José Luis Mounier, ex enólogo de *Etchart* durante casi 2 décadas, que cultiva sus uvas y hace sus vinos garage en las alturas de las afueras de Cafayate. El *José L. Mounier* 2003 fue uno de los mejores vinos sudamericanos. Al año siguiente nos gustó menos. Pero la hospitalidad de la casa permanece invariable.

Saliendo de Cafayate hacia el norte, por un pavimento que muere en el agradable y simple pero no muy vínico pueblo de San Carlos, por un tortuoso y angosto camino de ripio que filtra al turismo masivo, más allá de la moderna Angastaco y la espectacular Quebrada de la Flecha, se llega al pintoresco Molinos, con la simple y cálida hostería creada por un descendiente del señor feudal de aquellas tierras en la rústica casa mayor frente a la hermosa iglesia de adobe. Aquí hay que torcer valle adentro y río arriba por el Molinos hasta la finca y bodega *Colomé*, donde hay unas pocas habitaciones que conviene haber reservado con buena anticipación, y un restaurant que explora los sabores de la huerta, la granja, la viña y la tierra circundante. *Amalaya* es un vino de corte variable que va y viene en sus primeras añadas, pero *Colomé Estate* y *Reserva* valen el viaje hasta acá, desde mucho más allá. Hay un Centro de Visitas inaugurado en el invierno de 2006, con el *wine-bar* donde venden los vinos de la casa y se puede probar vinos y almorzar; además organizan eventos hasta 50 personas. A fines de 2007 proyectan inaugurar un *Museo de Arte Contemporáneo* dedicado a la obra de James Turrell, artista californiano que trabaja con instalaciones de luz y que probablemente nunca soñó que su vanguardista obra sería expuesta en un lugar tan remoto entre los Andes, donde hasta hace poco no había electricidad.

Valle arriba del río Molinos y preparándose para recibir visitantes está la bodega *Belén de Humanao* de la familia salteña Franzini, continuadora de la pequeña y rústica bodega y viñedos que creó en 1942 Valentín Ramírez y hasta 2003 llevó adelante su hijo Néstor. Con inversiones modestas comparadas con las que anteceden, en Humanao llevan unos pocos años haciendo vinos de altura formidables como el *Finca Humanao*.

Luego el valle se angosta y hay que salvar un puerto de altura y una cornisa para llegar a *Tacuil*, donde Raúl Dávalos posee los paños de vid más altos del valle y desde que vendió las 39 mil hectáreas de finca Colomé, cobija el proyecto de contruir una bodega socavada en una ladera.

Volviendo a la Ruta Nacional 40, unos kilómetros antes de Cachi está la pequeña y acogedora *hostería La Paya*, cuyo propietario ya no hace vinos pero puede contar largas historias al huésped viajero.

Poco más allá, en Cachi, la *hostería de Cachi Adentro* de la familia Durán (construida junto a un viejo molino hidráulico de harina) hace su propio vino.

Volviendo a Salta por Los Cardones y la Cuesta del Obispo, al pasar junto al cementerio de Payogasta se verá en la lejanía la finca El Arenal del matrimonio Hess y los viñedos productivos más altos del mundo. Con binoculares, en las laderas al fondo del paisaje quizá se distinga una mancha verde, que es el jardín de viñas experimental de los Hess, el "nido de cóndores" de la viticultura mundial. Cuando lo visitamos hace 3 años, una cepita de Syrah era la *Vitis vinifera* que crecía a mayor altura en la Tierra, 2.970 metros.

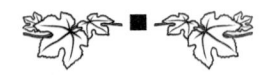

BELÉN DE HUMANAO

Av. Belgrano 1553 Piso 1° Dpto. 1 / 4400 Salta
Tel.Fax.: (03884) 494803
E-mail: mfranzini@arnet.com.ar
Capacidad: 0,12 millones de litros
Viña: 32 hectáreas

Esta es una pequeña bodega de adobe a la vera del camino unos pocos kilómetros más arriba de la *Bodega Colomé*, que perteneció a Néstor Ramírez y hoy es propiedad de la salteña familia Franzini, que además de reequiparla, ampliarla y plantar más viñedos, construyó una vistosa residencia al otro lado del camino sobre un cerrillo. En *Belén de Humanao* la vinificación está a cargo de Luis Asmet, uno de los enólogos más expertos en el trabajo con las uvas cultivadas en las grandes alturas.

Una interesante discusión de enófilos puede surgir del descorche de los 2 vinos de la casa: el *Humanao*, de botella bordelesa más retacona y gorda y el *Finca Humanao* de envase más flaco y alto. Ambos son Cabernet Sauvignon y Malbec de los mismos terruños y cosecha, el primero con crianza en barricas nuevas y de segundo uso y el otro en barricas de tercer uso. Ambos presentan a la vista un rojo violáceo profundo de invitante intensidad, el *Humanao* algo más reconcentrado en sí mismo. Al intenso espectro aromático de frutados rojos, infrarrojos y ultravioletas propio de las uvas del Valle Calchaquí (nadie en la Tierra cultiva la vid más cerca del Sol que allí) el enólogo añadió en el *Humanao* una fuerte dimensión roble apostando a que una materia vínica tan malbequianamente rica y cabernéticamente robusta la asimilaría con provecho. *Finca Humanao* no es intensísimo pero sí intrigante en su diáfana nariz de ciruelas y sus confituras, también con arándanos y alguna pimienta. Crece en boca, con temperamento de vino vallisto rebosante de jugosidad y vitalidad, aderezado con taninos pulidos y una acidez ajustada a su cota tánica y alcohólica. En la diversidad complementaria de su binomio varietal constitutivo (carnadura y osamenta), resulta un vino raro, de personalidad inusual, para beber ya.

Para decidir cuál de los grados de crianza añade más personalidad bebestible a caldos tan particulares como son los de altura, hágase la prueba en una ronda de amigos: dispóngase estos 2 vinos sobre la mesa y véase cuál botella se acaba primero.

Humanao Reserva Cab.Sauv.-Malbec 2005 🍇
Finca Humanao Cab.Sauv.-Malbec 2005 ★★★★
Finca Humanao *assemblage* 2004 🍇

BODEGA COLOMÉ

Ruta Provincial 53 km 20 / 4419 Molinos / Salta
Tel.: (03868) 494044 - Fax:. (03868) 494043
E-mail: info@estanciacolome.com
Website: www.bodegacolome.com
Capacidad: 1,2 millones de litros
Viña: 120 hectáreas

Corregimos una falsedad de la pasada edición: Donald y Úrsula Hess nunca llegan desde Salta al mágico Colomé en helicóptero, sino por carretera. Además, nos consta que en la lujosamente sencilla hostería la cocina halló su rumbo a la altura de los vinos de la casa. El amor por la naturaleza y la filosofía biodinámica del matrimonio Hess, más su disponibilidad de recursos, sensibilidad y tiempo personal hizo de finca, hostería y bodega un lugar de astral favorecido. Así también los vinos de los viñedos más altos del mundo, elaborados por el enólogo francés Thibaud Delmotte, Javier Grané en la viña y la biodinámica de Hugo Leiva.

Vino maduro y estructurado ya desde su tinta negra como la etiqueta es el *Reserva*, experiencia olfativa rica y sutil que deviene una epifanía en el paladar: cargado de fruta cocida y minerales, discurre sobre taninos tan precisos que parecen rodamientos esféricos y deja en boca la sensación de haber comido, más que bebido. Con 18 meses de barrica, es para decantar: de otro modo puede resultar cerrado en nariz y al final.

El etiqueta roja *Estate*, purpurado de gran intensidad, dispersó a nuestros catadores entre quienes lo hallaron poco, mediana o muy complejo en nariz, con media intensidad. En boca también desconcertó con intensa jugosidad, paso entre ágil y estructurado y equilibrio algo ácido, con taninos secantes: un vino potente para platos robustos.

Tratándose de un *blend* distinto cada año, nos resultó menos caprichosa la flexión de *Amalaya* (un top en su cosecha 2003) que resultó muy buen vino pero alejado de aquella grandeza. No nos convenció *Misterio Blanco*, descarnado y muy verde. Fuera de cata probamos el Torrontés 2005 que tampoco nos exaltó.

Colomé Reserva 2003 🍇
Colomé Estate 2004 ★★★★
Amalaya 2004 ★★★
Misterio Blanco ★★
Amalaya *assemblage* 2003 🍇

Los Valles Calchaquíes

BODEGA FÉLIX LAVAQUE
FINCA EL RECREO

Godoy Cruz 3236 2º / C1425FQV Ciudad de Buenos Aires
Tel.: (011) 47719113
Fax.: (011) 47719113 Int. 114
E-mail: info@lavaque.com
Website: www.lavaque.com
Capacidad: 3,1 millones de litros - Viña: 360 hectáreas

De las bodegas de la familia Lavaque en Cafayate y Chañar Punco, con enología a cargo de José Luis Mounier, destacaron en esta edición un Torrontés y un Merlot.

Quara Torrontés es de expresiva nariz especiada, herbácea y floral; en el paladar es intenso y salvaje, con tipicidad varietal y regional y ligero amargor final que no lo desmerece: evoca al Torrontés bebido en Salta, con empanadas picantes.

Intenso y expresivo en su envío aromático el *Finca de Altura* Merlot, con fruta roja, pimiento morrón y madera de roble bien ensamblada; ataca bien la boca, carnoso y frutoso, con buena tanicidad y equilibrio para finalizar no muy largo: un vino fácil de beber, sin aristas.

En la línea *Quara* probamos los mismos Tannat, Cabernet y Malbec con etiqueta de mercado interno y de exportación y el resultado fue coherente. En el Tannat hay nariz de fruta, humo y algo animal; es cálido y de tanicidad madura, con buen medio de boca, suficiente estructura y paso redondo. El Cabernet Sauvignon es de olfato cálido, especiado y balsámico, empireumático antes que frutal; de buen ataque en boca, despliega taninos que aprietan y concluye no muy lejos. Amplia e intensa la nariz del Malbec, con fruta, madera, especias y mineral; al paladar entra bien, frutoso y sápido, con taninos presentes y algo verdes, buena armonía, mediana duración. El Chardonnay *Quara* no es intenso ni complejo en nariz pero es más expresivo en boca, sedoso y ágil. Menos atractivo el Merlot, herbáceo y flojo. Seductor en nariz y gustoso en boca el Cabernet Sauvignon *Fincas de Altura*, de buenas intensidades, dulzón y bastante prolongado. En la misma línea, agradable la nariz frutada del Malbec, acompañada de roble; de buen ataque, con cierta fuerza y estructura en boca, pero fácil de tomar.

Quara Torrontés 2005	★★★★
Finca de Altura Merlot 2003	★★★★
Quara Tannat 2004	★★★
Finca de Altura Cabernet Sauvignon 2003	★★★
Quara Cabernet Sauvignon 2004	★★★
Finca de Altura Malbec 2003	★★★
Quara Malbec 2004	★★★
Quara Chardonnay 2005	★★★
Quara Merlot 2005	★★

EL ESTECO

Arenales 460 / 1638 Vicente López / Buenos Aires
Tel.Fax.: 51988000
E-mail: info@elesteco.com.ar
Website: www.elesteco.com.ar
Capacidad: 10 millones de litros
Viña: 400 hectáreas

Aquí la gran novedad del año fue la inauguración del *wine-spa* y *hotel boutique Patios de Cafayate*, que no conocimos todavía aunque por lo que leímos parece ser del máximo confort. En vinos, la enología sigue a cargo de Fabián Miranda y Alejandro Pepa. No probamos el *Altimus* ni los *Don David* Malbec y Cabernet que resultaron excelentes en nuestra anterior edición, pero nos sorprendieron con el *Don David* Syrah, criado 12 meses en barricas de roble, de estupenda cifra aromática: una inquietante sumatoria de especias, cuero, ahumados, grafito y tiza, moras y flores silvestres. Bello vino para tener en la boca, con una dimensión y equilibrio acertadísimos, ancho en fruta y afirmado en taninos, muy bien acompañado por una acidez que sin embargo en el largo final se queda un poco sola, sin que la fruta o la crianza la acompañen. Muy gustoso también el Syrah *Elementos* sin crianza, frutado y especiado con notas animales en la nariz; de taninos maduros y dulces con frutosidad jugosa, buen peso y redondez, largo final. En esta línea, es intensa la nariz floral de Torrontés, ligero y sedoso en boca, con media persistencia y cierta elegancia expresiva. Más comunicativo en boca que en nariz el Tannat, vino joven y vigoroso, expresivo y de buena estructura. El Malbec resulta herbáceo y frutado al olfato, expresivo y sedoso en el paladar, con taninos que aprietan un poco. Y el Chardonnay es de buena nariz y boca ligera y aterciopelada.

La línea *Ciclos* nos gustó sin emocionar: el *blend* es grato al olfato pero tropieza en taninos secantes; el Torrontés *Tardío* nos pareció algo pasado y artificioso; fresco, ligero, simple y escaso el Malbec rosado y demasiado cargado de roble y vainilla el Sauvignon Blanc.

También de un estilo *oaked* pero más logrado el Chardonnay *Don David*, muy correcto en sus medianas intensidades.

Don David Syrah 2004	★★★★
Elementos Syrah 2005	★★★
Elementos Torrontés 2005	★★★
Elementos Tannat 2005	★★★
Elementos Malbec 2005	★★★
Elementos Chardonnay 2005	★★★
Ciclos Cab. Sauv. - Malbec - Syrah 2004	★★★
Ciclos Tardío Torrontés 2004	★★
Ciclos Malbec rosado 2005	★★
Ciclos Sauvignon Blanc 2004	★★
Don David Chardonnay 2004	★★

El Porvenir de los Andes

Cerrito 348 3° B / C1010AAH Ciudad de Buenos Aires
Tel.: (011) 51999747 - Fax: (011) 51999748
E-mail: info@bodegaselporvenir.com
Website: www.bodegaselporvenir.com
Capacidad: 0,2 millones de litros
Viña: 80 hectáreas

Esta tradicional bodega cafayateña de fines del siglo XIX fue reciclada a fines del siglo XX por sus nuevos propietarios (una encumbrada familia salteña) y sigue afianzándose año tras año en la calidad de sus vinos, con la enología del experto en vinos de altura Luis Asmet y la temperamental *flying winemaker* española María Isabel Mijares y García Pelayo.

El vino que más nos impactó fue el *Laborum* Cabernet Sauvignon, que si bien no despliega una gran intensidad aromática, ofrece cierta hondura de registros en donde acuna evocación de ciruela cocida y recuerdos de crianza en barrica de roble. Más definido en boca, donde ataca dulce y se desenvuelve pleno, frutado y con taninos sazonados, hasta un final de agradable definición: es un Cabernet atildado y elegante, de estilo europeo, alejado de los lugares comunes de la cepa (léase pimiento morrón y fruta roja cocida) en este terruño. Polémico el Malbec-Cabernet, cuyo espectro olfativo es intenso y está cargado de aromas: ciruelas, pimiento colorado, curry y matices minerales. Es de impactante entrada en boca, dulce y pletórica de fruta, con taninos suaves y una acidez adecuada. Pero dividió al panel de cata entre quien lo halló largo, redondo, elegante y personal con una excelente estructura; y quien lo juzgó vino sin mayores pretensiones; y quien lo encontró corto y todo estructura, con poca fruta.

Interesante el Malbec, de atractivo perfil aromático donde surgen la fruta roja madura y los matices florales matizados por el tostado de la barrica. De buen recorrido en boca, es equilibrado e intenso: un varietal con el punto de crianza a gusto del mercado, en justo equilibrio entre fruta y madera.

El *blend Amauta* es de mediana intensidad pero buena complejidad aromática, con registro de pequeñas bayas rojas, caramelo y dejos especiados y herbáceos. En boca es sensual, de carácter sencillo y frutal, con marcada acidez y buena presencia tánica, final medio y un leve amargor al cierre, que es el único pero de un vino cuya estructura no entorpece a la frescura.

Laborum Cabernet Sauvignon 2003	★★★★
Laborum Malbec-Cab. Sauv. 2003	★★★★
Laborum Malbec 2004	★★★★
Amauta 2004	★★★★

Finca Las Nubes

El Divisadero / 4427 Cafayate / Salta
Tel.Fax: (03868) 422129
E-mail: japmounier@yahoo.com.ar
Capacidad: 0,17 millones de litros
Viña: 6 hectáreas

El año pasado el enólogo José Luis Mounier nos deslumbró con su vino homónimo y este año, con la cosecha sucesiva, nos agradó. Cuando se tienen diez, cien o mil veces más hectáreas de viña y todos los recursos humanos, técnicos y financieros en bodega la ecuación vínica tiende a ser menos fluctuante de año en año que en la casa que vinifica en escala garage a las uvas de un paño de vid familiar. También hay cosas que la gran bodega no puede hacer, como organizar una fiesta abierta de comida y música al final de una vendimia de familiares, amigos y visitantes: así culminaron a fines de marzo la cosecha en la casa de vinos de los Mounier, donde los visitantes pueden acompañar a los vinos con una tabla de quesos y una visita a la contigua y pequeña bodega al pie de los cerros.

José Luis Mounier (Malbec, Cabernet Sauvignon y Tannat, 6 mil botellas con un año de barrica) es de nariz frutada, herbácea, especiada, con algo animal y una nota de reducción, sin mucha intensidad aromática; en la fase gustativa tiene muchas ganas de expresarse pero se enreda en una trama de taninos que verdean y secan un poco, para terminar algo débil o flaco.

Muy Torrontés el Torrontés (del que Mounier hizo 15 mil botellas), floral y frutado, expresivo y fresco, sedoso y simple, muy grato bien que no memorable.

Algo complicado el *Finca Las Nubes* Cabernet Sauvignon-Malbec (15 mil botellas con 3 meses de crianza en barrica), que ya a la vista viene con bordes muy teja para un 2004; a la nariz trae recuerdos de tierra seca, pimiento cocido, mineral y fruta roja; en el paladar el tanino aprieta un poco y el recorrido no termina del todo bien, sino con una punta de amargor.

Golpeado en nariz y flaco en boca el Rosado de sangría de Cabernet Sauvignon y Malbec.

José L. Mounier *assemblage* 2004	★★★
José L. Mounier Torrontés 2005	★★★
Finca Las Nubes Cab. Sauv.-Malbec 2004	★★★
José L. Mounier Cab. Sauv. Rosado 2004	★
José L. Mounier *assemblage* 2003	🍇

ETCHART

Ruta 40 km 1047 / 4427 Cafayate / Salta
Tel.: (03868) 421310
Fax.: (03868) 421529
E-mail: perric@pernod-ricard-argentina.com

Website: www.vinosetchart.com
Capacidad: 10 millones de litros
Viña: 320 hectáreas

Ante un envío de muestras tan generoso como el que recibimos de la tradicional casa cafayateña del grupo *Pernod Ricard*, donde el equipo enológico está integrado por Víctor Marcantoni, Juan Carlos Mesa e Ignacio López, nos vemos forzados a extremar la síntesis y dejar de comentar algunos vinos.

Etchart Tardío es el primero de su tipo que alcanza un Racimo en estas páginas: de delicada presencia aromática basada en jazmín, nardo, azahar, ananá (piña), frutas secas, piedra húmeda y piel de naranja, penetra untuoso en boca, replicando su nariz con frescura y limpidez de registros. Y algo esencial en un vino dulce, tiene la acidez justa para su vivacidad y equilibrio armónico. Soñado para quesos azules y *paté de foie*.

Extraordinario el Merlot *Río de Plata* cuya nariz, compleja y de calidad, es una amalgama de registro láctico con fruta roja y cassis; de cuerpo medio, es intenso y sabroso en boca, bien pertrechado de fruta, equilibrado en acidez, sazonado en taninos, de gran tipicidad, joven y fácil de beber.

Altísimo el nivel de 3 Torrontés de la casa: el más impactante fue el *Privado*, de gran nariz varietal, henchida de aromas de solariego patio norteño (azahar, jazmín, duraznos o melocotones y Moscatel); amplio en boca, intenso, voluminoso, untuoso, equilibrado, largo cuanto basta. Menos impactante en nariz pero más elegante y complejo el *Río de Plata*, ágil y equilibrado en boca, sedoso, con acidez tonificante, buena carga frutal y final seco y agradable. *Ayres de Cafayate* ofrece una nariz de intensidad media y buena calidad, con las notas florales y frutales de la cepa y acento en la rosa y los cítricos; gana complejidad en boca, con matices acaramelados y confitados, placentera acidez y agradable final.

De placenteros aromas vegetales el *Privado* Tannat, con registro de arándanos, macís y roble nuevo; en boca despliega buena acidez, taninos medianos y un roble bien integrado, con destacada presencia de las notas de arándanos y recuerdo floral. Tiene para un par de años en botella.

Arnaldo B. es personalidad aromática intensa y compleja, con registros frutales (higo, membrillo), vegetales (pimiento morrón, eucaliptus) y minerales (arcilla); amplio en boca, desde el ataque destacan su acidez y taninos suaves, con bien integrada crianza en roble, y una mediana persistencia.

El Cabernet *Río de Plata* posee una fascinante intensidad aromática de mermeladas rojas, chocolate, café y pimienta; al paladar se entrega fluido, sabroso, ancho y pleno cuanto basta sin tornarse pesado, bien plantado en su firme y madura trama tánica, equilibrado y armónico, de grata persistencia. En su categoría, un destacado Cabernet mendocino, de las viña y bodega *Etchart* en Mendoza. El *Privado* Merlot es de nariz franca y agradable con media intensidad y notas vegetales (pimiento) con fruta roja y algo láctico; más pronunciado en boca, de cuerpo medio y balanceado, con taninos presentes y activos, entre el medio y el final deja un regusto a pimiento.

Grato y medianamente intenso en aromas el *Privado* Chardonnay, con predominantes acentos frutales (manzanas); en boca reitera, en modo más vibrante, la nota de manzana verde y ácida balanceada por cierta moderada mantecosidad y un leve tostado de crianza, bien más gustoso que el *C. Rosa* que debería serle superior pero se opaca en la maderosidad y un punto de amargor. Muy buenos vinos los Syrah, Malbec y Cabernet Sauvignon cafayateños.

Etchart Torrontés Tardío 2004	🍇
Río de Plata Merlot 2004	★★★★★
Etchart Privado Torrontés 2005	★★★★★
Río de Plata Torrontés 2005	★★★★
Ayres de Cafayate Torrontés 2005	★★★★
Etchart Privado Tannat 2004	★★★★
Arnaldo B. Malbec-Cab. Sauv.-Syrah 2002	★★★★
Etchart Río de Plata Cabernet Sauvignon 2004	★★★★
Etchart Privado Merlot 2005	★★★★
Etchart Privado Chardonnay 2005	★★★★
C. Rosa Chardonnay 2005	★★★
Ayres de Cafayate Malbec 2004	★★★
Río de Plata Torrontés-Chardonnay 2005	★★★
Etchart Privado Syrah 2005	★★★
Etchart Cafayate Syrah 2005	★★★
Ayres de Cafayate Pinot Noir 2004	★★★
Etchart Cafayate Torrontés 2005	★★★
Etchart Cafayate Cabernet Sauvignon 2005	★★★
Ayres de Cafayate Cabernet Sauvignon 2005	★★★
Etchart Privado Cabernet Sauvignon 2005	★★★
Etchart Privado Malbec-Cab. Sauv. 2005	★★★
Río de Plata Malbec 2004	★★★
Río de Plata Syrah-Malbec 2005	★★★
Etchart Privado Malbec 2005	★★★
Río de Plata Malbec-Cab. Sauv. 2004	★★★
Río de Plata Chardonnay 2004	★★★
Etchart Privado Torrontés-Chardonnay 2005	★★★
Ayres de Cafayate Sauvignon Blanc 2005	★★
Etchart Cafayate Cabernet Sauvignon 2004	🍇

La Banda / Vasija Secreta

Ruta Nacional 40 s/nº / 4427 Cafayate / Salta
Tel.Fax.: (03868) 421850
E-mail: info@vasijasecreta.com
Website: www.vasijasecreta.com
Capacidad: 1,2 millones de litros
Viña: 60 hectáreas

Fundada a mediados del XIX, tras cambiar una decena de veces de dueños hoy es propiedad de la familia Murga. De bella arquitectura, cuenta un museo y vinifica a sus uvas con enología de Alberto Cognete. Nos gustó *Vasija Secreta Cabernet Lacrado*, de gran tipicidad varietal en nariz (arándanos, pimiento morrón) que reitera en boca, franco e intenso, con taninos maduros y dulces, equilibrada acidez y una crianza que aportó sabores de maderas nobles: un vino particular, inesperado. Poco interesante el Merlot, con nariz de fruta en mermelada y boca ligera con taninos que secan y verdean: hay buena armonía y media persistencia, pero no más. Para olvidar el Malbec, simple y poco intenso, cargado de defectos.

Vasija Secreta Cabernet Lacrado Cab. Sauv. 2004 ★★★★
Vasija Secreta Merlot 2003 ★★
Vasija Secreta Malbec ★

Domingo Hermanos

Nuestra Sra. del Rosario y 25 de Mayo / 4427 Cafayate / Salta
Tel.: (03868) 421386 - Fax.: (03868) 421225
E-mail: bodega@domingohermanos.com
Website: www.domingohermanos.com
Capacidad: 6 millones de litros - Viña: 160 hectáreas

La bodega de Osvaldo "Palo" Domingo y sus hijos está a las puertas de Cafayate, llamativa sólo por sus blancos grandes tanques de vino común; sin embargo sus viñedos, por ejemplo los de finca La Viña, son de los más escénicos del Noroeste argentino. Con la enología de Víctor Castro y consultoría de Salvador "Chavo" Figueroa Outes, elaboran tintos solares, de pura esencia calchaquí. El que más nos atrapó este año fue el *Domingo Molina* Cabernet, un vino al inicio de su evolución, de aroma algo cerrado pero grato, cargado en ambos sentidos con los descriptores de la cepa en Cafayate, sabroso en boca, largo y aterciopelado. Bastante guapo el *Finca de Domingo* Malbec, con no muy pronunciada nariz especiado-herbácea y boca no grande, pero balanceada en taninos y acidez, completa. Un punto y medio más abajo el *Domingo Molina* Malbec, de nariz frutada con un matiz de tierra seca, pero de taninos algo desorientadores. Un error repensable las 6,5 mil botellas de *Rupestre*, que es desequilibrado, de acidez brutal, nada franco, logradamente corto.

Domingo Molina Cabernet Sauvignon 2002 ★★★
Domingo Molina Malbec 2002 ★★★
Finca de Domingo Malbec 2003 ★★★
Rupestre 2004 ★★

San Pedro de Yacochuya

San Pedro de Yacochuya
Ruta Provincial 2 km 6 / A4427WAA Cayafate / Salta
Tel.: (03868) 421233 - Fax.: (03868) 421487
E-mail: info@sanpedrodeyacochuya.com.ar
Website: www.yacochuya.com
Capacidad: 0,12 millones de litros - Viña: 20 hectáreas

A los pies de la residencia (antes veraniega y hoy de tiempo completo) de la familia de Arnaldo Etchart, incrustada en una ladera que mira al este, hay una pequeña y sencilla bodega, bien tecnificada, donde Marcos Etchart y el equipo de Michel Rolland vinifican las uvas traídas de un viejo viñedo de los Etchart apenas un poco más abajo en el camino, a 2.035 metros de altitud. Alguien los definió vinos para amar u odiar, porque son caldos alcohólicos, densos, con todas las variables jugadas al máximo, en las antípodas de los paladares delicados.

Michel Rolland es el Astor Piazzolla del Malbec, que en sus manos es un bandoneón capaz de los más inverosímiles arpegios. En el caso del *Yacochuya*, de color violeta intenso, en su intenso envío aromático priman las notas herbáceas (alcanfor, menta, eucalipto y laurel) que luego se funden con la fruta roja y la madera de roble. Al entrar en boca ofrece una marcada nota de laurel; hacia el medio despliega fruta cocida y una trama tánica firme y dulce, con una crianza en barrica bien presente en todo el recorrido, que para tanto vino no parece lo bastante largo: uno querría más. Este gigante cálido y alcohólico (¡16°!) merece ser reposado en botella unos años y luego servido a temperatura de cava con un chivo vallisto o cordero patagónico al asador. O también beberlo como un Porto en las noches frías de invierno.

San Pedro de Yacochuya nos gustó, pero menos. Su nariz vegetal no emociona, y en boca es de tanto impacto y carga tánica que desorienta: para unos verde y secante, para otros dulce. Hay mucha materia y energía pero el gran vino está quizá en el futuro, dejando la botella a reposo un lustro.
No probamos este año el Torrontés.

Yacochuya Michel Rolland Malbec 2003 ★★★★
San Pedro de Yacochuya Cab.Sauv-Malbec 2003 ★★★
Yacochuya Michel Rolland Malbec 2002 🍇

Los Valles Calchaquíes

SÉPTIMA

Ruta 7 km 6,5 / M5507ETH Alto Agrelo / Luján de Cuyo / Mendoza
Tel.Fax.: (0261) 4985164
E-mail: cordorniu.arg@codorniu.com
Website: www.bodegaseptima.com.ar
Capacidad: 2,7 millones de litros - Viña: 100 hectáreas

El año pasado estuvieron entre los mejores y este año, entre los ausentes. Esperamos volver a recibir sus muestras el año próximo.

BODEGA Y VIÑEDOS PASCUAL TOSO

Alberdi 808 / San José / M5519AER Guaymallén / Mendoza
Tel.: (0261) 4058000
Fax.: (0261) 4058001
E-mail: tosowines@bodegastoso.com.ar
Website: wwwbodegastoso.com.ar
Capacidad: 7 millones de litros - Viña: 300 hectáreas

No recibimos muestras de esta tradicional casa mendocina, que esperamos para la próxima edición.

FABRE-MONTMAYOU / DOMAINE VISTALBA

Roque Saenz Peña s/n° / Vistalba / 5507 Luján de Cuyo / Mendoza
Te.: (0261) 4985495 - Fax.: (0261) 4982511
E-mail: info@fabremontmayou.com
Website: www.domainevistalba.com
Capacidad: 1 millón de litros - Viña: 80 hectáreas

No recibimos muestras de la bodega de Diane y Hervé Joyaux, que esperamos recibir para la próxima edición.

CAVAS ROSELL BOHER

Pueyrredón 1210 / Chacras de Coria M5528DGB Luján de Cuyo / Mendoza
Tel.Fax.: (0261) 4961715
E-mail: info@rosellboher.com
Website: www.rosellboher.com
Capacidad: 0,14 millones de litros - Viña: 148 hectáreas

No recibimos muestras de esta casa renombrada por sus espumantes, que ojalá podamos catar en la próxima edición.

BODEGA Y VIÑEDO INFINITUS

Roque Saenz Peña s/n° / Vistalba / 5507 Luján de Cuyo / Mendoza
Te.: (0261) 4985495 - Fax.: (0261) 4982511
E-mail: domvistalba@infovia.com.ar
Website: www.domainevistalba.com
Capacidad: 0,8 millones de litros - Viña: 75 hectáreas

Tampoco recibimos muestras de esta bodega lo cual es comprensible, pues es una bodega satélite de la anterior. Esperamos volver a probarlos en la próxima edición.

BODEGA SAN HUBERTO

Virigilio Ferreyra s/n° / 5330 Anillaco / La Rioja
Tel.: (03827) 494040
Fax.: (03827) 494387
E-mail: info@bodegassanhuberto.com.ar
Website: www.bodegasanhuberto.com.ar
Capacidad: 2,2 millones de litros - Viña: 200 hectáreas

Nos quedamos con ganas de volver a probar el *San Huberto Crianza* Chardonnay y saber cómo anda *Nina*, la Petit Verdot.

Algunos productores nos dicen de entrada que no desean participar en esta publicación y según el interés que nos despierten sus vinos, los compramos o no. Otros productores no dicen que no desean participar pero por un motivo u otro el vino no nos llegó y no tuvimos tiempo de comprarlo. También hay productores que no tienen el vino nuevo pronto y ya catamos al anterior en la pasada edición. Algún productor puede estar en un momento de transición y no pudo atender nuestro pedido. Con algunos productores hubo problemas de comunicación y llegada a la persona correcta. Otros están molestos por cómo calificamos a sus vinos y tampoco juzgamos oportuno comprarlos. Los lectores fastidiados por estas ausencias pueden colaborar con esta publicación enviando un correo electrónico al productor del o los vino/s cuya falta consideran inaceptable, con copia a **info@australspectator.com** así en la próxima edición, si no llega desde la bodega, lo compraremos en el mercado. En esta edición aproximadamente el 10% de los vinos fueron comprados.

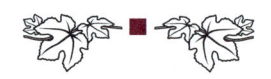

Las Sorpresas

Marca	Bodega	Cepa	Cosecha	$	Pts
○ Chandon Cuvée Especial 45 Años	Chandon	Chard.-Pinot Noir	S/D	$$$$	★★★★★
○ Dante Robino Extra Brut	Robino	Assemblage	2005	$$$$	★★★★
○ Vino de Abordo	Llaver	Chardonnay	2005	S/D	★★★★
○ Finca El Reposo	Campo Negro	Saint Jeannet	2005	$$$	★★★
○ Lagarde	Lagarde	Sauvignon Blanc	2005	$$$	★★★★
○ Crios	Dominio del Plata	Torrontés	2005	$$$	★★★★
○ Estepa Tierras Blanc de Noir	Estepa	Trousseau	2005	$$$	★★★
● Los Cardos Rosé	Doña Paula	Malbec	2005	$$$	★★★★
● Benegas Blend	Benegas	Assemblage	2001	$$$$	★★★★★
● Nofal Alonso	Nofal	Assemblage	2003	$$$$	★★★★
● Alma Negra	Tikal	Assemblage	2003	$$$$	★★★★
● Sur de los Andes	Bodega Sur	Bonarda	2005	$$$	★★★★
● Donaria	Pulmary	Bonarda	2004	$$$	★★★★
● Andeluna Reserva Limitada	Andeluna Cellars	Cabernet Franc	2003	$$$$$	★★★★
● Henry	Lagarde	Cabernet Franc	2003	$$$$$	★★★★
● Finca Koch	Finca Koch	Cabernet Sauvignon	2004	$$$$	★★★★★
● Selk'nam Roble	Viña Ona	Cabernet Sauvignon	2003	$$$	★★★★★
● Esencias de la Tierra	Cecchin	Cabernet Sauvignon	S/D	$$$	★★★★
● Calathus	Finca Don Carlos	Cabernet Sauvignon	2005	$$$$	★★★★
● Vino de Abordo	Llaver	Cabernet Sauvignon	2005	S/D	★★★★
● Siesta en el Tahuantinsuyu	Tikal	Cabernet Sauvignon	2003	$$$$	★★★★
● Villa Seca Reserva Especial	Manuel López López	Assemblage	2001	$$$$	★★★★
● La Estiba de Familia	Arístides	Malbec	2003	$$$	★★★★★
● Finca Koch	Finca Koch	Malbec	2004	$$$	★★★★★
● Viña Amalia Reservado	Viña Amalia	Malbec	2002	$$$$	★★★★★
● Xumek Roble	Xumek	Malbec	2004	$$$$	★★★★★
● Caligiore	Caligiore	Malbec	2004	$$$	★★★★
● El Portillo Elevado	El Portillo	Malbec	2004	$$$	★★★★
● Adagio Premium	Adagio	Malbec	2003	$$$$	★★★★
● Sur de los Andes	Bodega Sur	Malbec	2005	$$$	★★★★
● El Galgo Gran Reserva	Carinae	Malbec	2004	$$$$	★★★★
● Cavagnaro	Cavagnaro	Malbec	2004	$$$	★★★★
● Bros	Bros	Malbec-Cab. Sauv.	2003	$$$$	★★★★
● Duque de Osuna	Coop. Vit. Gral. Alvear	Malbec-Merlot	2005	$$$	★★★★
● Plenilunio	Cabernet de los Andes	Merlot	2005	$$$	★★★★
● Familia Antonietti Gran Guarda	Familia Antonietti	Assemblage	2003	S/D	★★★★
● Malma	NQN	Pinot Noir	2005	$$$	★★★★★
● Carinae Reserva	Carinae	Syrah	2004	$$$$	★★★★★
● Raza Argentina	La Riojana	Syrah	2003	$$$$$	★★★★
● La Sala	Finca La Sala	Syrah	2004	$$$	★★★★
● El Guardado	La Guarda	Syrah	2003	$$$$	★★★★
● Divisadero	Carletto Franceschini	Tempranillo		$$$	★★★★
● Santa Florentina Tardío Otoñal	La Riojana	Torrontés	2004	$$$	★★★★

LAS MEJORES RELACIONES CALIDAD/PRECIO

Marca	Bodega	Cepa	Cosecha	$	Pts
○ San Felipe Extra Brut	La Rural	Chardonnay-Pinot Noir	2005	$$$	🍇
○ Saurus Patagonia Extra Brut	Familia Schroeder	Chardonnay-Pinot Noir	S/D	$	★★★★
○ San Felipe "caramañola"	La Rural	Assemblage	2005	$	★★★★
○ Etchart Privado	Etchart	Chardonnay	2005	$	★★★★
○ Colón	Graffigna	Chardonnay	2005	$	★★★★
○ Pedro del Castillo	Weinert	Chardonnay	2005	$$	★★★★
○ Viñas de Atilio Avena Roble	Atilio Avena	Chardonnay	2005	$$	★★★★
○ Avanti	Bórbore	Chardonnay	2005	$$	★★★★★
○ Jean Rivier	Jean Rivier	Chenin Blanc	2005	$$	★★★★
○ Santa Florentina	La Riojana	Pinot Gris	2005	$	★★★★
○ TerzaVolta	Terza	Sauvignon Blanc	2005	$$	★★★★
○ Jean Rivier	Jean Rivier	Tocai Friulano	2005	$$	★★★★
○ Origen	Trapiche	Torrontés	2005	$$	🍇
○ Etchart Privado	Etchart	Torrontés	2005	$	★★★★★
○ Leblon Classic	Charles Leblon	Torrontés	2005	$$	★★★★★
○ Ayres de Cafayate	Etchart	Torrontés	2005	$$	★★★★
○ Quara	Finca El Recreo	Torrontés	2005	$	★★★★
○ Finca Las Moras	Finca Las Moras	Viognier	2005	$	★★★★
○ Tribu	Trivento	Viognier	2005	$	★★★★
● Khios Rosé	Finca Don Carlos	Assemblage	2005	$$	★★★★
● 1887	Valentín Bianchi	Assemblage	S/D	$$	★★★★
● Trivento Reserve	Trivento	Bonarda	2005	$$$	🍇
● Finca Las Moras	Finca Las Moras	Bonarda	2005	$	★★★★
● Caligiore	Caligiore	Bonarda	2002	$$	★★★★
● Viñas Riojanas	La Riojana	Bonarda	2005	$	★★★★
● Tribu	Trivento	Bonarda	2005	$	★★★★
● Tizac	Cab. de los Andes	Bonarda	2003	$$	★★★★
● Vástago de Gea	Schetira	Bonarda	2005	$$	★★★★
● Fond de Cave Reserva	Trapiche	Cabernet Franc	2004	$$$	🍇
● El Rosal	El Rosal	Cabernet Sauvignon	2003	$$	🍇
● Terrazas	Terrazas	Cabernet Sauvignon	2004	$$	🍇
● Santa Florentina	La Riojana	Cabernet Sauvignon	2005	$	★★★★
● Finca Don Doménico	Don Doménico	Cabernet Sauvignon	2004	$$	★★★★
● Solar del Atuel	Higinio Figueroa	Cabernet Sauvignon	2004	$	★★★★
● Leblon Classic	Charles Leblon	Cabernet Sauvignon	2004	$$	★★★★
● Graffigna Clásico	Graffigna	Cabernet Sauvignon	2005	$$	★★★★
● Llaver Cobre	Llaver	Cabernet Sauvignon	2005	$$	★★★★
● Bianchi DOC	Valentín Bianchi	Cabernet Sauvignon	2005	$$	★★★★
● Génesis	Valentín Bianchi	Cabernet Sauvignon	2005	$$	★★★★
● Trivento Reserve	Trivento	Cab. Sauv.-Malbec	2004	$$	★★★★★
● Yauquén	Ruca Malen	Cab. Sauv.-Malbec	2004	$$	★★★★
● Saint Felicien	Catena Zapata	Cab. Sauv.-Merlot	2003	$$	★★★★
● Finca Cecchin	Cecchin	Graciana	2004	$$	🍇
● Alta Vista Premium	Alta Vista	Malbec	2004	$$$	🍇

Marca	Bodega	Cepa	Cosecha	$	Pts
● Arístides Alta Gama	Arístides	Malbec	2001	$$$	🍇
● Origen	Trapiche	Malbec	2004	$$	★★★★★
● Caballero de la Cepa	Finca Flichman	Malbec	2004	$$	★★★★
● FT de Familia Trovato	Familia Trovato	Malbec	2005	$$	★★★★
● Génesis	Valentín Bianchi	Malbec	2004	$$	★★★★
● Paseo Sarmiento	Gentile Collins	Malbec	2004	$	★★★★
● Tribu	Trivento	Malbec	2005	$	★★★★
● Brumales	Adagio	Malbec	2003	$$	★★★★
● Altocedro Año Cero	Altocedro	Malbec	2004	$$	★★★★
● Viñas de Atilio Avena Roble	Atilio Avena	Malbec	2003	$$	★★★★
● Finca La Florencia	Familia Cassone	Malbec	2004	$$	★★★★
● Saurus Patagonia Select	Familia Schroeder	Malbec	2004	$$	★★★★
● Finca de Altura	Félix Lavaque	Malbec	2003	$$	★★★★
● La Consulta	Finca La Celia	Malbec	2004	$$	★★★★
● Taymente	Huarpe	Malbec	2004	$$	★★★★
● Montecepas	Lanzarini	Malbec	2004	$$	★★★★
● Colección Privada	Navarro Correas	Malbec	2004	$$	★★★★
● Cepas Privadas	Santa Ana	Malbec	2004	$$	★★★★
● Terra Roble	Viniterra	Malbec	2004	$$	★★★★
● Pedro del Castillo	Weinert	Malbec	2004	$$	★★★★
● Dos Voces	Chandon	Malbec-Cab.Sauv.	2004	$$	★★★★★
● Altocedro Reserva	Altocedro	Malbec-Temp.	2003	$$	★★★★
● Telteca	Telteca Winery	Merlot	2004	$$	★★★★
● Etchart Privado	Etchart	Merlot	2005	$	★★★★
● Tobiano	Domados	Merlot	2004	$$	★★★★
● Finca de Altura	Félix Lavaque	Merlot	2003	$$	★★★★
● Altosur	Finca Sophenia	Merlot	2004	$$	★★★★
● San Felipe Roble	La Rural	Merlot	2004	$$	★★★★
● Terrazas	Terrazas	Merlot	2004	$$	★★★★
● Callia Magna	Callia	Syrah	2004	$$	🍇
● Cepas Privadas	Santa Ana	Syrah	2004	$$	★★★★★
● Graffigna Centenario	Graffigna	Syrah	2004	$$	★★★★
● Paseo Sarmiento	Gentile Collins	Syrah	2003	$	★★★★
● Solar del Atuel	Higinio Figueroa	Syrah	2004	$	★★★★
● Alberto Furque Finisterrae	Aconquija	Syrah	2004	$$	★★★★
● Caballero de la Cepa	Finca Flichman	Syrah	2004	$$	★★★★
● Viento Sur	Freixenet	Syrah	2004	$$	★★★★
● Lava	Mayol	Syrah	2003	$$	★★★★
● Terrazas	Terrazas	Syrah	2005	$$	★★★★
● Origen	Trapiche	Syrah	2004	$$	★★★★
● Graffigna	Graffigna	Syrah-Cab. Sauv.	S/D	$$	★★★★
● Callia Magna	Callia	Tannat	2004	$$	🍇
● Etchart Privado	Etchart	Tannat	2004	$	★★★★
● Latitud 33°	Chandon	Tempranillo	2004	$$	★★★★
● Tunquelén	Nofal	Tempranillo	2004	$$	★★★★

Las mejores relaciones calidad/precio

Nuestra Evaluación de los Vinos Argentinos

Tras haber catado a ciegas ya por cuarta añada al millar de los mejores vinos del país, la impresión global es que el nivel medio de la enología argentina de calidad sigue en franco ascenso.

En espumantes y sobre todo en blancos tranquilos observamos una sostenida mejoría general, si bien todavía faltan multiplicarse las cumbres. Hay bastantes Chardonnay muy buenos y excelentes, pero pocos extraordinarios: el problema más frecuente a nuestro gusto es el exceso de barrica de roble. En Sauvignon Blanc, un puñado de productores está logrando altísimas cotas de expresión varietal y un número más amplio está aproximándose a ello. Quizá la mayor sorpresa en blancos fue el salto cualitativo en Torrontés cafayateños: no son muchos más de media docena, pero describen a un nuevo estilo, sin ese color oxidado que ya a la vista delataba vinos cansinos. Con excelentes relaciones calidad-precio (de lo mejor que puede beberse en este país sin gastar mucho) son vinos modernos, de color casi acuoso, de nariz vivazmente floral y frutada, sin aquél cierre amargo que ya parece una característica varietal de antaño. Más tímidamente, surgen también algunos Viognier dignos de atención. Y es para felicitar a los productores que aquí o allá cultivan y vinifican Pinot Gris, Tocai Friulano, Chenin, Saint Jeannet, Semillon, Trousseau o Verdelho, porque en la buena variedad está el gusto. Nos alegraría hallar que los rosados de sangría le roban algo más de nariz y boca al tinto sangrado, pero eso ocurre excepcionalmente en Malbec y más raramente en Syrah. Es materia pendiente de Argentina para con la Madre Patria ibérica demostrarle que aquí se pueden hacer vinos rosados de la gran siete.

En tintos nuestra impresión final es similar a la de los blancos: sensible mejora general, con nítido afianzamiento del Malbec donde hay una docena de *fuoriclasse*, otra de extraordinarios, al menos 2 docenas de excelentes y muchísimos muy buenos, con siempre menos "malbequitos" para quedarnos con el decir de Daniel López Roca. Reconforta constatar que muchos de los Malbec que nos resultaron "apenas" muy buenos eran víctimas del maderamen excesivo y no del defecto de materia vínica, es decir pecados de juventud en bodega con barricas nuevas.

Nuestros parámetros de apreciación no son estáticos de edición en edición: como uvas, vinos y productores, también los catadores evolucionamos porque nadie nació sabiéndolo todo. Y así es bien posible que, de año en año, justipreciemos más a los caldos frutados y frescos no tan sobremaderizados y extraídos, o quizá los enólogos nos proponen vinos menos disfrazados de roble y más frutadamente decontracturados, que no penan por alcanzar la excelencia con muletas de madera.

En Cabernet Sauvignon también nos resultó clara la fuerza positiva y adelante de las cosas vínicas del país, con muchos grandes para elegir en la carta de vinos. Lo mismo, apenas con algo menor énfasis, decimos de Merlot y Syrah, que nos gustó más en anteriores ediciones: en muchos "syracitos" (para seguir a López Roca) la reducción aflige a una buena materia.

Bien la Bonarda, pero como si hubiera perdido impulso respecto a lo que nos augurábamos hace un par de años, y algo en tardanza el frente del Tempranillo. Más lento y en altibajos el progreso con el Cabernet Franc y el regreso a su patria adoptiva del desterrado Petit Verdot. Este año nos pareció más prometedor y sugestivo el afirmarse del Pinot Noir, con buena presencia de los patagónicos. Encomiable en todo caso la labor de los productores que además suman Graciana, Barbera, Carignan, Sangiovese, Tannat y Cabernet Bouchet al catálogo de los mejores tintos del país. Dejando al californiano Nuevo Mundo de los monovarietales y celebrando al afrancesado Viejo Mundo de los *assemblages*, nos complace que unas 2 decenas de Los Mejores Vinos Argentinos sean obras del arte del *coupage*. Si el Malbec es el vino argentino *pret-à-porter*, los *assemblages* son su *haute couture*, y que el lector se apiade de nuestro galicismo.

Dulcis in fundo, en dulces y tardíos hallamos algunas joyas y ya somos *fans* del Torrontés de cosecha tardía salteño y riojano y de los nunca bien amados fortificados de Fray Luis Beltrán. Como no nos gusta el monopolio, seguimos penando en pos de otros productores de buenas grapas y destilados de uva, que no pueden ser todos de Lunlunta.

Los Aromas y Sabores del Vino

La percepción sensorial del vino

En el vino se identificaron unas 2.500 substancias diferentes. No todas tienen un rol en el color, aroma y sabor del vino. Pero todas, con las innumerables interacciones y combinaciones posibles entre ellas, intervienen de alguna manera misteriosa en hacer de cada vino algo único e irrepetible.

Curiosamente, como demostró hace años el padre de la enología moderna Emile Peynaud, no hay diferencia bioquímica sustancial entre un gran vino y un vino común. No es posible "deconstruir" al gran vino en una fórmula o receta reproducible a voluntad a partir de sus ingredientes.

Sin embargo en los últimos 20 o 30 años se registraron avances sorprendentes en la comprensión de la compleja bioquímica del vino y en la identificación de los compuestos aromáticos y sus precursores, así como de los procesos que intervienen en su formación.

El sabor del vino resulta del equilibrio entre sabores dulces, ácidos, salados y amargos. La astringencia de los taninos refuerza a la acidez y también el sabor salado hace más intenso el exceso de acidez, en tanto que el sabor dulce compensa al sabor ácido.

Ataque o entrada en boca es la primera impresión que llena al paladar con sabores dulces y suaves y dura 2 a 3 segundos: el alcohol se percibe como sensación dulce en el ataque y por ello todos los vinos, en primera impresión gustativa, suelen ser agradables. Los tintos argentinos son muy alcohólicos y por eso hay que servirlos entre 16 y 18° C, no más, y refrescarlos en verano en un balde con agua y hielo.

Del ataque, a través de la evolución, recorrido o paso por boca, se avanza al medio de boca o paladar: en esta dinámica gustativa disminuyen los sabores dulces y aumenta la percepción de los ácidos. La fase dura de 5 a 12 segundos.

Tras el medio, se elonga más o menos el final de boca o regusto, donde se acusa la percepción de los sabores ácidos y todavía más, de los amargos.

Por último está la fase retronasal, en la que desde la garganta sube internamente a la nariz la despedida del vino, con sensaciones olfativas. El retrogusto determina el recuerdo sensorial del vino e invita más o menos al siguiente trago. El dejo o gustillo es una sensación final casi siempre diversa de las anteriores y por lo general, desagradable. Todo entendedor interesado por un determinado vino cierra la experiencia con una última olfacción de la copa ya vacía, siempre muy reveladora.

Los vinos pueden resultar cortos, medianos o largos en boca según la sumatoria de las 4 fases gustativas. En el recorrido perfecto, el vino satisface plena y ordenadamente cada una de estas fases. Como dice Emile Peynaud, *"sólo los vinos de gran calidad mantienen hasta el final su exquisito sabor"*.

El Sistema de Clasificación de Coste*

Primera categoría: vino de mesa que no se degusta y se bebe por costumbre.

Segunda categoría: "falso buen vino" incluso de gran origen y crianza, pero con dureza, astringencia, acidez fija o volátil, acetato de etilo en los tintos y oxidación u olor de anhídrido sulfuroso en los blancos.

Tercera categoría: vino límpido, suave, ligero, agradable, frutado y fácil de beber, generalmente joven.

Cuarta categoría: gran vino, obra de arte compleja y personal, rico de substancias aromáticas y sápidas, que escapa a la descripción e invita a saborearlo.

* Tomado de Emile Peynaud, *Enología Práctica*.

La acidez en el vino

La acidez en los vinos argentinos, naturalmente poco ácidos, se suele corregir con ácido tartárico de las propias uvas. Sin suficiente acidez el vino carece de brillo, aromas y frescura, resulta chato y pastoso en boca y sin desarrollo en el paladar medio.

Los vinos de escasa acidez (casi todos los vinos argentinos*) se corrigen añadiendo ácido tartárico natural o dextrógeno hasta 2,5 gramos por litro.

(*) Sobre la corrección de la acidez con tartárico hay 2 escuelas: la francesa, a la que adhiere Michel Rolland, quien afirma

También se corrige acidez con ácido cítrico hasta 1 gramo por litro. Estos dos ácidos son naturales y económicos. Más caro es el también natural ácido málico, que a veces se usa para inducir la fermentación maloláctica.

La correcta acidez se percibe como frescor (por el ácido tartárico) y vivacidad (por el ácido málico). La acidez excesiva se define como vino duro, agresivo, acídulo, acerbo, agudo, anguloso, verdoso, verde, mordiente, punzante, basto, crudo o puntiagudo.

Los vinos de Río Negro perdieron hace décadas el mercado argentino frente a los vinos cuyanos entre otros motivos (vg., costos y capacidad de *lobby*) por ser naturalmente más ácidos y de menor tenor azucarino-alcohólico que los de San Juan y Mendoza.

La falta de acidez se define con los términos chato, plano, blando, flojo, acuoso, delgado, con huecos. Los vinos desacidificados pueden recordar al sabor del detergente y resultan salados en boca. La acidez aporta estabilidad microbiológica al vino y es tanto más necesaria si el vino es de guarda prolongada. Uno de los parámetros que determinan la capacidad de añejamiento de un vino, es su acidez. El otro es la calidad de sus taninos, junto a la estructura general del vino.

Los ácidos naturales del vino son el tartárico y el málico en mayor cantidad, y en menor concentración los ácidos cítrico, arcórbico, oxálico, glicolítico y fumárico. Estos ácidos se encuentran en las uvas sanas.

Las uvas afectadas por la podredumbre causada por hongos de *Botrytis*, además contienen ácidos glucorónico, galacturónico, ceto-glucónico y otros. En la fermentación del mosto se sintetizan también otros ácidos: láctico, succínico, acético, glicérico y fórmico, además de una variedad de ácidos grasos. La acidez del vino se percibe gracias a los protones de las moléculas de ácidos en estado libre, es decir el pH o acidez real, determinada por el grado de ionización de los ácidos tartárico, málico y láctico.

La acidez se percibe metálica y dura si el predomina el ácido tartárico; verde cuando es preponderante el ácido málico o acidulada si abunda el ácido cítrico, que en justa medida confiere frescor y sabor cítrico. Estos tres ácidos constituyen la acidez perceptible del vino, que influye en la astringencia del mismo y reduce la capacidad lubricante de la saliva.

Los ácidos que se pueden producir en la fermentación no son benignos para el vino: el ácido acético es agrio, el ácido succínico es amargo y salado y el ácido láctico también es de sabor agrio. Los ácidos grasos como el butírico tienen olores a queso. Otros ácidos grasos no saturados como el linoleico aportan notas herbáceas.

La acidez volátil

El ácido acético se percibe al olfato como acetato de etilo y en enoparla se llama "acidez volátil", que en castellano diario es el olor y sabor a vino picado. El acético en boca produce sensación agria y actúa sobre los taninos tornándolos más agresivos y presentes, mientras que el acetato de etilo en nariz da olores de pegamento. El vino picado o avinagrado se describe también como acetoso, acre, agrio, acerado, acescente, alterado, picante, con punta de acidez volátil. El alcohol elevado, la baja acidez y el abunde de azúcar residual pueden encubrir a estos defectos.

Los aromas y sabores primarios

Los aromas y sabores que provienen de la uva en su estado previo a la fermentación alcohólica se llaman primarios. Según la variedad pueden ser florales: rosa, violetas, magnolia, azahar, jazmín, nardo, flor de uva y otras. Sin embargo, la nota de geranio o pelargonio no es primaria sino secundaria. Con más frecuencia los aromas primarios son frutados: además de uvas frescas, maduras o pasificadas, el vino puede evocar frutas rojas y negras (ciruelas, cerezas, arándanos, moras, frambuesas, frutillas o fresas, etc.) que son registros característicos de los tintos mientras

---

no corregir nunca la acidez de sus vinos blancos o tintos argentinos, pues según dice *"el ácido tartárico me molesta en la garganta"*. Según Rolland, los enólogos agregan tartárico para *"estar tranquilos"* pues la acidez es un antimicrobiano natural. La otra escuela es la australiana, a la que adhiere Alberto Antonini, quien al propósito nos dijo: *"pienso lo opuesto. Fermento a todos los mostos con pH bajos (alta acidez), trato de trabajar en el viñedo para obtener acidez natural pero hay problema en usar tartárico o málico. Con baja acidez se obtienen vinos menos limpios, las bacterias trabajan más. Con acidez alta, la fermentación es más sana".*

que las frutas blancas (manzana, pera, membrillo), cítricos (limón, pomelo, naranja), de carozo (durazno o melocotón, damasco o albaricoque), tropicales (ananá o piña, que también puede ser de origen secundario, maracuyá o fruto de la pasión, mamón o guayaba, mango) y frutas secas (nueces, almendras) son las habituales en los blancos. La nota de banana más o menos madura puede darse en los tintos pero es un aroma secundario. Hay también notas vegetales: pimiento morrón, hinojo y anís, menta y eucaliptus (que también pueden provenir de árboles cercanos al viñedo), hierba fresca, pasto y hojas secas, helechos, musgo, tabaco, té verde o seco, madera. La nota de miel puede ser primaria o secundaria. Las uvas, según la variedad, pueden también ofrecer registros primarios animales (cuero, *pipí de chat*) y minerales (piedra húmeda) en tanto que las notas terrosas y de hidrocarburos son de origen secundario, o aportes exógenos.

Los aromas y sabores secundarios

Aromas y sabores secundarios son los que provienen de las 2 fermentaciones, alcohólica y maloláctica. Las levaduras, más sensiblemente en los blancos pero también en los tintos, aportan diversas notas al vino, que varían mucho durante la fermentación. Y otras bacterias indeseables pueden sumar docenas de registros variados a tintos y blancos.

Las notas secundarias pueden ser agradables (por ejemplo, olor de pan, bollería o levadura en los blancos; olor y sabor a banana madura en los tintos) o percibidos como defectos cuando son el resultado de fermentaciones realizadas por levaduras indeseables.

Las levaduras deseables son *Saccharomyces cerevisiae, S. Bayanus, Oenococcus oeni* y poco más. Las levaduras indeseables producen acetato de etilo, ácido acético, acetaldehido y otras moléculas que afectan y hasta destruyen al vino. Después de la clásica *Acetobacter*, la levadura indeseable más famosa es *Brettanomyces*, que produce fenoles volátiles que más allá de una mínima concentración se perciben desagradables, en los vinos muy *Bretty*. Los umbrales de tolerancia y aprecio o desprecio al *Brett* son muy variables en las personas y uno de los temas más frecuentes y vehementes en discusión en nuestras mesas de cata. Las levaduras indeseables oxidan al vino consumiendo al etanol (el alcohol del vino) para liberar agua, gas carbónico y también acetaldehído. Las levaduras malas consumen los ácidos orgánicos y hacen decaer la acidez del vino. Así el efecto de la oxidación bacteriana es el achatamiento del vino.

La oxidación también contribuye a incrementar el amargor final causado por compuestos que liberan los billones o trillones de levaduras muertas, en el proceso biológico de autólisis. Otro efecto de la oxidación biológica son los aromas ajerezados, de vino maderizado o cansado.

Pero hay diversos grados de oxidación. El vino que acaba de ser aireado por algún movimiento puede estar fatigado a causa del oxígeno disuelto, pero con el reposo vuelve a ser el mismo vino de antes. Una aireación prolongada aplana y golpea al vino a causa del aldehído acético libre, pero es un defecto que puede corregirse con reposo y sulfitado. Si la oxigenación fue prolongada el vino se oxida y toma sabor rancio y maderoso a causa de los derivados aldehídicos y eso ya no se puede remediar: es un vino decrépito, pasado.

Los blancos ácidos, viejos y rancios pueden tener gusto a quemado.

Los vinos jóvenes que estuvieron protegidos del oxígeno largo tiempo (en atmósfera reductiva) se pueden presentar asfixiados, atufados, con olor y gusto a bodega o cuarto cerrado, pero trasvasándolos o aireándolos en la copa la reducción generalmente desaparece. Hay variedades como el Syrah más propensas a este fenómeno.

Existen muchas levaduras malignas para el vino que se desarrollan cuando las uvas se dañan durante la cosecha (lo que es inevitable cuando se cosecha en grandes cantidades y recipientes) y aportan regustos de éster, asociado con altos contenidos de acetato de etilo y de metil-butilo. El sulfitado (que puede hacerse directamente sobre las uvas, espolvoreando antes de despalillarlas y molerlas) y el control de la acidez del mosto coadyuvan a controlar el desarrollo de estas levaduras contaminantes.

Las levaduras seleccionadas del tipo *killer* en condiciones de temperatura y nutrición adecuadas son más vigorosas que otras menos deseables e impiden su multiplicación, adueñándose del mosto en fermentación. Pero tienden a ser las mismas en todos los vinos del globo, pues están patentadas y las venden sólo algunos grandes laboratorios.

Al contrario, las levaduras naturales, silvestres o indígenas son cepas "nacidas y criadas" en el proprio terruño del vino y vienen gratis pegadas a la piel de las uvas. Pueden ser menos eficientes que las de laboratorio, pero aportan terruño al vino hasta el nivel de los microorganismos unicelulares, además de lo que aportan las propias sales y humedades de la tierra.

Los sabores yodados, fenólicos y alcanforados del vino son causados por la actividad enzimática oxidativa de levaduras como las *Acetobacter* (que producen el vinagre) y hongos como *Penicillium*, *Oidium* o *Mildiu*.

Los hongos de *Botrytis cinerea* producen enzimas que oxidan a algunos fenoles formando quinonas, moléculas que huelen a cerveza y a vino cansado e incrementan la sensación de amargor final en el vino. Pueden aportar también sabores yodados, fenólicos y farmacéuticos. La *B. cinerea* puede transformar al alcohol bencílico contenido en la supuestamente inerte pintura epoxy que recubre a las piletas de mampostería de las bodegas en benzaldehido y alcohol benzoico, que producen sensación de amargor final y almendras amargas.

Hay 2 variedades de Botrytis: la noble o blanca, que incluso se siembra para hacer vinos blancos de cosecha tardía botrytizados al estilo Sauternes, y la innoble o gris, que se combate con fungicidas. Las 2 podredumbres pueden ocurrir en el mismo racimo.

Los olores de reducción (huevo podrido, azufre, ajo, cebolla podrida) son causados por bacterias o levaduras que metabolizan moléculas azufradas y producen gas sulfídrico, sulfuros y otros malos olores entre los cuales los peores, por ser más resistentes, son los mercaptanos (ésteres tioletílicos) que tornan al vino aliáceo y pútrido.

Los aromas reductivos aparecen más facilmente en cubas de acero inoxidable que en piletas de mampostería. Los olores a azufre y sulfídrico son frecuentes en los vinos nuevos sin trasegar, que todavía están sobre lías, pero el pronto trasiego y la buena aireación suelen hacer desaparecer el mal olor.

La nutrición de las levaduras deseables en la fermentación es fundamental. Si no disponen de nitrógeno para alimentarse, las levaduras lo toman de los aminoácidos y los aminoácidos que contienen azufre son transformados en los compuestos recién mencionados, de olores desagradables.

Por otra parte, las fermentaciones detenidas o muy lentas (a causa del frío, por ejemplo) favorecen la aparición de ácidos grasos saturados: los ácidos caproico y caprílico provocan en el vino aromas de queso de cabra rancio y de establo sucio. Otros ácidos grasos como los octanoico y decanoico dan olores de jabón, detergente, cera o vela quemada.

El "gusto de luz" en los vinos blancos se debe a moléculas azufradas y ocurre en el vino embotellado expuesto a la luz por un proceso fotosensible donde interviene la vitamina B12 y que produce reducción y gusto metálico en el final de boca. El reemplazo en las bodegas modernas del cobre o bronce por el acero inoxidable en recipientes, válvulas y otros implementos puede favorecer el desarrollo del "gusto de luz", porque el cobre a contacto con el vino atenúa los procesos reductivos si bien, como señala Peynaud, también puede causar un "dejo estíptico" o miserable, mezquino. Introdúzcase un pequeño trozo de cobre en una de 2 copas del mismo vino, déjeselo sumergido unos minutos y experiméntese la diferencia. Existen incluso unos juguetes metálicos para enófilos extravagantes que "añejan artificialmente" al vino al instante, basados en este curioso efecto.

Las vides americanas del género *Vitis labrusca* producen moléculas precursoras del triptofano, que también puede resultar de la actividad de levaduras contaminantes. El triptofano dentro de la botella se transforma en aminocetofenona, que huele a zorro (*foxée* o *foxy*), zorrino o perro mojado.

Levaduras contaminantes como *Brettanomyces* y *Dekkera* producen varios tipos de fenoles volátiles que huelen a sudor de caballo, establo, cuero mal curado, olor a quemado y plástico.

El "gusto a ratón" se debe a compuestos acetilados poco volátiles producidos por *Brettanomyces* y otras levaduras indeseables al metabolizar algunos aminoácidos. El compuesto acetilado es hidrolizado por la saliva y libera a una molécula mucho más volátil (la tetrahidropiridina) que se percibe por vía retronasal como "olor a ratón". Así el ratón se huele sólo después de gustarlo.

Los aromas minerales (petróleo, fuel-oil, hidrocarburos, naftalina, kerosén, humo, alcanfor) son causados por el Tri-metil-dihidro-naftaleno, producido por la degradación hidrolítica de los carotenos realizada por levaduras o bacterias. Ocurre con frecuencia en los vinos de uvas Riesling.

Estas moléculas, del tipo de los hidrocarburos cíclicos, también pueden aportar aromas deseables: la ionona huele a violetas y flores, el vitisprano a eucaliptos. El estireno, en cambio, huele a plástico.

Las bacterias del género *Penicillium* y *Streptomyces*, que en condiciones favorables se reproducen sobre las uvas en el viñedo, producen una molécula llamada geosmina que se percibe como olores a tierra húmeda, remolacha cocida, humus y sotobosque. Otras substancias producidas por estos microorganismos son el 2-metilisoborneol que huele a moho seco, cartón mojado y manzana podrida, y la 3-isopropil-2-metoxipirazina cuyos descriptores son terroso, papa, espárrago y apio.

El UTA (*untypischen alterungsnote* o sabor de añejamiento atípico) se manifiesta en vinos blancos como aromas a uva soleada, cocida, raspón, rancio, alcanfor, plástico, goma, tierra o maleza. El UTA es causado por el estrés hídrico o cualquier otro desarreglo estresante en la vid (plagas, contaminación, etc.), que sufre un estrés hormonal que se traduce en la producción de mucho triptofano y ácido indol-acético, el precursor de la maloliente 2-amino-acetofenona.

Los aromas de la fermentación maloláctica

En la fermentación maloláctica (FML) las bacterias lácticas transforman al ácido málico (que se percibe como verdor: abunda en las manzanas verdes) en el más agradable ácido láctico. La FML es casi siempre necesaria en los tintos, casi nunca en los blancos salvo en los de crianza en barrica.

La FML es muy benigna para los vinos acerbos y duros de regiones frías. En los tintos incrementa la complejidad y calidad del vino. Esta fermentación puede ocurrir junto a la fermentación alcohólica o en primavera después del invierno, porque las bacterias lácticas necesitan más de 16° C para actuar.

La FML puede ser natural o inducida con siembra de bacterias *Oenococcus oeni* y entibiando la temperatura ambiente de las barricas, cubas o vasijas vinarias. Es una fermentación más apacible que la alcohólica o tumultuosa. Antes de Pasteur se la consideraba algo mágico vinculado a la brotación primaveril de la vid.

La FML que arranca lentamente y procede sin control puede favorecer el desarrollo de levaduras del género *Brettanomyces*. Por eso hay enólogos que siembran levaduras lácticas seleccionadas y controlan cuidadosamente la temperatura del vino en esta segunda fermentación.

Un subproducto de la FML es el lactato de etilo, que en baja concentración da volumen de boca y aporta aroma de ananá o piña, y en alta concentración da aromas lácticos, de queso fresco y yoghurt, que pueden llegar a encubrir la frutosidad del vino.

Las bacterias lácticas de la FML también consumen acetaldehido, que en baja concentración aumenta la sensación de redondez en boca y suaviza a los taninos pero en alta concentración huele a manzana sobremadura o cocida, escabeche y oxidación.

Bacterias contaminantes de la FML como *Lactobacillus* degradan al glicerol formando acroleína, que produce intenso amargor en el final de boca, sensación que se acentúa al combinarse esta molécula con los taninos. En la FML, la fructosa puede degradarse en manitol, que produce sabor agridulce.

Las bacterias lácticas también pueden metabolizar al ácido sórbico (que a veces se agrega al vino) transformándolo en una molécula que reacciona con el etanol y produce 2-etoxi-hexa-3,5-dieno o geraniol, que huele a flor de geranio o pelargonio a veces punzante, ya que el umbral de percepción de esta substancia es bajísimo.

Otro proceso bacteriano importante en la FML es la metabolización del ácido cítrico en diacetilo, que según su concentración huele a manteca o bien a nueces, caramelo, levadura y miel. El diacetilo se percibe más fácilmente en los blancos que en los tintos.

El diacetilo puede transformarse en butanodiol con el uso de levaduras seleccionadas y dejando al caldo criarse sobre lías: el butanodiol disminuye a los aromas mantecosos e incrementa a la sensación de volumen y graso en boca. Para concentrar el diacetilo hay que filtrar rápidamente al vino después de la FML.

Los malos olores

Las bacterias indeseables en las fermentaciones también pueden producir carbamilfosfato, que puede reaccionar con la urea producida por otras levaduras y dar carbamato de etilo, que es tóxico. Los aminoácidos pueden descomponerse en aminas biógenas como la histamina, que es tóxica, y la putrescina y cadaverina, que no lo son.

La putrescina según su concentración produce una agradable sensación olfativa de umami, carne, tierra húmeda, lombrices, corteza de árbol, pescado y marisco más o menos frescos para concluir en los vegetales podridos y los pañales usados.

La cadaverina brinda aromas cárnicos, de sudor humano, pelo recién cortado, peluquería, laca, acetona, agua estancada, sótano húmedo y con hongos, polvo y suciedad, con sensación retronasal de laca y fijador de pelo, y recuerdo de encurtidos con vinagre.

Los aromas y sabores exógenos

Hace medio siglo, Gaudencio Magistocchi en su *Tratado de Enología* decía *"es común, cuando se cultivan ajo y cebolla en los camellones del viñedo, que la uva absorba sus olores peculiares, fenómeno que también se comprueba en el vino mantenido en locales que almacenan productos de granja"*. Y también dice que el nardo, la violeta, el ajenjo, la menta y otras hierbas que crecen en el viñedo pueden aportar sus aromas al vino *"como se advierte en determinados vinos italianos que presentan el aroma matizado con el peculiar de las flores de las especies vegetales diseminadas en los viñedos"*. Emile Peynaud lo ratifica: *"el vino adquiere con facilidad el olor de los locales donde se encuentra almacenado y de los productos con los que esté en contacto. La uva misma es capaz de absorber y retener ciertos olores"* y cita como ejemplo que la pavimentación de una carretera próxima al viñedo puede traducirse en un vino de aroma o regusto alquitranado.

En nuestra edición 2005, dedicamos un artículo en apéndice al olor y gusto de eucaliptus en el vino, que según algunos enólogos es endógeno y según otros, exógeno.

Los taninos

Los polifenoles, entre los cuales los taninos, son compuestos muy inestables, que comienzan a reaccionar apenas la uva es molida o prensada o incluso antes si se la transporta sin cuidado. Sus reacciones químicas continúan a lo largo de la vinificación y el añejamiento, originando un gran variedad de nuevas moléculas.

Los taninos tienden a polimerizarse durante el añejamiento, uniéndose sus moléculas entre sí y formando otras más grandes y complejas. En este proceso los taninos "maduran" y pierden astringencia presentándose más dulces y suaves al paladar.

Otros polifenoles que también abundan en las uvas tintas y escasean en las blancas, como los antocianinos, son responsables del color en los vinos tintos.

Los polifenoles son antioxidantes y por eso los taninos ayudan a la conservación y añejamiento del vino, inhibiendo los procesos oxidativos.

Algunos polifenoles, como el resveratrol que se encuentra en distinta concentración en las uvas tintas, tienen un efecto antioxidante demostrado en la salud humana, pues inhiben el proceso oxidativo que lleva a la formación del colesterol malo (LDL). La acción saludable del resveratrol y otros polifenoles es la base científica de la famosa "paradoja francesa": un pueblo que consume muchas grasas de los quesos y la crema pero consume mucho vino tinto tiene una baja incidencia de afecciones cardíacas.

Lo que puede comprobarse fácilmente dejando el resto de una copa de un gran vino y una copa de un vino común expuestas al aire durante la noche y/o el día, para que se oxiden.

Los sabores amargos

A causa de los compuestos polifenólicos flavonoides de las cepas tintas, en los tintos son típicos el amargor y la astringencia. Los blancos, que ya desde las uvas tienen una concentración natural mucho menor de taninos, pueden ser a veces amargos pero rara vez son astringentes. Los sabores amargos son causados por muchas substancias del vino: fenoles, aminoácidos, alcaloides, iones y algunos compuestos nitrogenados y azúcares, entre otros. La sensación de amargor es más intensa y persistente cuanto más alcohólico es el vino. El tenor alcohólico tiene poco efecto sobre la sensaciones agrias o astringentes.

La mayor acidez no influye mucho en la sensación de amargor, pero torna más prolongada la sensación de astringencia. Cuando se añade ácidos tartárico, málico o láctico al vino, aumenta la astringencia. El ácido cítrico por sí sólo provoca sensación astringente.

La sensibilidad al amargo varía mucho entre los individuos, pues algunos poseen más poros en las papilas gustativas y mayor densidad de papilas fungiformes en la lengua, que son los receptores del amargo. Hay moléculas no vínicas que son amargas para algunas personas y neutras para otras.

La saliva contiene ciertas proteínas que aglutinan a los polifenoles. Así los vinos más astringentes causan mayor salivación. Por el contrario, el alcohol o el amargo no tienen influencia significativa en la salivación. La coagulación de los polifenoles es evidente al escupir en la cata de tintos.

Los aromas y sabores terciarios

Los aromas y sabores aportados por la crianza en barricas o toneles de roble francés o americano (o con duelas, cubos, virutas o extractos de los mismos) se denominan terciarios. Se deben a los taninos y otros compuestos colorantes y aromáticos presentes en la madera de roble, que pasan al vino.

El más frecuente registro terciario o de crianza en roble se debe a una lactona aromática cuyo nombre completo es Beta-metil-gamma-octolactona, que se encuentra sólo en el género *Quercus* y confiere a su madera un aroma característico. El roble contiene también otras substancias volátiles y aromáticas que contribuyen a su olor, por ejemplo los elagitaninos.

El roble americano contiene pocos taninos pero es más rico que el europeo en metil-octolactona. Esta molécula confiere su aroma característico al Bourbon añejado desde siempre en roble del país y fue muy discutido al principio y todavía hoy entre enólogos cuando se lo usa en los grandes vinos.

Los sabores de coco y vanilla son los más frecuentes y característicos entre los que aportan las barricas. El roble americano aporta más notas de coco y el roble europeo, de vainilla.

La barrica de roble americano actúa sobre el vino bastante más rápido e intensamente que la de roble europeo.

> Un tipo de roble europeo (*Quercus sessilis*) es de madera menos compacta y crece en modo lento y parejo, con menor concentración de taninos; el otro (*Q. pedunculata*) es más compacto, crece más rápido e irregular, y contiene más taninos. El roble americano (*Q. alba*) es bastante compacto pero de menor tanicidad y crece más rápido que los robles europeos: un bosque de roble americano se renueva en 50 años, pero uno de roble europeo necesita un siglo. Los troncos de roble europeo no se pueden aserrar para obtener duelas, sino que se parten a lo largo del grano de la madera, con maza y cuñas. La estructura de la madera del roble americano es distinta y se lo puede aserrar: por eso de un roble americano se aprovecha el 50% y del europeo el 25%. El rendimiento y trabajo mecánico hacen al sensible menor costo de las barricas de roble americano.

No todos los aromas del roble son buenos para el vino. El roble puede aportar también, entre otros, el llamado "olor a aserrín" causado por un aldeído volátil, el nonenal.

Lo que es mucho peor, microorganismos como *Brettanomyces* encuentran vastas cavernas en los microscópicos poros de la madera y pueden vivir allí durante años incluso sin vino, a secas. La higiene de las barricas es vital y por eso tan presto como se vacían del vino ya criado, se lavan con agua tibia y desinfectan con azufre y se llenan con la del vino nuevo a criar.

Los robles de los bosques de las distintas regiones de Francia como Limousin, Borgoña o los Vosgos tienen variables concentraciones de polifenoles, substancias colorantes, elagitaninos, eugenol y las fundamentales metil-octolactonas, mucho más abundantes en el roble de los Vosgos que en los de Limousin.

La madera de roble es la mejor para tonelería no sólo por los sabores que aporta. También es de las más porosas al oxígeno. A través de las duelas de roble, en particular en las barricas bordelesas, que tienen una pulgada de espesor (los toneles son 3 a 4 veces más gruesos), se produce una lenta y constante microoxigenación del vino.

La microoxigenación consiste en microburbujas de oxígeno que entran en dosis homeopáticas a contacto con el vino a través de los calmos meses de crianza y con su presencia favorecen innumerables reacciones químicas en procesos oxidativos lentos y mesurados.

En el Viejo Mundo y hasta hoy (aunque eso puede cambiar pronto) la única forma legal de aportar roble al vino es con toneles o barricas roble. Todo lo demás es adulteración del vino. En el Nuevo Mundo, introducir al roble cortado o picado más o menos fino adentro del vino no es considerado una adulteración.

Cuando en vez de poner al vino dentro del roble (barrica) se pone al roble dentro del vino (duelas o tablas de roble, americano o francés) contenido en cualquier vasija vinaria, el proceso de toma de sabores por el caldo es más rápido, pero no hay microoxigenación.

La microoxigenación puede lograrse artificialmente, con una garrafa de oxígeno contigua a la vasija, un manómetro o panel de control digital y un tubo flexible que libera microburbujas en el interior de vino.

El olfato y paladar de un enólogo o enófilo experimentado distingue a ciegas a los vinos criados en barrica, o que recibieron matices de roble con duelas o fragmentos aun menores del árbol, como los dominós (cubos o planchuelas) y las virutas, o el polvo e incluso el extracto líquido de roble.

> Otra ventaja del roble en tonelería es su aptitud para ser cortado en tablas resistentes a la humedad y fáciles de doblar con calor o vapor. Hay muchas otras maderas que poseen estas cualidades, pero contienen resinas (como las coníferas) que afectan el sabor del vino o bien aportan sabores amargos, o no aportan nada. La resina de las coníferas empleadas en tonelería era apreciada en la antigüedad cuando el principal problema enológico era la oxidación y contaminación bacteriana de los vinos por falta de materiales adecuados y refrigeración. La resina de los pinos es bactericida y desinfecta al vino. Pero al mismo tiempo que lo desinfecta, lo impregna con olores y sabores a líquido de limpieza doméstico. Los vinos antiguos, para diluír estos defectos, se bebían mezclados con bastante agua. Los únicos vinos que subsisten hechos de esta guisa son los *retsinatos*, que nadie bebe fuera de Grecia.

El tostado del roble

Las barricas que se usan para criar vinos tienen siempre algún grado de tostado: el roble sin tostar es demasiado poroso y agresivo para el caldo.

El tostado de las duelas se hace con la barrica abierta por una boca como un alcaucil o alcachofa, con un pequeño fuego central de brasas de aserrín y virutas del mismo roble. Es un proceso clave para el futuro vino que se criará allí dentro. El proceso tradicional de tostado es manual, de a una barrica por vez, y puede durar de 20 a 45 minutos.

Según el tiempo de tostado, éste será *light, medium* o *plus*: es el enólogo el que decide qué grado de tostado conviene a su vino. Más o menos tostado significa un mayor o menor espesor de madera quemada en la superficie interna de la duela: el tostado fuerte llega a 4 milímetros de profundidad.

La superficie de la duela, desde sin tostar hasta tostada fuerte, aporta al vino sabores diversos.

La superficie tostada actúa como membrana filtrante entre el vino y la madera al natural. La variabilidad de la madera y del proceso manual de tostado hacen que no haya 2 barricas idénticas aunque provengan de árboles contiguos en el mismo bosque.

Hilando aún más fino, el proceso de secado y estacionamiento de las tablas de roble que se hace tradicionalmente a cielo abierto (con riego por aspersión en tiempo soleado y caluroso) y que dura meses hasta que las tablas están prontas para ser transformadas en duelas de barricas, fudres o toneles, también influye en el vino que se criará allí dentro. En este proceso de exposición a los elementos cambia el comportamiento físico y la composición química de la madera.

En América del Sur, rica de bosques exóticos para el europeo, ya la tonelería colonial probó suerte con las maderas autóctonas, de las que se usaron el algarrobo en las regiones andinas; el pino Paraná o pino Brasil o araucaria en Rio Grande do Sul, además de varias otras maderas; y el raulí en Chile, que resultó ser una de las mejores. Pero ninguna de ellas resulta es comparable a los robles norteamericano y europeos, que además subsisten gracias a una tala y replantación regulada para no agotar el recurso. En la salvajemente explotada Sudamérica forestal, por el contrario, los bosques de algarrobo, araucaria y raulí fueron diezmados sin replantar.

La mala crianza, el Brett y el TCA

Por desidia o por accidente, la crianza en recipientes de roble también puede afectar a los vinos restando calidad en vez de sumar. Más allá de los sabores y aromas a tonel y madera vieja que pueden aportar los toneles y barricas viejas, como ya se dijo más arriba los poros de la madera de roble son gigantescas cavernas para microorganismos como *Brettanomyces* que pueden anidar, criarse y sobrevivir allí largo tiempo. Cuando las barricas o toneles están infestados de *Brett* la única solución es destruirlos y comprar otros nuevos. En las viejas bodegas de techos de madera, estos microrganismos pueden anidar en cualquier parte: en los últimos años se desarrollaron tratamientos carísimos para solucionar estas infecciones, de lo contrario hay que quemar la bodega y construir otra nueva.

Otra substancia que puede hacer mucho daño al vino es el 2,4,6-tricloroanisol (TCA), un éster aromático muy volátil y perceptible en bajísimas concentraciones cuyo descriptor es el bien conocido y temido olor a corcho.

La epidemia global de TCA en las bodegas se atribuye a las casi monopólicas (a nivel planetario) compañías silvicultoras portuguesas y españolas que desde hace décadas emplearon pentaclorofenoles (PCF) para proteger a los alcornoques del ataque de hongos xilófagos: si bien hoy su uso está prohibido en Europa, el PCF permanece en el medio ambiente por largo tiempo. El problema es que el PCF es transformado por algunos hongos como *Streptomyces mucor* y *Arpergillus penicillum* en TCA, que se impregna en las planchas de corcho. Y los procesos rutinarios de hervido y lavado pueden no eliminarlo del todo.

Además, el cloro (ya sea contenido en el agua de red, o en productos de limpieza) dentro de la bodega puede combinarse con los fenoles presentes naturalmente en la madera y formar clorofenoles y triclorofenol, que es la molécula precursora del TCA. Por esta razón en todas las bodegas modernas se desterró cualquier producto que contenga cloro y ésta es una palabra maldita. Y las bodegas más avanzadas, los depósitos de cientos de miles o millones de corchos están perfectamente aislados como si contuvieran substancias contaminantes. Se estima que un 5 a 7 % de los vinos están contaminados por TCA. Pero en la experiencia de nuestras catas de vinos argentinos en esta edición, el porcentaje no supera a la mitad de esas cifras.

El bouquet

Los vinos jóvenes tienen aromas y los grandes vinos de crianza, añejados en cuba y/o en botella, tienen *bouquet*. En francés, esta palabra designa al racimo de flores y por extensión, al racimo de otras cosas. Según el *Dictionnaire de L'Académie française*, octava edición, *"se dice también del perfume que distingue ciertas cualidades del vino"*. Emile Peynaud en su *Enología Práctica* afirma que *"por lo regular, en el bouquet de un vino, como en todo perfume, hay uno que destaca. Gracias a la sensación agradable de su olor se reconoce un buen vino, pero la complejidad, la riqueza de matices distingue al gran vino. Hay que diferenciar el aroma y el bouquet. El aroma acusa el vino joven, en tanto que el bouquet se adquiere por envejecimiento. De acuerdo con esta definición, un vino nuevo todavía no tiene bouquet, y un vino envejecido en botellas carece de aroma (....) El bouquet de los vinos finos se desarrolla lentamente durante su conservación en las cubas y se precipita al amparo del aire cuando envejece en botellas"*.

En los grandes vinos, cuando empiezan a escasear los dedos de una mano para contar los años de botella de un vino bien guardado, comienza a aflorar el *bouquet* y de ahí en más, se enriquece lustro a lustro.

Por eso la mayor parte de las personas no saben lo que es el *bouquet*: el 99% de los vinos se descorcha y bebe a las pocas horas de haber sido comprado.

El *bouquet* es el premio de quienes tienen la fortuna de poder y saber esperar por años a un vino bien guardado.

Fuentes:

Emile Peynaud, *Enología Práctica*.
Gaudencio Magistocchi, *Tratado de Enología*.
J.B. Drouillard et alia, *Gustos mohosos-terrosos en los vinos*, revista *Enología*, n° 12.
A. Palacios et alia, *Influencia del pH, acidez del vino y defectos organolépticos de origen microbiano en la cata del vino*, revista *Enología*, n° 12.
A. L. Waterhouse y S. E. Ebeler (compiladores), *Chemistry of Wine Flavor*.
Inés Guelbenzu, *¿Porqué usamos tapones sintéticos en vinmos jóvenes?*, Elmundovino.com.

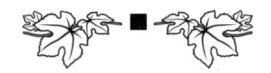

BIBLIOGRAFÍA

Generales

Autores varios: *International Barrel Symposium*, Independent Stave Co., Lebanon, 1998

Larousse de los Vinos, Spes Editorial, Barcelona, 2002

Peynaud, Emile: *Enología Práctica*, Ediciones Mundi-Prensa, Madrid, 2000

Waterhouse Andrew L. y Ebeler Susan: *Chemistry of Wine Flavor*, American Chemical Society, Washington D.C., 1998

América del Sur

Fielden, Christopher: *The Wines of Argentina, Chile and Latin América*, Faber and Faber, New York, 2001

Waldin, Monty: *Wines of South America*, Mitchell Beazley, London, 2003

Argentina

Aspiazu Daniel y Basualdo Eduardo: *La trama vitivinícola argentina a principios del Siglo XXI, Rasgos estructurales, mutaciones en el contexto operativo sectorial y lineamientos de políticas públicas*, BID-CEPAL-Ministerio de Economía de la Nación, Buenos Aires, 2003

Bodegas y Vinos de Argentina: *Anuario Internacional* 2004

Brascó, Miguel: *Ego Wines 2003*, Comunicación Grupo 3, Buenos Aires, 2003

Caucasia Wine Thinking, The Wine Compass 2005, Mendoza, 2005

Centrágolo Hugo et alia: *El negocio de los vinos finos en la Argentina*, Editorial Facultad de Agronomía U.B.A., Buenos Aires, 2002

Magistocchi Gaudencio, *Tratado de Enología*, Librería El Ateneo Editorial, Buenos Aires, 1995

Ortíz Maldonado, Alberto: *Distribución Geográfica de los Elementos Metorológicos Principales y Adversidades de Mendoza*, Bodegas de Argentina, Mendoza, 2001

Pérez Carmen el alia: *La vitivinicultura hace escuela; Mendoza: la cultura de la vid y el vino*, Fondo Vitivinícola de Mendoza/ Dirección General de Escuelas, Mendoza, 2003

Queyrat, Enrique: *Guía de los Vinos Finos Argentinos*, Hachette, Buenos Aires, 1982

Rolland Michel y Chrabolowsky Enrique: *Wines of Argentina*, Mirrol S.A., 2003

Young, Alan: *Wines Routes of Argentina*, Internacional Wine Academy, San Francisco, 1998

Diarios, revistas y publicaciones: *Argentinewines.com, Vinos & Viñas, Día a Día del Vino, Enología*

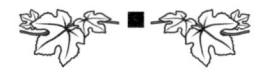

Índice de Vinos

Marca	Página	Marca	Página
135° Aniversario Assemblage 2003	53, 169	Altocedro Desnudos Tempranillo 2003	69, 85
A Lisa Malbec -Merlot 2005	62, 161	Altocedro Reserva Malbec - Temp. 2003	62, 85, 197
Aconquija Rosé Syrah 2004	45, 136	Altos Las Hormigas Malbec 2005	55, 85
Adagio Chardonnay 2004	38, 131	Altosur Malbec 2005	58, 141
Adagio Malbec 2003	57, 131	Altosur Merlot 2004	63, 141, 197
Adagio Premium Malbec 2003	55, 131, 195	Alzamora Grand Reserve Merlot 2003	63, 170
Afincado Malbec 2002	56, 124	Alzamora Grand Reserve Syrah 2003	68, 170
Afincado Tardio P. Manseng 2003	71, 124	Amalaya de Colomé Assemblage 2004	61, 189
Alamos Bonarda 2004	46, 88	Amauta Assemblage 2004	62, 191
Alamos Cab. Sauv. 2004	49, 88	Ampakama Cab. Sauv. 2005	49, 170
Alberto Furque Tempranillo 2003	69, 136	Ampakama Malbec - Merlot 2005	62, 170
Alberto Furque Temp. - Malbec 2003	70, 136	Ampakama Syrah - Cab. S. 2005	68, 170
Alberto Furque Finisterrae Malbec 2002	57, 136	Ampakama Viognier 2005	44, 170
Alberto Furque Finisterrae Syrah 2004	66, 136, 197	Ampakama Chardonnay 2005	38, 170
Alfa Crux Malbec 2003	55, 138	Ampakama Syrah 2005	67, 170
Alfredo Roca Cab. Sauv. 2003	51, 145	Ampakama Rosé Syrah 2005	45, 170
Alfredo Roca Chardonnay 2005	39, 145	Andeluna Cab. Sauv. 2004	48, 86
Alfredo Roca Malbec 2003	55, 145	Andeluna Malbec 2004	57, 86
Alfredo Roca Merlot 2003	63, 145	Andeluna Merlot 2004	64, 86
Alfredo Roca Pinot Noir 2005	65, 145	Andeluna Reserva Chardonnay 2004	38, 86
Alfredo Roca Syrah 2003	68, 145	Andeluna Reserva Malbec 2004	16, 18, 54, 86
Alfredo Roca T. Friulano 2005	43, 145	Andeluna Reserva Merlot 2004	63, 86
Alhué Bonarda 2005	47, 109	Andeluna Reserva Limitada Cab. Franc 2003	47, 86, 195
Alhué Viognier 2005	44, 109	Andes Sur Sem. - Chard. 2005	43, 123
Alma 4 Roble Extra Brut Chard. - P. Noir 2002	36, 83	Andes Sur Syrah - Bo. 2005	68, 123
Alma 4 Extra Brut Viognier 2003	37, 83	Andes Sur Rosé Syrah 2005	45, 123
Alma Negra Assemblage 2003	46, 128, 195	Angélica Zapata Alta Cab. Sauv. 2002	48, 88
Alta Vista Premium Cab. Sauv. 2004	49, 84	Angélica Zapata Alta Malbec 2002	16, 18, 54, 88
Alta Vista Premium Chardonnay 2005	38, 84	Antonio Nerviani Colección Privada Cab. Sauv. 2001	49, 94
Alta Vista Premium Malbec 2004	16,18, 54, 84, 196	Antonio Nerviani Colección Privada Malbec 2002	57, 94
Alta Vista Rosé Malbec 2005	45, 84	Antonio Nerviani Colección Privada 1892 Extra Brut Chard. - P. Noir S/D	36, 94
Altas Cumbres Cab. Sauv. 2004	51, 93		
Altas Cumbres Malbec 2004	59, 93		
Altas Cumbres Sauv. Blanc 2005	42, 93		
Alto Malbec - Cab. S. 2004	16,18, 61, 84	Antonio Nerviani Reserve Cab. S. - Malbec 2001	52, 94
Altocedro Año Cero Malbec 2004	55, 85, 197		

Marca	Página	Marca	Página
Arístides Alta Gama		**Bianchi Particular** Cab. Sauv. 2003	49, 146
Malbec 2001	16,18, 54, 86, 197	**Bianchi Particular** Malbec 2003	55, 146
Arnaldo B. Gran Reserva		**Bianchi Particular** Merlot 2003	63, 146
Malbec - Cab. S. 2002	61, 192	**Bodega del Fin del Mundo Reserva**	
Arroba Malbec 2005	57, 83	Cab. Sauv. 2004	49, 160
Augusto P. Cab. Sauv. 2002	49, 167	**Bodega del Fin del Mundo Reserva**	
Auka Chardonnay 2005	39, 142	Chardonnay 2004	38, 160
Auka Malbec 2004	60, 142	**Bodega del Fin del Mundo Reserva**	
Auka Syrah 2004	68, 142	Merlot 2004	63, 160
Avanti Chardonnay 2004	38, 168, 196	**Bodega del Fin del Mundo Reserva**	
Avanti Malbec 2004	60, 168	Pinot Noir 2004	65, 160
Avanti Syrah 2004	66, 168	**Bodega del Fin del Mundo Special Blend**	
Ayres de Cafayate Cab. Sauv. 2005	50, 192	Reserva Assemblage 2004	52, 160
Ayres de Cafayate Malbec 2004	58, 192	**Bodega Noemìa** Malbec 2004	59, 161
Ayres de Cafayate Pinot Noir 2004	65, 192	**Bodegas Crotta** Malbec 2003	57, 96
Ayres de Cafayate Sauv. Blanc 2005	42, 192	**Bohème Brut Nature**	
Ayres de Cafayate		Assemblage S/D	16,18, 35
Torrontés 2005	43, 192, 196	**Bonfanti Rosado** Malbec 2005	45, 120
Azul Malbec 2004	59, 136	**Bórbore** Cab. Sauv. 2005	49, 168
Balbo Cab. Sauv. 2005	51, 132	**Bórbore** Malbec 2005	57, 168
Balbo Malbec 2005	58, 132	**Bórbore** Syrah 2005	68, 168
Balbo B Chardonnay 2005	39, 132	**Bournett** Malbec 2004	57, 147
Balbo B Syrah 2005	68, 132	**Bournett Prestige Roble**	
Balbo B Tempranillo 2005	70, 132	Merlot - Malbec 2003	65, 147
Baquero 1886 Syrah 2002	66, 131	**Bressia Grappa dal Cuore** S/D	71, 83
Baron B. Brut Nature		**Broquel** Cab. S. - Merlot 2004	53, 125
P. Noir - Chard. 2002	35, 102	**Broquel** Chard. - Viog. 2005	41, 125
Baron B. Brut Rosé Assemblage 2002	35, 102	**Broquel** Malbec - Syrah 2004	62, 125
Baron B. Extra Brut		**Bros** Malbec - Cab. S. 2003	61, 98, 195
Chard. - P. Noir S/D	36, 102	**Brumales** Malbec 2003	55, 131, 197
Baron B. Unique Brut Nature		**C. Rosa Gran Reserva**	
Chard. - P. Noir 2001	35, 102	Chardonnay 2005	39, 192
Beltour Assemblage S/D	62, 102	**Caballero de la Cepa**	
Benegas Malbec 2002	57, 87	Chardonnay 2005	39, 111
Benegas Sangiovese 2002	65, 87	**Caballero de la Cepa**	
Benegas Syrah 2003	66, 87	Malbec 2005	55, 111, 197
Benegas Blend Assemblage 2001	46, 87, 195	**Caballero de la Cepa** Merlot 2003	64, 111
Benmarco Malbec 2004	58, 104	**Caballero de la Cepa**	
Benmarco Expresivo		Syrah 2004	66, 111, 197
Assemblage 2003	16,18, 46, 104	**Caballero de la Cepa**	
Beta Crux Assemblage 2003	70, 138	Cab. Sauv. 2004	48, 111
Bianchi 1887 Assemblage S/D	46, 146, 196	**Cabrini Roble** Malbec 2002	60, 98
Bianchi DOC Cab. Sauv. 2005	49, 146, 196	**Calathus** Cab. Sauv. 2005	48, 139, 195
Bianchi DOC Chard. - Sem. 2005	41, 146	**Calathus** Chardonnay 2005	39, 139
Bianchi DOC Malbec 2005	60, 146	**Calathus** Malbec 2005	16, 19, 54, 139
Bianchi DOC Syrah 2004	68, 146	**Calathus** Pinot Noir 2005	65, 139
Bianchi Extra Brut Assemblage S/D	36, 146	**Calathus Rosé** Assemblage 2005	45, 139

Indice de Vinos

Marca	Página	Marca	Página
Caligiore Bonarda 2002	46, 99, 196	Chakana Reserve	
Caligiore Malbec 2004	55, 99, 195	Cab. Sauv. 2004	16, 20, 47, 103
Caligiore Syrah 2004	67, 99	Chakana Reserve Malbec 2004	54, 103
Callejón del Crimen Malbec 2005	56, 142	Chandon Brut Nature	
Callejón del Crimen Merlot 2005	64, 142	Assemblage S/D	35, 102
Callejón del Crimen		Chandon Brut Rosé	
Petit Verdot 2005	65, 142	Assemblage S/D	35, 102
Callia Alta Syrah 2005	67, 168	Chandon Cuvée Especial 45 Años	
Callia Alta Syrah - Bo. 2005	68, 168	Extra Brut	
Callia Alta Syrah - Cab. S. 2005	68, 168	Chard. - P. Noir S/D	36, 102, 195
Callia Alta Syrah - Malbec 2005	68, 168	Chandon Cuvée Reserve Extra Brut	
Callia Alta Rosé Syrah 2005	45, 168	Pinot Noir S/D	37, 102
Callia Magna Malbec - Merlot 2004	62, 168	Chandon Demi Sec Assemblage S/D	35, 102
Callia Magna		Chandon Extra Brut Assemblage S/D	36, 102
Syrah 2004	16,19, 66, 168, 197	Charles Leblon Cab. Sauv. 2004	49, 138
Callia Magna		Charles Leblon Malbec 2004	55, 138
Tannat 2004	16,19, 69, 168, 197	Charles Leblon Merlot 2003	64, 138
Callia Magna Viognier 2005	44, 168	Charles Leblon Oak Aged	
Carinae Malbec 2004	57, 99	Chardonnay 2005	38, 138
Carinae Prestige		Charles Leblon Oak Aged	
Assemblage 2004	16, 19, 61, 99	Tempranillo 2004	69, 138
Carinae Reserva Cab. Sauv. 2004	51, 99	Chateau Vieux Assemblage 1998	53, 95
Carinae Reserva Syrah 2004	66, 99, 195	Cheval des Andes	
Carinae Rosado Malbec 2004	45 99	Cab. S. - Malbec 2002	52, 124
Carlos Basso Assemblage 2003	62, 130	Chipo Céspedes Torrontés 2005	43, 92
Carmela Benegas Rosado		Chipo Céspedes Coupage	
Assemblage 2005	45, 87	Malbec - Cab. S. 2003	61, 92
Carrascal Assemblage 2003	61, 92	Cicchitti Colección Torrontés 2005	43, 92
Carrascal		Cicchitti Gran Reserva	
Sauv. B. - P. de la Loire 2005	42, 92	Cab. Sauv. 2005	49, 92
Casona López Semillon 2005	43, 95	Cicchitti Gran Reserva Malbec 2004	57, 92
Cavagnaro Malbec 2004	55, 100, 195	Ciclos Assemblage 2004	53, 190
Cavas de Weinert Gran Vino		Ciclos Sauv. Blanc 2004	42, 190
Assemblage 2000	61, 92	Ciclos Rosé Malbec 2005	45, 190
Cecchin Premium Malbec 2004	57, 101	Ciclos Tardío Torrontés 2004	71, 190
Cepa Tradicional Assemblage 2000	53, 114	Cinco Sentidos Gran Reserva	
Cepas Privadas Cab. Sauv. 2004	51, 121	Assemblage 2002	54, 100
Cepas Privadas Malbec 2004	56, 121, 197	Cinco Sentidos Reserva	
Cepas Privadas Syrah 2004	66, 121, 197	Malbec 2003	58, 100
Cepas Privadas Viognier 2005	44, 121	Cinco Sentidos Reserva	
Chacayes Assemblage 2003	46, 141	Malbec - Cab. S. 2003	61, 100
Chakana Bonarda 2005	47, 103	Cinco Sentidos Reserva	
Chakana Cab. Sauv. 2005	48, 103	Merlot - Syrah 2003	65, 100
Chakana Malbec 2005	57, 103	Cinco Tierras Premium	
Chakana Syrah 2005	67, 103	Malbec 2003	55, 101
Chakana Estate Selection		Cinco Tierras Premium	
Assemblage 2004	16, 20, 53, 103	Merlot 2003	16, 19, 63, 101

MARCA	PÁGINA	MARCA	PÁGINA
Cinco Tierras Reserva Familia		**Dante Robino Extra Brut**	
Malbec - Merlot 2002	62, 101	Assemblage 2005	37, 119, 195
Claire Chardonnay 2005	37, 111	**Divisadero** Bonarda 2004	47, 107
Clos de los Siete		**Divisadero** Merlot 2004	63, 107
Assemblage 2004	16, 19, 46, 137	**Divisadero** Syrah 2004	68, 107
Clos des Andes Malbec 2004	55, 118	**Divisadero** Tempranillo 2004	69, 107, 195
Clos Du Moulin		**Dolium** Malbec 2004	56, 103
Cab. S. - P. Noir 2003	53, 102	**Dolium Gran Reserva**	
Cocodrilo Cab. Sauv. 2004	51, 130	Malbec 2003	16, 20, 54, 103
Colomé Estate Assemblage 2004	62, 189	**Dolium Reserva** Malbec 2004	60, 103
Colomé Reserva		**Dolium Rosé** Malbec 2005	45, 103
Malbec - Cab. S. 2003	16, 19, 61, 189	**Domaine Saint George**	
Colón Cab. Sauv. 2005	50, 169	Chard. - Chenin 2004	40, 113
Colón Chardonnay 2005	38, 169, 196	**Domaine Saint George** Malbec 2004	59, 113
Colón Malbec 2005	58, 169	**Domaine Saint George** Merlot 2004	64, 113
Colón Sauv. Blanc 2005	42, 169	**Domingo Molina** Cab. Sauv. 2002	48, 193
Colón Syrah 2005	67, 169	**Domingo Molina** Malbec 2002	58, 193
Colón Tempranillo 2004	69, 169	**Don Baltazar** Cab. Franc 2004	47, 170
Colonia las Liebres Bonarda 2005	46, 85	**Don Baltazar** Petit Verdot 2004	65, 170
Conalbi Grinberg		**Don Benjamín** Malbec 2004	58, 171
Cab. Sauv. 2000	49, 100	**Don Benjamín Extra Brut**	
Conalbi Grinberg Malbec 2001	57, 100	Chardonnay S/D	36, 171
Conalbi Grinberg Merlot 2001	63, 100	**Don Benjamín Reserva** Syrah 2002	67, 171
Conquista Malbec 2004	60, 190	**Don Benjamín Rosé** Syrah 2004	45, 171
Crios Malbec 2005	58, 104	**Don David** Chardonnay 2004	40, 190
Crios Syrah - Bo. 2005	68, 104	**Don David** Syrah 2004	66, 190
Crios Torrontés 2005	43, 104, 195	**Don Higinio Roble** Cab. Sauv. 2003	50, 149
Cristóbal 1492 Chardonnay 2005	39, 104	**Don Nicanor** Syrah 2003	67, 117
Cristóbal 1492 Verdelho 2005	44, 104	**Don Nicanor** Merlot 2003	63, 117
Cristóbal 1492 Extra Brut		**Don Nicanor Blend** Assemblage 2004	53, 117
Chardonnay 2003	36, 104	**Don Nicanor Tardio**	
Cristóbal 1492 Oak Reserve		Chardonnay 2003	70, 117
Malbec 2003	60, 104	**Don Tiburcio** Assemblage 2003	52, 87
Cristóbal 1492 Oak Reserve		**Don Valentín Lacrado**	
Syrah 2003	66, 104	Assemblage S/D	46, 146
Cruzdiablo Assemblage S/D	38, 159	**Doña Paula Estate** Cab. Sauv. 2004	50, 105
Cuatro Vacas Gordas		**Doña Paula Estate** Chardonnay 2004	38, 105
Malbec - Cab. S. 2004	61, 99	**Doña Paula Estate**	
Cuesta del Viento Bonarda 2005	47, 172	Merlot 2004	16, 20, 63, 105
Cuesta del Viento Merlot 2005	64, 172	**Doña Paula Estate** Sauv. Blanc 2005	41, 105
Cuesta del Viento		**Doña Paula Estate**	
Syrah - Tannat 2005	69, 172	Syrah - Malbec 2004	68, 105
Cuq red wine Merlot - Bo. 2004	64, 118	**Doña Paula Estate**	
Dante Robino Cab. Sauv. 2004	51, 119	Tannat - Malbec 2004	69, 105
Dante Robino Chardonnay 2005	40, 119	**Doña Paula Selección de Bodega**	
Dante Robino Malbec 2004	59, 119	Malbec 2003	16, 20, 54, 105
Dante Robino Merlot 2004	64, 119	**Donaria** Bonarda 2004	46, 118, 195

Marca	Página	Marca	Página
Donaria Malbec 2004	59, 118	Enzo Bianchi Gran Cru DOC	
Donaria Cosecha Especial		Assemblage 2003	52, 146
Syrah 2004	68, 118	Eral Bravo Malbec 2004	60, 107
Dos Fincas Cab. S. - Malbec 2004	52, 130	Escorihuela Gascón Cab. Sauv. 2004	50, 106
Dos Fincas Cab. S. - Merlot 2004	53, 130	Escorihuela Gascón Malbec 2004	56, 106
Dos Voces Cab. S. - Temp. 2004	54, 102	Escorihuela Gascón Sangiovese 2004	65, 106
Dos Voces		Escorihuela Gascón Sauv. Blanc 2005	42, 106
Malbec - Cab. S. 2004	61, 102, 197	Escorihuela Gascón Syrah 2003	67, 106
Duque de Osuna Cab. Sauv. 2005	51, 148	Escorihuela Gascón	
Duque de Osuna Malbec 2005	57, 148	Syrah - Cab. S. 2004	68, 106
Duque de Osuna		Escorihuela Gascón Viognier 2004	44, 106
Malbec - Merlot 2005	62, 148, 195	Esencias de la tierra	
Duque de Osuna Syrah 2005	68, 148	Cab. Sauv. S/D	48, 101, 195
Duque de Osuna Brut		Estepa Tierras Malbec 2004	56, 159
Assemblage S/D	38, 148	Estepa Tierras Merlot 2004	63, 159
Eduardo Félix Chardonnay 2005	39, 115	Estepa Tierras Blanc de Noir	
Eduardo Félix Malbec 2004	56, 115	Trousseau 2005	44, 159, 195
Eduardo Félix Sauv. Blanc 2005	42, 115	Etchart Cafayate Cab. Sauv. 2005	50, 192
El Corregidor Cab. S. - Merlot 2004	53, 96	Etchart Cafayate Syrah 2005	67, 192
El Escondido de Don Doménico		Etchart Cafayate Torrontés 2005	43, 192
Bonarda 2004	47, 170	Etchart Privado Cab. Sauv. 2005	50, 192
El Escondido de Don Doménico		Etchart Privado	
Cab. Sauv. 2004	50, 170	Chardonnay 2005	38, 192, 196
El Escondido de Don Doménico		Etchart Privado Malbec 2005	58, 192
Tempranillo 2004	69, 170	Etchart Privado	
El Felino Malbec 2004	56, 130	Malbec - Cab. S. 2005	61, 192
El Galgo Gran Reserva		Etchart Privado Merlot 2005	63, 192, 197
Malbec 2004	55, 99, 195	Etchart Privado Syrah 2005	67, 192
El Guardado Syrah 2003	66, 167, 195	Etchart Privado Tannat 2004	69, 192, 197
El Malbec de Ricardo Santos		Etchart Privado	
Malbec 2004	56, 83	To. - Chard. 2005	43, 192
El Portillo Elevado Cab. Sauv. 2004	48, 139	Etchart Privado Torrontés 2005	43, 192, 196
El Portillo Elevado		Etchart Torrontés Tardío	
Malbec 2004	55, 139, 195	Torrontés 2004	17, 25, 71, 192
El Portillo Extra Brut		Eternum Zero Dosage Extra Brut	
Chard. - P. Noir 2005	36, 139	P. Noir - Chard. S/D	37, 102
El Rosal Cab. Sauv. 2003	16, 20, 48, 150, 196	Extrême Extra Brut	
El Rosal Malbec 2004	60, 150	Chard. - P. Noir S/D	36, 100
El Rosal Syrah 2004	67, 150	Famiglia Bianchi	
Elementos Chardonnay 2005	39, 190	Cab. Sauv. 2004	16, 20, 48, 146
Elementos Malbec 2005	58, 190	Famiglia Bianchi Chardonnay 2005	40, 146
Elementos Syrah 2005	67, 190	Famiglia Bianchi Malbec 2004	56, 146
Elementos Tannat 2005	69, 190	Famiglia Bianchi Sauv. Blanc 2005	42, 146
Elementos Torrontés 2005	43, 190	Familia Antonietti Gran Guarda	
Enrique Foster Edición Limitada		Merlot - Malbec 2003	65, 103, 195
Malbec 2003	58, 89	Familia Gascón Cab. Sauv. 2003	50, 106
Enrique Foster Reserva Malbec 2004	54, 89	Familia Gascón Tempranillo 2004	69, 106

MARCA	PÁGINA	MARCA	PÁGINA
Familia Llaver Oro Cab. Sauv. 2004	48, 115	**Finca El Reposo**	
Familia Llaver Oro Malbec 2004	56, 115	Saint Jeannet 2005	41, 99, 195
Familia Llaver Oro Merlot 2004	64, 115	**Finca El Retiro** Bonarda 2004	47, 109
Felipe Rutini Assemblage 2000	53, 114	**Finca El Retiro Rosé** Malbec 2004	45, 109
Fernando Cabrini Cab. Sauv. 2002	49, 98	**Finca El Retiro Tardío**	
Figueroa Bo. - Sang. 2005	47, 149	Assemblage 2005	70, 109
Filus Reserve Oak Barrel		**Finca Flichman Reserva**	
Malbec 2003	55, 115	Cab. Sauv. 2004	50, 111
Finca 878 Chardonnay 2005	38, 145	**Finca Flichman Reserva**	
Finca 878 Malbec 2005	57, 145	Chardonnay 2005	38, 111
Finca 878 Clásico		**Finca Flichman Reserva** Malbec 2005	58, 111
Cab. S. - P. Gris 2005	53, 145	**Finca Flichman Reserva** Syrah 2004	67, 111
Finca Cecchin Carignan 2004	54, 101	**Finca Flichman Roble**	
Finca Cecchin		Cab. Sauv. 2004	50, 111
Graciana 2004	16, 21, 54, 101, 196	**Finca Flichman Roble**	
Finca Cecchin		Chardonnay 2005	39, 111
Mosc. de Alej 2005	41, 101	**Finca Flichman Roble** Malbec 2005	58, 111
Finca Cecchin Syrah 2004	67, 101	**Finca Flichman Roble** Merlot 2005	63, 111
Finca Corte Clásico		**Finca Flichman Roble** Syrah 2005	67, 111
Assemblage 2001	53, 110	**Finca Humanao**	
Finca de Altura Cab. Sauv. 2003	50, 190	Cab. S. - Malbec 2005	52, 189
Finca de Altura Malbec 2003	56, 190, 197	**Finca Intimayu** Malbec 2005	59, 150
Finca de Altura Merlot 2003	63, 190, 197	**Finca Intimayu Oro**	
Finca de Domingo Malbec 2003	58, 193	Malbec - Syrah 2003	62, 150
Finca del Marqués Gabriela Barón		**Finca Koch** Cab. Sauv. 2004	48, 109, 195
Malbec 2004	60, 132	**Finca Koch** Malbec 2004	55, 109, 195
Finca del Marqués Reservado		**Finca Koch** Viognier 2004	44, 109
Bonarda 2003	47, 132	**Finca La Anita** Cab. Sauv. 2002	52, 110
Finca del Marqués Reservado		**Finca La Anita** Chardonnay 2001	40, 110
Tempranillo 2004	70, 132	**Finca La Anita** Malbec 2003	58, 110
Finca del Marqués Top Reserve		**Finca La Anita** Merlot 2001	64, 110
Malbec - Syrah 2002	62, 132	**Finca La Anita** Semillon 2002	42, 110
Finca Don Diego		**Finca La Anita** Syrah 2004	67, 110
Syrah - Cab. S. 2005	68, 180	**Finca La Anita** T. Friulano 2002	43, 110
Finca Don Diego Syrah 2005	67, 180	**Finca La Delfina** Cab. Sauv. S/D	51, 94
Finca Don Diego Reserva Syrah 2005	66, 180	**Finca La Delfina** Chardonnay S/D	39, 94
Finca Don Diego Roble Syrah 2005	66, 180	**Finca La Delfina** Malbec S/D	59, 94
Finca Don Doménico de Huanacache		**Finca La Delfina** Syrah S/D	68, 94
Bonarda 2004	47, 170	**Finca La Delfina Máximo**	
Finca Don Doménico de Huanacache		Cab. Sauv. S/D	49, 94
Cab. Sauv. 2004	48, 170	**Finca La Florencia**	
Finca Don Doménico de Huanacache		Chardonnay 2004	40, 107
Merlot 2004	63, 170	**Finca La Florencia** Malbec 2004	56, 107, 197
Finca El Portillo Cab. Sauv. 2005	50, 139	**Finca La Florencia** Malbec 2005	58, 107
Finca El Portillo Tempranillo 2004	69, 139	**Finca La Florencia Extra Brut**	
Finca El Reposo Cab. Sauv. 2004	49, 99	Chard. - Chenin S/D	36, 107
Finca El Reposo Malbec 2004	57, 99	**Finca La Linda** Malbec 2004	59, 90

Marca	Página	Marca	Página
Finca La Linda Tempranillo 2004	*69, 90*	**Flor de Torrontés** Torrontés 2005	*43, 141*
Finca La Linda Viognier 2005	*44, 90*	**Fond de Cave** Cab. Sauv. 2003	*51, 125*
Finca Las Casuarínas Assemblage 2005	*41, 170*	**Fond de Cave** Chardonnay 2004	*39, 125*
Finca Las Casuarínas Cab. S. - Syrah 2005	*54, 170*	**Fond de Cave Reserva** Cab. Franc 2004	*17, 21, 47, 125, 196*
Finca Las Moras Bonarda 2004	*46, 171, 196*	**Fond de Cave Reserva** Petit Verdot 2004	*65, 125*
Finca Las Moras Cab. Sauv. 2005	*50, 171*	**Fond de Cave Reserva** Tempranillo 2004	*69, 125*
Finca Las Moras Malbec 2005	*58, 171*	**FT de Familia Trovato** Malbec 2005	*55, 120, 197*
Finca Las Moras Syrah 2005	*67, 171*	**FT de FamiliaTrovato** Merlot 2005	*64, 120*
Finca Las Moras Viognier 2005	*44, 171, 196*	**Gala 1** Assemblage 2003	*62, 90*
Finca Las Moras Reserva Cab. S. - Syrah 2003	*54, 171*	**Gala 2** Assemblage 2003	*17, 21, 52, 90*
Finca Las Nubes Cab. S. - Malbec 2004	*52, 191*	**Gala 3** Assemblage 2005	*44, 90*
Finca Línea Tonel Assemblage 1999	*46, 110*	**Gascón Reserva** Cab. Sauv. 2004	*50, 106*
Finca Los Angacos Cab. Franc 2004	*47, 173*	**Gascón Reserva** Malbec 2004	*54, 106*
Finca Los Angacos Petit Verdot 2004	*65, 173*	**Gascón Reserva** Syrah 2004	*67, 106*
Finca Los Maza Reserva Cab. Sauv. 2003	*52, 140*	**Génesis** Cab. Sauv. 2004	*49, 146, 196*
Finca Los Maza Reserva Malbec 2003	*58, 140*	**Génesis** Malbec 2004	*55, 146, 197*
Finca Martha Merlot 2004	*63, 145*	**Génesis** Sauv. Blanc 2005	*42, 146*
Finca Martha Syrah 2004	*66, 145*	**Gentile Collins** Cab. Sauv. 2003	*50, 112*
Finca Mirador Malbec 2004	*55, 84*	**Gentile Collins** Chardonnay 2005	*40, 112*
Finca Natalina Merlot 2004	*64, 172*	**Gentile Collins** Malbec 2003	*58, 112*
Finca Roja Cab. Sauv. 2004	*49, 159*	**Gentile Collins** Merlot 2003	*64, 112*
Finca Roja Chardonnay 2005	*39, 159*	**Gentile Collins** Tempranillo 2004	*70, 112*
Finca Roja Malbec 2004	*58, 159*	**Gentile Collins Gran Syrah** Syrah 2003	*66, 112*
Finca Roja Merlot 2004	*63, 159*	**Goyenechea** Merlot 2004	*64, 149*
Finca Roja Pinot Noir 2004	*65, 159*	**Goyenechea** Syrah 2004	*67, 149*
Finca Roja Sauv. Blanc 2005	*42, 159*	**Goyenechea Brut** Chard. - T. Friul. 2005	*35, 149*
Finca Roja Rosado Joven Assemblage S/D	*44, 159*	**Goyenechea Centenario** Cab. Sauv. 2001	*50, 149*
Finca Santa María Cab. Sauv. 2005	*49, 167*	**Goyenechea Clásico** Sauv. Blanc 2005	*42, 149*
Finca Santa María Chardonnay 2005	*38, 167*	**Goyenechea Roble** Malbec 2004	*60, 149*
Finca Santa María Malbec 2005	*57, 167*	**Goyenechea Rosé** Merlot 2005	*45, 149*
Finca Santa María Syrah 2005	*66, 167*	**Graffigna** Cab. S. - Merlot S/D	*53, 169*
Finca Santa María Tempranillo 2005	*69, 167*	**Graffigna** Malbec - Syrah S/D	*62, 169*
Finca Sophenia Chardonnay 2005	*39, 141*	**Graffigna** Syrah - Cab. S. S/D	*68, 169, 197*
Finca Sophenia Malbec 2004	*58, 141*	**Graffigna** Syrah - Viog. S/D	*69, 169*
Finca Sophenia Merlot 2004	*64, 141*	**Graffigna Bivarietales** Chard. - S. Blanc S/D	*40, 169*
Fitz Roy Cab. Sauv. 2004	*49, 148*	**Graffigna Centenario** Cab. Sauv. 2004	*50, 169*
Fitz Roy Chardonnay 2005	*39, 148*	**Graffigna Centenario** Chardonnay 2004	*40, 169*
Fitz Roy Malbec 2004	*57, 148*		
Fitz Roy Syrah 2004	*67, 148*		
Fitz Roy Roble Bonarda 2004	*47, 148*		

Marca	Página	Marca	Página
Graffigna Centenario Malbec 2004	58, 169	**Il Segreto Orgánico Extra Brut**	
Graffigna Centenario		Chardonnay 2005	36, 147
Pinot Grigio 2005	41, 169	**Il Segreto Roble** Cab. Sauv. 2005	52, 147
Graffigna Centenario		**Il Segreto Roble** Malbec 2005	58, 147
Syrah 2004	66, 169, 197	**Inca** Cab. S. - Malbec 2004	52, 179
Graffigna Clásico		**Inca** Merlot - Bo. 2004	64, 179
Cab. Sauv. 2005	48, 169, 196	**Inca** Tannat 2004	69, 179
Graffigna Clásico		**Inca** To. - Chard. 2005	44, 179
Chardonnay 2005	39, 169	**Ique** Malbec 2005	61, 89
Graffigna Clásico		**Iscay** Merlot -Malbec 2003	17, 21, 65, 125
Chard. - S. Blanc 2005	41, 169	**J. Alberto** Malbec-Merlot 2005	17, 21, 62, 161
Graffigna Clásico Malbec 2005	59, 169	**Jean Rivier** Chenin 2005	41, 150, 196
Graffigna Clásico Pinot Grigio 2005	41, 169	**Jean Rivier** T. Friulano 2005	43, 150, 169
Graffigna Clásico Syrah 2005	66, 169	**Jean Rivier Assemblage Blanc**	
Graffigna Clásico		Chenin - To. 2005	41, 150
Syrah - Cab. S. 2005	68, 169	**Jean Rivier Assemblage Rouge**	
Graffigna G Malbec 2003	55, 169	Malbec - Bo. 2004	61, 150
Graffigna G Syrah 2003	66, 169	**Jean Rivier Reserva** Cab. Sauv. 2002	50, 150
Gran Leblon Malbec 2004	57, 138	**Jean Rivier Reserva** Malbec 2003	59, 150
Gran Leblon Reserva Roble		**Jean Rivier Rosé** Malbec 2005	45, 150
Cab. Sauv. 2004	48, 138	**Joffré e hijas Gran Cabernet Sauvignon**	
Grand Vin Assemblage 2004	17, 21, 61, 136	Cab. Sauv. 2004	51, 118
Grande Reserve Terroir Selection		**Joffré e hijas Gran Chardonnay**	
Malbec 2004	57, 84	Chardonnay 2005	39, 118
Hacker Assemblage S/D	37, 127	**Joffré e hijas Gran Malbec**	
Henri Piper Extra Brut		Malbec 2004	60, 118
Assemblage S/D	36, 100	**José L. Mounier** Assemblage 2004	62, 191
Henry Cab. Franc 2003	47, 93, 195	**José L. Mounier** Torrontés 2005	43, 191
Henry Gran Guarda N° 1		**José L. Mounier Rosé**	
Assemblage 2002	46, 93	Cab. S. - Malbec 2004	45, 191
Huarpe Cab. S. - Malbec 2004	52, 97	**Juan Benegas** Malbec 2004	57, 87
Humanao Reserva		**Jubilé Rosé** Syrah - Malbec 2005	46, 111
Cab. S. - Malbec 2005	17, 21, 52, 189	**Júbilo** Assemblage 2002	46, 128
Humberto Canale		**Kaiken** Cab. Sauv. 2004	50, 112
Cab. S. - Merlot 2004	53, 161	**Kaiken** Malbec 2004	55, 112
Humberto Canale Malbec 2004	59, 161	**Kaleido** Malbec 2003	59, 91
Humberto Canale Merlot 2004	64, 161	**Khios** Chardonnay 2005	40, 139
Humberto Canale Pinot Noir 2005	65, 161	**Khios** Pinot Noir 2005	65, 139
Humberto Canale Sauv. Blanc 2005	42, 161	**Khios Rosé** Assemblage 2005	45, 139, 196
Humberto Canale Semillon 2005	43, 161	**La Celia Reserva**	
Humberto Canale Torrontés 2005	43, 161	Cab. Sauv. 2003	17, 22, 140
Humberto Canale Viognier 2005	44, 161	**La Celia Reserva** Malbec 2003	56, 140
Il Segreto Frizzante Natural		**La Consulta** Cab. Sauv. 2004	52, 140
Chardonnay 2005	37, 147	**La Consulta** Chardonnay 2004	40, 140
Il Segreto Orgánico Cab. Sauv. 2004	50, 147	**La Consulta** Malbec 2004	56, 140, 197
Il Segreto Orgánico 7° Demi Sec		**La Consulta** Syrah 2004	67, 140
Chardonnay 2005	35, 147	**La Estiba de Familia** Cab. Sauv. 2003	51, 86

Marca	Página	Marca	Página
La Estiba de Familia		**López Extra Brut** Assemblage S/D	36, 95
Malbec 2003	54, 86, 195	**Lorca Poético** Cab. Sauv. 2003	48, 98
La Estiba de Familia Merlot 2003	63, 86	**Lorca Poético** Malbec 2004	17, 22, 54, 98
La Flor Sauv. Blanc 2005	42, 118	**Los Cardos** Cab. Sauv. 2004	50, 105
La Mascota Cab. Sauv. 2004	49, 121	**Los Cardos** Chardonnay 2005	38, 105
La Mascota Malbec 2004	60, 121	**Los Cardos** Merlot 2004	63, 105
La Ramada Bonarda 2003	47, 95	**Los Cardos** Sauv. Blanc 2005	42, 105
La Ramada Cab. Sauv. 2004	51, 95	**Los Cardos Rosé** Malbec 2005	45, 105, 195
La Ramada Chardonnay 2004	40, 95	**Los Escasos** Chardonnay 2005	38, 84
La Ramada Merlot 2004	64, 95	**Los Escasos** Petit Verdot 2004	65, 84
La Sala Syrah 2004	66, 180, 195	**Los Escasos** Tempranillo 2004	69, 84
Laborum Cab. Sauv. 2003	48, 191	**Los Haroldos** Cab. Sauv. 2005	51, 132
Laborum Malbec 2004	56, 191	**Los Haroldos** Cab. S. - Malbec S/D	52, 132
Laborum Malbec - Cab. S. 2003	61, 191	**Los Haroldos** Chardonnay S/D	40, 132
Lagarde Cab. Sauv. 2004	51, 93	**Los Haroldos** Chard. - S. Blanc S/D	41, 132
Lagarde Chardonnay 2005	39, 93	**Los Haroldos** Malbec 2005	58, 132
Lagarde Malbec 2003	59, 93	**Los Haroldos** Syrah - Cab. S. S/D	68, 132
Lagarde Sauv. Blanc 2005	42, 93, 195	**Los Haroldos** Syrah - Merlot S/D	69, 132
Lagarde Syrah 2004	67, 93	**Los Haroldos Extra Brut**	
Lagarde Viognier 2005	44, 93	Assemblage S/D	36, 132
Lagarde DOC Malbec 2003	55, 93	**Los Haroldos Roble** Cab. Sauv. 2004	50, 132
Lagarto Merlot 2004	63, 130	**Los Haroldos Roble** Chardonnay S/D	40, 132
Lancatay Chardonnay 2005	39, 97	**Los Haroldos Roble** Malbec 2004	58, 132
Lancatay Tardío Semillon 2005	71, 97	**Los Nobles** Cab. Bouchet 2001	47, 90
Late Harvest Assemblage 2004	71, 140	**Los Nobles** Malbec - P. Verdot 2001	62, 90
Latitud 33° Cab. Sauv. 2004	49, 102	**Los Stradivarius de Bianchi.**	
Latitud 33° Chardonnay 2005	38, 102	L´Elisir d´Amore Assemblage 2004	71, 146
Latitud 33° Malbec 2005	57, 102	**Luca Vintage** Pinot Noir 2001	65, 113
Latitud 33° Sauv. Blanc 2005	42, 102	**Luca Vintage** Syrah 2002	66, 113
Latitud 33° Syrah 2005	67, 102	**Luigi Bosca DOC** Malbec 2003	56, 90
Latitud 33° Tempranillo 2004	69, 102, 197	**Luigi Bosca Reserva** Cab. Sauv. 2003	51, 90
Lava Syrah 2003	66, 91, 197	**Luigi Bosca Reserva** Malbec 2003	59, 90
Lazos Syrah 2004	67, 115	**Luigi Bosca Reserva** Riesling 2005	41, 90
Leblon Classic Malbec - Bo. 2004	61, 138	**Luigi Bosca Reserva** Sauv. Blanc 2005	42, 90
Leblon Classic Torrontés 2005	43, 138, 196	**Luna** Syrah 2002	68, 110
Leblon Classic Cab. Sauv. 2004	48, 138, 196	**Lurton** Bonarda 2005	47, 141
Lihuen Chenin 2005	41, 138, 148	**Lurton** Cab. Sauv. 2005	51, 141
Lihuen Temp. - Bo. 2005	70, 148	**Lurton** Malbec 2005	59, 141
Linda Flor Malbec 2003	17, 22, 54, 137	**Lurton** Pinot Gris 2005	41, 141
Linea Ejecutiva		**Lurton Reserva** Chardonnay 2005	38, 141
Chard. - Chenin S/D	40, 132	**Lurton Reserva** Malbec 2004	59, 141
Linea Ejecutiva Syrah - Merlot S/D	69, 132	**Lurton Rosé** Bonarda 2005	45, 141
Llaver Cobre Cab. Sauv. 2005	48, 115, 196	**Madrigal** Cab. S. - Malbec 2004	52, 107
Llaver Cobre Chardonnay 2005	39, 115	**Madrigal** Chard. - Chenin 2005	40, 107
Llaver Cobre Malbec 2005	59, 115	**Maestre de Campo** Merlot 2003	64, 96
Lobuno Assemblage 2004	62, 113	**Maison Rosselot** Cab. Sauv. 2000	51, 88
López Malbec 2004	59, 95	**Maison Rosselot** Chardonnay 2002	38, 88

Marca	Página	Marca	Página
Malamado Fortificado Malbec 2003	71, 108	**Misterio Blanco de Colomé**	
Malamado Fortificado Viognier 2004	71, 108	Assemblage 2004	38, 189
Malma Cab. Sauv. 2004	48, 159	**Montchenot** Assemblage 1996	53, 95
Malma Malbec 2004	59, 159	**Montchenot 15 Años Gran Reserva**	
Malma Merlot 2004	63, 159	Assemblage 1989	53, 95
Malma Pinot Noir 2005	65, 159, 195	**Montchenot Brut Nature**	
Malma Sauv. Blanc 2005	42, 159	P. Noir - Chard. S/D	35, 95
Malma Reserve Cab. Sauv. 2004	49, 159	**Montchenot Extra Brut**	
Malma Reserve Malbec 2004	56, 159	Assemblage S/D	36, 95
Malma Reserve Merlot 2004	64, 159	**Monte Santa María** Cab. Sauv. 2003	49, 94
Mapú Curá Chardonnay 2005	38, 100	**Monte Santa María** Chardonnay 2004	40, 94
Mapú Curá Malbec 2003	57, 100	**Monte Santa María Reserve**	
Marcus Gran Reserva Malbec 2004	59, 161	Malbec 2002	57, 94
Marcus Gran Reserva Merlot 2004	63, 161	**Montecepas** Malbec 2004	56, 95, 197
Marcus Gran Reserva		**Montecepas** Syrah 2004	67, 95
Pinot Noir 2004	65, 161	**Montecepas** Torrontés 2005	43, 95
Martín Fierro Bo. - Malbec 2005	47, 168	**Montecepas** Viognier 2005	44, 95
Martín Fierro Chard. - Chenin 2005	40, 168	**Montfleury Gran Rosé**	
Martín Fierro Syrah - Cab. S. 2005	68, 168	Assemblage 2005	45, 92
Martins Cab. Sauv. 2005	52, 96	**Mora Negra**	
Martins Chardonnay 2005	39, 96	Malbec - Bo. 2003	17, 22, 61, 171
Martins Malbec 2005	59, 96	**Mumm Cuvée Spéciale Demi Sec**	
Martins Syrah 2004	68, 96	Chard. - P. Noir S/D	35, 151
Martins Andino Malbec - Bo. 2004	61, 96	**Mumm Cuvée Spéciale Extra Brut**	
Martins Oak Tempranillo 2004	69, 96	Chard. - P. Noir S/D	36, 151
Maza Tonconogy		**Mumm Cuvée Spéciale Rosé**	
Cab. S. - Syrah 2003	53, 140	Chard. - P. Noir S/D	37, 151
Maza Tonconogy		**Murville 55 Frizzante**	
Malbec - Merlot 2003	62, 140	To. - Chenin 2005	37, 147
Maza Tonconogy		**Murville 75 Frizzante**	
Temp. - Bo. 2003	70, 140	Moscat. - Chenin 2005	37, 147
Medalla Assemblage 2003	17, 22, 53, 125	**Murville Brut de Brut**	
Médanos Chardonnay 2005	40, 129	Chard. - Chenin 2005	35, 147
Médanos Malbec 2005	61, 129	**Murville Brut Nature**	
Medrano Reserve Malbec 2004	59 115	Chard. - Chenin 2005	35, 147
Medrano Reserve Cab. Sauv. 2004	51, 115	**Murville Extra Brut**	
Medrano Reserve Chardonnay 2005	39, 115	Chard. - Chenin 2005	36, 147
Melipal Malbec 2004	60, 91	**Navarro Correas Colección Privada**	
Melipal Reserva Malbec 2004	59, 91	Cab. Sauv. 2004	52, 91
Mendel Malbec 2004	116	**Navarro Correas Colección Privada**	
Mendel Unos Malbec - Cab. S. 2004	116	Malbec 2004	56, 91, 197
Mercier Demi Sec		**Navarro Correas Colección Privada**	
Chard. - Sem. S/D	35, 102	Merlot 2004	64, 91
Mercier Extra Brut		**Navarro Correas Colección Privada**	
Chard. - Sem. S/D	36, 102	Pinot Noir 2004	65, 91
Mercier Rosé Assemblage S/D	37, 102	**Navarro Correas Colección Privada**	
Meriterra Malbec 2004	55, 116	Sauv. Blanc 2005	42, 91

Marca	Página	Marca	Página
Navarro Correas Colección Privada		**Origen** Malbec 2004	55, 125, 197
Blend Assemblage 2004	53, 91	**Origen** Syrah 2004	66, 125, 197
Navarro Correas Extra Brut		**Origen** Torrontés 2005	17, 22, 43, 125, 196
Assemblage S/D	35, 91	**Oroya** Assemblage S/D	38, 142
Navarro Correas Gran Reserva		**Paris Goulart Reserva**	
Cab. Sauv. 2002	17, 22, 48, 91	Malbec - Cab. S. 2005	61, 132
Navarro Correas Gran Reserva		**Paseo Sarmiento** Malbec 2004	56, 112, 197
Malbec 2003	55, 91	**Paseo Sarmiento** Syrah 2003	66, 112, 197
Navarro Correas Nature		**Paso El Portillo** Temp. - Malbec 2005	70, 139
Assemblage S/D	37, 91	**Patrón Santiago** Assemblage 2003	61, 89
Neo Torrontés 2005	37, 178	**Patrón Santiago Gran Reserva**	
Neo Syrah Rosé Syrah 2005	37, 178	Assemblage 2002	17, 23, 46, 89
Nerviani Cab. Sauv. 2004	48, 94	**Paul Rigaud Extra Brut**	
Nerviani Malbec 2004	57, 94	Chenin - Chard. S/D	36, 100
New Age Bloody Rosado		**Pedro del Castillo** Cab. Sauv. 2003	51, 92
Assemblage S/D	44, 146	**Pedro del Castillo**	
New Age Frizzante Assemblage S/D	37, 146	Chardonnay 2005	38, 92, 196
Newen Cab. Sauv. 2005	51, 160	**Pedro del Castillo** Malbec 2004	57, 92, 197
Newen Merlot 2004	63, 160	**Pedro del Castillo** Merlot 2004	64, 92
Newen Pinot Noir 2005	65, 160	**Pedro del Castillo** Tempranillo 2004	70, 92
Newen Sauv. Blanc 2004	42, 160	**Pequeña Vasija** Cab. S. - Syrah 2004	54, 114
Newen Syrah 2005	67, 160	**Pequeña Vasija** Malbec 2004	59, 114
Nieto Senetiner Reserva		**Pequeña Vasija** Sauv. B. - Sem. 2005	42, 114
Assemblage 2003	46, 117	**Pequeña Vasija** Syrah 2004	67, 114
Nocheterna Syrah 2005	71, 172	**Pequeñas Producciones**	
Nofal Alonso Assemblage 2003	46, 96, 195	Barbera 2002	17, 23, 46, 106
Nómade Reserva Syrah 2003	67, 116	**Pequeñas Producciones**	
Norton Cab. Sauv. 2005	51, 117	Malbec 2002	17, 23, 54, 106
Norton Malbec 2005	59, 117	**Perpetuum** Torrontés 2005	43, 112
Norton Cosecha Especial Extra Brut		**Petigny Demi Sec** Chenin S/D	35, 151
Chardonnay S/D	36, 117	**Petigny Extra Brut** Chenin S/D	37, 151
Norton Malbec D.O.C. Malbec 2003	56, 117	**Plenilunio** Merlot 2005	63, 179, 195
Norton Privada Assemblage 2002	53, 117	**Plenilunio** Cab. Sauv. 2005	49, 179
Norton Reserva Cab. Sauv. 2003	51, 117	**Plenilunio** Malbec 2005	57, 179
Norton Roble Sauv. Blanc 2005	42, 117	**Portal Andino** Bonarda 2003	47, 147
Norton Roble Syrah 2003	67, 117	**Portal Andino** Cab. Sauv. 2003	51, 147
Novecento Malbec 2004	59, 119	**Portal Andino** Malbec 2003	60, 147
Obra Prima Reserva Malbec 2003	58, 107	**Portal Andino** Merlot 2003	64, 147
Obra Prima Rosé Cab. Sauv. 2005	45, 107	**Postales del Fin del Mundo**	
Omnium Cab. Sauv. 2005	51, 127	Cab. S. - Malbec 2005	52, 160
Omnium Chardonnay 2005	40, 127	**Postales del Fin del Mundo**	
Omnium Malbec 2005	60, 127	Malbec 2005	58, 160
Omnium Syrah 2005	68, 127	**Postales del Fin del Mundo**	
Omnium Tempranillo 2005	70, 127	Merlot 2004	64, 160
Ópalo Cab. Sauv. 2005	48, 98	**Pulenta Estate** Chardonnay 2004	39, 118
Ópalo Malbec 2005	59, 98	**Pulenta Estate** Merlot 2004	64, 118
Ópalo Syrah 2005	66, 98	**Punto Final** Malbec 2004	17, 23, 54, 119

MARCA	PÁGINA	MARCA	PÁGINA
Punto Final Reserva		**Rutini Vin Doux Naturel**	
Malbec 2004	17, 23, 54, 119	Sem. -Verdic. 2003	71, 114
Quara Cab. Sauv. 2004	50, 190	**Saint Felicien**	
Quara Chardonnay 2005	39, 190	Cab. S. - Merlot 2003	53, 88, 196
Quara Malbec 2004	58, 190	**Saint Felicien** Malbec 2003	55, 88
Quara Merlot 2004	64, 190	**Saint Felicien Roble**	
Quara Tannat 2004	69, 190	Chardonnay 2004	38, 88
Quara Torrontés 2005	43, 190, 196	**Salentein** Pinot Noir 2003	65, 137
Quara Cafayate Cab. Sauv. 2004	50, 190	**Salentein Primus**	
Quara Cafayate Malbec 2004	58, 190	Malbec 2003	17, 24, 54, 137
Quara Cafayate Tannat 2004	69, 190	**Salentein Primus** Merlot 2002	63, 137
Quimera Assemblage 2004	62, 84	**Salentein Roble** Malbec 2004	60, 137
Quinta Generación Cab. Sauv. 2001	50, 149	**San Felipe** Assemblage 2004	53, 114
Quinta Generación Malbec 2004	55, 149	**San Felipe** Assemblage 2005	40, 114, 196
Raza Argentina Malbec 2003	56, 178	**San Felipe 12 Uvas** Assemblage S/D	46, 114
Raza Argentina Syrah 2003	66, 178, 195	**San Felipe Demi Sec**	
Reserva Viña Hormigas		Chard. - P. Noir 2003	35, 114
Malbec 2004	17, 23, 54, 85	**San Felipe Extra Brut**	
Río de Plata Cab. Sauv. 2004	48, 192	Chard. - P. Noir 2005	17, 24, 36, 114, 196
Río de Plata Chardonnay 2004	39, 192	**San Felipe Roble** Chardonnay 2005	39, 114
Río de Plata Malbec 2004	58, 192	**San Felipe Roble** Malbec 2004	59, 114
Río de Plata Malbec - Cab. S. 2004	61, 192	**San Felipe Roble** Merlot 2004	63, 114, 197
Río de Plata Merlot 2004	63, 192	**San Felipe Roble** Syrah 2004	67, 114
Río de Plata Syrah - Malbec 2005	68, 192	**San Felipe Rosé** Malbec 2005	45, 114
Río de Plata To. - Chard. 2005	44, 192	**San Felipe Tardío** Assemblage 2004	70, 114
Río de Plata Torrontés 2005	43, 192	**San Pedro de Yacochuya**	
Roberto Bonfanti Roble		Malbec - Cab. S. 2003	61, 193
Cab. Sauv. 2004	52, 120	**San Telmo** Cab. Sauv. 2003	51, 121
Roberto Bonfanti Roble		**San Telmo** Chardonnay 2005	39, 121
Malbec 2004	59, 120	**San Telmo** Malbec 2003	61, 121
Roberto Bonfanti Roble		**San Telmo** Malbec - Syrah 2005	62, 121
Malbec - Cab. S. 2004	61, 120	**San Telmo** Merlot 2003	64, 121
Rosa del Desierto Sangre de Malbec		**San Telmo** Sauv. Blanc 2005	42, 121
Malbec 2004	45, 131	**Sangre de Viña** Bonarda 2005	47, 167
Ruca Malen Cab. Sauv. 2003	17, 24, 48, 120	**Sangre de Viña** Malbec 2005	59, 167
Ruca Malen Chardonnay 2005	38, 120	**Santa Ana** Cab. Sauv. 2005	51, 121
Ruca Malen Malbec 2003	59, 120	**Santa Ana** Malbec 2005	56, 121
Rupestre Assemblage 2004	62, 193	**Santa Ana** Sauv. Blanc 2005	42, 121
Rutini Cab. S. - Malbec 2004	52, 114	**Santa Ana** Syrah 2005	68, 121
Rutini Cab. Sauv. 2003	50, 114	**Santa Ana** Torrontés 2005	43, 121
Rutini Chardonnay 2005	39, 114	**Santa Florentina**	
Rutini Gewürztraminer 2003	41, 114	Cab. Sauv. 2005	48, 178, 196
Rutini Malbec 2003	56, 114	**Santa Florentina** Chardonnay 2005	40, 178
Rutini Merlot 2001	64, 114	**Santa Florentina** Malbec 2005	59, 178
Rutini Pinot Noir 1999	65, 114	**Santa Florentina** Malbec - Syrah 2005	62, 178
Rutini Sauv. Blanc 2005	42, 114	**Santa Florentina** Merlot 2005	64, 178
Rutini Syrah 2003	67, 114	**Santa Florentina** Pinot Gris 2005	41, 178, 196

221

Marca	Página	Marca	Página
Santa Florentina Syrah 2005	67, 178	Single Vineyard Alizarine Malbec 2004	17, 24, 54, 84
Santa Florentina To. - Chard. 2005	44, 178	Single Vineyard Serenad Malbec 2004	17, 24, 54, 84
Santa Florentina Torrontés 2005	43, 178	Single Vineyard Temis Malbec 2004	17, 24, 54, 84
Santa Florentina Brut Torrontés 2005	35, 178	Solar del Atuel Assemblage 2005	47, 149
Santa Florentina Corte X Syrah - To. 2005	69, 178	Solar del Atuel Cab. Sauv. 2004	48, 149, 196
Santa Florentina Tardío Otoñal Torrontés 2004	71, 178, 195	Solar del Atuel Chenin 2005	41, 149
Santa Florentina Torrontés Dolce Demi Sec Torrontés 2005	35, 178	Solar del Atuel Syrah 2004	66, 149, 197
Santa Julia Cab. Sauv. 2005	51, 108	Solar del Atuel Rosé Syrah 2005	45, 149
Santa Julia Sauv. Blanc 2005	42, 108	Suá Assemblage 2004	37, 119
Santa Julia Tempranillo 2005	70, 108	Sur de los Andes Bonarda 2005	46, 122, 195
Santa Julia Viognier 2005	44, 108	Sur de los Andes Malbec 2005	55, 122, 195
Santa Julia Roble Chardonnay 2005	40, 108	Sur de los Andes Reserva Malbec 2004	55, 122
Santa Julia Roble Malbec 2004	60, 108	Synthesis Assemblage 2003	62, 141
Santa Julia Roble Tempranillo 2004	70, 108	Tahuantinsuyu Malbec 2003	56, 128
Santa Silvia Blanco Dulce Assemblage S/D	70, 169	Tapaus Pisco Andino Moscatel 2005	71, 123
Santa Silvia Rosado Fresco Assemblage S/D	44, 169	Tapiz Sauv. Blanc 2005	42, 123
Saurus Cab. Sauv. 2004	50, 160	Tapiz Viognier 2005	44, 123
Saurus Malbec 2004	58, 160	Tapiz Reserva Cab. S. - Merlot 2004	53, 123
Saurus Pinot Noir 2004	65, 160	Taymente Cab. Sauv. 2004	50, 97
Saurus Patagonia Extra Brut Chard. - P. Noir S/D	36, 160, 196	Taymente Malbec 2004	56, 97, 197
Saurus Patagonia Select Chardonnay 2005	39, 160	Telteca Cab. Sauv. 2004	51, 123
		Telteca Malbec 2004	60, 123
Saurus Patagonia Select Malbec 2004	56, 160, 197	Telteca Merlot 2004	63, 123, 197
		Tempus Malbec 2004	60, 128
		Tempus Merlot 2004	64, 128
Saurus Patagonia Select Pinot Noir 2004	65, 160	Tempus Tempranillo 2004	69, 128
Sayanca Cab. Sauv. 2004	51, 123	Tempus Pleno Assemblage 2003	17, 24, 46, 128
Sayanca Chardonnay 2005	40, 123	Teorema Cab. Sauv. 2003	50, 171
Sayanca Malbec 2004	60, 123	Teorema Malbec 2003	60, 171
Sayanca Merlot 2004	64, 123	Teorema Tempranillo 2005	69, 171
Selk'nam Chardonnay 2004	40, 172	Terra Chardonnay 2005	40, 127
Selk'nam Bag in box Cab. Sauv. 2004	52, 172	Terra Viognier 2004	44, 127
		Terra Extra Brut Malbec S/D	37, 127
Selk'nam Roble Cab. Sauv. 2003	48, 172, 195	Terra Reserve Extra Brut Chard. - P. Noir S/D	36, 127
Siesta en el Tahuantinsuyu Cab. Sauv. 2003	49, 128, 195	Terra Roble Cab. Sauv. 2004	51, 127
Siete Fincas Cab. Sauv. 2004	51, 122	Terra Roble Malbec 2004	57, 127, 197
Siete Fincas Chardonnay 2005	40, 122	Terramedia Chenin 2005	41, 112
Siete Fincas Malbec 2004	60, 122	Terramedia Malbec - Merlot 2004	62, 112
Siete Fincas Extra Brut Assemblage S/D	35, 122	Terrazas Cab. Sauv. 2004	17, 25, 48, 124, 196
		Terrazas Chardonnay 2005	39, 124
		Terrazas Malbec 2005	60, 124

Marca	Página	Marca	Página
Terrazas Merlot 2004	63, 124, 197	**Trivento Reserve**	
Terrazas Syrah 2005	66, 124, 197	Cab. S. - Malbec 2004	52, 126, 196
Terrazas Reserva Cab. Sauv. 2003	49, 124	**Trivento Reserve** Malbec 2004	56, 126
Terrazas Reserva Chardonnay 2005	39, 124	**Trivento Reserve** Syrah 2004	66, 126
Terrazas Reserva Malbec 2004	60, 124	**Trivento Reserve**	
Terrazas Reserva Merlot 2003	64, 124	Syrah - Malbec 2004	68, 126
Terrazas Reserva Syrah 2003	66, 124	**Trumpeter** Cab. Sauv. 2004	48, 114
Terruño Lunlunta Malbec 2004	58, 89	**Trumpeter** Chardonnay 2005	39, 114
Terruño Vistalba Malbec 2004	60, 89	**Trumpeter** Malbec 2004	59, 114
Terza Volta Cab. Sauv. 2004	51, 119	**Trumpeter** Malbec - Syrah 2004	62, 114
Terza Volta Malbec 2004	60, 119	**Trumpeter** Merlot 2004	64, 114
Terza Volta Sauv. Blanc 2005	42, 119, 196	**Trumpeter** Syrah 2004	66, 114
Terza Volta Tremila		**Trumpeter Extra Brut**	
Malbec 2003	56, 119	Chardonnay 2004	36, 114
Tierra de Dioses Malbec 2004	60, 128	**Trumpeter Reserve** Assemblage 2003	70, 114
Tizac Bonarda 2003	46, 179, 196	**Trumpeter Rosé** Malbec 2004	37, 114
Tizac Cab. Sauv. 2004	49, 51, 179	**Tunquelén** Tempranillo 2004	69, 96, 197
Tizac Syrah 2004	67, 179	**Urano** Cab. Sauv.2005	50, 107
Tizac Reserve Cab. Sauv. 2004	49, 179	**Urano** Malbec 2005	58, 107
Tizac Reserve Malbec 2004	57, 179	**Urano** Syrah 2005	66, 107
Tobiano Cab. Sauv. 2004	50, 113	**Urban Uco** Malbec - Temp. 2003	63, 138
Tobiano Malbec 2004	58, 113	**Uxmal** Cab. S. - Malbec 2005	52, 88
Tobiano Merlot 2004	63, 113, 197	**Uxmal** Cab. S. - Syrah 2004	54, 88
Tomero Petit Verdot 2004	65, 110	**Uxmal** Malbec - Bo. 2004	61, 88
Trapiche Malbec 2005	60, 125	**Uxmal** Sauv. B. - Sem. 2005	42, 88
Trapiche Pinot Noir 2005	65, 125	**Valbona** Bonarda 2004	47, 167
Trapiche Sauv. Blanc 2005	42, 125	**Valbona** Cab. Sauv. 2004	49, 167
Trapiche Syrah 2005	68, 125	**Valbona** Chardonnay 2005	38, 167
Trapiche Colección Roble		**Valbona** Malbec 2004	57, 167
Malbec 2004	55, 125	**Valbona** Syrah 2004	66, 167
Trapiche Rosé Cab. Sauv. 2004	45, 125	**Valbona** Torrontés 2004	43, 167
Tribu Bonarda 2005	47, 126, 196	**Valbona Reserva** Cab. Sauv. 2003	49, 167
Tribu Chardonnay 2005	40, 126	**Valbona Reserva** Chardonnay 2004	40, 167
Tribu Malbec 2005	56, 126, 197	**Valbona Rosé** Syrah 2005	45, 167
Tribu Syrah 2005	68, 126	**Valle Las Acequias**	
Tribu Tempranillo 2005	70, 126	Chardonnay 2005	39, 97
Tribu Viognier 2005	44, 126, 196	**Valle Las Acequias** Malbec 2003	59, 97
Trivento Chard. - Chenin 2005	40, 126	**Valle Las Acequias** Syrah 2003	67, 97
Trivento Syrah - Malbec 2005	68, 126	**Valle Las Acequias** Torrontés 2005	43, 97
Trivento Brut Nature		**Valle Las Acequias Roble**	
P. Noir - Chard. S/D	35, 126	Malbec 2003	56, 97
Trivento Dulce Natural		**Valmont** Assemblage S/D	53, 102
To. - Chenin S/D	71, 126	**Valmont** Chard. - Sem. S/D	41, 102
Trivento Golden Reserve		**Vasija Secreta** Malbec S/D	61, 193
Malbec 2003	17, 25, 54, 126	**Vasija Secreta** Merlot 2003	64, 193
Trivento Reserve		**Vasija Secreta Cabernet Lacrado**	
Bonarda 2005	17, 25, 46, 126, 196	Cab. Sauv. 2004	48, 193

Marca	Página	Marca	Página
Vástago de Gea Bonarda 2005	*47, 122, 196*	**Viñas de Balbo Borgoña**	
Vástago de Gea Malbec 2004	*60, 122*	Assemblage S/D	*46, 132*
Vicente Vargas Videla Reserve		**Viñas de Balbo Chablis**	
Malbec 2002	*60, 92*	Assemblage S/D	*38, 132*
Viento Sur Cab. Sauv. 2004	*50, 142*	**Viñas de Balbo Primavera Rosé**	
Viento Sur Syrah 2004	*66, 142, 197*	Assemblage S/D	*44, 132*
Villa Seca Reserva Especial		**Viñas de Uco** Malbec 2004	*58, 142*
Cab. S. - Merlot 2001	*53, 89, 195*	**Viñas de Uco** Sangiovese 2004	*65, 142*
Viña Amalia Cab. Sauv. 2003	*51, 130*	**Viñas Riojanas** Bonarda 2005	*47, 178, 196*
Viña Amalia Chardonnay 2005	*40, 130*	**Viñas Riojanas** Torrontés 2005	*43, 178*
Viña Amalia Sauv. Blanc 2005	*42, 130*	**Vinecol** Chenin - S. Blanc 2005	*41, 129*
Viña Amalia Malbec 2004	*60, 130*	**Vinecol** Tempranillo 2004	*70, 129*
Viña Amalia Reservado		**Vinecol** Torrontés 2005	*43, 129*
Cab. Sauv. 2002	*49, 130*	**Vinecol Rosado** Cab. Sauv. 2005	*45, 129*
Viña Amalia Reservado		**Viniterra** Cab. Sauv. 2003	*49, 127*
Malbec 2002	*55, 130, 195*	**Viniterra** Malbec 2004	*60, 127*
Viña Amalia Vendimia Tardía		**Viniterra** Merlot 2003	*64, 127*
Assemblage 2005	*71.130*	**Viniterra** Pinot Gris 2005	*41, 127*
Viña Ona Cab. Franc 2003	*47, 172*	**Viniterra** Syrah 2003	*66, 127*
Viña Ona Torrontés 2004	*43, 172*	**Vino de Abordo**	
Viña Plata Bo. - Malbec 2004	*47, 111*	Cab. Sauv. 2005	*48, 115, 195*
Viña Plata Chenin - Chard. 2004	*41, 111*	**Vino de Abordo**	
Viñas de Alto Salvador		Chardonnay 2005	*38, 115, 195*
Cab. Sauv. 2004	*49, 131*	**Vino de Abordo** Malbec 2005	*59, 115*
Viñas de Alto Salvador		**Vinorum Reserve** Malbec 2003	*57, 129*
Cab. S. - Malbec 2004	*52, 131*	**Vistalba Corte A** Assemblage 2003	*61, 110*
Viñas de Alto Salvador Malbec 2004	*57, 131*	**Vistalba Corte C**	
Viñas de Alto Salvador		Malbec - Merlot 2004	*62, 110*
Sangiovese 2004	*65, 131*	**Wayna** Cab. Sauv. 2004	*50, 129*
Viñas de Alto Salvador		**Wayna** Malbec 2004	*60, 129*
Tempranillo 2004	*70, 131*	**Wayna** Merlot 2004	*63, 129*
Viñas de Alto Salvador		**Weinert** Merlot 2000	*63, 92*
Temp. - Malbec 2004	*70, 131*	**Wish** Assemblage S/D	*37, 151*
Viñas de Atilio Avena		**Xumek** Malbec 2004	*60, 173*
Cab. Sauv. 2004	*49, 87*	**Xumek Reserva**	
Viñas de Atilio Avena Malbec 2004	*57, 87*	Malbec 2004	*55, 173, 195*
Viñas de Atilio Avena Torrontés 2005	*43, 87*	**Yacochuya - M. Rolland**	
Viñas de Atilio Avena Roble		Malbec 2003	*56, 193*
Cab. Sauv. 2003	*49, 87*	**Yauquén** Cab. S. - Malbec 2004	*52, 120, 196*
Viñas de Atilio Avena Roble		**Zaino** Malbec 2004	*56, 113*
Chardonnay 2005	*38, 87, 196*	**Zuccardi Q** Cab. Sauv. 2002	*17, 108*
Viñas de Atilio Avena Roble		**Zuccardi Q** Chardonnay 2004	*38, 108*
Malbec 2003	*55, 87, 197*	**Zuccardi Q** Tempranillo 2002	*70, 108*

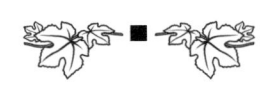

Índice de Bodegas

Bodega	Página	Bodega	Página
Achával-Ferrer	55, 62, 79, **84**	Carinae	16, 19, 45, 51, 55, 57, 61, 66, 80, **99**, 195
Aconquija	45, 57, 66, 69, 70, **136**, 197	Carlos Balmaceda	57, **83**
Adagio	38, 45, 55, 57, **131**, 195, 197	Carlos Pulenta	61, 62, 65, 77, **110**
Alfredo Roca	39, 43, 51, 55, 63, 65, 68, 144, **145**	Carmelo Patti	77
Alma 4	36, 37, **83**	Caro	76
Almacén de Sur	82	Casa Montes	38, 44, 45, 47, 49, 62, 63, 65, 67, 68, **170**
Alta Vista	16, 17, 18, 24, 30, 38, 45, 49, 54, 57, 61, 65, 69, 76, **84**, 186, 196	Catena Zapata	16, 18, 38, 42, 46, 48, 49, 51, 52, 53, 54, 55, 61, 79, **88**, 157, 196
Alto Salvador	49, 52, 57, 65, 70, **131**	Cavagnaro	55, **100**, 195
Altocedro	55, 62, 69, **85**, 197	Cavas Rosell Boher	**194**
Altos de Huanacache	38, 49, 57, 66, 69, 166, **167**	Cavas Wine Lodge	79
Altos Las Hormigas	17, 23, 46, 54, 55, 80, **85**	Cave Extrême	36, 38, 57, **100**
Andeluna Cellars - Familia Reina	16, 18, 38, 47, 48, 54, 57, 63, 64, **86**, 134, 195	Cecchin	16, 21, 31, 41, 48, 54, 57, 67, **101**, 195, 196
Antonio Nerviani	36, 40, 48, 49, 52, 57, **94**, 195	Chakana	16, 19, 47, 48, 53, 54, 57, 67, 79, **103**
Arístides	16, 18, 51, 54, 63, **86**, 195, 197	Chandon	35, 36, 37, 38, 41, 42, 49, 53, 54, 57, 61, 62, 67, 69, 79, **102**, 195, 197
Atilio Avena	38, 43, 49, 55, 57, **87**, 196, 197	Charles Leblon	38, 43, 48, 49, 55, 57, 61, 64, 69, **138**, 196
Augusto Pulenta	38, 40, 43, 45, 47, 49, 57, 66, 166, **167**	Cicchitti	43, 49, 57, 61, **92**
Baquero 1886	66, **131**	Cinco Tierras	16, 19, 55, 62, 63, 78, **101**
Barale + Biurrun	38, 53, 57, 63, 66, **145**	Clos de Los Siete	16, 19, 46, **135**
Barberis	78	Club Tapiz	80
Belén de Humanao	17, 21, 52, 188, **189**	Coemix	39, 41, 47, 49, 57, 67, 70, **148**
Benegas	45, 46, 52, 57, 65, 66, 80, **87**, 195	Colomé	16, 19, 38, 61, 62, 185, 188, **189**
Bodega del Añelo	38, 39, 42, 44, 49, 58, 63, 65, 158, **159**	Conalbi Grinberg	49, 57, 63, **100**
Bodega del Desierto	33, 158	Coop.Vitivinifructícola Gral. Alvear	38, 51, 57, 62, 68, **148**, 195
Bodega Sur	31, 46, 55, **122**, 195	Crotta	57, 82, **96**
Bodegas de Argentina	30	Cuvelier Los Andes	17, 21, 61, **136**, 137
Bórbore	38, 47, 49, 57, 60, 66, 68, 166, **168**, 196	Del Fin del Mundo	38, 42, 49, 51, 52, 58, 63, 64, 65, 67, 158, **160**
Bournett	57, 65, **147**	Dolium	16, 20, 45, 54, 56, 60, 79, **103**
Bros	61, **98**, 195	Domados	50, 56, 58, 62, 63, **113**, 197
Cabernet de los Andes	46, 49, 51, 57, 63, 67, 177, **179**, 195, 196	Domaine San Diego	80
Cabrini	49, 60, **98**	Domingo Hnos.	48, 58, 62, 187, **193**
Caligiore	46, 55, 61, 67, **99**, 195, 196	Dominio del Plata	16, 18, 43, 46, 58, 68, 79, **104**, 195
Callia	16, 19, 44, 45, 62, 66, 67, 68, 69, 165, **168**, 197	Don Benjamín	36, 45, 58, 67, **171**
Campo Negro	41, 49, 57, **99**, 195	Don Cristóbal 1492	36, 39, 44, 60, 66, **104**
		Don Diego	66, 67, 68, 177, **180**

225

Índice de Bodegas

Bodega	Página	Bodega	Página
Don Doménico	41, 47, 48, 50, 54, 63, 69, 166, **170**, 196	Finca La Celia	17, 22, 40, 48, 52, 56, 67, 71, 135, **140**, 197
Doña Paula	16, 20, 38, 41, 42, 45, 50, 54, 63, 68, 69, **105**, 195	Finca La Luz	56, 58, 64, 65, **142**
El Cerno	50, 60, 63, **129**	Finca La Sala	66, **180**, 195
El Esteco	31, 39, 40, 42, 43, 45, 53, 58, 66, 67, 69, 71, 185, 186, **190**	Finca Las Moras	17, 22, 31, 44, 46, 50, 54, 58, 61, 67, 166, **171**, 196
El Portillo	36, 48, 50, 55, 69, 70, 134, **139**, 195	Finca Las Nubes	43, 45, 52, 62, 188, **191**
El Porvenir de los Andes	48, 56, 61, 62, **191**	Finca Liberman	176
El Rosal	16, 20, 48, 60, 67, **150**, 196	Finca Los Amigos / Mendoza Vineyard Village	80
Enrique Foster	54, 58, 60, 61, **89**	Finca Los Angacos	47, 65, **173**
Eral Bravo	50, 58, 60, 66, **107**	Finca Los Maza	52, 53, 58, 62, 70, **140**
Escorihuela	17, 23, 42, 44, 46, 50, 54, 56, 65, 67, 68, 69, 76, **106**	Finca Sophenia	39, 58, 62, 63, 64, 134, **141**, 197
Estancia Ancón	134	Fincas Andinas	35, 37, 50, 52, 58, **147**
Estancia El Durazno	50, 60, 69, 164, 166, **171**	Flecha de los Andes	135
Estepa	44, 56, 63, 156, **159**, 195	Fondo Vitivinícola	29
Etchart	17, 25, 38, 39, 42, 43, 44, 48, 50, 58, 61, 63, 65, 67, 68, 69, 71, 186, 188, **192**, 196, 197	Freixenet	38, 50, 66, **142**, 197
		Gentile Collins	40, 50, 56, 58, 64, 66, 70, **112**, 197
Fabre - Montmayou	78, 156, **194**	Giménez Riili	41, 43, 62, **112**
Familia Antonietti	65, **103**	Goyenechea	35, 42, 45, 50, 55, 60, 64, 67, 144, **149**
Familia Carleto Franceschini	47, 63, 68, 69, **107**, 195	Graffigna	33, 38, 39, 40, 41, 42, 44, 48, 50, 53, 55, 58, 59, 62, 66, 67, 68, 69, 70, 164, **169**, 196, 197
Familia Cassone	36, 40, 45, 52, 56, 58, **107**, 197	Hermanos Millás	47, 64, 69, **172**
Familia Falasco	36, 38, 39, 40, 41, 44, 46, 50, 51, 52, 58, 68, 69, 70, **132**	Higinio Figueroa	41, 45, 47, 48, 50, 66, **149**, 196, 197
Familia Schroeder	36, 39, 50, 56, 58, 65, 158, **160**, 196, 197	Huarpe	39, 50, 52, 56, 71, **97**, 197
Familia Zuccardi	17, 23, 38, 40, 42, 44, 48, 51, 60, 70, 71, 82, **108**	Humberto Canale	42, 43, 44, 53, 59, 63, 64, 65, 154, 155, 156, **161**
Fecovita	31	Infinitus	156, **194**
Félix Lavaque - Finca El Recreo	39, 43, 50, 56, 58, 63, 64, 69, 177, **190**, 196, 197	Instituto Nacional de Tecnología Agropecuaria	77
		Jean Rivier	41, 43, 45, 50, 59, 61, 144, **150**, 196
Finca Algarve	54, 58, 61, 65, **100**	Kaiken	50, 55, 79, **112**
Finca Alma	44, 47, **109**	La Añorada	40, 59, 64, **113**
Finca Don Carlos	16, 19, 39, 40, 45, 48, 54, 65, **139**, 195, 196	La Azul	59, **136**
Finca El Retiro	45, 47, 70, 82, **109**	La Banda	48, 61, 64, 187, **193**
Finca Flichman	31, 37, 38, 39, 41, 46, 47, 48, 50, 55, 58, 63, 64, 66, 67, 80, **111**, 197	La Guarda	47, 59, 66, 166, **167**, 195
		La Riojana	35, 37, 40, 41, 43, 44, 47, 48, 56, 59, 62, 64, 66, 67, 69, 71, **178**, 195, 196
Finca Intimayu	59, 62, **150**	La Rosa	31, 44, 52, 64, 69, 177, **179**, 183
Finca Koch	44, 48, 55, **109**, 195	La Rural	17, 24, 35, 36, 37, 39, 40, 41, 42, 45, 46, 48, 50, 52, 53, 54, 56, 59, 62, 63, 64, 65, 66, 67, 70, 80, 81, **114**, 157, 196, 197
Finca La Anita	40, 42, 43, 46, 52, 53, 58, 64, 67, 68, 79, **110**		

Bodega	Página	Bodega	Página
Lagarde	39, 42, 44, 46, 47, 51, 55, 59, 67, 77, **93**, 195	Putruele	64, 71, **172**
Lanzarini	40, 43, 44, 47, 51, 56, 64, 67, **95**, 197	R.J. Viñedos	39, 51, 60, **118**
		Renacer	17, 23, 54, 79, **119**
Llaver	38, 39, 42, 48, 56, 59, 64, 82, **115**, 195, 196	Ricardo Santos	56, **83**
		Roberto Bonfanti	45, 52, 59, 61, **120**
López	35, 36, 43, 53, 59, 80, **95**	Robino	37, 40, 51, 59, 64, **119**, 195
Los Maitenes	53, 64, **96**	Rubino	39, 49, 51, 59, 68, **94**
Luca Vineyards	65, 66, **113**	Ruca Malen	17, 24, 31, 38, 48, 52, 59, 78, **120**, 196
Lugilde Goulart	61, **132**		
Luigi Bosca	16, 17, 18, 21, 35, 41, 42, 44, 47, 51, 56, 59, 62, 69, 77, **90**	Salentein	17, 24, 54, 60, 63, 65, 134, **137**
		San Huberto	176, **194**
		San Pedro de Yacochuya	56, 61, 188, **193**
Luis Segundo Correas	39, 43, 56, 59, 67, **97**	San Polo	39, 60, 68, **142**
Lurton	31, 38, 41, 43, 45, 46, 47, 51, 59, 135, **141**	San Telmo	39, 42, 51, 62, 64, **121**
		Santa Ana	31, 42, 43, 44, 49, 51, 56, 60, 66, 68, **121**, 197
Manuel López Lòpez	17, 23, 46, 53, 61, **89**, 195		
		Santo Trovato	55, 64, **120**
Martins	39, 52, 59, 61, 68, 69, **96**	Schetira	47, 60, **122**, 196
Mauricio Lorca	17, 22, 48, 54, 59, 66, **98**	Secretos del Monte	144
Mayol	59, 66, **91**, 197	Séptima	78, **194**
Medrano Estate	39, 51, 55, 59, 67, **115**	Siete Fincas	35, 40, 51, 60, **122**
Melipal	59, 60, 79, **91**	Speri	**142**
Mendel Wines	31, **116**	Suter	144
Meriterra	55, **116**, 197	Tapaus	71, 80, **123**
Monteviejo	17, 22, 54, 135, **137**	Tapiz	42, 44, 53, 79, **123**
Mumm	35, 36, 37, **151**	Telteca Winery	40, 43, 45, 51, 60, 63, 68, **123**, 197
Navarro Correas	17, 22, 35, 37, 42 48, 52, 53, 55, 56, 64, 65, 82, **91**, 197		
		Tempus Alba	17, 24, 46, 60, 64, 69, **128**
Nieto Senetiner	46, 53, 63, 70, 77, **117**	Terrazas	17, 25, 39, 48, 49, 52, 56, 60, 63, 64, 66, 71, 79, **124**, 196
Noemìa de Patagonia	17, 21, 59, 62, 155, **161**		
Nofal	46, 69, **96**, 195, 197	Terza	42, 51, 56, 60, **119**, 196
Nómade Wines & Vieneyards	67, **116**	Tierra de Dioses	60, **128**
Norton	36, 42, 51, 53, 56, 59, 67, 79, **117**	Tierras Altas	60, 80, **92**
NQN	42, 48, 49, 56, 59, 63, 64, 158, **159**, 195	Tikal	46, 49, 56, **128**, 195
		Trapiche	17, 21, 22, 31, 39, 41, 42, 43, 45, 47, 51, 53, 60, 62, 65, 66, 68, 69, 80, 81, **125**, 177, 187, 196, 197
O.Fournier	55, 70, 135, **138**		
Pascual Toso	**194**		
Patagonia Wines	33, 158	Trivento	25, 35, 40, 44, 46, 47, 52, 54, 56, 66, 68, 70, 71, 80, **126**, 196, 197
Patios de Cafayate Hotel & Wine Spa	186		
Peñaflor	31, 166, 185	Val de Flores	**142**
Pernod-Ricard	165, 186, 187	Valentín Bianchi	16, 20, 36, 37, 40, 41, 42, 44, 46, 48, 49, 52, 55, 56, 60, 63, 68, 71, 144, **146**, 196, 197
Poesía	55, **118**		
Portal Andino	47, 51, 60, 64, **147**		
Posada del Jamón	134	Valle Perdido	157
Posada Salentein	134	Viña Amalia	40, 42, 49, 51, 52, 53, 55, 60, 62, 71, 76, **130**, 195
Postales del Plata Lodge	134		
Pulenta Estate	39, 42, 64, 79, **118**		
Pulmary	46, 59, 64, 68, **118**, 195	Viña Cobos	51, 56, 63, 79, **130**

227

Bodega	Página	Bodega	Página
Viña Ona	*40, 43, 47, 48, 52, **172**, 195*	Vinorum	*57, **129***
Viñas de Altura	*60*	Walter Bressia	*71, **83***
Viñas de Segisa	*166*	Weinert	*38, 42, 51, 57, 61, 63, 64,*
Viñas del Barón	*47, 60, 62, 70, **132***		*70, 76, **92**, 196, 197*
Viñas del Golf	*144*	Wines of Argentina	*30*
Vinecol	*40, 41, 43, 45, 61, 70, **129***	Xumek	*55, 60, **173**, 195*
Viniterra	*36, 37, 40, 41, 44, 49, 51, 57,*		
	*60, 64, 66, 68, 70, 80, **127**, 197*		

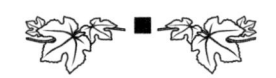

Índice Onomástico

Nombre	Página	Nombre	Página
Abarca, Santiago	8, 9, 15	**Banfi**, Rubén Gustavo	101
Abramovich, Bernardo	171	**Baquero**, Griselda	131
Acebedo, Daniel	147	**Baquero**, Marcela	131
Achával, Santiago	84	**Barale**, José María	145
Achával, Tomás	116	**Baro**, Hugo	86
Agostini, Gustavo	159	**Barón**, Gabriela	132
Akman, Mariano	8, 15	**Barón**, Victor	132
Alberto, Silvio	18	**Barraud**, Luis	20, 103, 107, 130
Alcaráz, Francisco	148	**Bartolomé**, Joaquín	96
Allamand, Christian	99	**Barzi Canale**, Guillermo	154, 161
Aloisio, Sergio	9	**Basso**, Carlos	130
Alonso, Ferina	96	**Batkis**, Emilia	9
Alonso, Sigifredo	121	**Batkis**, Jorge	9
Altieri, Guillermo	129	**Batkis**, Juan	9
Alvarez, Juan	159	**Bauzá**, Gustavo	170
Alvariñas, Patricio	8	**Beltrame**, Marina	9, 15, 76
Antolini, Valeria	109	**Benegas Lynch**, Federico	87
Antonietti, Andrea Beatriz	103	**Benini**, familia	147
Antonietti, Andrés Pedro	103	**Bernardo**, Juan Carlos	138
Antonini, Alberto	19, 20, 21, 23, 25, 27, 28, 30, 85, 91, 107, 110, 119, 126, 139, 168, 199	**Berzencovich-Pulenta**, familia	168
		Bianchetti, Rodolfo	128
		Bianchi, Valentín	20
Anzor, Romina	9	**Bibiloni**, Baltasar Horacio	161
Arcos, Onofre	102	**Bigongiari**, Diego	5, 8, 9,10, 15, 133
Argerich, Juan Antonio (h)	84	**Bigongiari**, Luca	9
Argerich, Juan Antonio (p)	18, 84	**Biondolillo**, Aldo	24
Aristeo, Juan	112	**Biondolillo**, familia	128
Aristi, Ignacio	91	**Biondolillo**, José Luis	24
Arizu, Alberto	90	**Biondolillo**, Oscar	19, 168
Arizu, Alberto Héctor	21, 90	**Biurrum**, Ambrosio	145
Arizu, Carlos	179	**Bombal**, Lucila	134
Arizu, familia	18, 77	**Bonfanti**, Roberto	120
Arizu, Gustavo	90	**Bonfanti**, Sebastián	120
Arroyo, Raúl	149	**Bonomi**, David	20, 105
Asmet, Luis	21, 189, 191	**Born**, hermanos	77, 78
Avagnina de Del Monte, Silvia	24, 120	**Bottero**, Angel	96
Avena, Andrés	87	**Brandalise**, Hugo	147, 150
Avena, Hugo Carlos	87	**Brascó**, Miguel	110
Balbi, Juan	151	**Bressia**, Walter	83, 96
Balbo, Susana	98, 104	**Bruzzone**, Juan	104
Baleirón, Juanchi	9	**Bunin**, Sergio	123
Balmaceda, Carlos	83	**Buscema**, Gastón	128
Banchero, Marcelo	9	**Cabral de Almeida**, Luis	111
Banfi, Guillermo	19, 31, 122	**Cabrini**, Fernando	98

Nombre	Página	Nombre	Página
Cabrini, Hugo	98	**Correas**, Francisco	97
Caccamo, Cristian	142	**Correas**, Julián	97
Calderón, Pablo	142	**Correas**, Luis	97
Caligiore, Gustavo	99	**Correas**, Raúl	96
Calise, doctor	78	**Correas**, Segundo	97
Campbell, Alex	140	**Cremaschi**, Víctor M.	165
Cano, Luis María	138	**Crotta**, familia	96
Cánovas, Alejandro	110	**Cruz**, Jorge	131
Canzian, María Laura	128	**Cuello**, Irma	9
Capone, Gustavo	115	**Cuvelier**, Bertrand	21
Caraguel, Paul	100	**Cuvelier**, familia	21
Caraguel, Philippe	95	**Cuvelier**, Jean-Guy	21
Carletto, Juan Manuel	107	**Danitz**, Gerardo	169
Carra, María Ester	129	**D'Aulan**, familia	84
Cartellone, familia	123, 165	**Dávalos**, Raúl	19, 185, 188
Carullo, Federico	8	**De Bono**, Didier	18, 24, 84
Casazza, Marcelo	180	**De Felice**, Andrea	8, 9
Cassone, Eduardo	107	**De la Mota**, Roberto	25, 31, 116, 124
Castellani, Raúl	107	**De Montalembert**, Jacques Louis	24, 120
Castro, Mauricio	83	**De Rochebouet**, Jean-Edouard	100
Castro, Víctor	193	**De San Martín**, José	133
Catania, Carlos	24, 120	**Del Monte**, Raul	120
Catena, Ernesto	23, 128	**Del Popolo**, Edgardo	20
Catena, Laura	113	**Delmotte**, Thibaud	189
Catena, Nicolás	23, 88, 106	**Delteil**, Dominique	20, 103
Cavagnaro, Ángel	100	**Di Lello**, Fernando	116
Cavagnaro, Julián	100	**Di Leo**, Ambrosio	115
Cecchin, Alberto	21, 101	**Di Marco**, José	96
Cecchin, Jorge	101	**Di Paola**, Mariano	24, 114
Cecchin, Pedro	101	**Díaz Chuitt**, Cecilia	9
Celeste, Gabriela	19, 99, 116	**Domingo**, Osvaldo (p)	188, 193
Centurión, Elvio	180	**Dumazer**, Antoine	172
Cerrutti, Victorio	77	**Durán**, familia	188
Chatonnett, Pascal	111	**Durigutti**, Héctor	9, 19, 23, 91, 119, 142, 157
Chavero, Juan Carlos	127	**Durigutti**, Pablo	122
Ciácera, Fernando	167	**Egea**, Mariano	120
Ciácera, Laura	167	**Ekkert**, Daniel	22, 171, 172
Cicchitti, Rafael	92	**Eskenazi Storey**, Ezequiel	173
Cicchittti Mondati, José Antonio	92	**Etchart**, Arnaldo (h)	188
Cipolletti, César	75, 78	**Etchart**, Arnaldo (p)	188, 193
Cipresso, Roberto	84	**Etchart**, Marcos	188, 193
Claus, Bernard	9	**Fadel**, Alejandro	136
Cogneto, Alberto	193	**Federici**, Marcelo	109
Coletto, Darío	116	**Fernández**, Carlos	21
Conalbi, Luis Pablo	100	**Fernández**, Ivan	112
Consoli, Edgardo	23	**Ferrandiz**, Fabricio	167
Correas, Ana	97	**Ferrando**, José	123

Nombre	Página	Nombre	Página
Ferrari, Oscar	161	**Goyenechea**, Soledad	149
Ferraris, Raymundo	8, 15	**Gramblicka**, Eduardo	119
Ferrer, Manuel	84	**Grané**, Javier	19, 189
Ferreyra, Andrea	140	**Grassin**, Mathieu	100
Feyth, Ávallon	9	**Griguol**, Rodolfo	176, 178
Figueroa Outes, Salvador	193	**Grinberg**, Sergio	100
Figueroa, Aldo	149	**Grosso**, José María	149
Figueroa, Neris	149	**Hernández Toso**, José	18, 21, 90, 97
Figueroa, Pedro	149	**Hernández Toso**, Maximiliano	97
Flaherty, Edward	23, 108	**Hess**, Donald	19, 185, 188, 189
Flamarique, hermanos	9	**Hess**, Úrsula	19, 185, 188, 189
Flores, Walter	96	**Hidalgo**, Joaquín	8, 15
Focaccia, Luis María	159	**Hobbs**, Paul	20, 103, 130
Fogliatti, Mauricio	139	**Huykman**, Sergio	8
Fontana, Eugenio	131	**Iannizzotto**, Liliana	19, 103
Fontana, Oscar	18, 86	**Ibarra**, Edgardo	20, 150, 179, 180
Foster, Enrique	89	**Irrera**, José	18, 21, 90
Franzini, Familia	21, 188, 189	**Isgro**, Federico	142
Furlán, Abel	91	**Jaime**, Estela	132
Furque, familia	136	**Johnson**, Randle	19
Gadea, Cecilia	8	**Joyaux**, Diane	194
Gaibazzi, Ernesto	122	**Joyaux**, Hervé	194
Galante, José	18, 88	**Kenter**, Mike	86
Galdeano, Federico	25, 126	**Koch**, Alfredo	109
Galvan, Steve	19	**Koncurat**, Sebastián	8, 15
Gambetta, familia	173	**Laborde**, Federico	119
Gandolini, Stefano	20, 105	**Lanzarini**, Alejandro	95
García, Cristian	22, 140	**Lanzarini**, Alfredo	95
Garcin, Hélène	118	**Lanzarini**, José Luis	95
Gardé, Daniel	148	**Lanzarini**, Leonardo	95
Gentile, familia	112	**Lanzarini**, Leonardo Carlos	95
Giadorou, familia	79	**Larghi**, Andy	136
Giadorou, Ricardo	103	**Lavaque**, familia	179, 190
Giardino, Fabián	107, 118, 147	**Lazzarotti**, Rolando	120
Giménez, Eduardo	112	**Lean Cole**, Michael	159
Giol Toso, familia	142	**Ledda**, Juan Carlos	120
Gomes de Sousa, Zeneide M.	8, 9	**Leiva**, Hugo	189
Gómez, Conrado	77	**Leveque**, Patrice	118
Gómez, José Pedro	123	**Llorente**, Alcides	154
Gómez, Laureano	24, 137	**López López**, Manuel	23, 89
Gómez, Noelia	8	**López Roca**, Daniel	8, 9, 15, 208
González, Juan Manuel	115	**López**, Agustín	83
González, María Soledad	29, 31	**López**, Celia	91
González, Ricardo	159	**López**, Eduardo	129
González, Roberto	117	**López**, familia	95
Goulart, Erika	132	**López**, Ignacio	25, 192
Goyenechea, familia	149	**Lorca**, Mauricio	22, 89, 98

Nombre	Página	Nombre	Página
Lorenti, Pedro Miguel	131	**Moschetti**, José Atilio	136
Lozano, Alejandra	109	**Mounier**, José Luis	179, 188, 190, 191
Lugilde, José Luis	132	**Mugnani**, Enzo	22
Luka, Roberto	141	**Muñoz de Toro**, Fernando	157
Magistocchi, Gaudencio	165, 203	**Muñoz**, Federico	171
Mallea, Juan Manuel	24, 120	**Murga**, familia	193
Mallman, Francis	106	**Mussi**, Karim	85
Manchon, Adrián	136, 137	**Navarro**, Miguel	91
Manghi, Marcelo	109	**Nemesio**, Lucas	159
Manterola, Flavia	136	**Nieto**, Alfredo	159
Mantovani, Roberto	178	**Nocenzo**, Mauro	145
Marcantoni, Víctor	25, 169, 192	**Nofal**, Beatriz	96
Marchevsky, Pedro	18, 98, 104	**Nofal**, Ercilia	96
Marchiori, Andrea	20, 103	**Nofal**, Gabriel	96
Marcó, Juan	22, 91	**Nofal**, María Teresa	96
Margozzini, Santiago	130	**Nofal**, Nora	96
Marín, Gustavo	23, 106	**Onofre**, Marcelo	168
Marone Cinzano, Noemi	21, 161	**Orlando**, Fabricio	104, 118
Martínez, Pedro	129	**Ortega Gil-Fournier**, familia	138
Martorell, Pablo	128	**Ortega Gil-Fournier**, Natalia	138
Mas, hermanos	110	**Ortega**, José Manuel	138
Masera Pincolini, Omar	77	**Ortiz**, Arnaldo	8
Massera, ex almirante	77	**Ortiz**, Jorge	123
Maures, familia	118	**Ortiz**, Patricia	123
Mayorga Boaknin, Santiago	116	**Pagli**, Attilio	23, 85, 142
Mayorga, Daniel	97	**Paiva**, Irene	140
Mayorga, Santiago	159	**Palero**, Santiago	87
Mendoza, Ángel	22, 80, 167	**Palma**, Horacio	77
Menem, Carlos	176	**Panela**, Carmelo	95
Mercado, Guillermo	169	**Parodi**, Mauricio	132
Mercado, Patricia	9	**Patrón Costas**, Robustiano	185
Merino, Javier	30	**Pelizzati**, familia	20
Mesa, Juan Carlos	192	**Pelizzati**, Juan	20, 103
Michel Torino, familia	187	**Pellegrina**, Osvaldo	18, 86
Michelini, Matías	141	**Pellegrina**, Pedro	167
Miguelez, Marcos	119	**Pelleritti**, Marcelo	22, 137
Mijares, María Isabel	191	**Pepa**, Alejandro	190
Millás, Analía	172	**Peralta**, Ramiro	119
Minuzzi, Ricardo	122	**Pérè Vergé**, Catherine	22, 137
Minuzzi, Rodolfo	122	**Pérez Cavagnaro**, Juliana	92
Miranda, Fabián	190	**Pérez Staib**, Jorge	170
Monrad, Mariano	172	**Perlman**, Dan	8, 15
Montenegro, Rodolfo	23, 108	**Perón**, Juan Domingo	185
Montes, familia	170	**Perulán**, Miguel	171
Moreno, Norberto	112	**Pescarmona**, familia	93
Mosca, Juan Carlos	25	**Peynaud**, Emile	198, 201
Moschetti, Jorge	100	**Pi**, Daniel	21, 22, 125, 170

Nombre	Página	Nombre	Página
Piagentini, familia	19	**Rodríguez Vila**, Juan Carlos	119, 127, 159, 160
Piazzolla, Astor	22, 193	**Rodríguez**, Jorge	107, 129, 130
Pichon Rivière, Lía	5, 8, 9, 10	**Rodríguez**, Juan José	8
Pichon-Rivière, Joaquín	9	**Rodríguez**, Pablo	124
Pons, Myjnder	19	**Rolet**, Philippe	18, 24, 30, 84
Porretta, familia	122	**Rolland**, Dany	142
Portelli, Fabricio	110	**Rolland**, Michel	19, 21, 22, 27, 28, 86, 118, 136, 137, 141, 142, 187, 193, 199
Prieto, Gloria	150		
Pulenta, Antonio	19, 165	**Romanini**, Marcela	83
Pulenta, Carlos	110, 138	**Ropero**, Wiliams	113
Pulenta, Eduardo	118	**Rosberg**, Andrés	8, 9, 15
Pulenta, Ernesto	167	**Rosell**, Pedro	99, 113
Pulenta, familia	22	**Rosell**, Ricardo	99
Pulenta, Hugo	118	**Rubino**, José Nicolás	94
Pulenta, Mario	167	**Rubino**, Santos	94
Puppato, Leonardo	160	**Rubio**, Jorge	147
Putruele, Carlos	172	**Ruffo**, Rubén	23, 108
Radivoj-Mauri, familia	150	**Ruhard**, Olivier	142
Ramírez, Néstor	188, 189	**Sadler**, Rodolfo	121
Ramírez, Sergio	120	**Salafia**, Alejandro Héctor	147
Ramírez, Valentín	188	**Saldaño**, Osmar Jacinto	180
Ramonda, Daniel	140	**Salguero**, Augusto	8
Rao Nerviani, Jorge	94	**Salvo**, Héctor	19, 139
Raynaud, Alaine	118	**Sánchez Nieto**, Matías	107
Rebelo, Ricardo	111	**Sanchez**, Andrés	15
Rebolé, Marcelo	8, 15	**Sánchez**, Andrés	8, 9
Regginato, Luis	113, 128	**Santamaría**, Santiago	91
Reich, Patricio	23, 119	**Santinon**, Gino	173
Reina Rutini, familia	18, 86	**Santolini de Maures**, Diana	118
Reina Rutini, Rodrigo	86	**Santos**, Estela	83
Resmusson, Steve	109	**Santos**, Patricio	83, 116, 132
Reta, Fernanda	119	**Santos**, Pedro	83
Reta, Graciela	109	**Santos**, Ricardo	83
Ricciardi, Pablo	137	**Scala**, Mauricio	95
Riccitelli, Jorge	117	**Scattareggia**, Horacio	101, 139
Ridge, Vera	8, 9	**Schmidt**, Rodolfo	147
Rigal, Martín	9	**Schroeder**, Herman	160
Riili, Susana	112	**Schroeder**, Roberto	160
Rinaldi, María Eugenia	142	**Segre Forti**, Lidia	5
Riva, Angel	151	**Senetiner**, Adriano	127
Rivier, Carlos	150	**Senetiner**, Flavio	119
Rivier, Jean	150	**Severini**, Luisa	89
Rivier, Marcelo	150	**Sfragara**, Rubén	84
Robino, Dante	119	**Sielecki**, Anabelle	116
Roby Stordeur, Juan	93	**Sigrand**, Ana María	147
Roca, Alejandro	145	**Silvestre**, Gustavo	19, 139
Roca, Alfredo	145	**Silvio**, Alberto	86

Indice Onomástico

Nombre	Página	Nombre	Página
Sottano, Antonio Carlos	*96*	**Valdez**, hermanos	*100*
Sottano, Federico	*86*	**Valdez**, Manuel	*100*
Speri, Alessandro	*142*	**Valenzuela**, Fabián	*123*
Spigatin, familia	*113*	**Van Straaten**, Ana	*8*
Spisso, José	*138*	**Vargas Arizu**, hermanos	*92*
Squassini, familia	*119*	**Vargas**, Adrián	*94*
Stallocca, Edgardo	*122*	**Vázquez**, Carlos	*9*
Stallocca, Juan Carlos	*95*	**Vera**, Gustavo	*168, 173*
Suárez, Natalia	*8, 9*	**Vicien**, Pedro	*179*
Subra, Brigitte	*19, 99*	**Vidal**, Carlos	*159*
Subra, Philippe	*19, 99*	**Vidiri**, Juan Martín	*161*
Tartaglia, Loris	*179*	**Vilaplana**, Adrián	*8, 9, 15*
Terni, Antonio	*5, 8, 9, 10*	**Villanueva**, Gonzalo	*106*
Thibaut, Jean Pierre	*24, 120*	**Villegas**, Jorge	*95*
Tirado, Enrique	*25*	**Vincent**, Benjamín	*172*
Tonconogy, Juan	*140*	**Vinci**, Damián	*145*
Torres, Hugo	*167, 172*	**Vinding Diers**, Hans	*21, 161*
Traverso Rueda, Sergio	*142*	**Ward Lay**, Herman	*18, 86*
Trovato, Estela	*120*	**Weber**, Hubert	*92, 123*
Trovato, Salvador	*120*	**Weinert**, Bernardo	*158*
Trovato, Santos E.	*120*	**Weinert**, familia	*33, 92*
Trovato, Vicente	*120*	**Yáñez**, Pedro	*132*
Turrell, James	*188*	**Zamora**, Hugo	*100*
Undurraga, Cristóbal	*112*	**Zuccardi**, José	*23, 108*
Urbani, Lorenzo	*87*	**Zuccardi**, Sebastián	*83*

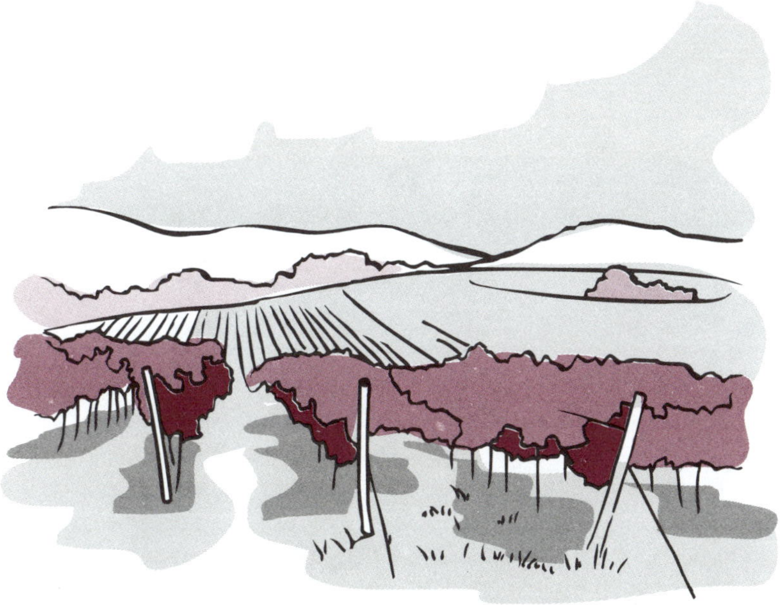

L'envoi

*A las tres cosas que los antiguos
juzgaban imposibles
debería sumársele esta cuarta:
hallar un libro impreso sin erratas.*

Alonso de Cartagena (Siglo XV)